한국우언의 실상

윤승준

도서출판 월인

이 저술은 2006년 정부재원(교육인적자원부 학술연구조성사업비)으로 한국학술진흥재단의 지원을 받아 연구되었음(KRF-2006-812-A00040).

머리말

저자가 寓言에 대하여 관심을 갖게 된 것은 1990년대 중반 학위논문을 준비하는 과정에서였다. 학위논문 주제를 결정하기 위하여 黃浿江 선생님을 댁으로 찾아뵈었다. 그동안 나름대로 생각해 온 주제를 말씀드렸으나, 선생님께서는 그리 탐탁하게 여기지 않으셨다. 학위논문을 통하여 기존 논의를 넘어선 새로운 주장을 얼마나 할 수 있을지 의문을 제기하신 것이다. 그보다는 寓話小說에 대한 연구를 새롭게 해보면 어떻겠느냐고 하시면서 동물과 관련한 서사물을 두루 찾아보라고 하셨다.

이후 尹南漢 선생의 『韓國文集記事綜覽類別索引 雜著記說類記事索引』을 기초로 동물 관련 자료 목록을 만들고 도서관을 뒤지며 자료를 수집하고 읽어 나갔다. 수집한 자료를 傳과 說, 記, 野談 등으로 분류하고 각각에 대한 소논문을 발표하면서 학위논문을 준비해 갔으나, 학위논문으로 완성하기 위해서는 이들을 하나로 묶어줄 개념이 필요했다. '寓言'이라는 용어가 눈에 들어온 것은 그 즈음이었다. 陳蒲淸 교수의 『中國古代寓言史』를 吳洙亨 교수가 번역 소개한 것이 있어 큰 도움을 받았고, 安秉卨, 權錫煥, 尹柱弼, 梁承敏 교수의 논문을 통해 많은 계도를 받았다. 이렇게 해서 「朝鮮時代 動物寓言의 傳統과 寓話小說」이라는 학위논문을 꾸리게 되었다.

그러나 학위논문을 제출하던 당시에는 寓言에 대한 정확한 이해가 전제되어 있지 않았다. 개념은 물론 한국 우언의 다양한 폭과 깊이, 소통 및 기능에 대한 분명한 이해가 전제되지 않은 상태에서 작성하였기 때문이다. 학위논문을 제출한 뒤 이 책에 수록된 글들을 하나둘 완성해 가면서 저자는 우언에 대한 개념을 비로소 분명히 할 수 있었고, 한국 우언의 사적 흐름과 주변 국가 우언과의 상호 관계에 대해서도 눈을 뜨기 시작하였다. 그래서 이따금씩 "지금쯤 학위논문을 작성한다면 그나마 괜찮은 논문을 쓸 수 있을 것 같은데…" 하는 말을 혼잣말처럼 하곤 하였다. 물론 여전히 성글고 부족한 곳이 많다. 좀 더 튼튼하고 촘촘한 그물망으로 엮었어야 했는데, 陳蒲淸 교수와 權錫煥 교수의 『韓國古代寓言史』가 간행되면서 본서의 출간을 서두르게 되었다. 한국 우언의 역사적 전개 과정에 대한 이해를 확충하고 보완해야 할 필요 때문이었다.

이 책은 한국학술진흥재단의 2006년도 저술지원사업 덕분에 간행될 수 있었다. 뿐만 아니라 이 책에 수록된 글 가운데에는 한국학술진흥재단의 연구과제 수행 과정에서 산출된 결과물들도 있다. 이 자리를 빌려 감사의 마음을 전한다. 아울러 깨끗하고 환한 연구실에서 연구와 강의에 전념할 수 있도록 배려해 주신 학교 당국에도 감사를 드린다. 그리고 黃浿江 선생님과 林仙默 선생님 두 분 은사님을 기억하고자 한다. 또한 華鏡古典文學硏究會 가족들, 폭넓은 안목과 열정적인 연구로 우언 연구의 새로운 지평을 개척해 가고 있는 金泳·尹柱弼 교수님, 항상 격의 없는 질의와 토론을 통해 저자의 연구를 자극하고 독려해 준 梁承敏 교수에게도 감사의 인사를 드린다. 끝으로 어려운 여건 속에서도 기꺼이 본서의 출간을 맡아 보기 좋게 만들어주신 도서출판 月印의 관계자 여러분께도 심심한 감사의 마음을 전한다.

기축년 한가위 법화산 기슭에서

윤승준 삼가 씀

목차

제1부 한국 우언의 역사적 전개

제2부 중국 우언과의 비교

서설

寓言은 다른 것에 기대어 자신이 말하고자 하는 바를 전달하는 의사소통의 한 방식이다.[1] '辭達而已矣'[2]라고 해서 말은 뜻을 전달하기만 하면 되는 것이라고 하였지만, 우언은 어떻게 하면 자신이 전달하고자 하는 뜻을 효과적으로 전달할 수 있을까 하는 '방법'에 대한 고심에서 비롯된 특별한 표현방식이다. 아무리 이것이 사실이고 진실이라고 이야기해도 세상 사람들은 믿어주지 않았기 때문에 우언이라는 특별한 표현방식이 필요하였다. 우언은 성공적인 의사소통에 대한 강렬한 의지의 소산이었던 것이다.[3] 이것만큼은 꼭 말을 해야겠다는 화자의 강렬한 욕구, 또 말을 하지 않으면 안 되는 매우 중요하고도 심각한 문제, 그러나 직접 드러내놓고 말을 해서는 받아들여지지 않는 현실, 혹은 그로 인해 뜻하지 않은 禍를 초래할 지도 모르는 상황에서, 의도하지 않았던 화를 최소화하면서 소기의 목적을 달성하는 강력한 수단이 우언이었던 것이다.

문학이 본질적으로 異化와 同化의 메카니즘 속에서 문학적 감동을 전달하는 것이라고 할 때, 우언은 그같은 메카니즘에 철저한 문학적 표현방식이라고 할 수 있다.[4] 아니 우언적 표현방식에 가장 철저한 것이 도리어 문학이 아닌가 한다.

본서는 이처럼 반드시 꼬집어 이야기해야만 하는 절실한 문제를, 가장 효과적으로 전달할 수 있는 방법을 통하여 표현한 한국 우언의 실상을 구명하는 데 목적을 둔다. 우언에 대해서는 일찍이 李家源이 언급한 바 있

---

1) *cf.* "寓言十九 藉外論之", 『莊子』「寓言」篇.
2) 『論語』「衛靈公」篇.
3) *cf.* 權錫煥, 「先秦寓言研究」, 成均館大 博士學位論文, 1993, p.38.
4) 尹勝俊, 『動物寓言의 傳統과 寓話小說』, 月印, 1999, p.216.

었으나,[5] 우언에 대한 본격적인 연구는 중문학계에서부터 시작되었다고 할 수 있다. 先秦寓言을 중심으로 출발한 중문학계의 연구는 唐宋寓言과 明淸寓言으로까지 확대되었다.[6] 국문학계에서는 몇몇 연구자들에 의해 간헐적으로 우언에 대한 논의가 이루어져 오다가 1990년대 들어 연구가 본격화하기 시작하였다.[7] 우언을 이론적으로 해명하고자 하는 연구로부터 새로운 자료의 발굴과 소개, 역사적 전개과정, 소설사와의 관련성, 중국・일본・베트남을 비롯한 동아시아 우언과의 비교 연구 등 다양한 측면에서 연구가 진행되었다. 최근에는 우언에 대한 연구사적 검토가 이루어지고,[8] 또 한국우언문학회가 출범하면서 본격적인 연구 성과를 내놓고 있다.[9] 특히 陳蒲淸과 權錫煥의 『韓國古代寓言史』,[10] 尹柱弼의 『한국 우언산문 선집』[11]이 간행됨으로써 한국의 우언은 학문적 기초를 공고히 할 수 있었다.[12]

본서는 이와 같은 학계의 연구 동향과 성과에 힘입어 한국 우언의 다양한 국면을 실상대로 드러내 보이고자 한다. 특히 한국 우언의 역사적 전

5) 李家源은 일찍이 '小說' 思潮의 하나로 寓言을 들어 논의한 바 있다. *cf.* 李家源, 『韓國漢文學史』, 民衆書館, 1961, p.203.

6) 중문학계에서는 安秉卨, 權錫煥, 吳洙亨 등이 우언 연구를 주도해 왔다. 특히 陳蒲淸의 『중국우언문학사』와 같은 이론서가 번역되고 劉基의 『郁離子』와 같은 우언집이 번역 소개되면서 우언에 관한 연구 기반을 굳건히 다졌다.

7) 국문학계의 우언 연구는 鄭學城, 李鍾默, 尹柱弼, 梁承敏, 尹勝俊, 金泳, 張孝鉉 등이 주도하고 있다.

8) 우언에 대한 연구사적 검토는 권석환과 정연봉, 김영에 의해 이루어졌다. *cf.* 權錫煥, 「試論韓中寓言文學硏究史」, 『中語中文學』 31, 韓國中語中文學會, 2002. ; 정연봉, 「한국 한문 우언론」, 『우리어문연구』 22, 우리어문학회, 2004. ; 김영, 「우언문학 연구의 현황과 과제」, 『한국학연구』 13, 인하대 한국학연구소, 2004.

9) 김영, 윤주필 등이 주축이 되어 출범한 한국우언문학회는 『동아시아 우언론과 한국의 우언문학』(2004), 『동아시아 우언문학 비교론』(2005), 『우언의 인문학적 위상과 현대적 활용』(2006)을 출간하면서 우언 연구의 활성화를 꾀하고 있다.

10) 陳蒲淸・權錫煥, 『韓國古代寓言史』, 岳麓書社, 2004.

11) 윤주필 주편, 『한국 우언산문 선집』 1・2, 박이정, 2008.

12) 이 밖에 윤주필의 『틈새의 미학』, 김영의 『망양록 연구』, 『한국의 우언』, 『네티즌과 함께 가는 우언 산책』, 『한국한문학의 현재적 의미』, 양승민의 『우언의 서사문법과 담론양상』 등이 간행됨으로써 한동안 부진했던 우언 연구에 활기를 불어넣고 있다.

개 양상을 다각도로 조명하는 한편, 중국 우언과의 비교 연구를 통해서 한국 우언의 특질을 밝혀보고자 한다. 제1부에서는 주요 작가와 작품집, 시기별 또는 갈래별 우언의 실상을 차례로 검토함으로써 한국 우언의 여러 측면을 폭넓게 고찰할 것이다. 먼저 李奎報와 成俔, 李光庭을 각각 고려시대와 조선전기 및 후기를 대표하는 우언 작가로 선정하고 이들이 남긴 우언을 중점적으로 검토한다. 그리고 花卉類 寓言과 動物寓言을 중심으로 우언의 하위 갈래별 특성과 문학사적 의의에 대해서 검토한다. 나아가 근대계몽기 단형 서사문학과 오늘날 우리 사회에서 통용되고 있는 '풍경소리'를 중심으로 20세기 이후 오늘에 이르기까지 우언의 전통과 계승에 대한 문제를 검토한다. 제2부에서는 중국 우언과 한국 우언을 비교 검토함으로써 한국 우언의 보편성과 특수성을 밝히고자 한다. 柳宗元의 우언 작품을 중심으로 중국 우언의 수용과 재창조 과정을 검토하고, 돈황속부 <鷰子賦>와 조선후기 訟事型 寓話小說, 그리고 한·중 양국의 동물우언을 통해 상호 영향 관계에 대해 재조명하며, 한국과 중국의 우언에 보이는 動物象徵 문제도 검토할 것이다. 이처럼 한국 우언이 전개되어 온 역사적 과정과 다채로운 모습을 안팎으로 검토함으로써 한국 우언의 실상을 있는 그대로 드러내는 것이 본서의 목적이라고 하겠다.

그러나 한국 우언에 대한 연구는 아직도 산적한 과제를 안고 있다. 자료의 정리와 선별에서부터 대표적인 작가와 작품에 대한 개별적 연구, 하위 갈래 혹은 유형에 대한 연구, 표현 또는 전달방식에 대한 연구, 우언 자체의 특성과 본질을 밝히기 위한 문학이론 연구, 다른 문학 갈래와의 관계 및 교섭에 대한 연구, 비교문학적 연구, 우언문학사의 서술에 이르기까지 많은 과제를 안고 있다. 본서는 이와 같이 산적한 문제를 해결하기 위한 과정의 일환일 뿐이다. 본서가 한국 우언의 실상을 있는 그대로 드러냄으로써, 한국 우언의 다양한 국면을 해명하는 데 일조할 수 있기를 기대한다.

1

제1부

한국 우언의 역사적 전개

고려시대 우언의 한 양상

– 李奎報를 중심으로 –

Ⅰ. 머리말

한국의 우언은 薛聰의 <花王戒>를 필두로 조선후기에 이르기까지 지속적으로 창작 유통되어 왔다. 成俔(1439~1504)의 『浮休子談論』, 李光庭(1674~1756)의 『亡羊錄』과 같은 우언집이 유통되었는가 하면, 洪聖民(1536~1594)의 <蜀犬吠日說>이나 柳宜健(1687~1760)의 <烏鶴相訟說>, 安孝述의 <籬菊閣梅問答>과 같이 당대의 정치현실과 사회상을 빗댄 우언이 창작되었으며, 康惟善(1520~1549)의 <酒蜂說>이나 洪宇遠(1605~1687)의 <老馬說> 같이 인간 본성에 대한 근원적 탐색이나 작자 자신의 불우한 처지를 우언에 담아내기도 하였다. 또한 朴趾源(1737~1805) 같은 문인이 창작의 주요 방식으로 우언을 활용하였는가 하면, 일반 민중들도 <野鼠婚>을 비롯한 다양한 민간우언을 전승하여 왔다.

우언에 대한 연구 성과가 축적되면서 새로운 자료가 속속 발굴되고, 소설과 우언의 관련성이나 동아시아 각국 우언과의 비교, 우언에 대한 이론의 정립과 사상적 기반에 대한 논의 등이 이루어지고 있다.[1] 최근의 이러

1) 1970년대 안병설, 정학성 등에 의해 시작된 우언 연구는 1990년대로 들어서면서 윤주필, 양승민, 윤승준, 김영 등에 의해 활성화되었다. 한국우언문학회에서 간행한 『동아시아 우언론과 한국의 우언문학』(집문당, 2004)과 한국고전문학회와 인하대학교 한국학연구소에서 공동으로 주최한 우언문학 국제학술회의 『東亞細亞 寓言文學의 性格』(인하대학교, 2004.5.14)은 최근의 연구동향과 성과를 가늠할 수 있게 한다.

한 성과에도 불구하고 우언 연구는 여전히 많은 과제를 안고 있다. 새로운 자료의 발굴과 정리로부터, 우언의 개념과 글쓰기 방식에 대한 이론 정립, 한국우언문학사의 기술, 한문문명권 우언에 대한 비교문학적 접근, 개별 우언작가론 등 앞으로 해결해야 할 과제가 많이 남아 있다. 특히 고려시대 우언은 삼국시대 우언과 조선시대 우언의 가교 역할을 한다는 점에서 커다란 의의를 가지고 있음에도 불구하고, 이에 대한 연구는 극히 미미한 편이어서[2] 자료의 발굴과 함께 연구의 필요성이 제기되고 있다.

이 글에서는 고려시대 우언 가운데 李奎報(1168~1241)의 작품을 중점적으로 검토하고자 한다. 주지하듯이 이규보는 무신집권기 文翰의 직임을 맡아 외교와 정치 등 국가의 주요 문장을 감당하였던 대문호이다. <翰林別曲>에서 陳澕와 함께 雙韻走筆로 일컬어진 이규보는 『東明王篇』과 『白雲小說』 등 한국문학사에 커다란 족적을 남긴 인물이다. 뿐만 아니라 그는 '新意'를 골자로 한 독창적 詩論을 전개하기도 하였다.

그러나 이규보의 문학세계는 여기에 그치는 것이 아니다. 그는 <鏡說>·<慵諷>·<異相者對> 등 수준 높은 우언 작품을 창작하였을 뿐 아니라, 韓愈의 <雜說>에 담긴 寓意를 구체적으로 해석하는가 하면 일상적인 글쓰기에서 우언을 활용하는 등 우언 소통의 실제를 보여주기도 하였다. 따라서 이규보는 고려시대 우언은 물론 한국 우언문학사에서도 중요한 위치를 차지하는 우언 작가로 평가받아야 한다.[3] 여기에서는 그러한 사실을 염두에 두면서 이규보의 우언 세계를 구체적으로 검토하여 그 의의를 분명히 하고자 한다.

---

2) 고려시대 산문이나 수필에 대한 기존의 연구가 있기는 하나, 우언의 관점에서 접근한 업적으로는 양승민의 「高麗朝 議論體 散文의 寓言的 性向과 意味-說과 雜著로 분류된 變體 散文의 장르론적 접근-」(『어문논집』 36, 안암어문학회, 1997)와 이정선의 「高麗 寓言 硏究」(경상대 교육학 석사학위논문, 2002), 김성룡의 「이중텍스트의 시학과 중층 독해-假傳을 통해 본 寓言 텍스트의 이론-」(『동아시아 우언론과 한국의 우언문학』, 집문당, 2004) 정도가 있을 뿐이다.

3) 宋寯鎬는 일찍이 이규보에 대하여 "諷喩·寓喩의 기지가 남달랐"으며, "寓話·寓言을 즐겨 썼다"고 지적한 바 있다. *cf.* 宋寯鎬, 「李奎報의 文章과 修辭的 特質」, 『李奎報硏究』, 새문社, 1986, pp.Ⅱ-68~70.

Ⅱ. 寓言에 대한 이해와 활용의 실제

이규보는 經과 史, 諸子百家를 고루 읽어 儒·佛·道 삼교의 깊은 뜻을 두루 통하지 않음이 없었다.[4] 따라서 이규보의 사상을 유불도 삼교 가운데 어느 하나로 한정하는 것은 옳지 않다. 그럼에도 불구하고 박희병은 이규보의 사상 가운데 가장 중요한 지위를 점하고 있는 것으로 도가사상을 꼽았다.[5] 논자는 이규보가 『道德經』, 『南華經』, 『黃庭經』 등 道家書를 味讀했음을 밝히고, 장자의 齊物思想을 자기화한 이규보의 도가사상은 '인간과 物에 대한 존재론적 관심'에 그 특징이 있다고 하였다.

도가에 대한 이규보의 탐독과 경도는 장자의 글쓰기 방식인 寓言에 대한 이해 역시 상당 수준에 올라 있었음을 암시한다.[6] 실상 우언이라고 명시하지는 않았지만, 그의 문집에 보이는 글들은 그같은 추정을 뒷받침한다. <書韓愈論雲龍雜說後>를 보자.

> 한유의 설에 이르기를 "龍이 기운을 토하여 구름을 이룬다. 구름 또한 靈怪하니, 이것은 용이 그렇게 만든 것이다. 그러나 용의 신령함은 구름이 그렇게 만든 것이 아니다. 그렇지만 용이 구름을 타지 않으면 그 靈異함을 신묘하게 할 수 없으니, 그 의탁한 바는 스스로 하는 것이다."라고 하였다. 한유의 설은 이와 같다.
>
> 나는 이렇게 말한다.
>
> "용만 그런 것이 아니라 사람도 역시 그러한데, 용만 말하고 사람은 말하지 않았으니, 그것은 무슨 까닭인가? 한유의 의사를 자세히 음미해보면, 용으로써 사람을 비유한 것이다. 사람을 비유하면서 직접 사람을 말하지 않은 것은

---

4) "凡經史百子 一覽輒記" "三敎奧旨 無不該通" 鄭芝, 「誄書」, 『東國李相國集』 後集 卷終. 『한국문집총간』 2, pp.257~258.

5) 박희병, 「이규보의 道家思想」, 『한국의 생태사상』, 돌베개, 1999, pp.39~64.

6) 윤주필은 한문문명권의 글쓰기 방식으로 유가의 '正名論'과 불가의 '假名', 도가의 '無名論'을 들고, 우언 글쓰기의 연원을 도가에서 찾았다. *cf.* 윤주필, 「우언 글쓰기의 원리와 적용 자료의 범위 연구」, 『韓國漢文學硏究』 28, 韓國漢文學會, 2001, pp.8~13.

> 뜻에 함축한 바를 두고 곧바로 누설하지 않은 것이다.
>
> 대저 찬란한 문장이나 울창한 詞氣는 모두 사람이 스스로 토하는 것이다. 錦繡나 羅縠처럼 현란하고 高峯이나 絶岸처럼 우뚝하며, 펴기도 하고 말기도 하며 붉기도 하고 푸르기도 하는 것이 모두 구름이 紛紜히 열렸다 합쳤다 하여 천태만상으로 되는 것과 같으니, 곧 영괴하다고 할 수 있다. 그 신령함이란 바로 사람이 스스로 하는 것이요, 문장과 재예가 능히 사람을 신령하게 하는 것은 아니다. 그러나 사람이 문장과 재예에 의탁하지 않으면 역시 그 신령함을 신묘하게 할 수 없는 것이다.
>
> 또 乖龍은 능히 구름을 일으키지 못하고 오직 神龍이라야 일으킬 수 있으니, 구름이 그 용을 신령하게 하는 것이 아님이 분명하다. 그러나 용은 구름을 타지 않으면 그 신령함을 신묘하게 할 수 없다. 庸人은 능히 문장과 詞氣를 토하지 못하고 오직 奇人이라야 토할 수 있으니, 문장이 능히 사람을 신령스럽게 하지 못함도 역시 자명한 것이다. 그러나 사람도 문장에 의탁하지 않으면 역시 그 신령함을 신묘하게 할 수 없으니, 神龍과 詩人의 변화는 동일한 것이다. 이것으로써 한유의 은미한 뜻을 누설하는 바이다."[7]

한유는 용과 구름의 관계만을 말하였을 뿐 그 이상에 대해서는 일절 언급하지 않았다. 이규보는 한유가 드러내지 않고 글 속에 은미하게 기탁해 놓은 뜻을 구체적으로 펼쳐 보임으로써 <잡설>에 대한 나름의 해석을 시도하였다.

이규보는 龍 가운데 神龍만이 구름을 토해내듯 사람도 奇人만이 文章

---

7) "愈之說曰 龍嘘氣成雲 雲亦靈怪矣 龍之使能爲靈也 若龍之靈 非雲之所使靈也 然龍不乘雲 無以伸其靈 異乎 其所憑依 乃所自爲也 韓之說如此 予謂之曰 非獨龍也 人亦猶爾 言龍而不及人 何也 詳味韓之意 以龍而喩人 喩人而不及人 欲令意有所畜而不直洩也 夫粲乎文章 鬱乎詞氣 皆人之所自吐也 絢焉爲錦繡羅縠 峭焉爲高峯絶岸 舒也卷也彤也靑也 皆類雲之紛紜翕霍千狀萬態也 則可謂靈怪矣 其靈也 乃人之所自爲 而非文章才藝之能靈人也 然人不憑文章才藝 亦無以伸其靈也 且乖龍不能興雲 唯神龍然後興之 則非雲之靈其龍審矣 然龍不乘雲 無以神其靈 庸人不能吐文章詞氣 唯奇人然後吐之 則文章之不能靈人亦審矣 然人不憑文章 亦無以伸其靈 則神龍與詩人之變化一也 請以此洩韓之微也"『東國李相國集』권 22,「書韓愈論雲龍雜說後」,『한국문집총간』1, p.522.

과 詞氣를 토해낼 수 있다고 하였다. 또 구름이 용을 신령스럽게 만드는 것이 아니고 문장이나 才藝가 사람을 신령스럽게 하는 것은 아니지만, 구름을 타지 않으면 신룡은 그 영이함을 신묘하게 할 수 없고, 문장이나 재예에 의탁하지 않으면 시인 역시 그 신령함을 신묘하게 할 수 없다는 점에서, 神龍과 詩人의 변화를 동일한 것으로 파악하였다. 그 결과 이규보는 한유가 <잡설>에서 말한 龍은 사람, 그 중에서도 특히 詩人을 빗댄 것으로 이해할 수 있다고 주장한다.

이와 같은 이규보의 해석은 설혹 한유가 말하고자 했던 본래의 뜻과 거리가 있더라도, <잡설>의 독법 가운데 하나로서 그 나름의 의의를 지닌다고 할 수 있다. 그러나 그보다 더 중요한 것은 이규보가 '藉外論之'[8]라는 우언의 본질을 이해하고 있었다는 점이다. 우언은 본래 實事를 직설적으로 이야기하는 것이 아니라 가상의 사물이나 사람 또는 이야기를 통해 자신이 전달하고자 하는 뜻을 부치는, 우회적인 이야기 방식이다. 따라서 글의 참된 의미는 제시된 이야기를 토대로 독자 자신이 스스로 유추하여 이해해야 한다.[9] 이규보가 용과 구름의 관계를 유추하여 시인과 문장의 관계로 해석하였다는 사실은 곧 한유의 <잡설>을 우언으로 이해하였음을 말한다. '뜻에 함축한 바를 두고 곧바로 누설하지 않는 것'이 곧 우언의 진술방식이기 때문이다.

이규보는 이와 같은 우언의 진술방식을 일상적인 글쓰기에 두루 활용하였다. 문집에 전하는 서간문에서 그같은 사례를 찾아 볼 수 있다.

---

8) 『莊子』 寓言 제27.

9) 宋의 陳櫟(1252~1315)은 『장자』의 우언에 대하여 다음과 같이 말한 바 있다. "寓言이라는 것은 사물과 사람에 기탁에서 말하는 것이다. 그러므로 우언에서 이야기되는 사물은 참으로 그러한 사물이 꼭 존재해야 하는 것이 아니고, 우언에서 이야기되는 사람과 그 사람의 말 또한 실제로 그 사람과 그 말이 꼭 있어야 하는 것이 아니다. 우언은 허탄하고 기괴하며, 우습기도 하고 탄식할 만하기도 하며, 괴상하기도 하고 놀랍기도 하니, 독자는 이를 미루어 자신의 뜻으로 이해해야 한다.[寓言者 寄寓於事物與人而言也 故凡所言之事與物 未必眞有此事物 所言之人與其人之所言 未必眞有此人此言 虛誕奇譎 可喜可嘆 可怪可愕 讀者推以意會之]" 『定宇集』 권 1, 「莊子節註序」(정재철, 「『詳說古文眞寶大全』연구」, 『韓國漢文學研究』 32, 韓國漢文學會, 2003, p.33에서 재인용).

㉠ 비유하건대, 남이 곤궁한 것을 애처롭게 여기는 사람이 있어, 자기 힘으로는 구제하지 못하고, 부자의 집에 도탑게 말을 하여 거기서 조금 빌어다가 위급함을 구제하려 했으나, 부자가 인색하여 마침내 주지 않으려고 했는데, 그 사람도 부유해져 그 부자와 같게 되었다면 곤궁한 사람이 스스로 생각하기를 "그 전에 구제할 능력이 없으면서도 오히려 남에게 빌어다가 구제하려 하였는데, 어찌 그가 자신이 부유하면서 나에게 생각이 미치지 않겠는가! 金玉과 錢貨를 반드시 그 절반은 나누어 줄 것이다."라고 합니다. 곤궁한 사람의 생각이 이러하되, 가령 그 사람이 마침 잊고 주지 않는다면, 그 때에 발끈 안색을 바꾸며 곧 떠나버려야 합니까? 아니면 조금 더 머무르며 기다려야 합니까?[10]

㉡ 옛적에 두 사람이 같이 가는데, 한 사람은 잘 달리고 한 사람은 절뚝거렸습니다. 앞에서 마침 貴人이 오고 있었는데, 잘 달리는 사람이 귀인에게 욕을 해대고 지나갔습니다. 귀인이 눈을 들어 보기도 전에 그는 빨리 달려 피하였습니다. 그러자 귀인은 절뚝거리는 사람이 욕한 것으로 짐작하고, 그를 잡아 묶어 놓고 몹시 몽둥이질을 하고야 말았습니다.[11]

㉠은 이규보가 자신을 文翰의 職에 補해 주기를 청하는 편지 <上崔相國詵書>이고, ㉡은 모함을 당하고도 발명하지 않았던 자신의 진심을 토로한 편지 <上晉康公書>이다. 그러나 ㉠과 ㉡ 모두 그러한 사실을 직설적으로 털어놓지 않았다. 엉뚱한 사람들의 이야기를 가져왔을 뿐이다. ㉠과 같은 이야기를 들은 사람이라면 누구나 '깜빡 잊었던 사람이 곧 그를

10) "譬如人有哀人之窮者 力不能自賑 惇惇告於富者之家 欲丐其毫釐 以濟其急 富者吝而終不肯與 及其人之富與彼富者侔 則窮者自以爲向無賙救之資 猶欲丐諸人 豈其自富而有不及於我耶 金玉錢貨 必分其半而與之矣 窮者之忖度如此 假使其人偶忘而不與 則當其時勃然作色而便去耶 小留而有待耶" 『東國李相國集』 권 26, 「上崔相國詵書」. 『한국문집총간』 1, p.566.

11) "昔有二人同行 一人善走 一人跛行 前有貴人來者 善走者罵之 未及其擡眼而疾走避之 貴人擬其跛者之所罵 乃收捕繫縛 大加捧搖而後已" 『東國李相國集』 권 27, 「上晉康公書」. 『한국문집총간』 1, p.575.

도와줄 것이니 조금 기다려 보라'고 할 것이고, ㉡을 들은 사람이라면 누구든 아무런 죄 없이 붙들려 몽둥이질을 당한 절름발이를 동정할 것이다. 그런 즉 지난 날 趙永仁, 任濡, 崔讜 등과 함께 闕下에 箚子까지 올려 이규보를 천거하였던 崔詵이 이제 상국의 자리에 올라 나라의 權柄을 쥐고 있는 상황에서, 그가 37세가 되도록 변변한 벼슬자리 하나 하고 있지 못한 이규보를 깜빡 잊고 써주지 않았다고 해서 지금 당장 모든 것을 포기하고 농사를 짓겠다며 돌아가면 되겠는가? 더구나 지금은 文翰의 職에 闕員이 있는 상태이다. 이규보가 최선에게 편지를 보낸 것은 자신을 그 자리에 써 달라고 청탁하기 위한 것이었다. 바로 그같은 목적을 상대방의 비위를 거스르지 않고 이루어내기 위한 수단으로 활용된 것이 우언 ㉠이다. 그런가 하면 우언 ㉡을 통해 이규보는 자신의 무고함을 호소하기도 하였다. 崔忠獻의 주장과 다른 의견을 냈던 것은 이규보 자신이 아니었음에도 불구하고, 掾吏가 그를 지적한 것은 과거의 사사로운 혐의 때문이었다. 그럼에도 불구하고 이규보는 이 문제에 대하여 발명하지 않았으니, 그것은 동료간의 우의를 생각해서였다. 뿐만 아니라 그러한 異見은 누가 이야기하든 죄를 물을 성격의 것이 아님을 강조한다. 서로 눈치만 보고 이야기하기를 꺼린다면 올바른 국론이 어디에서 나오며, 잘못된 것을 어떻게 바로잡을 수 있겠는가? 그런 즉 자신을 절름발이처럼 억울하게 몽둥이를 맞게 해서는 안 되지 않겠느냐는 것이다.

우언이 혼란한 시대상황 속에서 혹 있을지도 모르는 筆禍나 口禍를 의식하는 한편, 독자의 심리를 이용하여 상대방의 비위를 거스르지 않고 돌려서 깨우치게 하거나 믿게 만드는 이야기 방식임을 염두에 둔다면,[12] 이규보의 이와 같은 편지들은 그러한 우언의 본질을 정확히 간파하고 활용한 것이라고 하겠다. <投趙郎中冲書>는 일상적인 글쓰기에서 이규보가 우언을 얼마나 적극적으로 활용했는가를 보여주는 대표적인 사례이다.

모월 모일 모는 듣건대, 살결이 풍만하고 매끄러워 한 번 웃으면 갖가지 교

12) *cf.* 安秉卨, 「寓言의 文學的 受容에 대하여」, 『論文集』 12, 國民大, 1977, pp.100~103.

> 태가 이는 사람은 천하의 미녀인데, 이런 사람은 비록 천만 사람을 중매 세워 맞으려 하여도 오히려 가볍게 허락하려 들지 않고, 설혹 鉅公 貴人에게 굄을 받게 되더라도 그다지 별로 기뻐하지 않으니, 이 어찌 그 姿色이 아름다움을 믿기 때문이 아니겠습니까! 불거진 이마에다 언청이에 절름발이에 곱사인 사람은 천하에 추악한 여자로, 그가 시집갈 데란 천한 사람이나 장사치인데, 아름답게 생긴 장부가 잘못 한 번 괴게 되면, 그 여자는 스스로 기쁨을 이기지 못하여 다시 분을 더 바르고 비녀와 귀고리를 더욱 꾸미며 항시 남에게 자랑하게 됩니다. 장부가 그 말을 듣고서 부끄러움을 견디지 못하여 다시 만났을 때는 이맛살을 찌푸리고 침 뱉으며 한번 돌아다보려고 하지도 않고 가버린다면, 그 여자는 제가 추하게 생긴 줄도 모르고 밤낮으로 울부짖어 소리가 이웃에까지 들려 사람들이 모여들어 위로해 주게 됩니다. 장부는 또 그럴까 두려워 다시 후하게 대접하여, 금이나 비단 등을 주고, 드디어 집을 마련하여 거처하게 하면 천하의 얼굴 고운 娼婦들이 모두 그가 신의 있음을 칭찬하며, 제각기 꾀하기를 "그 장부는 추한 여자를 괴었어도 오히려 차마 버리지 못하는데, 더구나 우리 같은 사람들이겠는가!"하며, 이에 비단옷을 잘잘 끌고 향내를 풍기면서 앞을 다투어 달려들기를 오히려 뒤처질까 염려하니, 두어 해가 못 가서 오나라의 吳娃나 송나라의 宋艶 같은 미인들이 모두 그의 집에 모이게 될 것입니다.[13)]

이규보는 郎中 趙冲에게 보낸 편지 첫머리부터 난데없이 이마는 툭 튀어나오고 입은 언청이에다가 절름발이이고 곱사등이인 그야말로 세상에서 가장 추악한 여인의 이야기를 가져왔다. 어느 누구 하나 그 여인에게

13) "月日 某聞豊肌膩理 一笑千態者 天下之美女也 此則雖千百人媒之娉之 尙不肯輕許 脫得嬖於鉅公貴人 亦不甚痛喜者 豈恃其姿色之靡曼歟 推類齞脣 旁行傴僂者 天下之醜婦人也 其所與嫁 不過傖父販兒耳 旺旺然丈夫誤而一御 則彼婦人喜不自已 更加塗澤 益飾簪珥 常詫於人矣 丈夫聞之 不勝其恥 更遇焉 深矉且唾 莫肯一廻眄而去 彼婦人不自知其醜也 日夜啼泣 聲殷隣里 至令人環聚而唁焉 丈夫懼其不已也 更厚遇之 贈之以金帛之資 遂館而置焉 天下之有色倡婦 皆多其有信 各自謀曰 某丈夫御一醜婦 猶不忍棄 況如吾輩者乎 於是曳羅縠蘊蘭麝 爭先焉猶恐其後 不數年 吳娃宋艶之美 皆萃於其家矣"『東國李相國集』 권 26, 「投趙郎中冲書」. 『한국문집총간』 1, p.567.

는 눈길을 주지 않았을 것이니, 그 여인의 짝이 될 만한 인물이라고는 천하디 천한 사람이거나 장사치밖에는 없었을 터, 그녀도 그렇게 생각하고 살아갔다. 그런데 어느 날 아름다운 장부가 그녀를 한 번 사랑해주자, 그녀는 기쁨을 이기지 못하였다. 그래서 매일같이 곱게 치장하고 자신의 사랑을 자랑하며 다녔다. 장부가 그 소식을 듣고 부끄러움을 견디지 못해, 다음에 만나서는 이맛살을 찌푸리고 침을 뱉으며 돌아보지도 않았다. 그러자 여인은 서러움에 울부짖었고, 그 애처로운 울음소리는 이웃 사람들의 동정을 샀다. 장부는 사태를 무마하기 위하여 마침내 여인에게 집을 마련해주고 거처하도록 하였다. 장부와 여인 사이의 이 일이 알려지자, 세상의 아리따운 여인들이 남에게 뒤질세라 너도나도 장부에게 달려왔다는 이야기이다.

이규보는 조충에게 보내는 편지에서 왜 이 이야기를 꺼냈을까? 그는 자신을 이마가 툭 튀어나오고 입은 언청이에다가 절름발이이고 곱사등이인 여인에 빗대고, 조충을 아름다운 장부에 비하였다. 결국 자신을 등용해주지 않으면 밤낮 울부짖으며 원망하는 여인처럼 자신도 그렇게 원망을 할 터이니, 그렇게 되면 선비를 좋아한다던 조충의 명성에 누가 될 것이라는 은근한 압박이다. 게다가 자신을 등용해주면 그보다 뛰어난 글재주와 德義를 가진 무리들이 다투어 몰려들 것이니, 그같은 효과를 지닌 일을 어찌 하지 않을 수 있겠느냐는 강권이다. 이는 마치 燕나라 昭王에게 郭隗가 들려주었던 '買駿骨'과 상통하는 우언이라 하겠다.[14] 이규보는 이처럼 일상적인 글쓰기에서 우언을 두루 활용함으로써 상대방의 비위를 거스르지 않으면서 자신의 뜻을 성공적으로 전달할 수 있었다.

Ⅲ. 현실에 대한 풍자와 새로운 이념의 모색

앞에서 살펴본 우언은 한 편의 독립된 글로 작성된 것이 아니라, 편지

14) 『戰國策』 燕策一. *cf.* 윤승준, 『우언의 재미와 교훈』, 월인, 2000, pp.53~55.

글의 일부로 활용된 것들이었다. 그에 비하여 여기에서 살펴보게 될 우언들은 다른 글의 일부로 삽입되어 있는 것이 아니라, 그 자체로 완성된 한 편의 독립된 글이라는 점에서 우언에 대한 분명한 의식을 가지고 창작된 것들이라고 할 수 있다. 그런 점에서 이규보의 우언은 중국의 유종원 우언이 차지하는 문학사적 위상에 상응하는 지위를 부여받아 마땅하다고 할 수 있다.[15]

이규보의 우언 작품으로는 앞에서 살펴본 3편의 편지 외에 <畏賦>, <土靈問>, <異相者對>, <慵諷>, <麴先生傳>, <淸江使者玄夫傳>, <鏡說>, <舟賂說>, <虱犬說>, <壞土室說>, <理屋說>, <答石問>, <問造物> 등 13편을 거론할 수 있다. 여기에서는 이 가운데 假傳 2편을 제외한 11편을 논의의 대상으로 한다.[16]

우언은 본래 말하기 또는 글쓰기의 원리 내지 방식이라는 점에서 기존의 양식 내지 문체를 자유롭게 활용하며 창작되어 왔다. 이규보의 우언 역시 賦와 問對, 假傳, 說 등 기존의 다양한 양식과 문체를 활용하고 있다. 이규보는 이들 다양한 양식과 문체를 활용하여 당대 현실의 병폐와 문제점을 지적하고, 기존의 이념을 넘어서는 새로운 세계관을 모색하는 한편, 인간의 본성과 자연의 본질을 되돌아보게 하는 우언을 창작하기도 하였다. 부정적 세태 내지는 당대 사회의 문제점을 지적한 풍자우언으로 <慵諷>, <舟賂說>, <理屋說>을 거론할 수 있지만, <異相者對>, <鏡說>, <虱犬說> 등 이규보 우언의 대부분은 기존의 이념이나 세계관과는 다른 새로운 이념 내지 세계관을 모색한 哲理寓言이다. 이 점은 이규보 우언의

15) 유종원은 당대 현실에 바탕을 둔 전형적 형상의 창조와 부패한 사회현상에 대한 신랄한 풍자를 통해 이전에는 볼 수 없었던 우언의 새로운 경지를 개척하였을 뿐 아니라 독립된 문장으로 독립된 제목을 사용하여 우언을 창작한 첫 번째 작가이며, 정밀하고 정확한 묘사를 통해 우언 형상을 창조해냈다는 점에서 높이 평가되고 있다. *cf.* 천푸칭 씀, 오수형 옮김, 『중국우언문학사』, 소나무, 1994, pp.232~241.

16) 假傳에 대해서는 기존의 연구성과가 많이 축적되어 있고, 그 성격이 여타의 우언작품들과는 또다른 특성을 가지고 있어 별도로 논의할 필요가 있기에 논의대상에서 제외한다. 윤주필은 이규보의 <국선생전>과 <청강사자현부전>을 '골계우언'으로 분류한 바 있다. *cf.* 윤주필, *op. cit.*, p.28.

특징 가운데 하나라고 할 수 있다.

1. 부정적 현실과 세태에 대한 풍자 : 諷刺寓言의 세계

풍자는 현실과 이상의 차이를 날카롭게 인식한다.17) 뿐만 아니라 이상에 미치지 못하는 현실을 부정하고 그것을 교정하는 데 목적을 두는 것이 풍자이다. 풍자우언에 보이는 이규보의 현실 인식은 결코 긍정적이지 않다. 만족할 수 없는 현실이었기에 그같은 불만을 해소하기 위한 방편으로 창작한 것이 그의 풍자우언이었다고 하겠다. <舟賂說>부터 보기로 하자.

> 李子가 남쪽으로 어떤 강을 건너는데, 때마침 배를 나란히 해서 건너는 사람이 있었다. 두 배의 크기도 같고 사공의 수도 같으며, 배에 탄 사람과 말의 수도 거의 비슷하였다. 그런데 조금 후에 보니, 그 배는 나는 듯이 달려서 벌써 저쪽 언덕에 닿았지만, 내가 탄 배는 오히려 머뭇거리고 전진하지 않았다. 그래서 그 까닭을 물었더니, 배 안에 있는 사람이 말하기를
> "저 배는 사공에게 술을 먹여서 사공이 힘을 다하여 노를 저었기 때문이오."
> 라고 하였다. 나는 부끄러워하지 않을 수 없었다. 이어 탄식하기를
> "아, 이 조그마한 배가 가는 데도 오히려 뇌물의 있고 없음에 따라 遲速·先後가 있거늘, 하물며 벼슬을 경쟁하는 마당에 있어서랴? 나의 수중에 돈이 없는 것을 생각하매, 오늘날까지 하급 관직 하나도 얻지 못한 것이 당연하구나."
> 라고 하였다. 이것을 기록하여 후일의 참고로 삼으려 한다.18)

배를 타고 강을 건너면서 겪게 된 이야기를 소재로 창작한 우언이다.

---

17) Arthur Pollard 著, 宋洛憲 譯, 『諷刺』, 서울대학교출판부, 1979, p.7.

18) "李子南渡一江 有與方舟而濟者 兩舟之大小同 榜人之多少均 人馬之衆寡幾相類 而俄見其舟離去如飛 已泊彼岸 予舟猶遭廻不進 問其所以 則舟中人曰 彼有酒以飮榜人 榜人極力蕩槳故爾 予不能無愧色 因歎息曰 嗟乎 此區區一葦所如之間 猶以賂之之有無 其進也有疾徐先後 況宦海競渡中 顧吾手無金 宜乎至今未霑一命也 書以爲異日觀" 『東國李相國集』 권 21, 「舟賂說」. 『한국문집총간』 1, p.507.

이규보 자신이 직접 경험한 일이기 때문에, 그로부터 깨닫게 된 당대 현실의 부정과 폐단은 가슴 깊이 각인되었으리라고 짐작할 수 있다. 기존의 권위와 문벌을 부정하고 能文能吏를 중시한다고 표방하였음에도 불구하고, 실제 현실은 여전히 구태를 답습하며 부정이 횡행하고 있었던 것이다.[19] 이상과 현실 사이의 괴리를 깨닫는 순간 이규보는 현재 자신이 처한 위치를 재발견하게 된다.

현실의 병폐에 대한 인식은 정치 문제로까지 확대된다. 퇴락하여 더 이상 버틸 수 없게 된 행랑채 세 칸을 수리하면서 새롭게 깨달은 사실을 우의한 <理屋說>은 그같은 문제 의식의 확산을 보여준다. 집을 수리하다보니, 비가 샌 지 오래된 것은 서까래 · 추녀 · 기둥 · 들보가 모두 썩어서 경비가 많이 들어간 데 비해, 비가 샌 지 얼마 되지 않은 것은 다행히도 재목들이 온전하여 기와만 새로 얹어 다시 쓸 수 있었다. 이규보는 사람의 몸과 나라의 정사를 이와 등치시킨다.

> 사람의 몸에 있어서도 역시 마찬가지다. 잘못을 알면서도 곧 고치지 않으면 몸을 망가뜨리는 것이 나무가 썩어서 못쓰게 되는 것 이상이 될 것이고, 잘못이 있더라도 고치기를 꺼려하지 않으면 다시 좋은 사람이 되는 것이 집 재목이 다시 쓰일 수 있는 것 이상이 될 것이다. 나라의 정사 또한 이와 마찬가지다. 모든 일에 있어서 백성에게 심한 해가 될 것을 머뭇거리고 개혁하지 않다가 백성이 못 살게 되고 나라가 위태롭게 된 뒤에 갑자기 변경하려 하면 곧 붙잡아 일으키기가 어렵다. 삼가지 않을 수 있겠는가?[20]

현존하는 병폐는 한시라도 서둘러 개혁할 일이지, 고식지계로 일관하다가 끝내 치유 불가능한 고질이 되게 해서는 안 된다는 주장이다. 풍자

19) 金鎭英은 이 점을 주목하여 <舟賂說>은 "타락한 세상의 기강을 비판"한 작품이라고 평가하였다. 金鎭英, 『李奎報文學硏究』, 集文堂, 1984, p.168.

20) "其在人身亦爾 知非而不遽改 則其敗已 不啻若木之朽復不用 過勿憚改 則未害 復爲善人 不啻若屋材可復用 非特此耳 國政亦如此 凡事有蠹民之甚者 姑息不革 而及民敗國危 而後急欲變更 則其於扶越也難哉 可不愼耶" 『東國李相國集』 권 21, 「理屋說」. 『한국문집총간』 1, p.508.

가 그릇된 현실의 교정을 목적으로 한다면, 이규보에 있어 우언은 그같은 목적을 실현하기 위한 긴요한 수단이었다.

풍자는 겉과 속이 다른 사물의 본질을 숨김없이 제시함으로써 현상 뒤에 감추어져 있는 진실을 폭로하기도 한다.[21] 그래서 사물에 대한 그릇된 통념이나 인식을 바로잡을 수 있게 한다. <주뢰설>이나 <이옥설>이 서로 다른 대상 간에 존재하는 공통적 속성을 근거로 類比關係를 형성함으로써 우의를 기탁하는 방식을 취했다면, <慵諷>은 감추어진 속마음을 숨김없이 드러냄으로써 겉과 속이 다른 居士의 허울을 풍자하는 방식을 취하고 있다.

<용풍>에 등장하는 거사는 집이 풀숲에 파묻혀도 깎을 줄 모르고 책에 좀이 생겨도 펼쳐볼 줄 모르며, 머리가 헝클어져도 빗질할 줄 모르고 몸에 병이 생겨도 치료할 줄 모르는 게으름뱅이이다. 그렇다고 거사가 자신의 게으름을 모르는 것도 아니다. 스스로 게으르다는 사실을 알면서도 이를 고치려 하지 않는다. 모든 일에 게으르다보니 게으름을 고치는 일조차 게으름을 피워 스스로 고치지 않고 손[客]에게 게으름을 고칠 묘안을 일러달라고 부탁한다. 그러나 묘안을 일러준다 한들 게으른 거사가 게으름을 고칠지는 알 수 없다. 문제는 게으름을 고치고자 하는 마음이 없다는 것이다. 그런 거사에게 손은 다음과 같은 처방을 내놓는다.

> "내가 오랫동안 거사의 부드러운 웃음소리와 은미한 말을 듣지 못했는데, 때는 바야흐로 暮春이라. 새는 동산에서 지저귀고 날씨는 화창하며 온갖 꽃들이 만발하였네. 내게 밥알이 동동 뜬 좋은 술이 있는데 그 향기가 방에 가득하고 훈기는 독에 넘치네 그려. 혼자서 마시자니 마음에 미안쩍네. 그대가 아니면 누구와 함께 마시겠는가? 우리집 侍兒는 소리를 잘 하고 생황도 잘 불며 비파도 잘 타니 차마 혼자 듣기가 아깝네. 그대를 기다리나 그대가 가기를 꺼릴까 염려되네. 잠깐 갈 생각이 없는가?"
>
> 거사는 매우 기뻐서 옷을 떨쳐 입고 일어나며

---

21) *cf.* Arthur Pollard, *op. cit.*, p.26.

"그대가 노쇠한 나를 괄시하지 않고 맛좋은 술과 어여쁜 자색으로 답답한 마음을 위로하려고 하는데 내 어찌 굳이 사양하겠는가?"

하고, 이에 허리띠를 매되 행여 늦을세라 서둘러 매고, 신을 신되 행여 더딜세라 재촉해서 신고는 급히 나서서 가려 하니, 손[客]은 갑자기 게으른 태도를 보이고 입마저 게을러서 대답하지 못할 것같이 하더니, 조금 있다가 다시 태도를 고치고 말하였다.

"그대가 이미 나의 청을 승낙하였으니 고칠 수는 없을 듯하네. 그러나 그대가 전에는 말이 게으르더니 지금은 말이 급하고, 전에는 돌아보는 동작이 게으르더니 지금은 돌아보는 동작이 근실하며, 전에는 걸음이 게으르더니 지금은 걸음이 빠르니, 아마도 그대의 게으른 병이 지금부터 다 나을 것 같네. …(후략)"22)

사태의 본질을 정확히 꿰뚫어 본 손[客]은 거사의 게으름을 단숨에 바로잡는다. 거사의 게으름은 병으로 말미암은 결과가 아니라, 하고자 하지 않는 자신의 속마음을 숨기기 위한 핑계일 뿐이다. 그 핑계 하나면 모든 것에 게으름을 피워도 탓할 사람이 없으니 거사로서는 이처럼 편리한 삶의 방편이 없다. 무소불통의 만병통치약인 것이다. 그러나 손은 거사가 더 이상 핑계를 구실삼아 게으름을 부릴 수 없는 묘안을 생각해낸다. 거사는 여기에 보기 좋게 걸려들고, 마침내 그의 속마음을 들켜버리고 만다. 酒色이라는 嗜慾에는 그토록 민첩하면서도 仁義를 닦는 일은 철저히 외면하여 온 거사의 속마음이 일순간 발각되고 마는 것이다. 嗜慾에 눈이 멀어 허둥대는 거사는 결국 만천하에 자신의 본색을 드러내게 된다. <용풍>이

22) "僕久不聞居士之軟笑微言 今者暮春之辰 鳥鳴于園 風日駘蕩 雜花綺繁 僕有美酒 玉蛆浮動 其香也蒲室 其氣也撲甕 獨酌不仁 非君誰共 家有侍兒 善爲鄭聲 旣工吹笙 又擊胡箏 不忍獨聽 亦以待先生 然恐先生之憚其枉駕也 其無意於暫行乎 居士欣然拂衣而起曰 子以老夫 不謂耄且衰 欲以甘口之藥 希代之姿 慰其鬱鬱之思 老夫亦何敢固辭 於是束腰以帶 猶恐其晩 納踵於履 猶恐其遲 汲汲然出而將歸矣 客忽然有慵態 口亦慵而似不能對 俄復翻然告曰 子旣頷吾請 似不可改 然先生昔言之慵也 今之言也緊 昔顧之慵也 今之顧也謹 昔步之慵也 今之步也迅 豈先生之慵病從此而欲盡乎 …(후략)" 『東國李相國集』 권 20, 「慵諷」. 『한국문집총간』 1, pp.499～500.

빼어난 문학성을 지닌 풍자우언이 될 수 있었던 것은 바로 그 과정을 독자들로 하여금 놓치지 않고 바로 옆에서 지켜보는 것처럼 엿볼 수 있게 해 놓았기 때문이다.

일찍이 맹자는 '하지 않는 것[不爲]'과 '할 수 없는 것[不能]'을 구분하였다. 泰山을 옆구리에 끼고서 北海를 건너뛰라고 할 때 '할 수 없는 것'이라고 한다면 이것은 정말로 '할 수 없는 것'이지만, 어른을 위하여 팔다리를 주무르라고 하는데 '할 수 없는 것'이라고 한다면 이는 '하지 않는 것'이지 정말로 '할 수 없는 것'은 아니라는 것이다.[23] 거사가 인의를 닦지 아니하고 게으름을 피웠던 것은 하지 않은 것이지 할 수 없었기 때문이 아니다. <용풍>은 가공의 두 인물, 즉 게으름을 피우는 居士와 그 병을 고치는 묘안을 고안한 손[客]을 설정하여 표리부동한 인간 세태를 풍자한 수준 높은 우언이라 하겠다.

2. 새로운 이념의 모색과 도가사상의 정립 : 哲理寓言의 세계

이규보의 우언은 대부분 대립적인 의견을 가진 두 인물을 설정하고, 그들 사이에서 발생한 문제를 문답의 방식을 통해 해결하는 과정에서 기존의 통념을 부정하고 새로운 이념과 가치를 모색한다는 공통적인 구조를 가지고 있다.[24] 이와 같은 구조는 기존의 이념이나 세계관에 대한 시비와 논쟁을 통해 새로운 대안을 모색하는 데 매우 유용하다. 그러나 이는 또한 기존의 이념이나 세계관에 대한 도전이요 부정이라는 점에서 기존 세력의 강력한 반발을 야기하기 때문에 적지 않은 위험도 감수해야 한다.

---

23) "曰 不爲者與不能者之形 何以異 曰 挾太山以超北海 語人曰 我不能 是誠不能也 爲長者折枝 語人曰 我不能 是不爲也 非不能也"『孟子』「梁惠王章句」下.

24) 이강엽과 양승민은 각각 이같은 구조를 가진 산문을 각각 '문답체 산문' 또는 '의론체 산문'이라고 이름하고, 이들의 서사화 가능성과 문답식 구조의 의의를 고찰하였다. 이들은 문답체 또는 의론체 산문이 강한 이념성과 논쟁적 성격을 갖고 있음에도 불구하고, 서사화 내지 허구화의 과정을 밟아갔으며, 문답식 구조는 서사화 내지 허구화의 징표로서 중요한 의의를 갖는다고 하였다. *cf.* 李康燁, 「問答體 散文의 敍述者 개입 양상과 敍事化」, 『韓國漢文學硏究』 19, 韓國漢文學會, 1996, pp.441~475. ; 양승민, *op. cit.*, pp.81~84.

이규보가 우언을 적극적으로 활용한 이유도 여기에 있다.[25)]

1) 전환적 사고의 가치

이규보의 철리우언 가운데 <畏賦>와 <異相者對>, <鏡說> 세 작품은 사고의 전환을 통해서 기존의 사고로는 경험할 수 없었던 사물에 대한 새로운 차원의 인식을 열어 보이고 있다. 그런 점에서 이들 세 작품은 새로운 이념 내지 세계관 모색의 절실한 필요성을 우의한다고 할 수 있다.

賦의 양식을 활용한 <畏賦>[26)]에서는 비주체적 사고에서 주체적 사고로의 전환을 우의하고 있다. 獨觀處士는 冲默先生과의 대화를 통해 참으로 두려워할 것이 무엇인가를 깨닫는 인물로 등장한다. 본래 그는 충묵선생과는 전혀 다른 생각을 가지고 있던 인물이었다. 모든 동물이 다른 부류를 두려워하는 것은 자신의 목숨을 아끼기 때문이라고 여겼으며, 사람도 이와 마찬가지여서 임금은 하늘을, 신하는 임금을, 비천한 사람은 고귀한 사람을, 뒤처진 자는 앞선 자를 각각 두려워한다고 믿었다. 때문에 이런 세상에 자기처럼 하잘것없는 사람은 어디를 가든 두렵지 않은 곳이 없으니, 이 세상에서 벗어나 壙埌之墟에 가 노닐고 싶어 한다. 그러나 충묵선생은 하늘의 위엄이나 천자의 고귀함, 포악하고 힘센 자객이나 날랜 호랑이, 그 어떤 것도 두려워할 바가 아니라고 일깨워준다. 正道를 지키고 속이지 않으며, 법도에 맞게 하고 마음을 비워 상대방을 거스르지 않으면, 누가 나를 해치겠느냐는 것이다. 그런 즉 두려워해야 할 것은 남[物]이 아니라 나 자신이니, 무엇보다도 榮辱의 근원인 입을 조심하라고 한다.[27)] '獨觀'과 '冲默'이라는 명명을 통해 짐작할 수 있듯, 독관처사는 충묵선생과의 대화를 통해 편협하고 종속적인 사유, 비주체적 사유의 세계에서 벗어나 심오하고 자유로운 사유, 주체적 사유의 세계로 나아가게 되고, 그에

---

25) 물론 이강엽이 지적한 바와 같이 우언을 통한 형상화는 추상적인 논변에 빠지지 않게 하는 데 기여하기도 한다. *cf.* 李康燁, *op. cit.*, pp.468~469.

26) 『東國李相國集』 권 1, 「畏賦」. 『한국문집총간』 1, pp.293~294.

27) 이 점에 주목한 金鎭英은 <畏賦>을 "處世訓으로서 諷諫의 뜻"을 담은 작품이라고 평가하였다. *cf.* 金鎭英, *op. cit.*, pp.156~160.

따라 이전과는 다른 새로운 인물로 거듭나게 된다.

한편 <異相者對>[28]는 겉으로 드러난 현상에 대한 피상적 이해를 넘어 현상 너머에 존재하는 본질에 대한 통찰을 우의한 작품이다. <이상자대>는 겉으로 보이는 현상과는 정반대로 관상을 보는 이상한 관상쟁이를 주인공으로 한 우언이다. 그는 관상을 보면서도 相書를 읽지 않고 相規 또한 따르지 않았다. 그렇기에 그의 相術은 남다른 이상한 것이었다. 그는 부귀한 사람을 보고는 빈천하기 짝이 없는 사람이라고 하고, 장님을 보고는 밝은 사람이라고 하며, 민첩하여 잘 달리는 사람을 보고는 절름발이라 걷지도 못할 사람이라고 한다. 또한 너그럽고 인자한 사람에게는 만민을 상심시킬 자라고 하고, 시속에서 매우 잔혹한 이라고 일컫는 사람을 보고는 만인의 마음을 기쁘게 할 사람이라고 한다. 이렇듯 그는 기대와는 달리 정반대로 상을 보았을 뿐 아니라 사람들이 기대하는 禍와 福에 대해서는 한 마디도 말을 하지 못하였다. 그러자 사람들은 그를 사기꾼이라고 하면서 잡아다가 그의 거짓을 따지고자 하였는데, 그렇게 상을 보는 데에는 필시 연유가 있을 것이라 생각한 내가 사람들을 말린 뒤, 그에게 그 이유를 묻는다. 異相者는 다음과 같이 대답한다.

> 모름지기 부귀하면 교만하고 능멸하는 마음이 자랍니다. 죄가 충만하면 하늘은 반드시 엎어버릴 것이니, 장차 알곡은 커녕 쭉정이도 넉넉지 못할 시기가 닥칠 것이므로 '수척하다' 한 것이고, 장차 하락하여 필부의 비천한 처지가 될 것이므로 '당신 족속이 천할 것이다.'라고 한 것입니다. 빈천하면 뜻을 굽히고 자신을 낮추어 恐懼修省하는 마음이 있습니다. 막힌 운수가 다 하면 터진 운수가 반드시 돌아오는 법이니 육식할 징조가 이미 이르렀으므로 '비대하다'고 한 것이고, 장차 만 석의 녹을 누릴 貴가 있을 것이므로 '당신 족속이 귀할 것이다.'라고 한 것입니다.[29]

28)『東國李相國集』 권 20,「異相者對」.『한국문집총간』 1, pp.501~502.

29) "夫富貴則驕傲陵慢之心滋 罪之盈也 天必反之 將有糠糲不給之期 故曰瘠也 將傝然爲匹夫之卑 故曰子之族賤矣 貧賤則降志貶己 有憂懼修省之意 否之極焉 泰必復矣 肉食之兆已至 故肥也 將有萬石十輪之貴 故曰子之族貴矣"『東國李相國集』 권 20,「異相者對」.『한국문집총간』 1, p.502.

그의 相術은 모두가 이러한 근거에서 비롯된 것이었다. 異相者의 상술은 현상 너머에 존재하는 진실에 대한 통찰이 없이는 이해 불가능한 것이고, 때문에 그는 진정 남다른 관상쟁이일 수 있었던 것이다. 그런 점에서 <이상자대>는 현상적 · 표층적 시각에 대한 본질적 · 심층적 시각의 우위를 입증하고, 그에 따른 인식론적 전환을 요구한 작품이라고 한 양승민의 지적은 음미할 만한 가치가 있다.[30]

거사와 손[客]의 질문과 대답으로 이루어진 문답체 우언 <鏡說>[31]은 현상을 넘어선 본질에 대한 통찰과 함께 다층적이고 개방적인 사고로의 전환을 우의한 작품이다. 거사는 희미하게 먼지가 낀 거울을 들여다보며 얼굴을 단장한다. 거울이란 얼굴을 비추어보는 것이고, 그렇지 않으면 맑은 것을 취할 뿐이라고 생각하는 손[客]으로서는 거사의 이와 같은 행동을 납득할 수 없다. 거사와 손 사이의 이같은 거리는 <경설>에서 해결해야 하는 문제로 부각된다. 문제의 해결은 둘 사이의 대화를 통해 이루어지지만, 진지한 논쟁을 통한 해결이 아니라 거사의 논리를 손이 일방적으로 수용함으로써 마무리된다.[32] 거사의 말을 빌어 제시된 결론은, 거울 표면의 청탁을 바라보는 시각은 일면적이기보다는 다층적일 수 있다는 것이고, 폐쇄적이고 경직된 사고보다는 개방적이고 유연한 사고가 바람직하다는 것이다.[33] 폐쇄적이고 경직된 사고에 집착할 경우에는 자칫 형식에 얽매여 실질을 놓치는 우를 범하기 쉽다. 표면이 맑을 수도 있고 흐릴 수도 있다는 것은 거울의 형식이고, 사물을 비춘다는 것은 거울의 본질이

---

30) 양승민은 <異相者對>에 대하여 '인간의 피상적 · 상식적 시각에 대한 인식론적 전환을 요구한 것'이라고 지적한 바 있다. *cf.* 양승민, *op. cit.*, p.99.

31) 『東國李相國集』 권 21, 「鏡說」. 『한국문집총간』 1, p.507.

32) 제기된 문제에 대한 촉급한 해결 시도는 이규보의 철리우언에 자주 보이는 현상이다. 이같은 현상은 의론과 서사의 결합으로 이루어진 우언이 본질적으로 우의의 전달을 목적으로 할 뿐 아니라, 철리우언이 상대적으로 의론에 더 큰 비중을 두기 때문이 아닌가 한다.

33) 양승민은 "당대인의 독선적 고정관념을 뒤집어엎으려는 작자의 의도를 엿볼 수 있다"고 하면서, "그 이면에는 처세적 입지의 정당성을 주장하기 위한 작자의 우의적 세계관이 자리하고 있다"고 하였다. 그러나 이규보의 처세적 입지의 정당성을 주장하기 위한 세계관과 <경설>을 직접적으로 연결시키기 위해서는 또 다른 논거의 제시가 필요하다. *cf.* 양승민, *op. cit.*, p.99.

다. 형식은 언제고 변할 수 있지만, 본질은 만고불변의 것이다. 그런 점에서 <경설>은 형식에 대한 집착을 넘어선 본질에 대한 통찰을 우의한 작품으로 해석될 수도 있다.[34)]

2) 새로운 이념 모색의 진통

전환적 사고는 기존의 사고로는 다가설 수 없었던 새로운 세계를 경험하고 이해할 수 있게 해 준다. 그에 따라 세계를 바라보는 관점이 바뀌고 역사에 대한 인식도 달라진다. 지난 시대의 이념은 새 시대의 도래와 함께 역사의 전면에서 물러나고 새로운 시대정신이 그 자리를 대신하게 되는 것이 자연스러운 현상이다. 그러나 이념의 교체는 어느 한 순간 완성되는 것이 아니며, 시대 변화에 따라 그 효용성을 상실한 이념일지라도, 시대를 뛰어넘어 그 가치를 발하기도 한다. 이념 교체의 과정에는 기존의 이념과 새로운 이념이 서로 혼재하는 양상을 보이기 마련인데, 새로운 이념을 모색하던 이규보에게도 그러한 현상은 예외가 아니었다. 우리는 <土靈問>[35)]을 통해 그같은 사실을 확인하게 된다.

<토령문>은 현상계 너머에 존재하는 자연의 섭리와 질서를 문제 삼은 작품이다. 가시적 현상만으로는 납득할 수 없는 의문을 土靈과의 문답을 통해 해소하고자 한 철리우언이다. 특정 사상 내지 가치체계를 기반으로 하는 利害 내지 善惡에 대한 판단은 사고의 기본체계에 충격 내지 변화가 가해지지 않는 한, 새로운 해석을 기대하기는 어렵다. 人과 物을 구분하고 善惡과 忠姦에 대한 기존의 가치체계를 충실히 따르는 한, 금과 옥, 돌조각과 쇠붙이 등의 무정물과 사람을 동일시한다거나, 孔子・顔回・伯夷・曾子・郭子儀 등 성현과 충의의 인사를 江充・梁冀・李斯・趙高・安祿山・史思明 등 간신・역적들과 동일시하는 일은 불가능하다. 내 스스로가 동일시할 수 없음은 물론, 이들을 동일시하는 상대를 이해할 수도 없다.

---

34) 宋寯鎬는 "형식과 실질의 가치, 혹은 물질과 정신의 가치가 倒錯 인식되고 있는 인심・세태를 쿡 찔러보고 함께 자신의 뜻과 기개를 슬쩍 숨겨 놓은 것"이라고 평가하였다. *cf.* 宋寯鎬, *op. cit.*, p.Ⅱ-70.

35) 『東國李相國集』 권 20, 「土靈問」. 『한국문집총간』 1, p.501.

토령에 대한 의문은 여기에서 비롯된다. 이같은 의문은 실상 <問造物>에서 하늘이 사람을 사랑하고 미워함이 일정하지 않음에 대한 의문[36]과도 상통하는 것이다. <토령문>과 <문조물>에서 공통적으로 제기된 의문은 실상 서로 다른 두 사상, 곧 도가사상과 유가사상이 조화를 이루지 못하고 충돌하기 때문이다. 두 사상의 충돌은 일단 만물을 구분하지 아니하고 하나로 바라보며, 生死와 愛憎을 하나로 보는 도가사상을 수용함으로써 해결의 실마리를 찾는 것처럼 보인다.

> 심하도다, 그대의 잘못 앎이여. 만물이 그 근본을 흙에 돌림은 자연의 운수인데, 어떻게 가려서 묻지 않을 수 있겠는가? 나는 본래 하늘의 명을 받고 땅의 主神이 되었으니, 물건의 대소와 선악을 구별하지 않고 모두 묻는다. 그러나 사람의 경우에는 뼈와 精魄을 모두 묻을 자가 있고, 뼈는 묻어도 정백은 묻지 못할 자가 있으니, 너는 들어 보겠느냐? 聖者・賢者・廉者・孝者・忠者・烈者와 재주가 특출한 사람은 그 정백이 하늘로 돌아간다. 그렇지 않으면 다시 세상에 태어나 順子나 純臣이 되기도 하고, 烈士나 英人이 되기도 한다. 그러므로 그 뼈는 묻을 수 있어도 그 정백은 묻을 수 없다. 반면에 佞者・賊者・欺罔者・回慝者 따위는 내가 능히 그 정백을 가두나니, 나의 깊은 구덩이에 그를 빠뜨리고, 나의 두터운 흙으로 그를 덮고도 오히려 부족하여 나의 큰 돌로 짓누르고, 나의 뿜어낸 세찬 물로 가라앉힌다. 그러므로 그 뼈만을 묻을 뿐 아니라 또한 그 정백마저 묻는 것이다.[37]

---

36) "대저 하늘이 사람을 낼 때 사람을 내고 나서 그에 따라서 五穀을 내었으므로 사람이 그것을 먹고, 또 따라서 桑麻를 내었으므로 사람이 그것으로 옷을 해 입으니, 하늘은 사람을 사랑하여 살리고자 하는 것 같은데 어째서 다시 毒을 가진 물건을 내었는가? 큰 것으로는 곰・범・늑대・승냥이 같은 것이요, 작은 것으로는 모기・등에・벼룩・이 같은 것이 사람을 해치기를 이처럼 심하게 하니, 마치 하늘이 사람을 미워하여 죽이고자 하는 것처럼 한다. 하늘이 사람을 미워하고 사랑함이 일정하지 않음은 무슨 까닭인가?[予問造物者曰 夫天之生蒸人也 旣生之 隨而生五穀 故人得而食焉 隨而生桑麻 故人得而衣焉 則天若愛人而欲其生之也 何復隨之以含毒之物 大若熊虎豺貙 小若蚊虻蚤虱之類 害人斯甚 則天若憎人而欲其死之也 其憎愛之靡常 何也]" 『東國李相國集』 후집 권 11, 「問造物」. 『한국문집총간』 2, p.246.

37) "甚矣 子之誤也 萬物歸根於土 自然之數也 何擇而不埋乎 我本爲天所命 爲地所尸

만물이 그 근본을 흙으로 돌림은 거역할 수 없는 자연의 대원칙이므로, 여기에는 분별과 예외가 있을 수 없다. 그렇기에 토령은 물건의 대소·선악을 구별하지 않고 모두 묻는다는 것이다. 이처럼 '萬物一類'[38]의 관점에 서게 되면 제기된 의문은 자연스럽게 해소되는 것처럼 보인다. 그러나 이어지는 토령의 언설은 인간의 선과 악에 대한 응보, 그에 대한 심판을 강하게 긍정하고 있다는 점에서 다시금 논리의 파탄이 일어난다.[39] 만물일류의 사상은 物我·是非·壽夭·長短 등 일체의 분별을 부정하기 때문이다. 그럼에도 불구하고 善惡에 대한 차별을 인정함은 분명 논리의 파탄이다. 그러나 선악에 대한 응보의 긍정이 곧 만물일류 사상을 다시금 부정한 것이라고 보기는 어렵다. 그보다는 오히려 도가사상을 바탕으로 유가사상을 포섭하려는 사상적 모색, 즉 물아의 구분을 넘어서서 만물을 하나로 이해하는 커다란 틀 안에서 선악에 대한 구분과 그에 상응하는 보답을 용인하고자 하는 이념 내지 사상의 모색 과정을 보여주는 것이라 할 수 있다.

物無巨細善惡 皆得埋之 雖然 於其人也 有埋骨·埋精魄者 有埋骨·不能埋精魄者 汝得聞乎 若聖若賢 若廉孝忠烈 若才之豪逸者 其精也歸天 否則復生於人間 或爲順子純臣 或爲烈士英人 故其骨可埋 其精魄不可埋也 若佞若賊若欺罔回慝者 則吾能錮其精囚其魄 以我之坎陷之 以我之厚掩之 猶以爲慊以吾所藏巨石以檻之 以吾所出湧水以墊之 故非特埋其骨 亦能埋其精魄矣" 『東國李相國集』 권 20, 「土靈問」. 『한국문집총간』 1, p.501.

38) 박희병은 이규보가 莊子의 齊物思想을 자기화하였다고 하면서, 이규보의 시 <北山雜題>(권 5)에 보이는 '我是忘機人 萬物視一類'라는 구절을 근거로 이규보의 도가사상을 '萬物一類'사상이라고 명명하였다. *cf.* 박희병, 「이규보의 道家思想」, 『한국의 생태사상』, 돌베개, 1999, pp.49~52.

39) 양승민은 이에 대하여 "자연의 이치 안에서는 만물의 형평성에 변화가 있을 수 없다는 작자의 齊物論的 사유방식이 반영된 결과라 할 것이다. 또한 악한 사람은 정기와 육신이 모두 사라지되 훌륭한 발자취는 만세토록 전해질 수 있다고 했으니, 인간에게는 선악의 구분이 명확히 존재함을 긍정한 것이다. 양자의 문답은 이같은 주제의식을 빗대기 위한 허구적 장치에 다름 아니며, 특히 土靈은 작자의 분식격으로 배치된 인물이다. 여기에는 당대인의 차별적 사유방식과 부조리를 경계하기 위한 작자의 우의적 시각이 다분히 깔려 있다 할 것이다."라고 하였으나, 物我와 是非·長短·壽夭 등의 분별을 부정하는 齊物論的 사유가 어떻게 선악의 구분을 명확히 하는 의식과 공존할 수 있는지에 대해서는 깊이 있는 해명이 뒤따르지 않았다. *cf.* 양승민, *op. cit.*, p.100.

3) 도가사상의 정립

이규보가 오랜 진통 끝에 도달한 이념 모색의 종착지는 도가사상이었다. 이규보의 도가사상은 우언을 통해 형상화되기도 하였는데, <虱犬說>은 그 대표적인 작품이고,[40] <壞土室說>, <答石問>, <問造物> 등도 그의 도가사상을 보여주는 우언이라고 할 수 있다.

먼저 <虱犬說>부터 보기로 하자. <슬견설>은 손[客]과 나 사이의 대화를 논쟁으로 발전시키면서 작가의 사상을 그 속에 기탁하는 방식을 취하고 있다. 논쟁은 손의 말에 대하여 내가 시비를 걸기 때문에 발생한다. 손은 엊저녁에 죽임을 당한 개를 보고는 애통한 마음을 금할 수 없어 앞으로는 개고기나 돼지고기를 먹지 않겠다고 한다. 惻隱之心의 발로요, 不忍之心의 표현이다. 아마도 손은 나에게 그같은 자신의 마음을 이해하고 동정하는 반응을 기대하고 있었던 듯 하다. 그런데 나의 대답은 손의 기대를 저버린 엉뚱한 것이어서 문제가 발생한다. 어제 이글이글 타오르는 화롯불에 타 죽는 이[虱]를 보고는 애통한 마음을 금할 수 없어 다시는 이를 잡지 않겠다고 하였기 때문이다. 이와 같은 대답을 들은 손은 자신을 조롱하는 것이냐며 대든다. 이[虱]와 같이 하찮은 미물의 죽음을 가지고 개나 돼지 같이 커다란 동물의 죽음에 견주었으니, 이것은 자신을 골리려는 의도적인 짓이라고 판단한 것이다. 이로 말미암아 손과 나 사이에는 급격한 위기가 조성된다. 그러나 이렇게 조성된 위기는 실상 작자의 사상을 기탁하기 위한 의도적 장치에 불과할 뿐이다.

> 내가 말하였다. "무릇 혈기가 있는 것은 사람으로부터 소·말·돼지·양·곤충·개미에 이르기까지 삶을 원하고 죽음을 싫어하는 마음은 동일한 것이네. 어찌 큰 것만 죽음을 싫어하고 작은 것은 그렇지 않겠는가? 그렇다면 개와 이의 죽음은 동일한 것이네, 그래서 그것을 들어 적절한 대응으로 삼은 것이지, 어찌 놀리는 말이겠는가? 자네가 내 말을 믿지 못하겠거든, 자네의 열 손가락을 깨물어 보게나. 엄지손가락만 아프고 그 나머지는 아프지 않겠

---

40) 박희병은 "이규보의 제물사상은 「슬견설」이라는 아담한 산문을 낳기도 하였다"고 한 바 있다. *cf.* 박희병, *op. cit.*, p.49.

> 는가? 한 몸에 있는 것은 大小 支節을 막론하고 모두 혈육이 있기 때문에 그 아픔이 동일한 것일세. 더구나 각기 氣息을 稟受한 것인데, 어찌 저것은 죽음을 싫어하고 이것은 죽음을 좋아할 리 있겠는가? 자네는 물러가서 눈을 감고 조용히 생각해 보게나. 그리하여 달팽이 뿔을 쇠뿔과 같이 보고, 메추리를 큰 붕새와 동일하게 보게나. 그런 뒤에야 내가 자네와 더불어 道를 이야기할 것일세."[41]

齊物思想은 大小는 물론 善惡·是非·好惡·利害·長短·壽夭의 분별을 비롯한 일체의 분별을 無化하고 만물을 하나로 본다. 따라서 "달팽이 뿔을 쇠뿔과 같이 보고, 메추리를 큰 붕새와 동일하게" 보는 관점에 서게 되면, 나의 대답이 손을 조롱하기 위한 것이 아니었음을 알 수 있고, 위기는 애당초 조성될 필요조차 없었던 것임을 알 수 있다. 그렇게 받아들인 손이 井蛙이고 夏蟲이었을 뿐이다.

이규보의 도가사상은 <壞土室說>[42]에서도 확인된다. 그에게 있어 土室을 만들어 겨울에 화초나 과일을 저장하도록 하고 길쌈하는 여인들이 춥지 않도록 하는 것은 하늘의 명령을 거역하고[逆天令] 하늘의 권한을 빼앗는[奪天權] 짓일 뿐, 그 이상의 어떤 의미도 지닐 수 없다. 자연의 순리를 거스르는 일체의 인위적 기도를 부정하고 자연 그 자체에 모든 것을 맡기는 도가적 삶을 꿈꾸었던 것이다. 또한 이규보는 物의 구속으로부터 자유로운 세계를 꿈꾸었던 바, <答石問>에서는 자신을 '빈 배[虛舟]'에 비유하기도 하였다.

> 나는 안으로는 實相을 온전히 하고 밖으로는 緣境을 끊었기에, 物에게 부림

41) "予曰 凡有血氣者 自黔首至于牛馬猪羊昆虫螻蟻 其貪生惡死之心 未始不同 豈大者獨惡死 而小則不爾耶 然則犬與虱之死一也 故擧以爲的對 豈故相欺耶 子不信之 盍齕爾之十指乎 獨拇指痛 而餘則否乎 在一體之中 無大小支節 均有血肉 故其痛則同 況各受氣息者 安有彼之惡死而此之樂乎 子退焉 冥心靜慮 視蝸角如牛角 齊斥鷃爲大鵬 然後吾方與之語道矣" 『東國李相國集』 권 21, 「虱犬說」. 『한국문집총간』 1, pp.507~508.

42) 『東國李相國集』 권 21, 「壞土室說」. 『한국문집총간』 1, p.508.

> 을 받더라도 물에 신경을 쓰지 않고, 사람에게 밀침을 받더라도 사람에게 불만을 갖지 않으며, 움직이지 않을 수 없는 박절한 형편이 닥친 뒤에야 움직이고 부른 뒤에야 가며, 행할 만하면 행하고 그칠 만하면 그치니, 옳은 것도 옳지 않은 것도 없다. 자네는 빈 배를 보지 못했는가? 나는 그 빈 배와 같은데, 자네는 어찌 나를 책망하는가?[43)]

그 어떤 것에도 거칠 것 없는 절대 자유의 경계에 노닌다고 한 것이다. 忘我의 경지, 物化의 경지에 노닐기 때문에, '利'가 오더라도 구차히 기뻐할 이유가 없고 '毒'이 오더라도 굳이 꺼릴 필요가 없다. 物을 대하기를 虛로써 하니 物 또한 해침이 있을 수 없는 것이다.[44)]

이규보의 철리우언은 그의 사상적 변모과정을 보여준다는 점에서 또다른 의의를 지닌다. <畏賦>와 <異相者對>, <鏡說>이 이념 내지 사상 전환의 필요성을 우의한 작품들이었다면, <土靈問>은 새로운 사상 모색의 진통을 보여주는 작품이었다. 그같은 모색의 과정을 거쳐 정립된 이규보의 도가사상은 <虱犬說>, <壞土室說>, <答石問>, <問造物> 등의 우언으로 형상화되었다.

Ⅳ. 맺음말

이 글은 이규보를 중심으로 고려시대 우언의 한 단면을 조명하는 데 의의를 두었다. 우언이 도가에서 기원한 글쓰기라는 점을 염두에 둘 때, 이규보가 도가서를 탐독하고 도가사상을 자기 사상의 근간으로 삼았다는 사실은, 우언에 대한 이규보의 이해를 가정하게 하는 단서이다. 우언에 대

---

43) "予則內全實相而外空緣境 爲物所使也 無心於物 爲人所推也 無忤於人 迫而後動 招而後往 行則行 止則止 無可無不可也 子不見虛舟乎 予類夫是者也 子何詰哉" 『東國李相國集』 후집 권 11, 「答石問」. 『한국문집총간』 2, p.246.

44) "唯有道者 利之來也 受焉而勿苟喜 毒之至也 當焉而勿苟憚 遇物如虛 故物亦莫之害也" 『東國李相國集』 후집 권 11, 「問造物」. 『한국문집총간』 2, pp.246～247.

한 이규보의 이해는 <書韓愈論雲龍雜說後>를 통해 구체적으로 확인할 수 있었다. 이 글에서 이규보는 한유의 <雜說>에 대한 자신의 독법을 제시하였을 뿐 아니라, 직접적으로 드러내 말하지 않는 우언의 진술방식에 대한 이해도 함께 보여주었다. 또한 이규보는 일상적인 글쓰기에서도 우언을 두루 활용한 작가였다. 본고에서는 <上崔相國詵書>, <上晉康公書>, <投趙郎中冲書> 등 3편의 서간문을 통해 그같은 사실을 검증하였다. 우언은 상대방의 비위를 거스르지 않으면서 자신의 뜻을 성공적으로 전달하기 위한 소통방식이라는 점에서, 이규보가 일상적인 글쓰기에서 우언을 적절히 활용하였던 사실은 그가 우언의 본질을 명확히 이해하고 있었음을 반증하는 것이다.

서간문에 삽입된 3편의 우언 외에 이규보는 13편의 우언을 더 창작하였다. 그 가운데 이 글에서는 假傳 2편을 제외한 나머지 11편을 대상으로 이규보의 우언 세계를 검토하였다. 크게 諷刺寓言과 哲理寓言으로 나누어 검토하였는데, 풍자우언에 속하는 작품은 <舟賂說>, <理屋說>, <慵諷> 등 3편이며, 나머지 <畏賦>, <異相者對>, <鏡說>, <土靈問>, <虱犬說>, <壞土室說>, <答石問>, <問造物> 등 8편은 철리우언에 해당하는 작품이었다. 풍자우언이 당대 현실의 병폐와 표리부동한 인간 세태를 풍자하는 데 초점을 맞추었던 반면, 철리우언에서는 전환적 사고를 통해 사물과 세계에 대한 심층적이고 본질적인 이해에 도달하고자 하였다. 특히 철리우언은 이규보 자신의 사상적 변모과정을 보여주는 것이기도 하였다.

이규보는 한국우언문학사에서 높이 평가되어 마땅한 우언 작가이다. 그것은 다음과 같은 몇 가지 이유 때문이다. 첫째, 이규보는 한 편의 완성된, 독립된 글로 우언을 창작하였다. 물론 그가 창작한 우언 가운데에는 서간문 속에 삽입된 작품들도 있었지만, 대부분의 작품들은 한 편의 완성된 글로서 우언 창작을 의식하고 이루어진 독자적인 것들이었다. 후대 독립된 한 편의 글로서 우언을 창작하는 관습은 이규보로부터 비롯되었다고 해도 결코 과언이 아닐 것이다. 둘째, 이규보는 <慵諷>에서 보는 바와 같이 뛰어난 형상을 갖춘, 수준 높은 우언 작품을 창작하였다. 의론과 서사의 결합으로 이루어진 우언은 본래 우의의 전달을 목적으로 함에도 불구하고, 그 서사적 형상성은 우언의 문학성을 담보한다는 점에서 뛰어난 형상의 창조는 매우 중요한 요소이다. 그런 점에서 이규보는 한국우언문학사의 우뚝한 존재로 평가되어야 할 것이다. 셋째, 이규보는 보기 드문 철리우언 작가라는 사실이다. 한국의 우언은 몇몇 작품을 제외하면 勸戒寓言이나 諷刺寓言이 대부분을 차지하고 있다. 詼諧寓言과 哲理寓言이 드문 현실에서 8편의 철리우언을 남기고 있다는 사실은, 이규보가 한국우언문학사상 특기할 만한 철리우언 작가임을 말해주는 것이다.

이규보만이 아니라 고려시대 문인들은 더욱 풍성하고 다양한 우언의 세계를 꽃피웠다. 이 글은 그 가운데 이규보라고 하는 한 작가가 일구어낸 우언의 세계만을 살펴보았을 뿐이다. 다른 작가들에 대한 후속 연구를 통해 풍성한 고려시대 우언의 전모가 드러나기를 기대한다.

『浮休子談論』을 통해 본 成俔의 君臣論

Ⅰ. 序論

虛白堂 成俔(1439～1504)은 조선 전기 관각문학을 대표하는 문인이다. 李穡(1328～1396) 이후 權近(1352～1409), 卞季良(1369～1430), 徐居正(1420～1488), 姜希孟(1424～1483) 등으로 이어지는 흐름의 연장선상에서 그들에 의해 주도된 시대를 마감했던 당대의 거장으로서, 관각문학의 문학사상을 집성한 인물로 평가된다.[1] 특히 金宗直을 비롯한 新進士類가 등장하던 상황에서 임금을 정점으로 하는 상하관계의 질서를 확립하고 그것을 바탕으로 하는 儒者의 바람직한 모습, 官僚의 像을 모색 정립하는 데 진력한 인물이었다.[2]

그의 문학사상이나 시세계에 대해서는 그동안 많은 연구가 이루어졌다. 특히 조선왕조 초기의 여러 문물과 제도, 민속 관련 자료를 풍부하게 수록하고 있는 『慵齋叢話』는 일찍부터 그에 대한 관심을 불러일으키는 촉매가 되었다. 『용재총화』를 중심으로 출발한 그에 대한 연구는 그의 시론이나 문학사상에 대한 연구, 시세계와 필기문학에 대한 연구로 영역을 확장해 왔다.[3] 그러나 성현의 문학, 특히 그의 필기문학에 대한 관심은 일찍

1) *cf.* 김성룡, 『여말선초의 문학사상』, 한길사, 1995. ; 김풍기, 『朝鮮前期 文學論 硏究』, 太學社, 1996.

2) *cf.* 김풍기, *op. cit.*, pp.139～151.

3) 성현의 문학에 대한 기존 연구로는 『용재총화』에 대한 張德順(1968)의 연구 이래, 吳春澤, 「虛白堂 成俔 硏究」, 고려대 석사학위논문, 1980. ; 金泰雁, 「成俔의 文學論과 詩世界」, 성균관대 석사학위논문, 1982. ; 李來宗, 「成俔의 詩論과 作品

부터 제기되었음에도 불구하고 주로 『용재총화』에 집중되어 온 것이 사실이다. 기존의 연구에서는 성현의 문학을 거론하는 과정에서 『浮休子談論』에 대해 단편적으로 논급하였을 뿐, 본격적인 논의의 대상으로 삼은 경우는 많지 않다. 『용재총화』에 비해 『부휴자담론』에 대한 연구가 부진한 이유는 작가인 성현이 관각문인으로서 당대에 실현된 도리를 재확인하고 이를 회복 유지하는 쪽으로 우의의 방향을 일관시키고 있어, 교술적 의취가 지나치게 강조되고 있다는 점에서 『부휴자담론』에 대한 문학적 평가가 그다지 높지 않기 때문이기도 하다.[4] 그러나 바로 그 점에 『부휴자담론』의 본질적 특성이 존재하고 있다는 사실을 간과해서는 안 될 것이다.[5]

『부휴자담론』에 대한 기존의 연구는 이야기 방식 또는 표현 방식과 주제표출양상, 정치적 성격, 작가 성현의 정치관, 한문문명권 중세 우언으로서의 공통적 특질을 중심으로 논의가 이루어져 왔다. 李鍾默[6]은 『부휴자담론』을 구성하고 있는 雅言・寓言・補言 세 편의 이야기 방식과 주제표출양상의 특징을 검토하면서, 『부휴자담론』은 '成俔의 분신인 浮休子를 작중인물로 내세워 자신의 정치적 철학적 견해를 개진한 책'이라고 하였다. 洪順錫[7]은, 『부휴자담론』은 '성현의 만년에 저술된 것으로 담론 형식

世界」, 고려대 석사학위논문, 1986. ; 李鍾默, 「成俔의 擬古詩 硏究」, 서울대 석사학위논문, 1989. ; 洪順錫, 「成俔 文學 硏究」, 성균관대 박사학위논문, 1991. 등을 대표적으로 들 수 있다.

4) *cf.* 윤주필, 「한문문명권의 우언론 비교 연구」, 『동아시아 우언론과 한국의 우언문학』, 한국우언문학회, 2004, p.46.

5) 양승민 교수는 『부휴자담론』을 교술적 주의나 주장에 치우친 저술로 보기보다는 '군왕의 실정에 대한 비판과 탐욕스런 신하에 대한 풍자'로 가득 찬 우언 본연의 모습에 충실한 저술로, 즉 연산군대의 현실 상황을 비판하고 풍자하기 위해 의도적으로 창작된 우언집으로 볼 필요가 있다고 하면서 『부휴자담론』의 문학성이 그다지 높지 않다는 기존의 평가에 동의할 수 없다고 하였다. 양 교수의 이와 같은 지적은 타당한 논리를 가지고 있는 듯 보임에도 불구하고, 中和思想을 기반으로 오랜 기간 宦路에 있으면서 禮樂에 남다른 識見을 가지고 있었던 成俔 같은 인물이 그와 같은 문제의식을 가지고 저술한 것이 『부휴자담론』이라고 하는 데에는 쉽게 동의할 수 없다.

6) 李鍾默, 「'浮休子談論'과 寓言의 양식적 특성」, 『古典文學硏究』 5, 韓國古典文學硏究會, 1990.

을 빌어 자신의 정치관을 주로 기술'한 것이라고 하였으며, 김성룡[8]은 '『부휴자담론』은 임금을 정점으로 하는 철학적 세계를 그려 보이는 저작'이라고 하였다. 金豊起[9]는 성현의 군주론을 잘 보여주는 저작으로 『부휴자담론』을 꼽았다. 한편 『부휴자담론』을 蘇軾의 『艾子雜說』 및 劉基의 『郁離子』와 비교 검토한 權錫煥[10]은, 한국과 중국의 중세 우언이 지닌 동질성의 하나로 사대부 지식인의 우언에 담긴 정치적 담론과 인재 문제를 지적하였다. 『부휴자담론』의 정치적 성격에 대해서는 이처럼 기존의 논의에서 거듭 지적되고 있으나, 그 실체에 대해서는 깊이 있는 논의가 이루어지지 않았다.

최근 주재우[11]는 우언이 설득 양식의 하나라는 점에 착안하여, 『부휴자담론』의 「우언」편을 대상으로 우언이 지닌 표현양식상의 특징을 검토하였으며, 張眞淑[12]은 『부휴자담론』에 나타난 成俔의 정치적 지향과 우언의 화법 문제를 검토하여 연구의 방법론과 영역을 확장하였다. 특히 장진숙은 성현 당대의 정치적 맥락에서 『부휴자담론』의 우의를 해명하고자 하였는데, 논자는 『부휴자담론』의 우언을 '經世治國寓言', '人材登用寓言', '慾望警戒寓言'으로 나누어 분석하고, 정치적 담론의 설득력과 신뢰성을 증진하기 위한 수사적 특징으로 서사와 문답, 典故의 차용 등 세 가지에 주목하였다. 그러나 논의를 「우언」편으로 한정하였다는 점과 성현의 정치적 성향을 단편적으로 거론하는 데 그친 점은 아쉬움으로 남는다. 이 글에서는 이상과 같은 기존의 성과를 토대로 『부휴자담론』 전반에 나타난 君主와 臣僚에 대한 다양한 논의와 형상을 통해 成俔이 추구하고자 했던 君臣論의 실체에 대하여 구체적으로 접근해 보고자 한다.[13]

---

7) 洪順錫, 『成俔文學硏究』, 한국문화사, 1992, p.68.
8) 김성룡, *op. cit.*, p.127.
9) 김풍기, *op. cit.*, p.140.
10) 權錫煥, 「한·중 우언의 동질성에 관한 연구-『艾子雜說』『郁離子』『浮休子談論』을 중심으로」, 『中語中文學』 29, 韓國中語中文學會, 2001.
11) 주재우, 「고전표현론의 관점에서 본 우언문학교육-성현의 『浮休子談論』 우언을 중심으로-」, 『고전문학과 교육』 13, 한국고전문학교육학회, 2007.
12) 張眞淑, 「『浮休子談論』에 나타난 成俔의 政治的 志向과 寓言의 화법」, 『語文硏究』 35-4(통권 136), 韓國語文敎育硏究會, 2007.

Ⅱ. 本論

성현은 세조 8년(1462) 式年文科에 급제한 뒤 세조 12년(1466) 拔英試에 급제하면서 벼슬길에 나서기 시작한 이후, 커다란 부침 없이 40여 년간 평생을 관리로 살았다고 해도 과언이 아니다. 詩文과 音律에 정통하였던 성현은 주로 홍문관·예문관·성균관의 직책을 맡았다. 처음에 博士로 등용되었다가 弘文館 正字를 거쳐 司錄에 올랐다. 예종 즉위(1468)와 함께 經筵官이 되었고, 藝文館 修撰에 올라 承文院 校檢을 겸하였다. 성종 5년(1474) 司憲府 持平을 거쳐 成均館 直講이 되었으며, 성종 7년(1476)에는 文科 重試에 급제하여 司饔院 正·知製敎에 제수되었고, 弘文館 副提學(1478), 司諫院 大司諫(1479), 成均館 大司成(1479)을 역임하였다. 성종 11년(1480) 承旨에 임명되고 이듬해 承政院에 들어갔으나, 중국 사신을 잘못 접대했다는 이유로 파직되었다. 같은 해 12월 직첩을 돌려받고 승지에 임하였다. 이어 掌隷院 判決事(1482), 工曹參議(1482)를 지냈다. 성종 14년(1483) 다시 承政院에 들어가 右承旨가 된 뒤로는 刑曹參判(1483), 江原道觀察使(1483), 同知中樞府事(1484), 行僉知中樞府事(1485), 同知中樞府事(1485), 漢城府 左尹(1485), 漢城府 右尹(1486), 平安道觀察使(1486), 成均館 大司成(1489), 司憲府 大司憲(1493), 慶尙道觀察使(1493), 掌樂院 提調(1493), 禮曹判書(1493)를 두루 역임하였다. 연산군 즉위 이후로는 禮曹判書(1495), 漢城府 判尹(1497)을 지내고, 工曹判書(1500), 司憲府 大司憲(1500), 知中樞府事(1501)에 올랐으며 大提學을 겸임하였다.[14]

이처럼 오랜 기간 관직에 몸담았던 성현이었지만, "관리의 재간이 없고 사정에 소활하여 어디서나 큰 공적이 없었다."[15]는 평가를 받았다. 이는 성현이 정치적인 면에 적극적으로 나서지 않았기 때문으로 볼 수도 있는

---

13) 문집에는 그의 정치사상을 전면적으로 밝혀놓은 글은 보이지 않는다. 다만 논의에 필요하다고 판단되는 자료들은 그때그때 언급하기로 한다.

14) *cf.* 洪順錫, *op. cit.*, pp.44~46.

15) 『연산군일기』 10년 1월 19일 신사조에 나오는 知中樞府事 成俔의 卒記 내용 가운데 일부이다.

데,[16] 『부휴자담론』에는 성현의 정치적 성향의 일단을 읽어낼 수 있게 해주는 자료들이 수록되어 있다.[17] 『부휴자담론』에는 君主의 位相과 治道만이 아니라 臣下 또는 官僚의 責務와 道理에 대한 담론이 비중 있게 다루어지고 있어 그에 대한 성현의 견해를 추찰할 수 있게 하기 때문이다. 여기에서는 君主論과 臣僚論으로 나누어 成俔의 君臣論을 검토하기로 한다.

1. 君主論

1) 君主의 位相

성현은 『부휴자담론』 첫머리에서 '임금은 하늘과 같다'[君猶天也]고 천명하였다.

> 임금은 하늘과 같다. 임금의 위상은 너무 높아서 그 높이를 측량할 수 없으며, 너무 존귀하여 그 상대를 찾을 수 없으며, 너무 커서 그 크기를 헤아릴 수 없으며, 너무 넓어서 그 경계를 발견할 수 없다. 신묘한 변화를 헤아릴 수 없으며 강하고 굳세어 잠시도 쉬지 않는다. 해와 달처럼 천하를 비추기 때문에 盛德이 밝게 빛나며, 비와 이슬처럼 덕을 베풀기 때문에 恩澤이 널리 퍼진다. 임금은 서리와 바람처럼 죄악을 물리치기 때문에 刑獄의 결과가 엄숙하며, 천둥과 번개처럼 진노를 떨치기 때문에 威嚴이 사방에 넘친다. 봄 날씨처럼 만물을 기르고 가을바람처럼 죄악을 물리치기 때문에 賞罰의 시행이 분명하며, 태양처럼 낮에 일하고 밤에 쉬기 때문에 起居 동작에 절도가 있다.[18]

---

16) *cf.* 洪順錫, *op. cit.*, p.47.

17) 『부휴자담론』의 '浮休子'는 成俔의 自號이다. 살아서 이 세상에 육신을 의탁하는 것은 마치 뜬구름 같은 것이고, 죽어서 육신이 이 세상을 떠나감은 마치 영원한 안식을 얻는 것과 같다는 뜻을 취한 것이다.("或問自號之意 居士曰 生而寓乎世也若浮 死而去乎世也若休" 成俔, 「浮休子傳」, 『虛白堂集』 文集 卷 13) 그의 自號는 外物에 흔들리지 않고 生死에 연연하지 않는, 質直한 삶을 지향한다는 뜻을 담은 것이다. 그런 점에서 '부휴자'를 화자로 내세운 『부휴자담론』은 군주와 신료에 대한 성현의 일관된 소신을 표명한 것으로 볼 수 있다.

18) 『부휴자담론』 권 1 아언 1-1. 성현, 『부휴자담론』, 이래종 역주, 소명출판, 2003, pp.13~14.

군주는 그 지위의 높고 귀함이나 그 공덕의 크고 넓음을 비할 데가 없으니, 하늘과 같다고 한 것이다.[19] 두루 세상을 밝게 비추고 교화를 베풀어 그 은덕을 입지 않는 이가 없도록 하되, 형벌과 상벌은 엄숙함과 위엄을 갖추어 生殺與奪의 절대적 권한을 갖고 있는 것이 임금이다. 때문에 모든 제후와 관리들이 그를 우러러보고, 宗親과 族姓들이 그 비호를 받으며, 만민과 만물이 그에 의지하여 삶을 영위하는 것이다.[20]

성현은 군주를 하늘과 같은 존재라고 하였지만, 또 한편으로 군주는 '하늘을 대신해서 다스린다'[人君代天理物][21]고 하였다. 하늘은 군주에게 이치를 부여해 준 것일 뿐이기 때문에, 군주가 세상을 다스릴 때에는 하늘을 대신하여 그 이치에 따라 하늘을 모범으로 삼고[法天] 하늘을 따르며[順天] 하늘을 공경하고[敬天] 하늘을 두려워하지 않을 수 없는[畏天] 것이다.[22] 그렇기 때문에 군주는 德을 닦고 政事를 개혁하며 中正한 道를 세움으로써 天命을 받들어야 한다. 그렇게 하면 상서로움이 절로 이르고 陰陽과 風雨가 조화를 이루어 五穀이 무르익고 백성이 번성할 것이라고 하였다.[23] 그러나 군주의 德이 실추되면 災變이 나타난다고 하여,[24] 군주

19) 성현은 功이 더할 나위 없이 큰 군주를 '皇'이라 하고, 德이 천지처럼 크면서 공평무사한 군주를 '帝'라고 일컫는다고 하였다. 그러나 명칭은 비록 皇·帝·王·君이 서로 다르더라도, 仁으로써 사람들을 흡족하게 하고 義로써 사람들을 힘쓰게 하며 爵으로써 사람들을 현달하게 하고 禮로써 사람들을 분별하게 하는 道는 다르지 않다고 하였다. "煌煌然有大之謂皇 德配天地而不私之謂帝 天下之人歸往之謂王 爲群物之主而除其害之謂君 皇帝王君 名雖殊 而道則同也 以仁飮人 故人愛之 以義礪人 故人畏之 以爵顯人 故人樂之 以禮辨人 故人安之" 『부휴자담론』 권 1 아언 1-16.

20) "人君 以一身之微 寄乎巍巍之上 百辟庶官之瞻仰 宗戚族姓之依芘 萬民萬物之涵養 莫不賴君以爲生" 『부휴자담론』 권 1 아언 1-7.

21) "人君代天理物 君之所爲 天必知之 隨其善惡 而自有休咎 治世 先降慶祥 所以美之也 將亂 先出災異 所以戒之也" 『부휴자담론』 권 6 보언 6-7.

22) "君之所爲 無非法天之所爲也 …(중략)… 王者順天之令 蒞吾之民 可若而不可愆也 可常而不可忒也 可一而不可二也 可敬而不可慢也 違天不祥 慢天無福 不祥無福 不能一日居天位也"(『부휴자담론』 권 1 아언 1-1), "天不過以理付之人主而已 有善者 天必降財而錫之 有惡者 天必震雷而伐之 則人反褻天 天不足畏也 惟其理在於天而不可測 故人皆畏天而敬之 畏天者 莫大於人主"(『부휴자담론』 권 1 아언 1-2)

23) *cf.* "爲人上者 畏天變 而尤畏人變 修德改政 建大中以承天休 則休徵自至 陰陽和

의 獨斷과 耽樂, 放逸을 경계하였다. 災變이 나타나더라도 德行을 닦아 하늘의 견책을 존중하고 겸허히 받들면 災變도 祥瑞로 바뀔 수 있다고 함으로써[25] 恐懼修省하는 군주의 마음가짐을 강조하였다. '外華'와 '奢侈'를 경계하였던 것도 이 때문이다.[26]

性理學에서는 君主의 修養과 恐懼修省을 강조하였던 바, 『부휴자담론』에서 성현이 제시한 군주론은 이에 근거한 것이라고 할 수 있다.[27] 漢·唐 儒學에서의 하늘[天]은 인격을 지닌 主宰者로서, 군주는 하늘을 대신하는 절대적 대리자였다. 그러나 宋代 性理學에서는 하늘은 하늘의 법칙인 도리로 인식되었고, 군주도 하늘의 도리를 알고 이에 맞추기 위해 끊임없이 노력하는 존재로 인식되었다. 따라서 군주는 災異가 일어나면 恐懼修省을 통해 자신을 끊임없이 반성하여 天命을 따르려는 노력을 하지 않을 수 없다고 한 것이다.[28] 조선 초기에 帝王學의 교과서로 『大學衍義』의 위상이 높아지고 중시되었던 것도 이와 무관하지 않다. 특히 성종 대에는 經筵에서 『대학연의』를 인용하여 정치적 논의를 하는 경우가 빈번해졌으며, 『大學衍義補』가 수입되어 읽히기 시작하였고, 李石亨(1415~1477)의 『大學衍義輯略』이 나오기까지 하였다.[29]

『부휴자담론』에 보이는 성현의 군주론은 당대의 정치적 상황과도 밀접한 관련을 가지고 있는 것이었다. 성현이 군주는 하늘과 같다고 하면서

而風雨順 五穀登而人民育 其爲祥瑞 豈不大哉" 『부휴자담론』 권 1 아언 1-12.

24) "夫祥非其祥 德修而至 祓非其祓 德穢而現" 『부휴자담론』 권 1 아언 1-12.

25) "人君苟能率德改行 敬答天譴 則災變爲祥 禍轉爲福 天不外於人 人必賴乎天 天人之間 自然相協矣" 『부휴자담론』 권 2 아언 2-5.

26) *cf.* "浮休子曰 治國有九害 雕楹刻桷 宮室之害也 錦繡纂組 衣裳之害也 金斝玉瓚 器用之害也 嘉肴美臄 飮食之害也 蛾眉瓠犀 閨壺之害也 折楊皇華 雅頌之害也 工賈游手 農稼之害也 梟盧投博 學問之害也 庬言幻術 正道之害也 國有之 則其國亂 人有之 則其身危" 『부휴자담론』 권 2 아언 2-4.

27) 成俔은 홍문관부제학으로 있을 때 올린 상소에서도, 聖君이 되기 위해서는 군주가 학문을 좋아하여야 하고 諫言을 수용하여야 하며, 小人을 물리치고 적재적소에 인재를 옳게 등용할 수 있어야 한다고 주장한 바 있다. 군주의 修養과 恐懼修省을 강조하였던 것이다. *cf.* 『성종실록』 9년 11월 30일 정해조.

28) *cf.* 정재훈, 『조선전기 유교 정치사상 연구』, 태학사, 2005, pp.126~127.

29) *cf.* *Ibid.*, pp.126~150.

군주의 절대적 권위를 천명한 것은 성종과 연산군대 君權과 臣權의 질서를 바로잡고자 하는 의도에서였다고 할 수 있다. 주지하듯이 성종은 13세의 어린 나이로 왕위에 오른 뒤 초기에는 대왕대비의 섭정과 元相들의 협력을 받아야 했고, 친정이 이루어진 뒤에도 공신 및 훈구대신들과 의논을 거친 뒤에 국정을 처리해야 했다. 성종은 훈구대신들이 대간과의 알력을 빌미로 자문에 응하지 않아도 어찌할 수 없었고, 훈척을 탄핵하는 대간의 언론도 막을 수 없었다. 또한 성종은 세조비와 예종비, 덕종비 3전을 모셔야 했는데, 3전의 요구에 응하기 위해서는 언론 삼사와 충돌하지 않을 수 없었고, 정계에 새롭게 진출한 사림 출신들 역시 강력한 정치세력으로 성장한 것은 아니어서 성종의 왕권을 강화하는 데 크게 기여할 수 없었다.[30] 한편 연산군은 자신의 생모가 廢妃賜死된 사건의 전말을 알게 되면서 훈구대신과 사림을 모두 눌러 왕권을 강화하였다. 무오사화(1898)와 갑자사화(1504) 두 차례의 사화를 통해 연산군은 자신의 비판세력을 거의 다 숙청하였다. 민생은 아랑곳 않고 사치와 방탕을 구가한 연산군의 경우에는 성종 대와는 또 다른 극단을 보여주었다고 하겠다.[31] 이와 같은 현실에서 성현은 훈구 관료의 입장에서 유교질서를 바로세우고자 하였던 바, 『부휴자담론』에 보이는 君主論은 그 일단을 피력한 것이라고 하겠다.

2) 求賢과 任用의 方法

성현은 군주의 통치와 관련하여 인재 등용의 문제를 강조하였다. 성현은 군주가 賢者를 좋아하면 나라가 일어난다고 하면서,[32] 군주는 현자를 구하려는 지극한 정성을 가지고 있어야 하고, 현자에게 政事를 맡기는 방

---

30) *cf.* 최승희, 「성종대 국정운영체제와 왕권」, 『조선초기 정치문화의 이해』, 지식산업사, 2005, pp.327～382.

31) *cf.* 한영우, 『다시 찾는 우리 역사』, 경세원, 2004, pp.348～349. ; 이이화, 『한국사 이야기 ⑩ 왕의 길 신하의 길』, 한길사, 2000, pp.39～59.

32) 성현은 伍子胥의 이야기를 빌어 국가 흥망의 요인을 다음과 같이 제시하였다. "國之所以興者 有五 亡者 亦有五 好賢者興 護學者興 好德者興 好仁者興 好義者興也 嗜獵者亡 嗜遊者亡 嗜音者亡 嗜酒者亡 嗜色者亡也" 『부휴자담론』 권 5 보언 5-12.

법도 알고 있어야 한다고 하였다.[33] 용이 구름을 만나지 못하면 하늘로 승천할 수 없고 물을 만나지 못하면 조화를 부릴 수 없듯이, 군주가 신하를 만나지 못하면 다스릴 방도가 없기 때문이라는 것이다.[34] 그러나 賢者는 하루 이틀 만에 구할 수 있는 것이 아니고 한두 번 찾아간다고 해서 구할 수 있는 것도 아니다. 그것을 수고롭게 여기지 말고, 오직 賢者를 얻어 政事를 함께 하겠다는 간절한 정성이 있어야만 현자를 구할 수 있다고 한다.[35] 다 같은 누에고치라 할지라도 고치에 따라 누에가 나오기도 하고 누에가 나오지 않기도 하는 것은 거름을 주고 북돋아주는 노력을 얼마나 기울였느냐에 달려 있듯이,[36] 인재를 얻기 위해서는 인재를 구하려는 노력, 인재를 육성하려는 군주의 간절한 정성이 전제되어야 한다는 것이다. 또한 현자를 얻었다고 할지라도 그를 임용한 뒤에는 의심을 하지 말고, 그에게 정사를 맡긴 뒤에는 의혹의 눈초리로 바라보지 말라고 하였다. 그래야 윗사람은 마음을 놓고 아랫사람은 편하게 따를 수 있다는 것이다.[37]

成俔은 인재를 알아보고 그 재목에 맞는 일을 맡기기란 쉽지 않지만,[38]

---

33) 鄭道傳은 君道에 대한 의논에서 '인군은 지성으로 어진 이를 임용하여 그 공을 이루어야 한다'[人君至誠任賢以成其功]고 한 바 있는데(鄭道傳, 『三峯集』, 第12卷 經濟文鑑 別集 下, 議論), 성현은 『부휴자담론』에서 魏 文侯와 田子方의 대화를 빌어 '人君勞於求賢 逸於任賢'의 의미를 설명하면서, 군주가 현자를 구하는 정성과 현자 등용의 방법 및 그 효과를 제시하고 있다. *cf.* 『부휴자담론』 권 4 우언 4-14.

34) "然非雲 龍不得以升騰 非水 龍不得以變化也 …(중략)… 君非臣 無以爲治" 『부휴자담론』 권 1 아언 1-17.

35) "其求之 非一日 訪之 非一朝 必得賢才 與之共之 此所謂勞也" 『부휴자담론』 권 4 우언 4-14.

36) *cf.* 「子封往趙子柳之家」 『부휴자담론』 권 4 우언 4-6.

37) "其得之也 苟得賢才 不以卑賤而忽之 任之而不疑 委之而不顧 上安下順 四方從欲而治 端冕於上而無虞 此所謂逸也" 『부휴자담론』 권 4 우언 4-14. 성현은 또 '벼슬자리는 어진 사람을 대접하기 위해 주는 것이며, 녹봉은 그 노고에 보답하기 위해 주는 것'이라고 하면서 벼슬과 녹봉을 주는 것이 도리에 어긋나지 않아야 사람들은 자신들의 힘을 다한다고 하였다. "夫爵以待其賢 祿以酬其勞 爵祿不悖 則人盡其力" 『부휴자담론』 권 6 보언 6-2.

38) "才難不其然乎 人莫難於有才 而能兼衆才爲難 能知人之有才 而俾之各當其任 尤爲難" *cf.* 成俔, 「送慶尙道都事李君序」, 『虛白堂集』 文集 卷 7(『韓國文集叢刊』 14, 民族文化推進會 1988, p.468).

小人을 등용해서는 안 된다고 하였다. 소인은 國政을 문란하게 하고 憲章을 무너뜨리며 정직한 사람을 미워하고 오직 이익만을 생각하여 작게는 개인을 망치고 크게는 나라를 망하게 하기 때문이다.[39] 더욱이 겉으로 드러난 해악은 제거하기 쉽지만 드러나지 않은 해악은 뿌리 뽑기 어려운 법이어서, 숨어서 남몰래 해악을 끼치는 이들을 쫓아내고 멀리 할 수 있는 군주라야 善人·賢者를 보호할 수 있고 나라를 평안히 할 수 있다고 하였다.[40]

㉠ 越나라 산골에 구욕새가 살고 있었습니다. 그 새가 음식을 차려 놓은 뒤 평소 가까이 지내던 새들을 초청하였습니다. 까마귀와 꿩도 그 소식을 듣고 잔치에 참석하려 하면서 畵工을 불러 자신의 깃털 위에 그림을 그려 달라고 부탁하였습니다. 먼저 꿩이 말하기를 '五色을 써서 아름답게 그려 달라.'고 하였습니다. 그 때문에 꿩은 매우 화려한 무늬를 갖게 되었습니다. 그런데 잔치의 시작을 알리는 북소리가 들려오기 시작하였습니다. 까마귀가 다급하게 말하기를 '오색을 다 쓸 필요가 없다. 다만 한 가지 색만 써도 상관이 없다.'고 하였습니다. 그 때 마침 화공의 곁에 먹물이 놓여 있었습니다. 화공은 서둘러 그 먹물을 까마귀의 몸에 뿌렸습니다. 그 때문에 까마귀는 온몸이 까맣게 변하여 암수조차 구별할 수 없게 되었습니다.[41]

㉡ 옛날 粤 땅의 어떤 사람이 집을 지었습니다. 그리고 좋은 기와로 주변에 담장을 쌓고 아름다운 옥으로 대문의 지도리를 만들었습니다. 또한 北社

39) "夫小人者 變亂國政 耗敗憲章 惡直醜正 惟利是視 小以亡其身 大則亡其國" 『부휴자담론』 권 5 보언 5-5. 성현은 <庭蓼說>을 통해 賢才와 不才, 君子와 小人을 '甘菊'과 '茶蓼[씀바귀·여뀌]'에 빗대어 소인의 폐해를 지적한 바 있기도 하다. *cf.* 成俔, 「庭蓼說」, 『虛白堂集』 文集 卷 12(『韓國文集叢刊』 14, 民族文化推進會 1988, p.507).

40) "害著者易制 害隱者難圖 人君苟能去其害人而遠之 則善人可保 而邦國寧也" 『부휴자담론』 권 2 아언 2-15.

41) 『부휴자담론』 권 3 우언 3-11. 성현, 『부휴자담론』, 이래종 역주, 소명출판, 2003, p.137.

> 의 가죽나무를 사랑하여 그 나무로 대문의 기둥을 만들려 하였습니다. 그러자 그 아들이 말렸습니다. '그러시면 안 됩니다. 가죽나무는 쓸모가 없는 나무입니다. 그 나무는 결이 고르지 않고 마디마다 옹이로 울퉁불퉁합니다. 그 목재에서는 樹液이 많이 흘러나오며 또한 반듯하지도 않습니다. 지금 만들어 놓은 담장이나 지도리와 전혀 어울리지 않는 나무입니다.' 그러나 월 땅 사람은 끝내 그 나무를 썼고 그 집도 결국 얼마 후에 무너졌습니다. 그러자 도적이 그 틈을 타고 들어가 재물을 모두 훔쳐가 버렸습니다.[42]

㉠은 楚나라 芈叔의 탐욕을 드러내기 위해 가져온 이야기이다. 미숙은 申 땅의 수령으로 있으면서 오로지 자신의 사사로운 이익을 채우는 데에만 몰두했다. 寶貨를 가진 자가 있으면 수단과 방법을 가리지 않고 그것을 빼앗았다. 그리고 그것을 왕의 측근들에게 뇌물로 주었다. 이로 인해 그는 왕의 총애를 얻을 수 있었다. 불행히도 왕은 이 사실을 모른 채 측근들이 하는 말만을 믿고 미숙을 등용했던 것이다. 관직은 公器이고 公議에 따라야 하지만, 왜곡된 公議는 公器를 私器로 만들고 만다. 이처럼 왜곡된 公議와 得寵의 실상을 폭로하고 바로잡기 위해 가져온 이야기가 ㉠인 것이다. 만일 까마귀가 꿩처럼 오색으로 화려하게 꾸밀 수 있는 시간적 여유를 가지고 있었다면, 까마귀의 본색은 드러나지 않았을 것이다. 군자와 소인은 義와 利의 岐路에서 그 본색이 드러난다. 孫叔敖는 楚 莊王에게 미숙을 越나라 까마귀와 같은 부류라고 하면서, 利를 탐하는 소인배가 公器인 관직을 망가뜨리고 있으니, 그러한 자를 어찌 쫓아내지 않을 수 있겠느냐고 한다. 이 이야기는 초 장왕이 마침내 미숙을 쫓아내고 그 자리에 賢者를 임명하자, 초나라는 크게 다스려질 수 있었다는 것으로 끝난다.

성현이 인재 등용에서 '物望'의 중요성을 강조했으면서도,[43] 이와 같은 우언을 『부휴자담론』에 수록해 놓은 것은 인재의 판별이 얼마나 至難한

---

42) 『부휴자담론』 권 3 우언 3-14. 성현, 『부휴자담론』, 이래종 역주, 소명출판, 2003, pp.142～143.

43) "用人 莫如用人之有物望者" 『부휴자담론』 권 1 아언 1-10.

문제인가를 보여주는 것이기도 하다.[44] 소인을 막기 위해서는 자기 자신부터 올바르게 하여야 한다.[45] 至公無私하여 利慾에 가림이 없어야 하는 것이다. 천하를 다스리는 道로써 '公'을 강조한 것도 이 때문이지만, 현실은 그렇지 않았다. 벼슬길에 오르기만 하면 자신의 사사로운 이익을 돌보는 데 힘을 쏟아 뇌물을 주고받고 세금을 착복하기를 마치 파리나 이리가 먹이를 찾는 것처럼 하였으니, 군주로서는 이들을 멀리 하고자 하여도 그렇게 할 수가 없었던 것이다.[46]

ⓛ은 中山國 왕이 자신의 종기를 낫게 해준 의원을 卿으로 삼으려 하자, 왕자 革이 그같은 처사의 부당함을 보이기 위해 가져온 이야기이다. 公器인 관직에 인재를 등용할 때에는 그 그릇의 크기에 따라 알맞은 인물을 써야 하는 것이다.[47] 종기를 낫게 해준 것은 고마운 일이나, 그렇다고 하여 그가 卿의 직무를 감당할 수 있는 능력을 갖추었다는 근거가 되지는 않는다. 卿으로서 감당해야 할 국가 중대사의 처리능력에 비하면 종기를 낫게 하는 것은 지극히 淺近하기 짝이 없는 능력일 뿐이다. 그럼에도 中山王은 그 의원을 卿으로 삼으려 하였으니, 왕자 革은 이 점을 지적하려고 한 것이다. 군주의 개인적인 好惡나 愛憎에 따라서 마음대로 관직을 제수한다면 賢者는 숨고 아첨하는 무리들만 들끓게 되어 국가는 보존할

---

44) 宦路는 언제나 讒訴와 阿諂이 들끓게 마련이고, 군주는 그 속에서 인재를 가려내야 하기 때문이다. 『부휴자담론』에서는 참소와 아첨이 지닌 힘을 '말이 많으면 무쇠도 녹이고 비난이 쌓이면 뼈도 부수며, 땔나무가 쌓이면 수레를 주저앉게 하고 깃털도 모이면 살덩이를 날게 한다'고 하였다. "口衆鑠金 毀積鎖骨' 叢薪聚而折軸 羽毛集而飛肉" 『부휴자담론』 권 1 아언 1-11.

45) "防小人之道 正己爲先" 朱熹·呂祖謙 편저, 葉采 집해, 이광호 역주, 『近思錄集解』 제10권 政事, 아카넷, 2004, p.782.

46) "浮休子曰 治天下有道 公而已矣 君不可不公 爵人公也 行賞公也 用刑公也 守法公也 臣不可不公 治官事 不營私室 在公門 不言私利 執公器 不施私恩 循公議 不陷私欲 公則治 私則亂 公則安 私則危 可不戒哉 …(중략)… 今之爲士者 不然 纔登仕路 先務己私 小則苞苴 大則聚斂 蠅營狼貪 不知紀極 君雖欲遠之 而不可得甚矣 世道之日降而難回也" 『부휴자담론』 권 1 아언 1-3.

47) *cf.* "爲人上者 知其材器之高下 大以授大 小以授小 各稱其職 然後事得不悖 如或任非其人 授非其任 則黑白雜揉 冠屨倒置 而國非其國矣 然則人材之相遠 豈不甚矣哉" 『부휴자담론』 권 2 아언 2-9. ; "夫官者 器也 器有大小 而人之所授有輕重 是皆天經 而不可以私意而亂之也" 『부휴자담론』 권 3 우언 3-12.

수 없는 상황에 이르게 될 것이기 때문이다.[48]

3) 治世의 方法

성현은 인재를 등용할 때에는 갑자기 벼슬을 높여 주어서 사람을 교만하게 해서는 안 된다고 하였다.[49] 벼슬이 높아지면 사람은 교만해지기 마련이고, 능력 밖의 지위에 앉게 되면 기대에 부응할 수 없기 때문이다. 나라를 다스리는 것도 마찬가지이다.

> 부휴자가 심한 체증을 앓고 있었다. 가슴이 꽉 막혀 물을 마셔도 내려가지 않고 밥을 먹어도 내려가지 않았다. 배가 장구처럼 불룩하여 누워서 잠도 잘 수 없었기 때문에 그대로 자리에 앉아 있었다.
> 어떤 용렬한 의원이 병세를 살펴보고 부휴자에게 말하였다.
> "烏菫을 복용하면 다 쏟아낼 수 있으니 더 이상 걱정하지 마시기 바랍니다."
> 부휴자는 그 말을 믿고 오근을 복용하였다. 그런데 시간이 조금 흐른 뒤부터 뱃속에서 천둥이 치는 듯한 소리가 나더니 천지가 뒤집히는 것처럼 아프기 시작하였다. 이내 가슴이 뚫렸던지 위로 올라온 음식은 입가로 흘러넘치고 아래로 쏟아진 오물은 방바닥으로 굴러 다녔다. 그렇게 위와 장을 세척하여 묵은 찌꺼기를 모두 쏟아내자 몸은 비로소 평온을 되찾았다. 하지만 그로부터 정신이 어지러워지더니 온몸의 맥박이 마구 뛰면서 손발이 뒤틀리는 것 같았다. 귀머거리가 된 것처럼 귀가 들리지 않았고, 봉사가 된 것처럼 눈도 보이지 않았다. 입이 써서 밥은 먹기 싫었으나 입술이 타 들어가 물 생각이 절로 났다. 마침내 며칠 동안 자리에 누운 채 몸을 일으킬 수가 없었다.
> 부휴자는 宋大夫를 불러 그 까닭을 물었다.

---

48) 「우언」편에 수록된 東門柳의 이야기는 이러한 상황을 우의한 것이다. *cf.* "女無美惡 悅我目者爲妹 人無善惡 適我意者爲善 非獨女色爲然 君臣之分 亦猶是也 …(중략)… 西施掩泣而嫫母笑也 賢人退隱而諂諛進也 人皆知善惡而能去就之 則人皆可爲堯舜 惟其不如是 故家國亂亡之相繼也" 『부휴자담론』 권 4 우언 4-11.

49) "君不可驟驕人也 驕人由官崇也 非其賢而進之 則不孚其望 非其才而用之 則不稱其職 不孚望 不稱職之人 胡可久乎 …(중략)… 是故 人君以漸爵人 而不可驟驕之也 以漸伸恩 而不可驟貴之也" 『부휴자담론』 권 1 아언 1-5.

송대부가 대답하였다.

"그대의 元氣가 손상을 입었습니다. 모든 병에 속히 쾌차하려고 힘쓰는 경우에는 반드시 몸을 상하게 마련이고, 모든 일에 서둘러 처치하려고 힘쓰는 경우에는 반드시 일을 그르치게 마련입니다. 이치가 본디 그런 것입니다. 만약 먹은 것이 체하여 답답하기 때문에 속이 내려가게 하고 싶다면 우선 부드럽게 잘 넘어가는 음식을 쓰면서 五臟六腑를 천천히 다스려야 합니다. 서둘러 억지로 쏟아냄으로써 시원스럽게 쾌차를 보려 해서는 못쓰는 법입니다. 원기를 한 번 상하게 되면 온갖 질병이 교대로 발병하면서 틈틈이 허한 곳을 노리다가 마침내 膏肓을 공격하기 시작합니다. 그러면 비록 兪跗나 扁鵲과 같은 名醫가 있다 하더라도 손을 쓸 방도가 없는 것입니다."

부휴자가 일어나 사의를 표하였다.

"대부의 말씀은 단지 병을 다스리는 것뿐만 아니라 나라를 다스리는 이치까지 일깨워 주고 있습니다. …(중략)… 앞으로 명심하여 죽을 때까지 잊지 않도록 하겠습니다."[50]

병을 다스리는 것을 통해서 나라를 다스리는 것을 우의한 우언이다.[51] 元氣를 보하면서 체증이 가라앉기를 기다리는 데에는 시간이 걸리기 마련이다. 그러나 그렇게 해야 뒤탈이 없다. 시간이 걸린다고 해서 기다리려고 하지 않고 속이 뒤집히는 한이 있더라도 빨리 낫기를 구한다면, 兪跗나 扁鵲 같은 名醫도 손 쓸 방도가 없는 치명적 결과를 초래하게 된다는 것이다.

성현은 군주가 백성을 다스림에 임해서 소중하게 여겨야 할 것은 '仁'이라고 하였다.[52] 백성은 어리석지만 신령스럽고 미천하지만 두려운 존재

---

50) 『부휴자담론』 권 3 우언 3-10. 성현, 『부휴자담론』, 이래종 역주, 소명출판, 2003, pp.133~134.

51) 병약한 체질로 인해 적잖은 고생을 해야 했던 성현으로서는 治病을 寓體로 한 寓言이 다른 어떤 것보다도 자신의 생각을 우의하는 데 적격이었을 것이다. *cf.* 홍순석, *op. cit.*, pp.54~56.

52) "王者之所貴 仁也 鼎實無用 王若施仁政於民 以鞏邦本 則雖無一鼎 何害於治" 『부휴자담론』 권 5 보언 5-11.

로, 군주가 그들의 삶을 편안하게 하고 온전하게 하는 데 힘써야만 다스려질 수 있다. 그렇게 하지 않으면 백성들은 노여워하고 원망하는 마음을 가지고 떠돌아다니게 되니, 나라는 다스려질 수 없다는 것이다. 또 군주는 德을 쌓는 데 힘쓰고 덕으로써 백성을 다스려야 나라가 다스려지는 법인데, 군주가 덕을 쌓는 데 힘쓰지 않는다면 아무리 부지런히 정사를 펼친다 해도 백성들은 다스려지지 않을 것이라고 하였다.[53] 성현은 지금 당장 그 효과를 확인할 수 없다 할지라도 조급해하지 말고 긴 안목을 가지고 仁政과 德治를 펼 것을 역설했던 것이다.[54] 또한 군주는 누가 무엇이라 하든 거기에 연연해하지 말고 마음을 다하여 정치에 임해야 한다고 하였다.[55]

2. 臣僚論

성현은 군주가 신하를 만나지 못하면 다스릴 방도가 없고, 신하가 군주를 만나지 못하면 공적을 이룰 수 없다고 하였다.[56] 군주와 신하가 서로에게 의지하지 않을 수 없음을 말한 것인데, 成俔은 賢臣의 필요성을 이렇게 말하였다.

> 나라에 賢者가 없으면 政事를 밝게 행하지 못할 것이다. 정사가 밝게 행해지

53) "夫民 至愚而神 至微而可畏 不以佚道使之則怒 不以生道役之則怨 怒與怨積於心則相率而離散 離散則弗靖也 …(중략)… 民之所以弗靖者 非民之弗靖也 王者之政不能靖其民也 …(중략)… 王者 務蓄其德 德不蓄 則雖勤其政 無益也 今王以德而靖民 則而國治矣" 『부휴자담론』 권 3 우언 3-6.

54) 성현은 사람들이 일반적으로 빠른 것을 귀하게 여기고 느린 것을 나쁘게 생각하지만, 빠르게 일을 처리하면 일시적으로는 속이 시원하더라도 종국에 가서는 후회하기 마련이니, 국정을 계획하고 도모할 때에는 결코 서둘러서는 안 된다고 하였다. "凡事臨機果斷者少 而平時久遠之謀 有益於國者多 然人心貴速而惡遲 速雖快於一時 而未嘗不貽悔於其終 遲雖不快意 而率皆有成而不敗 然則謀慮 其可造次而爲之乎" 『부휴자담론』 권 1 아언 1-8.

55) "人君爲名而治國 則其心必不誠 …(중략)… 名者 實之賓而道之羸餘也" 『부휴자담론』 권 2 아언 2-8.

56) "君非臣 無以爲治 臣非君 無以發蹤跡" 『부휴자담론』 권 1 아언 1-17.

> 지 않으면 백성이 편안하게 살 수 없을 것이다. 백성들이 편안하게 살지 못하면 임금이 어찌 혼자서 편안하게 지낼 수 있겠는가? 나라가 나라답지 못할 것이니, 머지않아 망하고 말 것이다.[57]

군주는 자기가 직접 백성을 다스릴 수 없기 때문에 宰相과 守令方伯을 비롯한 臣僚를 두는 것이다. 신료는 군주를 대신하여 政事를 펴는 군주의 手足이며 백성들의 고충을 보고 듣는 군주의 耳目인 셈이다. 군주가 하늘을 대신하여 이 세상을 다스리는 것처럼, 신료는 군주를 대신하여 백성을 다스리는 것이니, 군주의 德化가 제대로 펴지도록 삼가 공경하지 않을 수 없는 것이다.

1) 實學과 實用

성현은 신하된 자가 힘써야 할 것은 현실에 적용할 수 있는 實學이지 명분뿐인 虛學이 아니라고 하였다. 거문고를 들고 雲門曲을 타고 있던 空同子에게 어부가 거문고의 제작 원리와 律呂의 이치를 알고 있는지 묻지만 공동자는 모른다고 한다. 음악을 잘 활용하여 治世의 효과를 가져올 수 있겠느냐고 물어도 못한다고 하고, 重華氏나 瓠巴, 伯牙, 師曠처럼 연주를 잘 할 수 있느냐고 물어도 못한다고 한다. 공동자가 거문고를 즐기는 이유는 그 뜻을 취하고자 한 것이 아니라 한적한 정취를 즐기고자 한 것이었다. 답답한 감정을 발산함으로써 심사를 편안하게 하고, 사악한 생각을 버림으로써 올바른 길로 들어가고자 할 뿐이었던 것이다. 그러나 어부는 그러한 공동자의 음악은 조정에서 사용할 수도 없고 귀신을 흠향하게 할 수도 없으며 사람의 마음에 맞지도 않고 만물을 감화하게 할 수도 없다고 하면서 '그대가 배운 것은 한낱 껍데기에 불과할 뿐이어서 세상에 소용되는 바가 없다'고 한다.[58] 공동자에 대한 이와 같은 비판은 修身과

57) "國無賢 則政不明 政不明 則民不寧 民不寧 則君安能獨存 國非其國 其亡無日矣" 『부휴자담론』 권 2 아언 2-1.

58) "今子之樂 不能用於朝廷 協於神鬼 合於人心 感於萬物 問琴而不知制 問樂而不知原 然則子之所學者 糟粕也 無所用於世也" 『부휴자담론』 권 3 우언 3-3.

名分을 중시하였던 신진 사림에 대하여 博學과 實用을 중시하고 治人 위주의 학풍을 지녔던 훈구 관료의 입장을 옹호하는 것이기도 하다.[59]

성현은 관직을 公器로 인식하고 있었기 때문에, 신료는 관직을 수행하면서 매사를 공정하게 처리해야지 사사로운 이익이나 욕망을 추구해서는 안 된다고 하였다.[60] 또한 명예를 위해 봉직하면 충성을 다하지 못하게 된다고 하였다.[61] 성현이 名利를 탐하는 자가 臣僚가 되어서는 안 된다고 한 것은 이 때문이다. 名利를 탐하게 되면 實質과 義理를 생각지 않기 때문이다.[62]

> 선비 緩은 儒家의 학술을 배워 六經과 諸子·史書 등을 탐구하지 않은 것이 없었다. 그가 지은 詞章은 淸新하고 富贍하여 온 세상에서 그를 대적할 자가 없었다. 그렇지만 조정에 들어선 지 30년이 지났으나 官階는 大夫를 넘지 못하고 직무는 執戟을 면하지 못하였다. 이에 그의 벗 浮休子에게 물었다.
> "사람들은 모두 살진 말을 타고 가벼운 가죽옷을 입었습니다. 그러나 내 경우에는 짧은 베옷마저도 성한 곳이 없습니다. 사람들은 모두 맛있는 음식을 먹으며 화려하게 단장한 말을 몰고 다닙니다. 그러나 내 경우에는 명아주 잎이나 콩죽마저도 마음껏 먹을 수 없습니다. 사람들은 모두 곁에서 임금을 모시고 있습니다. 그러나 나는 홀로 임금에게 가까이 다다갈 수 없습니다. 사람들은 모두 국정에 깊이 참여하고 있습니다. 그러나 나는 홀로 국정에 참여할 수 없습니다. 나의 문장과 經術은 결코 남들에게 뒤지지 않습니다. 그렇지만 功名과 利祿만은 유독 남들을 따라갈 수 없습니다. 그것은 무엇 때문입니까?"[63]

---

59) *cf.* 李來宗, 「慵齋 成俔의 文學論」, 『漢文學論集』 5, 檀國漢文學會, 1987, p.158.
60) "臣不可不公 治官事 不營私室 在公門 不言私利 執公器 不施私恩 循公議 不陷私欲 公則治 私則亂 公則安 私則危 可不戒哉" 『부휴자담론』 권 1 아언 1-3.
61) "人臣爲名而奉職 則其心必不忠" 『부휴자담론』 권 2 아언 2-8.
62) "喜於名者 必務進 悅於利者 必務聚 務進 則委質非誠也 務聚 則莅官非廉也 …(중략)… 爭名者 徒喜其名而不顧其實 爭利者 徒悅其利而不思其義" 『부휴자담론』 권 1 아언 1-15.
63) 『부휴자담론』 권 3 우언 3-4. 성현, 『부휴자담론』, 이래종 역주, 소명출판, 2003, pp.117~118.

인물의 賢愚나 德의 有無는 겉으로 드러나는 것이 아니기 때문에, 높은 벼슬을 하기만 하면 현자라 하고 재주 없는 사람도 유덕한 자라고 한다. 선비 緩은 비록 빼어난 문장과 경술을 갖추었지만, 남들에게 인정을 받지 못하고 낮은 지위에서 오랫동안 다른 사람의 부림만 받아왔으니 불평이 없을 수 없었을 것이다. 그러나 문장과 경술에 뛰어나다고 해서 모두 높은 벼슬을 하는 것은 아니다. 그럼에도 불구하고 문장과 경술만으로 높은 벼슬을 구하려는 것은 우원한 짓이 아닐 수 없다. 더욱이 그가 높은 지위에 오르고자 하는 것은 仁政을 베풀어 백성을 편안하게 하고 군주를 바른 길로 인도하여 聖君으로 만들고자 해서가 아니다. 남 못지않은 功名과 利祿을 누리고자 하는 것일 뿐이다. 공명과 이록을 탐하게 되면 무엇이든 차지하지 않고서는 만족할 수 없고, 종국에는 분수를 모르고 참람한 짓을 하는 지경에까지 이르고 만다. 그렇게 되면 一身을 망치게 되고 말 것이니 차라리 시골에 내려가 농사를 짓는 것만 못하다고 한 것이다.

2) 謙讓과 淸廉, 安分

성현은 名利를 탐하기보다 謙讓과 淸廉, 安分에 힘써야 하는 것이 신료의 도리라고 하였다. 매일 아침마다 담장은 높아야 하고 집은 낮아야 한다고 노래하는 燕나라 武士의 이야기[64]를 통해 성현은 벼슬이 올라갈수록 겸손한 마음을 가져야 한다고 하였다. 높은 벼슬자리에 있으면서 자신을 단속할 줄 모르고 교만하고 사치스럽게 지내면 그 자리에서 오래 버틸 수 없기 때문이다. 그럴수록 검소하고 겸손하게 자신에 대한 단속을 엄격하게 해야 한다는 것이다.

평생 검소하게 생활하였던 성현[65]은 신료의 덕목 가운데에서도 가장 중요한 것으로 淸廉을 꼽았다.[66] 국록을 먹는 신하의 책무 가운데 하나는 군주의 재물을 넉넉하게 하고 백성의 살림을 넉넉하게 하며 나라의 창고를 넉넉하게 하는 것이다. 자기 스스로에 대해서는 검소하고 박하게 하여

64) 『부휴자담론』 권 3 우언 3-16.

65) *cf.* 홍순석, *op. cit.*, pp.47~51.

66) “人臣當廉而不當邪 當恭而不當僭” 『부휴자담론』 권 1 아언 1-4.

야 하지 재물을 불리는 데 노력하여서는 안 되는 것이다.[67] 백성과 이익을 다투는 일을 금기시한 것은 그 때문이다. 그래서 성현은 베 짜던 부인을 쫓아내고 텃밭의 아욱을 모두 뽑아버린 公儀休를 거듭 칭송하였던 것이고,[68] 밤나무 천 그루를 심어 큰 소득을 거둔 鄭大夫[69]와 堂谿氏의 딸을 취한 上官大夫[70]를 비난하였던 것이다. 仁厚한 德으로 백성을 宣撫하지 않고 苛斂誅求를 일삼은 葛公[71]이 비난의 대상이 되는 것은 당연한 것이다.

그러나 성현은 신료 개인의 청렴함과 목민관으로서의 무능함은 구분해야 한다고 하였다.

> 東郭先生은 청렴한 것으로 조정에 이름이 높았다. 그 때문에 조정에서는 그에게 中牟郡을 다스리게 하였다.
> 동곽선생은 그 고을에 머물던 3년 동안 집에서 사사로운 일로 손님을 접견하지 않았으며 뇌물도 주고받은 적이 없었다. 그의 아내는 쌀겨로 겨우 끼니를 때웠다. 그러나 고을의 아전들은 고기로 배를 채웠다. 그의 심복들은 문밖으로 나돌아다니지 않았다. 그러나 거리는 賦役하는 사람들로 항상 소란스러웠다. 곡식 창고는 나날이 비어 갔으며 관청 건물도 나날이 무너져 내렸다. 그 고을을 찾아갔던 빈객들은 제대로 대접을 받지 못해 모두 섭섭한 마음을 품은 채 돌아갔다.
> 어떤 사람이 浮休子에게 물었다.
> "동곽선생은 비할 데 없이 어진 사람입니다. 그런데 고을의 정사는 나날이 침체를 거듭하고 있습니다. 그것은 무엇 때문입니까?"
> 부휴자가 대답하였다.
> "그것은 청렴한 것이 아니라 무능한 것입니다. 이른바 청렴한 사람은 敬으로

---

67) *cf.* "子以世祿之家 爲國鉅卿 其威名德譽 四隣無不慕之 子當謙而愈抑 儉以自遵 約己而厚人 肥公而非私 章善而替否 使君有餘財 民有餘食 國有餘畜 固其任也" 『부휴자담론』 권 5 보언 5-9.

68) *cf.* 『부휴자담론』 권 4 우언 4-9, 권 5 보언 5-9.

69) 『부휴자담론』 권 4 우언 4-9.

70) 『부휴자담론』 권 4 우언 4-12.

71) 『부휴자담론』 권 4 우언 4-5.

> 써 마음을 닦으며, 禮로써 몸을 단장하며, 간략하게 함으로써 번거로움을 제거하며, 간편하게 함으로써 백성을 심복하게 합니다. 사람들에게 이익이 돌아가게 하되 자신은 재물을 낭비하지 않습니다. 지금 동곽선생은 안으로 가정에 해를 끼치고 밖으로 백성에게 해를 끼치고 있습니다. 이는 청렴한 것이 아니라 무능한 것입니다. 어찌 무능한 사람과 함께 백성을 다스릴 수 있겠습니까?"[72)]

동곽선생은 청렴하고 개결한 인물로 소문이 났지만, 청렴하고 개결하다는 것과 한 고을의 목민관이 되어 백성을 잘 기르는 것이 다른 일임을 알지 못하였다. 청렴한 사람은 경건한 마음으로 예를 실천하되 간략하게 하여 사람들에게 이익이 돌아가게 하는데, 동곽선생은 도리어 해를 끼치고 있으니 그의 처사는 청렴한 것이 아니라는 것이다. 그는 고을의 실질적인 사정에 어두운 무능한 목민관일 뿐이다.

성현은 목민관의 본분을 다음과 같이 이야기한 바 있다.

> 牧者란 남의 소와 양을 받아 기르는 사람이니, 水草를 넉넉히 주어야 하고 누워 쉬게 하거나 움직이게 하는 것을 제 때에 해야 하며, 질병에 걸리지 않도록 해야 하고 범과 이리를 쫓아 소와 양의 생명을 온전히 해야만 牧者로서의 도리를 다했다고 할 수 있는 것이다. 모름지기 사납고 교활한 吏卒이 백성들이 두려워하는 범과 이리이고 가혹한 정치와 과도한 세금의 징수가 백성들이 걸리는 질병이다. 범과 이리를 막지 못하고 질병을 뿌리 뽑지 못하며, 쉬고 움직이는 것을 제 때에 하지 못하게 하고 먹을 것조차 부족하게 한다면 절로 죽음에 이르게 될 것이니, 그렇게 하고서 어떻게 牧者라고 할 수 있겠는가?[73)]

---

72) 『부휴자담론』 권 4 우언 4-18. 성현, 『부휴자담론』, 이래종 역주, 소명출판, 2003, pp.190～191.

73) "夫牧者 受人之牛羊而牧之 必爲之豐其水草 適其侵訛 去其疾蠡 驅其虎狼也 使物生遂而牧之道得矣 夫悍卒猾吏 民之虎狼也 苛政暴斂 民之疾蠡也 虎狼不屛 疾蠡不去 寢訛失時 水草乏絶則自就乎死亡 惡在其爲牧也" 成俔, 「送鄭君出宰瑞興詩序」, 『虛白堂集』 文集 卷 12(『韓國文集叢刊』 14, 民族文化推進會 1988, p.468).

동곽선생은 목민관으로서 마땅히 수행해야 할 본연의 책무는 돌보지 않은 채 홀로 청렴하고 개결하다는 이름을 얻고자 했을 뿐이다. 그는 청렴한 목민관이 아니라 무능한 목민관이었던 것이다.

성현은 「우언」편 첫머리의 樗散生과 朱氏의 대화[74]를 빌어 安分의 중요성을 강조하였다. 자신의 분수를 편안하게 여기면 누추한 거리에서 가난하게 살더라도 만족을 찾을 수 있지만, 분수를 편안히 여기지 못하면 욕망을 채울 수 없어 항상 불만에 사로잡혀 있을 수밖에 없다는 것이다. 남방 고을의 태수로 내려가게 된 두 선비의 이야기[75]는 신료들의 安分 문제를 다룬 우언이다. 벼슬자리는 분수를 지키기만 하면 다 지낼만한 것이어서 좋고 나쁜 것이 없는데, 지리적 위치와 산물 등을 가지고 우열을 논하고, 그에 따라 부임하는 이들이 다른 생각을 갖는다는 것이다. 그 결과 물산이 풍족한 고을을 다스리게 된 선비는 治績을 쌓기 위해 노력하기보다는 부정한 방법으로 蓄財에 골몰하다가 마침내 得罪하는 데 이르렀고, 반대로 물자가 부족한 고을을 다스리게 된 선비는 근면하고 검소하게 생활하면서 仁政을 베풀어 治績을 이루었다. 관직은 그 자체에 우열이 있는 것이 아니라 거기에 임하는 자의 마음가짐에 따라 달라지는 것이다.

3) 導君과 諫言

성현은 신하의 明暗에 따라 聖君이 될 수도 있고 暴君이 될 수도 있다고 하였다. 신하는 군주를 인도하는 것을 본분으로 하는데, 인도한다는 것은 길을 안내하는 것으로 군주는 신하가 인도하는 대로 길을 가게 된다는 것이다. 비유하자면 앞을 보지 못하는 사람이 앞 못 보는 사람을 인도할 경우, 돌부리에 걸려 넘어지고 나뭇가지에 찔리고 구덩이에 빠지고 깊이를 알 수 없는 물을 향해 걸어 들어가는 것을 막을 수 없겠지만, 눈이 밝은 자가 인도한다면 그런 일은 일어나지 않는 것과 같다는 것이다.[76]

---

74) 『부휴자담론』 권 3 우언 3-1.

75) 『부휴자담론』 권 4 우언 4-20.

76) "譬如兩瞽相扶 迷失所向 石礙戶 蹎之足傷 樹當途 觸之頭破 前有千丈之坑 無底之水 亦將趨入而不知避 哀哉 苟有明者導之 則無此患也" 『부휴자담론』 권 1 아

성현 당대는 물론이고 조선시대의 신료들은 자신이 보필하는 군주가 堯舜과 같은 聖君이 되기를 꿈꾸었다.[77] 그래서 충성을 다하여 군주를 받드는 것을 신하된 자의 도리로 여겼고,[78] 군주가 자기를 무능하다고 여기지 아니하고 政柄을 주면 渾身의 힘을 다하여 奉職하면서 臣僚로서의 도리를 다하고자 하였던 것이다.[79] 군주에게 허물이 있으면 있는 힘을 다하여 간하고, 諫言이 수용되지 않으면 죽음을 각오하고 다시 간하는 것이 신하의 도리라고 하였다.[80] 자신이 모시는 군주를 聖君으로 만들고자 하였기 때문이다.

> 선비가 이 세상에 태어나서 재상이 되지 않으면 반드시 臺諫이 되어야 한다. 재상은 위에서 그 뜻을 행하고 대간은 아래에서 그 말을 행하여 항상 임금을 돕는 것으로 임무를 삼는다. 그러므로 대간의 품계는 비록 낮지만 사람들이 모두 훌륭하게 여기는 것이다.[81]

『經國大典』의 완성으로 정비된 조선 전기의 통치체제는 군주가 王政의 핵심에 위치하면서 실질적으로는 議政府와 六曹, 三司를 중심으로 한 官僚支配體制를 의미하였으니, 王權과 臣權이 조화를 이룬 가운데 이상적인 儒敎政治를 수행할 수 있도록 구성한 것이다. 宰相權과 言官權의 상호견제와 세력균형을 유지하는 가운데 官僚制를 통해서 절대적인 王權을 행사토록 한 것이다.[82] 이런 통치체제하에서 臺官과 諫官이 차지했던 정치

언 1-9.

77) *cf.* "儒有一畝環堵之室 讀書萬卷於其中 席珍而待聘者無他 欲以己之學 推以及人 致吾君於堯舜。熙鴻號於無窮也" 成俔, 「送西海韓都事序」, 『虛白堂集』 文集 卷 7(『韓國文集叢刊』 14, 民族文化推進會 1988, p.472).

78) "人臣之道 當盡忠事君 知國之害而去之" 『부휴자담론』 권 6 보언 6-12.

79) "國君 不以我爲無能 授我以政柄矣 我欲殫力而奉職" 『부휴자담론』 권 3 우언 3-8.

80) "人臣之義 君有過 則盡力爭之 不得 則以死繼之" 『부휴자담론』 권 5 보언 5-6.

81) "士生斯世 不爲宰相 必爲臺諫 宰相行其志於上 而臺諫行其言於下 常以補袞爲任 故諫官秩雖卑 而人皆以爲華" 成俔, 「送西海韓都事序」, 『虛白堂集』 文集 卷 7(『韓國文集叢刊』 14, 民族文化推進會 1988, p.472).

82) *cf.* 金墩, 『朝鮮前期 君臣權力關係 硏究』, 서울대출판부, 1997.

적 위상은 자못 중대한 것이었다. 때문에 言官의 강직한 직분 수행이 더욱 요청되었고, 言路를 넓히고 求言에 대한 노력을 게을리 않는 것은 聖君이 되기 위한 기본 전제였다. 실상 벼슬을 하려는 까닭은 一身을 영화롭게 하고 妻子를 편안하게 하기 위한 것인데, 죽음을 무릅쓰고 諫言을 하는 것은 一身의 安危는 물론 妻子까지도 보호할 수 없는 것이었다. 그럼에도 불구하고 節義를 바꾸어서는 안 되는 것이 言官이었던 것이다.[83] 성현은 대사간과 대사헌을 역임했기 때문에 그러한 臺諫의 소임을 잘 알고 있었을 터이다.

한편 성현은 『부휴자담론』에서 신하의 종류를 師臣과 友臣, 賓臣, 吏臣, 僕臣 다섯으로 나누어 제시하기도 하였다.[84] 師臣은 멀리서 바라보면 엄숙한데 가까이 다가가면 따뜻하고, 儀表를 드러낸 채 無爲의 교화를 이루는 신하이고, 友臣은 智謀가 끊임없이 샘솟아 임기응변의 기이한 계책을 내어 좌우에서 군주를 보좌하는 신하이다. 賓臣은 명절과 행실을 닦고 밤낮으로 허물을 바로잡는 데 힘써 군주를 바른 도로 인도하는 신하를 말하고, 吏臣은 스스로 법을 지키고 청렴하게 관직에 임하여 나라의 법도를 지키고 權貴에 흔들리지 않는 신하를 말한다. 그리고 僕臣은 한 번 부르면 대답하고 두 번 부르면 승낙하는 신하로, 군주의 안색을 보면 그 뜻을 알아서 순종하고 거스름이 없는 신하를 말한다.

성현은 孟嘗君의 인재 선발에 들지 못했다가 나중에 비로소 뽑혀 上將軍에 올라 韓나라와 魏나라를 평정하는 데 공을 세웠던 田生[85]과 平原君의 문하에서 오랫동안 인정을 받지 못하다가 楚나라에 가 조약을 맺고 돌

---

83) "薑桂不以地而易其性 金鐵不以火而易其質 我之稟受於天 心中錚錚者不泯 故親有過則必爭 君有過則必諫 不爲威武所屈 不爲官爵所誘 不爲貨財所惱 寧喪吾家而不忍喪國 寧喪吾身 而不忍傷民 此吾素所心蓄者也 豈可以子之言 而遽改其節乎" 『부휴자담론』 권 4 우언 4-7.

84) "凡爲臣有五 望之儼然 卽之溫然 表儀朝著 而成無爲之化者 師臣也 智如流泉 謀如沛雨 出奇應變 左右補翼者 友臣也 砥礪名行 夙夜匪躬 繩愆糾謬 引君當道者 賓臣也 操身以律 莅職以廉 愼守邦憲 不撓權貴者 吏臣也 一呼而應 再呼而諾 見君顔色 順而無違者 僕臣也" 『부휴자담론』 권 1 아언 1-18.

85) 『부휴자담론』 권 4 우언 4-13.

아오는 데 기여한 공으로 上客에 오른 毛遂[86]를 예로 들어 신하가 군주의 知遇를 입어 등용되는 것은 때[時]가 있는 것이고 命에 따르는 것이어서 인위적으로 할 수 있는 것은 아니라고도 하였다.[87]

Ⅲ. 結論

이 글에서는 『부휴자담론』에 보이는 君主와 臣僚에 대한 다양한 논의와 형상을 통해 成俔의 君臣論을 재구해 보려고 하였다. 『부휴자담론』이 성현의 정치적 견해, 특히 그의 군주론을 잘 보여주는 저작이라는 기존 연구의 지적이 있기는 하였으나, 그 구체적인 실체에 대해서는 논의된 바 없었기 때문이다. 검토의 결과를 간략히 정리하면 다음과 같다.

첫째, 君主의 位相은 하늘과 같다고 하면서도, 하늘로부터 이치를 부여받아 하늘을 대신하여 다스리는 존재가 군주라고 하였다. 때문에 군주는 하늘을 모범으로 삼고 하늘을 따르며 하늘을 공경하고 하늘을 두려워하지 않을 수 없다고 하였다. 災異가 나타나면 恐懼修省하여 祥瑞로 바꾸도록 노력해야 한다고 하였다. 둘째, 군주는 賢者를 구하려는 간절한 정성을 가지고 있어야 하고, 현자를 임용한 뒤에는 의심하지 말고 政事를 맡겨야 한다고 하였다. 특히 인재를 등용할 때는 小人을 등용하지 않도록 해야 하며, 군주의 개인적인 好惡나 愛憎에 따르지 말고 物望에 따라야 한다고 하였다. 셋째, 군주는 나라를 다스릴 때 급격하게 다스리려고 하기보다는 장기적인 안목을 가지고 인정을 베풀고 덕화를 베풀어야 한다고 하였다.

한편 신하된 자는 첫째 현실에 실질적으로 적용할 수 있는 實學에 힘써야 한다고 하였다. 그리고 신하는 名利를 탐하기보다 謙讓과 淸廉, 安分의

86) 『부휴자담론』 권 5 보언 5-14.

87) 宦路 진출에 대한 이와 같은 생각은 그의 글 「宦喩」에도 나타나 있다. "宦非難也 亦非易也 因其勢之自然而爲之者也 其求而不得者命也 不求而得之者亦命也 …(중략)… 然則宦道之難易 非人之所得爲也 天也" 成俔, 「宦喩」, 『虛白堂集』 文集 卷 13(『韓國文集叢刊』 14, 民族文化推進會, 1988, p.527).

덕목을 갖추어야 한다고 하였다. 특히 백성과 이익을 다투어서는 안 됨을 강조하였다. 또한 신하는 군주를 인도하여 聖君이 되도록 하여야 할 책무를 가지고 있다고 하면서, 군주의 허물에 대한 諫言은 신하된 자의 도리라고 하였다.

『浮休子談論』은 君權과 臣權이 대립하던 조선 전기의 정치상황에서 君君臣臣의 秩序를 확고히 하고자 하였던 成俔이 당대의 君主를 聖君으로 인도하고자 하는 목적에서 저술한 우언집이라고 할 수 있다. 군주와 신료의 위상과 책무, 덕목, 자질 등에 대하여 본고에서 도출한 결과는 『부휴자담론』이라는 한정된 텍스트를 중심으로 이루어진 것이었기 때문에, 成俔의 君臣論을 완벽하게 재구한 것이라고 할 수는 없다. 또한 본고에서 정리한 성현의 군신론이 성리학을 기본 이념으로 하였던 당대 사대부들의 의식 일반과 어떤 점에서 변별되는지 그 특징에 대해서는 고구하지 못하였다. 그러나 조선 전기 관각문인을 대표하는 成俔의 정치적 견해를 대변하는 것이 『부휴자담론』이라고 할 때, 그 속에 담긴 정치적 견해의 실상을 구체적으로 검토하지 않은 상태에서 단편적으로 언급하여 온 기존 연구의 한계를 보완할 수 있는 근거를 마련하였다는 점에서 이 글은 그 나름의 의의를 지닌다고 할 것이다.

訥隱 李光庭의 우언 창작 방식

– 『亡羊錄』 소재 창작우언을 중심으로 –

Ⅰ. 서론

訥隱 李光庭(1674~1756)의 『亡羊錄』에 대해서는 일찍이 李家源이 寓言 및 諷刺文學으로서의 특징과 함께 燕巖 朴趾源(1737~1805)의 「虎叱」에 끼친 영향을 거론한 바 있었다.[1] 그 뒤 李佑成·林熒澤이 解題와 더불어 『망양록』 소재 「道學先生」을 소개하였고,[2] 金泳,[3] 申泰寬,[4] 李美慶,[5] 林裕景,[6] 金東柱[7] 등의 학위논문이 잇달아 나옴으로써 『망양록』은 학계의 본격적인 연구대상으로 주목받게 되었다. 또한 江左 權萬(1688~?)과 大山 李象靖(1711~1781)의 西蘇論辨에 대한 연구가 진척되면서 눌은의 문학관이나 도학적 면모가 새롭게 밝혀지고,[8] 『망양록』의 번역이 이루어지면

---

1) *cf.* 李家源, 『韓國漢文學史』, 民衆書館, 1961(普成文化社, 1983), pp.356~359. ; 李家源, 『燕巖小說研究』, 乙酉文化社, 1965, pp.516~519 참조.

2) 李佑成·林熒澤, 『李朝漢文短篇集』(中)·(下), 一潮閣, 1978.

3) 김영, 「눌은 이광정 문학 연구-그의 산문작품을 중심으로-」, 연세대 박사학위논문, 1987. ; 金泳, 『朝鮮後期 漢文學의 社會的 意味』, 集文堂, 1993.

4) 申泰寬, 「訥隱 李光庭의 亡羊錄 研究」, 高麗大 碩士學位論文, 1986. ; 申泰寬, 「訥隱 李光庭의 亡羊錄 研究」, 『伏賢漢文學』 3, 伏賢漢文學會, 1987.

5) 李美慶, 「訥隱 李光庭의 亡羊錄 研究」, 檀國大 碩士學位論文, 1990.

6) 임유경, 「망양록 연구」, 한국정신문화연구원 한국학대학원 석사학위논문, 1993.

7) 金東柱, 「訥隱 李光庭 「亡羊錄」의 寓言的 性格 考察」, 인하대 교육대학원 석사학위논문, 2004.

8) 이와 관련해서는 金泳, 李知洋, 李鍾虎 등의 연구가 이루어진 바 있다. 金泳, 「18세기 安東地方 文學·思想論爭의 性格」, 『東方學志』 51, 연세대 국학연구원,

서[9] 새로운 논의를 위한 토대가 마련되었다. 최근에는 눌은의 學風과 詩世界에 대한 연구가 이루어짐으로써 그동안 산문 위주로 이루어져 온 연구상의 편향도 바로잡게 되었다.[10] 눌은 이광정에 대해서는 이밖에도 여성문학과 관련한 연구가 이루어진 바 있으며,[11] 한국 우언을 전반적으로 논의하는 과정에서 부분적으로 거론되기도 하였다.[12]

기존의 연구는 눌은 이광정의 생애와 사상, 또는 『망양록』과 傳 등 그의 산문문학에 집중되어 왔다고 할 수 있다. 그 중에서도 특히 『망양록』에 대한 연구가 주를 이루어왔는데, 『망양록』 연구는 내용 분석을 통해 주제와 작가의식을 구명하는 데 초점을 맞추어왔다. 그 결과 당대 정치 및 사회현실에 대한 비판과 풍자 등 『망양록』에 드러나는 눌은의 작가의식이 선명하게 드러날 수 있었다. 그러나 문학적 형상화 내지 창작 방식에 대한 연구는 상대적으로 소홀했다고 할 수 있다.[13]

여기에서는 기존의 연구 성과를 토대로 『망양록』의 창작 방식에 대하여 검토하고자 한다. 이는 그동안 주제 및 작가의식 구명에 치우쳐 온 『망양록』 연구의 편향성을 바로잡기 위한 것이며, 또한 우언 창작 방식에 대한 논의를 구체화하기 위한 것이기도 하다. '눌은은 어떤 방식을 통하여 독자들을 논리적으로 설득하고 심리적으로 감화시킬 수 있었는가?' 이를

1986. ; 李知洋, 「江左 權萬과 大山 李象靖의 文學論爭」, 成均館大 碩士學位論文, 1991. ; 李鍾虎, 「조선후기 영남 남인의 문학관 연구-葛庵학파의 문학관을 중심으로-」, 『退溪學報』 103, 退溪學研究院, 1999.

9) 申泰寬, 「亡羊錄」, 『伏賢漢文學』 4·5, 伏賢漢文學會, 1988·1989. ; 김영 『망양록 연구』, 집문당, 2003.

10) 金明鈞, 「訥隱 李光庭의 學風과 詩世界」, 성균관대 박사학위논문, 2002.

11) 金血祚, 「한시를 통해 본 이조 여성의 형성-訥隱 李光庭의 敍事的 漢詩를 통하여-」, 『民族文化論叢』 9, 영남대 민족문화연구소, 1988. ; 류준경, 「박효랑 사건의 서사화 양상과 그 의미」, 『고전문학연구』 25, 한국고전문학회, 2004. ; 강성숙, 「訥隱 李光庭 작품에 나타난 여성 형상화의 양상과 의미」, 『한국고전연구』 13, 한국고전연구학회, 2006. ; 변영연, 「향랑고사를 소재로 한 전 비교 연구-이광정과 이안중의 전을 중심으로-」, 영남대 교육대학원 석사학위논문, 2008.

12) *cf.* 尹勝俊, 『動物寓言의 傳統과 寓話小說』, 月印, 1999. ; 윤주필, 『틈새의 미학』, 집문당, 2004. ; 양승민, 『우언의 서사문법과 담론 양상』, 學古房, 2008.

13) 물론 金泳과 임유경이 『망양록』의 文體와 形象化 문제를 다룬 바 있으나, 이 문제에 대한 더 이상의 진전된 연구 성과는 나오지 않고 있다.

해명하는 것, 즉 눌은 문장의 심층 구조에 대한 해명이 이 글의 목적이라고 할 수 있다.

Ⅱ. 漫錄『亡羊錄』의 성격과 구성

『망양록』은 『눌은집』 권 21 「漫錄」이라는 題下에 수록되어 있다. '만록'은 表나 疏, 策, 狀, 啓, 또는 序跋이나 書, 祭文, 哀詞, 墓誌, 墓碣, 行狀 등과 같은 실용적인 글이 아니고, 論이나 說, 議, 原, 解 등 의론을 위주로 한 글도 아니며, 傳記나 游記, 筆記 등 기사를 위주로 한 글도 아니다. 그렇다고 서사적인 글도 아니다.[14] 정통 한문 문체에 속하지 않는 雜記에 해당하는 글이 '만록'이다.[15] 선인들은 일정한 次序나 編制를 갖추지 않은 채 자신의 哲學的 言辭를 나열한 것[16]이나 일상 속에서 경험하였던 일들을 그때그때 기록해놓은 것,[17] 또는 역사적 인물이나 사건에 대한 자신의 생각을 단편적으로 기술한 것,[18] 後日의 備忘을 위하여 기록해 놓은 것[19] 등을 '만록'이라고 칭하였다. 그렇게 볼 때, '만록'은 의론이나 서사, 실용적 목적을 위주로 한 글이 아님에도 불구하고 그러한 목적을 전제로 한 글에 두루 붙여질 수 있는 제목이라고 할 수 있다. 눌은의 『망양록』 역

---

14) 陳必祥은 한문산문의 문체를 '記敍性 散文'과 '說理性 散文', '實用性 散文'으로 3분한 바 있는데, '만록'은 이 가운데 어느 하나로 분류하기 어렵다. 만록은 때로 서사적 요소도 갖추고 있고, 또 때로는 그 안에 설리적 요소도 있으며, 실용적 요소도 갖추고 있기 때문이다. *cf.* 陳必祥 저, 沈慶昊 역, 『한문문체론』, 이회, 1995, pp.49~51.

15) 임유경은, '漫錄'은 公的인 目的을 排除하고 私的인 目的으로 備忘的인 일, 回顧的인 일, 심심파적의 이야깃거리 등을 收錄하는 것이 常例라고 하면서 漢文學의 傳統樣式에 들어있지 않은 漫錄은 일종의 '雜記'라고 할 수 있다고 하였다. 임유경, *op. cit.*, p.3.

16) 金昌翕의 '漫錄'(『三淵集』 권 25)이나 趙璥의 '漫錄'(『荷棲集』 권 11), 鄭澔의 '讀書漫錄'(『丈巖集』 권 11) 등이 이에 해당한다.

17) 尹根壽의 '漫錄'(『月汀集』 別集 권 4)이 그 대표적인 예이다.

18) 金昌翕의 또다른 '漫錄'(『三淵集』 拾遺 권 29)이 이에 해당하는 사례이다.

19) 奇大升의 '存齋漫錄'(『高峯集』 續集 권 1)이 이에 해당한다.

시 일정한 차서나 체제를 갖추지는 않았지만, 평소 인간과 인간의 삶, 당대 현실에 대해 가지고 있었던 그의 생각을 '鑑戒'라고 하는 실용적 목적의식 아래 구체적인 이야기를 통해서 개진하고 있는 작품이다.[20)]

"망양록은 寓言·詼詭로서 세상을 풍자하는 뜻이 은근히 담겨 있다[亡羊錄 寓言詼詭 諷世之意 微矣]"고 한 李獻慶(1719~1791)의 지적은 '만록'으로서의 『망양록』의 성격을 말해주는 것이기도 하다.[21)] 그에 따르면 『망양록』은 '寓言'이요 '詼詭'다. '우언'은 '藉外論之'하는 간접적·우회적 말하기 방식이고,[22)] '회궤'는 허황되고 우스운 이야기를 말한다.[23)] '우언'은 그 중심이 寓意에 놓인다는 점에서 의론을 지향한 글이고, '회궤'는 꾸며낸 이야기, 우스운 이야기라는 점에서 서사적인 글이라 할 수 있다. 또한 세상을 풍자하는 뜻이 담겨 있다는 점에서 실용적인 목적을 전제로 하고 있다고 할 수 있다. 『망양록』은 이처럼 의론과 서사, 실용적 목적이 한 데 어우러진 '만록'인 것이다.

이처럼 복합적 성격을 지닌 『망양록』에 대하여 연구자들은 隨筆[24)]로 이해하기도 하고, 漢文短篇이나[25)] 野談,[26)] 文獻說話,[27)] 또는 寓言[28)]으로

---

20) *cf.* 李佑成·林熒澤, 『李朝漢文短篇集』(下), 一潮閣, 1978, p.447.

21) 李獻慶, 『艮翁集』 권 16, 「嘉善大夫同知中樞府事訥隱李公墓誌銘」, 『韓國文集叢刊』 234, 民族文化推進會, p.342.

22) 尹勝俊, *op. cit.*, pp.35~44.

23) '詼詭'는 거짓말, 허구적인 이야기를 뜻하는 말로 사용되어 왔다. 李令翊, 『信齋集』 冊二, 「祭通德郎李君洧文」, 『韓國文集叢刊』 252, 民族文化推進會, p.476, "詼詭不虐, 諷刺非誹." ; 宋奎濂, 『霽月堂集』 권 2, 「覽莊生齊物論 詼詭闊誕 似是而實非 聊成二詩 始與終奪 以寓闢異端之意」, 『韓國文集叢刊』 137, 民族文化推進會, p.338.

24) 李佑成·林熒澤, 『李朝漢文短篇集』(下), 一潮閣, 1978, p.447.

25) 申泰寬, 「訥隱 李光庭의 亡羊錄 硏究」, 『伏賢漢文學』 3, 伏賢漢文學會, 1987, pp.171~174.

26) 金泳(1993), *op. cit.*, pp.69~70.

27) 李美慶, *op. cit.*, pp.16~19.

28) *cf.* 임유경, *op. cit.*, pp.6~8. ; 尹勝俊, *op. cit.*, pp.63~70. ; 金泳, 「韓·中 寓言의 慾望具現 樣相」, 『韓國漢文學硏究』 31, 韓國漢文學會, 2003. ; 김영, 「망양록의 우언문학적 성격」, 『망양록 연구』, 집문당, 2003. ; 金泳, 「老莊의 生態思想과 寓言」, 『韓國漢文學硏究』 33, 韓國漢文學會, 2004. ; 金泳, 「'비움[虛靜]'의 哲學과 寓言」, 『古典文學硏究』 26, 韓國古典文學會, 2004.

이해하기도 하였다. 뿐만 아니라 수록 작품의 성격이나 내용을 바탕으로 다양한 논의를 펼치기도 하였다.

> 여기에 실린 작품들을 자세히 검토해 보면 대체로 두 가지 문학장르로 분류될 수 있다. 첫째는 실제로 존재하는 사물에 대한 지식·정보를 전달하고 자기의 주견을 비교적 직접적으로 표현하는 문학양식인 교술장르에 해당할 이야기들과 둘째는 우의와 풍자적 수법을 통하여 당시 사회현실과 개인에 대한 비판적 안목과 더불어 구체적 역사현실 속에서 자아와 세계의 대결양상을 보여 주는 서사장르에 해당되는 이야기들로 분류할 수 있다.[29]

金泳은 『망양록』에 실린 작품을 '교술장르'에 해당하는 것과 '서사장르'에 해당하는 것으로 대별하고, 21편의 이야기 가운데 전자에 해당하는 것이 9편, 후자에 해당하는 것이 12편이라고 하였다. 논자는 『망양록』에 실린 작품들이 동물을 소재로 하고 있으며, 강한 警世的 敎訓을 담고 있다는 점에서 공통점을 가지고 있다고 하였다. 또한 『망양록』에 수록된 작품들을 ① 當代 現實의 강렬한 批判과 民衆의 슬기, ② 科擧制度의 矛盾과 人才登用의 問題, ③ 牽制와 均衡의 論理, ④ 건전한 人格을 위한 修己의 强調 등 네 가지로 분류·분석하였다.[30]

한편 『망양록』 소재 21개 작품의 主題를 '경제적 수탈' 비판, '인재등용 및 과거제도의 모순' 비판, '붕당정치의 폐단' 경계, '의식구조의 허구성' 경계, '어리석음'과 '탐욕' 경계, '권선징악' 등으로 대별한 申泰寬은 『망양록』의 저자 訥隱 李光庭의 作家意識을 다음과 같이 3분하여 제시하였다.

> 士로서의 社會的 位置와 庶民思想, 그리고 儒家的 修己思想과 實學思想은 모두 作家意識으로 작용하게 되는데 그의 作家意識은 세가지 측면으로 전개되었다. 첫째는 政治現實에 관한 것인데, 숙종, 영조 연간의 치열했던 黨爭社會 그리고 科擧制度의 矛盾과 人才登用의 亂脈相을 批判하고 諷刺하는 측

29) 金泳(1993), *op. cit.*, p.70.
30) *Ibid.*, pp.70~100.

> 면이 그것이며 …(중략)… 둘째는 經濟的 現實에 관한 것으로서 政治紀綱의 紊亂으로 인한 地方守令의 經濟的 收奪과 庶民의 慘狀을 고발하고 비판하는 측면인데 …(중략)… 셋째는 社會 意識構造에 관한 것으로서 社會 意識構造의 虛構性과 貪慾에 대한 비판과 善을 권하고 惡을 징계하는 戒世的 側面이 그것이다.[31]

신태관은 『망양록』의 풍자도 위와 같은 세 측면에서 파악하였으며, 풍자대상에 따라 이를 다시 개인적 차원과 사회적 차원으로 대별하였다. 특히 그 중에서도 사회적 차원의 풍자가 주종을 이루고 있는 것이 『망양록』의 작품 세계라고 하였다.[32]

임유경도 『망양록』에 실린 글을 교훈적 측면을 가진 것과 비판적 측면을 가진 것으로 대별하였는데, 전자는 인간 보편에 대한 교훈을 목적으로 하고 있으며 후자는 17·18세기라는 당시의 상황을 반영하는 비판적 측면을 지니고 있다고 하였다.[33] 이미경은 『망양록』의 주제를 人倫·道德的 主題와 政治·社會的 主題로 나누어 보았다. 전자에서는 虛名·過慾·傲慢 등 주로 부조리한 인간성을 비판하면서 인륜과 권선징악을 강조한 반면, 후자에서는 空理空論으로 흘러 현실과 맞지 않는 이론이나 사회의 부조리한 현실에 대하여 냉정한 비판을 담았다고 파악하였다.[34]

이와 같은 기존의 논의는 『망양록』을 갈래론적 측면 혹은 주제론적 측면에서 조명한 결과라고 할 수 있다. 金泳이 두 가지 측면에서의 접근을 모두 시도하였다면, 申泰寬과 임유경, 李美慶은 주로 주제론적 측면에서 접근하였다. 비록 접근 방식은 달랐지만, 눌은 이광정이 『망양록』을 통해 말하고자 했던 바가 무엇이었던가에 초점을 맞춘 것은 동일하였다.

21條 11,429字로 된 『망양록』은 創作寓言과 民間寓言으로 이루어졌다고 보는 것이 필자의 기본 관점이다. 이같은 관점은 『망양록』의 편차 방

31) 申泰寬, *op. cit.*, pp.166~167.
32) *Ibid.*, pp.169~170.
33) 임유경, *op. cit.*, p.2.
34) 李美慶, *op. cit.*, pp.97~98.

식에 착안한 것으로, 수록 작품의 양식적 특성을 파악하는 기준으로도 삼을 수 있다. 주지하듯이 『망양록』에는 본문의 서술에 앞서 이야기의 원천과 대의를 설명한 대목이 세 곳 있다.

㉠ 俗言과 古語는 모두 비리하고 不經한 이야기이다. 그 가운데 경계로 삼을 만한 것 세 가지 일을 얻었다.[35]

㉡ 내가 이미 古語 가운데 경계할 만한 것 세 가지를 취하여 三戒로 삼았다. 그런데 過客 가운데 옛날얘기 하는 것을 좋아하는 자들이 있기에 그 가운데 세 사람을 취하여 비록 그 사람과 그 사건이 실제로 있었던 것인지는 알 수 없었지만 또한 세상을 경계할만한 것이어서 三畏로 삼았으니, 대개 벗으로 지내면서 그를 알지 못한다면 두려워해야 할 일이요, 말을 하면서도 삼갈 줄 모른다면 두려워해야 할 일이요, 현철한 아낙의 훌륭한 말 또한 두려워해야 할 일이라는 것이다.[36]

㉢ 무릇 動物들이란 움직이고 숨 쉴 수 있을 뿐 아니라 또한 知覺이 있고, 그들의 세계에도 善과 惡이 있으며, 恩惠를 베풀고 恩惠에 보답할 줄 아나니, 이를 보건대 또한 거울로 삼을 만할 것이다.[37]

㉠은 제12화 앞, ㉡은 제15화 앞, 그리고 ㉢은 제18화 앞에 각각 나온다. ㉠은 제12화부터 제14화까지의 '三戒', ㉡은 제15화부터 제17화까지의 '三畏', 그리고 ㉢은 제18화 이하 제21화까지 4편의 '寓話'에 대한 작자의

35) 李光庭, 『訥隱集』 권 21, 「亡羊錄」, 『韓國文集叢刊』 187, 民族文化推進會, p.538, "俗言古語者, 皆鄙俚不經之談也, 就其中有可以爲戒者得三事."

36) 李光庭, 『訥隱集』 권 21, 「亡羊錄」, 『韓國文集叢刊』 187, 民族文化推進會, p.539, "余旣於古語中, 采可戒者得三物爲三戒, 客有過者喜談古事, 就其中得三人, 雖未知實有其人與其事, 而亦可以儆世者爲三畏, 蓋友而不知人, 可畏也, 言而不能愼, 可畏也, 哲婦長舌, 亦可畏也."

37) 李光庭, 『訥隱集』 권 21, 「亡羊錄」, 『韓國文集叢刊』 187, 民族文化推進會, p.541, "夫物能動息, 亦有知覺, 有善有惡, 有施有報, 觀之, 亦可以戒矣."

해설이라고 할 수 있다. 각각 '三物'과 '三人', '動物'의 이야기에서 鑑戒로 삼을 만한 것을 찾아 기록하였다는 것이다. 이렇게 보면 『망양록』의 제12화 이후에 수록된 이야기들은 작자 스스로 그 성격과 주지를 밝혀놓고 있는 셈이다. 반면 제11화까지는 그와 같은 설명이 보이지 않는다.

이와 같은 편차 방식에 주목할 때, 『망양록』은 제11화와 제12화를 경계로 자연스럽게 전반부와 후반부로 나뉜다. 특히 후반부의 이야기들은 '俗言'과 '古語', '古事'에서 취한 것이라 하였으니, 일반 민중들이 입에서 입으로 전승하여 온 민간우언을 문자로 기록한 것이라고 하겠다.[38] 반면 그러한 기록이 없는 전반부의 이야기들은 지식인인 눌은 이광정이 스스로 고안해낸 창작우언으로 보아야 할 것이다.[39] 『망양록』은 눌은이 직접 창작한 창작우언(제1화~제11화)과 민간의 구비전승에 기초한 민간우언(제12화~제21화)으로 이루어진 것이다.

Ⅲ. 눌은 이광정의 우언 창작 방식

『망양록』의 문학적 형상화 또는 표현 방식에 대해서는 주제나 작가의식에 대한 논의에 비해 상대적으로 연구 성과가 많이 축적되어 있지 않다. 金泳과 임유경의 연구를 대표적 성과로 거론할 수 있는데, 金泳은 『망양록』에 우유(allegory), 풍자(satire), 역설(paradox), 아이러니(irony) 등의 수사법이 주로 사용되었으며, 적확하면서도 자연스럽고 유려한 문장은 『史記』와 『莊子』의 영향을 받은 것이라고 하였다.[40] 한편 임유경은 『망양록』 서술방식의 특징으로 ① 열려진 시간과 공간, ② 평면적 구성, ③ 警句의 사

38) 문자로 기록한 訥隱이 민간우언의 寓意와는 다른, 자신이 강조하고자 하는 의미를 별도로 기탁함으로써 기존의 민간우언과는 다른 것이 되고 있음은 물론이다.

39) 創作寓言과 民間寓言의 개념과 특징에 대해서는 윤주필이 제시한 틀을 참고하였다. *cf.* 윤주필, 「寓言小說의 양식사적 검토」, 『古小說硏究』 5, 韓國古小說學會, 1998, pp.76~77.

40) *cf.* 金泳, *op. cit.*, pp.100~102. ; 김영, 「『장자』와 『망양록』의 우언문학적 관련성-「노파의 오락」을 중심으로-」, 『국어교육연구』 9, 인하대 국어교육학과, 2005.

용, ④ 문답 형식을 들었다. 이와 같은 서술방식의 특징은 주제 전달의 효과를 증대시키며 독자들에게 현장성과 긴장감을 주면서 논리의 심화와 부각을 가져올 수 있었다고 하였다.[41]

구체적인 작품 분석을 토대로 한 이와 같은 연구 성과에도 불구하고, 『망양록』의 창작 방식이 충분히 구명되었다고 하기는 어렵다. 눌은의 대표작으로 거론되는 『망양록』의 창작 방식에 대한 해명은 작가 눌은이 당대 최고의 문장으로 일컬어지던 이유를 해명하는 것이기도 하다는 점에서 다각적이면서도 심도 있는 연구를 필요로 하는 과제라고 할 수 있다. 여기에서는 『망양록』 소재 창작우언 11개 작품에 대한 분석을 중심으로 눌은 이광정의 우언 창작 방식을 검토하기로 한다.[42]

눌은의 우언 창작 방식은 크게 둘로 나누어 볼 수 있는데, 논리적 설득의 방식으로서 병렬과 유추를 활용하는 것이 그 하나이고, 문학적 형상화의 방식으로 역설과 반전을 활용하는 것이 다른 하나이다. 이하에서는 눌은의 우언 창작 방식을 차례로 살펴보기로 한다.

1. 병렬과 유추 - 논리적 설득의 방식

우언은 '故事性'과 '寓意性'을 갖추고 있어야 한다는 점에서[43] '議論과 敍事의 錯綜'이라는 작문기법 내지 수사법을 적극 활용한다. 서사의 생동성과 의론의 타당성이 상승하는 문학적 효과를 기대할 수 있기 때문이다.[44] 『망양록』에 수록된 눌은의 창작우언에는 의론과 서사의 착종이라는 작문 기법을 활용하면서 동질적인 사실을 여러 개 병렬적으로 나열함으로써 반복과 유추를 통한 의미의 강화를 도모하는 우언들이 많다.

먼저 제1화 <헛된 명성[虛名]>[45]을 통해 그 구체적인 사례를 보기로

41) 임유경, *op. cit.*, pp.21～32.

42) 본고의 논의대상은 『망양록』에 수록된 총 21편의 이야기 가운데 제1화에서 제11화까지의 창작우언 11편으로 한정한다. 눌은 이광정의 우언 창작 방식을 고찰하는 데에는 민간우언보다 창작우언이 더 적합하다고 판단했기 때문이다.

43) *cf.* 陳蒲淸, 『中國古代寓言史』, 湖南教育出版社, 1983, p.2.

44) *cf.* 송혁기, 『조선후기 한문산문의 이론과 비평』, 월인, 2006, pp.256～257.

하자. 우언의 내용을 정리하면 다음과 같다.

A-1. 불이 일어나면 연기가 자욱하게 피어나는데, 연기는 불이 꺼진 뒤에도 더욱 높이 올라가고 멀리까지 간다.

A-2. 세상에서 헛된 이름이 세력을 떨치는 것은 까닭이 있는 것이다.

B-1. 어떤 사람이 서울에 뱀 같은 異蟲이 나타났다고 하면, 이 말이 동네를 벗어나고 都城을 벗어나고 畿內를 벗어나 점점 멀리까지 전해지게 되면 기기괴괴하게 변하여 마침내는 천지간 하나의 神物이 되고 만다.

B-2. 어떤 사람이 서해에 뱁새 같은 異禽이 나타났다고 하면, 이 말이 한 번 전해지고 두 번 전해지고 세 번 전해지고 하여 여러 사람을 건너게 되면 기기괴괴하게 변하여 마침내는 천지간 하나의 神爵이 되고 만다.

B-3. 모르겠구나. 뱀이 神物이 되고 뱁새가 神爵이 됨이 이처럼 쉽단 말인가? 지금 사람들은 이것이 神物 神爵이라고 믿으면서 저기에서 神物 神爵을 구하여 뱀과 뱁새의 추함에서 떠나지 못하고 있으니, 사람들은 아마도 그 들은 바를 믿는 것인가 보다.

C-1. '蚳'와 '鵲'이라는 이름의 才士는 자기보다 뛰어난 재능을 지닌 상대를 서로 질투하였는데, 그 방법은 각기 달랐다. '지'가 '작'을 항상 헐뜯었던 데 반해, '작'은 늘 '지'를 칭찬하였다. 사람들은 '지'를 시샘하지 않고 칭찬하는 '작'에게 남다른 점이 있다고 여겨 그를 따랐고 조정에서도 그에게 벼슬을 내려주었다. 반면 '지'는 헛된 명성 때문에 얼마 지나지 않아 패가망신하고 말았다.

C-2. 헛된 명성이란 짐새의 毒과 같은 것이다. 그러니 헛된 명성으로 나를 칭찬하는 자는 나를 원수로 여기는 자가 아니겠는가? 그런데 으스대기를 좋아하는 자들은 이를 모르고 명예가 서지 않음을 걱정하고 있으니, 그러고도 패망하지 않는 사람이 얼마나 되겠는가.

첫 단락 A는 'A-1'과 'A-2'로 이루어져 있다. 'A-1'은 논거에 해당하는

45) 『망양록』 소재 작품의 제목에 대해서는 김영이 번역본(『망양록 연구』, 집문당, 2003)에서 붙인 제목을 그대로 사용하기로 한다.

부분으로, '불'과 '연기'의 관계를 통해 虛名의 威勢를 제시하였다. 반면 'A-2'는 주장에 해당하는 부분으로, '불'과 '연기'의 관계를 기초로 이 글 전체의 핵심적인 문제를 제기하였다. "세상에서 헛된 이름이 세력을 떨치는 것은 까닭이 있는 것이다.[虛名之熏灼於世, 有以也.]"라는 진술이 바로 그것이다. A는 논거도 간략하고 주장도 짧다. 그러나 눌은은 글 서두에 문제의 핵심을 바로 제시함으로써 그 심각성을 환기시키면서 문제의 본질을 명확히 한다.

서두에 제시한 문제는 이어지는 단락 B에서 구체화된다. 'B-1'과 'B-2'를 통해 서로 다른 두 사례를 논거로 내세우면서 단락 A에서 제기했던 물음에 대한 답 'B-3'을 예비한다. 'B-1'은 '뱀'이 '神物'로 화하는 과정을 보여주고, 'B-2'는 '뱁새'가 '神爵'이 되는 과정을 보여준다. 이 사람에서 저 사람으로, 이 곳에서 저 곳으로 말이 전해지면서, 뱀처럼 생긴 異蟲은 언제부터인지 발이 생기고 길이가 늘어나며 갑자기 날개 달린 것이 되더니 비바람을 불러오고 뇌성벽력을 일으키는 존재로 화한다. 뱁새처럼 생긴 異禽은 뜬금없이 참새가 되고 새매가 되며 꿩이 되더니 갑자기 기러기가 되고 붕새가 된다. 이처럼 말이 여러 사람을 거치고 멀리 퍼져 나갈수록 實相과는 동떨어진 전혀 다른 존재로 화하고 만다. 'B-1'과 'B-2'는 이를 점층적으로 또 반복적으로 보여줌으로써, 소문이란 결국 實相에서 벗어난 虛像일 뿐임을 입증하고자 하는 것이다. 그리고 마침내 'B-3'에 이르러 눌은은 소문에 근거하여 허상을 실상이라고 믿는 世態를 풍자한다. 'B-1'과 'B-2'는 'A-1'과 동질적이면서 그것을 확장 부연한 것이며, 'B-3'은 'A-2'의 문제 제기에 대한 작자 나름의 해석임과 동시에 문제의식을 심화한 것이어서 그러한 현실 세태를 직시하게 만들고 있다.

C는 A나 B처럼 단편적인 논거를 통해 주장을 펼치는 방식과 달리 본격적 서사를 통하여 주장의 근거를 확보하는 방식을 택하고 있다. 본격적 서사가 도입되면서 글은 전면적으로 확장되었고, 그 결과 분량만으로도 C는 글 전체의 2/3를 차지하게 되었다.[46] 'C-1'에서는 지금까지 A와 B에서

46) 제1화 <헛된 명성>은 전체 507자로 되어 있는데, A 37자(7.3%), B 156자(30.8%), C 314자(61.9%)이다.

사물이나 동물의 사례를 들어 이야기해 온 것을 인간 세상의 예를 통해 검증한다. 虛名을 숭상하는 '蚔'와 實質을 중시하는 '鶻'이라는 두 才士의 삶을 대조시킴으로써, 實質은 추구하지 않고 虛名만 쫓는 世態를 비판하고 풍자한다. 삶을 살아가는 데에는 그 어떤 수단과 방법을 동원해서도 훼손할 수 없는 실질을 갖추는 것이 우선해야 할 일인데, 실질은 갖추지 않은 채 그 결과와 공효만을 탐하는 인간의 헛된 욕심을, 虛名을 추구하다가 끝내 패가망신하고 마는 '蚔'를 통해서 풍자하고 있는 것이다. 이어지는 'C-2'는 C를 마무리하는 결론임과 동시에 <헛된 명성> 전체의 총결에 해당하는 부분이기도 하다. 虛名이 짐새의 독과 같은 것임에도 이를 깨닫지 못하고 그것을 얻지 못해 안달하는 世態를 비판한 것이니, 이는 'A-2'와 'B-3'에서 제기하고 답했던 문제에 대한 최종적인 단안이라고 할 것이다.

이렇게 볼 때, <헛된 명성>은 '논거와 주장', '의론과 서사'의 결합이라는 동일한 구조를 갖춘 A, B, C 세 개의 삽화가 한 데 묶인 질서정연한 옴니버스식 구성을 취하고 있다. A에서 B로, B에서 C로 갈수록 확장・심화되는, 피라미드식 구조를 갖추고 있는 것이다. 외형적으로는 동일한 구조를 가진 이야기의 병렬(parallel)・반복(repetition)이지만 내면적으로는 의미의 심화와 확장, 점층을 기하고 있는 것이 <헛된 명성>의 작품 세계라고 할 수 있다. 이를 도식화하여 제시하면 아래와 같다.

[표 1] 제1화 〈헛된 명성〉의 구조

A-1 논거 1 A-2 주장 1	서두 문제의 제기
B-1 논거 2 B-2 논거 3 B-3 주장 2	부연 문제의 실상
C-1 논거(서사) 4 C-2 주장(의론) 3	본론 및 마무리 世態諷刺

이처럼 동일한 구조를 갖춘 삽화의 병렬과 반복을 통하여 의미의 심화와 확장, 점층을 꾀하는 방식의 우언으로는 <헛된 명성> 외에 제2화 <가까운 것을 천히 여긴다[賤近]>와 제3화 <숨은 인재[遺材]> 등이 있다. 제2화 <가까운 것을 천히 여긴다>는 遠/近, 名/實, 耳/目에 대한 사람들의 태도를 통하여 당대 인재등용의 문제점을 비판한 작품이고, 제3화 <숨은 인재>는 郊遂之間과 山野之間, 深山大澤의 材木을 각각 京華와 鄕邑, 山林에 거처하는 선비와 대응시키면서 선비의 用捨와 顯晦란 時勢에 달린 것이므로 세속적인 영달에서 초연한 삶을 살아야 한다는 처세훈을 담은 작품이다.

제2화 <가까운 것을 천히 여긴다>는 虛名과 虛聲을 추종하는 풍조에 대한 비판이라는 점에서 제1화 <헛된 명성>과 일맥상통하면서 당대 인재등용의 문제점을 비판한 점에서는 제3화 <숨은 인재>와도 통한다. 제2화는 전체 6개 단락으로 구성되어 있는데, 눌은은 첫 번째 단락인 A와 마지막 단락인 F에서 글의 논지를 뒷받침하는 大前提와 최종적인 결론인 主題를 각각 밝히고 있다. 그 사이에 들어있는 단락 B에서 단락 E까지 눌은은 대전제 A를 뒷받침하는 구체적인 사례를 여러 측면에서 거듭 제시함으로써 자연스럽게 결론 F에 도달하도록 하였다.

[표 2] 제2화 〈가까운 것을 천히 여긴다〉의 구성

단락		내용
전제	A	사람들은 遠/名/耳를 귀하게 여기고 近/實/目을 천하게 여김
예증	B	의복과 음식, 음악의 경우
예증	C	닭, 개, 소, 말, 양, 돼지 등 가축의 경우
예증	D	채소, 과일, 실용작물, 관상작물의 경우
예증	E	역대 인물의 경우
결론	F	인재가 있음에도 알아보지 못하고 없다고 하는 것은 잘못

이 글의 대전제는 사람들이 가까이 있는 것보다 멀리 있는 것을 귀하게 여기고, 실질보다는 명성을, 눈으로 본 것보다는 귀로 들은 것을 더 귀하게 여긴다는 것이다.[夫人莫不賤近而貴遠 賤實而貴名 賤目而貴耳] 눌은은

'貴遠'의 사례와 貴名'의 사례, '貴耳'의 사례를 차례로 나누어서 하나씩 논하기도 하고 이를 종합해서 통합적으로 논하기도 하며, 가축이나 채소를 가지고 논하기도 하고 사람들의 심리나 역사적 사실을 들어 논증하기도 하는 등 다양한 측면에서 반복적으로 거듭 논함으로써 앞에서 제시한 대전제의 타당성을 각인시키고자 한다. 그리고 그러한 결과 당대 인재등용의 문제와 관련한 세태를 풍자한다.

제2화 <가까운 것을 천히 여긴다>에서 특히 주목해야 할 점은 문장의 對를 철저하게 갖춤으로써 논리정연함이 빛을 발하고 있다는 점이다. 구체적인 사례를 보이면 다음과 같다.

> 夫燕趙之人, 不稱燕趙之錦綺, 而必稱荊楚之絲枲.
> 梁魯之人, 不稱梁魯之菽粟, 而必稱川蜀之蹲鴟, 此貴遠也.
> 火浣之布, 霧織之綃, 天下之奇綵也, 而蔽寒不如縕袍.
> 醍醐之酒, 雕胡之飯, 天下之異食也, 而救飢不如饘粥.
> 然人之視之, 不以縕袍饘粥, 易彼之奇綵異食, 此貴名也.
> 擁燕趙之姝, 拊雲門之瑟, 而傾耳於隣女之彈箏.
> 剬夢澤之兕, 斫松江之鱸, 而心思乎村兒之炙鼈.
> 夫隣女之箏, 非樂於雲門之瑟也, 村兒之鼈, 不聖於松江之鱸也, 此貴耳也.[47]

인용한 부분은 단락 B에 해당하는 부분이다. 虛辭 한 글자도 對를 이루지 않는 것이 없을 정도로 철두철미하게 對를 맞추고 있으며(방점 부분), 단순 반복에 그치지 않고 요소요소에서 내용을 요약하면서 변화를 주어 문장의 호흡을 탄력적으로 운용하고 있다.(밑줄친 부분) 이는 이어지는 단락 C에서 '五德', '五善', '五美', '五令'으로 집약되는 닭과 개, 소, 말에 대한 기술 부분에서도 확인된다.[48]

---

47) 李光庭,『訥隱集』권 21,「亡羊錄」,『韓國文集叢刊』187, 民族文化推進會, 1997, p.530.

48) *Ibid.*, pp.530~531, "夫雞頭能戴冠文也, 足能搏距武也, 遇敵而能鬪勇也, 見食而相呼仁也, 司晨不失時信也, 是雞有五德也, 然視之不如野外之鶉雉. 夫狗能辨別親疎

뿐만 아니라 이는 개별 단락 안에서만이 아니라 단락과 단락의 연계에서도 발견되는 편장법이다. 단락 C의 첫 문장 "닭이나 개, 소, 말, 양, 돼지 등속을 기르지 않는 집이 없다.[夫人居家, 無不畜雞狗牛馬羊豼之屬]"와 단락 D의 첫 문장 "토란이나 마늘, 무, 파, 생강, 부추, 오이, 겨자 등의 채소와 대추, 밤, 배, 감, 복숭아, 살구, 귤, 유자 등의 과일나무, 뽕이나 마, 가래나무, 옻나무, 닥나무, 모시, 꼭두서니, 목화 같은 실용작물, 그리고 소나무나 국화, 매화, 대나무, 오동, 연꽃, 모란, 작약 등 완상식물을 심지 않는 집이 없다.[夫人家莫不種之以芋蒜菁葱薑韭瓜芥之菜, 棗栗梨柿桃杏橘柚之果, 桑麻梓漆楮枲茜緜之用, 松菊梅竹桐蓮丹藥之翫]"에서, 후자는 전자를 확장 부연한 것이지만, 기본적으로는 전자와 동일한 구조를 가진 문장이다. 눌은은 한 문장 내에서의 對, 또는 문장과 문장 사이의 對는 물론이고, 단락과 단락 사이의 對를 통하여 글 전체의 완성도와 짜임새를 제고하는 방법도 고려하였던 것이다. 이는 아래에 보는 바와 같이 단락 C와 D의 마지막 문장을 통해서도 확인할 수 있는 사실이다.

> 然賤而殺之, 烹而食之, 是何也? 賤近也, 賤實也, 賤目也.[49]
>
> 然人之愛之喜之尙之也, 固不以此而加諸彼也, 是何也? 亦賤近也. 賤實也, 賤目也.[50]

한편 단락 C와 D가 가축이나 채소, 과일, 작물의 경우를 예로 들어 A에서 제시한 대전제를 뒷받침하였다면, 단락 E에서는 歷史的 典故를 동원하면서 누구도 부정할 수 없는 사실을 제시하여 설득력을 더하고 있다. 단락 E를 이끌어오는 단락 D의 마지막 문장 "비록 그렇지만, 이것은 도리어

智也, 扞主而吠人忠也, 識親而掉尾仁也, 司夜而禦寇武也, 守藏而不盜廉也, 是狗有五善也, 然好之不如山中之鹿豕. 夫牛不食生物仁也, 服田而力穡勤也, 戴角而善鬪勇也, 羣焉而不爭和也, 郊焉而事上帝潔也, 是牛有五美也, 然待之不如圈中之虎熊. 夫馬能識親而不交禮也, 戀主而流涕忠也, 任重而致遠健也, 在陣鼓氣而善馳勇也, 識道而夜行智也, 是馬有五令也, 然貴之不如山澤之犀象."

49) *Ibid.*, p.531.

50) *Loc. cit.*

작은 것일 뿐이다.[雖然, 此其細者耳]"를 통하여 앞에 배치한 단락 B나 C, D보다 단락 E를 더 중요하게 여겼음을 알 수 있다. 그런 점에서 단락 E는 예증부의 정점에 위치한다고 할 수 있다. 눌은은 단락 E의 여세를 몰아 자신이 최종적으로 말하고자 하였던 당대 인재등용의 문제를 거론하는 방식을 취하였다. 결론에 해당하는 단락 F는 짧은 분량 속에 A에서 E까지 거듭 논의하여 온 내용을 총괄적으로 아우르면서 당대 인재등용의 문제점을 함축적으로 비판하고 있어서 그것이 전달하는 울림은 결코 작지 않다.

한편 郊遂之間과 山野之間, 深山大澤의 材木을 각각 京華와 鄕邑, 山林에 거처하는 선비와 대응시킨 제3화 <숨은 인재>는 전체 3단락으로 구성되어 있다.

[표 3] 제3화 〈숨은 인재〉의 구성

	단락	내용	
전제 1 (사례 1)	A-1	郊遂之間 : 宮材・轅鉤・器用翫好, 無棄材, 無百尺之材	유추
	A-2	山野之間 : 棟梁・禪房・薪, 有遺材, 無千尋之長	
	A-3	深山大澤 : 野火燒之・惡風摧之, 穴虎豹・戰風雪, 多大木	
전제 2 (사례 2)	B-1	京華 : 筲技尺能 皆有所任使矣	
	B-2	鄕邑 : 鮮有施其材	
	B-3	山林 : 寒其體・餓其腹 枯死巖巖而不顧	
결론	C	窮居而忘執 晦養以俟時 安分樂道 終其天年而無一朝之患	

단락 A와 B를 연결시켜주는 것은 "선비가 이 세상에 태어남이 이와 다름이 있을지 모르겠다."[吾不知士之生世, 有異於是邪?]라는 말 한 마디이다. 이로써 둘 사이의 유추(analogy)가 성립되고, A와 B는 결국 다르지 않은 것으로 받아들여진다. 교외에서는 나무의 크고 작음을 가리지 아니하고 다 가져다 쓰기 때문에 버려지는 나무가 없을 뿐 아니라 백 척이 되는 나무도 찾아볼 수 없다. 그렇듯이 서울에 거주하기만 하면 아무리 작은 재주 보잘것없는 재능을 가진 선비라도 모두 발탁하여 쓰기 때문에 버려지는 선비도 있을 수 없고 큰 선비도 없다. 또 산과 들에는 간혹 버려둔 나무가 있어 禪房의 기둥이나 대들보로 쓸 만한 것이 있듯이 鄕邑에는 제

법 큰 선비가 있기는 하지만 사람들에게 名聲이 나지 않거나 가문이 번성하지 못하면 그 재주를 시험도 못한 채 묻혀 지내야 한다. 人跡이 미치지 않는 깊은 산 커다란 못에 수천 수백 년의 樹齡을 자랑하는 나무와 하늘에 닿을 만큼 커다란 재목이 있는 것처럼, 산림에 묻힌 선비 가운데에는 하늘이 낸 덕행과 발군의 재주를 가진 선비, 세상을 경영하고 시대를 구원할 지략을 가진 선비가 있기 마련이다. 그러나 불행히도 이들을 알아주는 이가 없고 또 스스로 세상에 나서고자 하지도 않으니 끝내는 추위에 떨고 굶주림에 시달리다가 아무도 모르게 죽어갈 수밖에 없다. 표면적으로는 이질적인 것이었던 A와 B가 병렬과 유추를 통해서 동질적인 A와 A'의 관계로 치환된다.

이와 같은 인식의 전환은 결론 제시를 위한 교두보가 된다. "그러므로 匠石이 죽고 난 뒤 언덕과 골짜기에 구부러진 나무들이 많아졌고, 堯舜이 죽은 뒤엔 수풀과 들판에 버려진 현자들이 많아졌다."[故匠石死而丘壑多枉材, 唐虞逝而林野多遺賢.]는 말은 당시 宦路 진출의 길이 막혀 있었던 南人들을 고려할 때 좀 더 현실적인 의미를 갖게 된다.51) 이와 같은 당대 현실의 문제점을 비판하는 데 초점을 맞춘 것이 제2화였다면, 제3화는 그런 현실에서 어떻게 처신할 것인가에 초점을 맞추고 있다. 눌은은 이러한 문제가 실상 선비의 허물일 수는 없다[然此非士之過也]고 하면서 用捨와 顯晦는 時勢에 달린 것일 뿐이라고 한다. 그렇기 때문에 높은 지위에 올랐다가 화를 당하는 것보다 차라리 安分樂道하며 天壽를 누리면서 근심 없이 사는 것이 낫다고 결론짓는데, 이것은 눌은의 出處觀을 그대로 보여준 것이라고 할 수 있다.52)

---

51) 당시 인재 등용의 모순에 대한 눌은의 비판과 풍자는 <山木賦>나 <夢笠賦> 등의 작품에도 나타난다. 이에 대해서는 申泰寬과 김명균 등이 지적한 바 있다. 金泳은 일찍이 과거제도의 모순과 인재등용의 문제점을 지적한 작품으로 제2화 <가까운 것을 천히 여긴다>와 제3화 <숨은 인재>, 제5화 <선비 고르기>를 거론한 바 있으며, 김명균은 '인재 등용의 편파성'과 '남인 士類의 고위직 배제'를 풍자한 작품으로 『망양록』의 제3화와 제6화 <쥐는 고양이를 꺼린다>, 제10화 <노파의 다섯 가지 즐거움>을 들었다. *cf.* 申泰寬, *op. cit.*, p.131. ; 金泳(1993), *op. cit.*, pp.89~90. ; 김명균, *op. cit.*, p.49, p.60.

52) 눌은은 과거 공부를 좋아하지 않았다. 또한 현실적인 이해 득실에 괘념치 않고

제3화처럼 서로 다른 두 개의 사실 A와 B를 제시한 뒤 둘 사이의 유추를 통하여 A와 A'의 관계로 치환시킴으로써 주제를 전달하는 방식은 제4화 <다람쥐와 자라[鼯與黿]>, 제5화 <선비 고르기[網士]>, 제6화 <쥐는 고양이를 꺼린다[鼠忌猫]>에서도 사용되고 있다. 제4화에서는 수십 마리의 물고기를 잡아먹는 자라를 흉내 내다가 물에 빠져 죽는 다람쥐[A]와 다람쥐가 빠져 죽기를 기다리다가 어부에게 잡혀가는 자라[B] 사이에 존재하는 본질적 유사성을 근거로 추론을 전개하였다. 그 결과 '爵祿'이라는 것은 실상 다람쥐와 자라를 죽음으로 몰고 갔던 '江河'나 '膏粱'과 다를 바 없다는 결론에 이른다. 한갓 爵祿 때문에 목숨을 잃어버리는 愚를 범해서야 되겠느냐는 것이다. 제5화에서는 짐승을 잡기 위해 산에 그물을 치는 것[A]과 물고기를 잡기 위해 강에 그물을 치는 것[B]이 다를 바 없다는 점에 기초하여 '科擧'는 곧 선비를 낚는 그물이라는 결론에 이른다. 문제는 작은 그물을 가지고 큰 것을 낚으려는 데 있다고 하면서 짐승이나 물고기를 잡는 것도 그러한데, 하물며 큰 선비를 얻으려고 하면서 文詞나 말타기·활쏘기 같은 餘技를 가지고 그물질하고, 그것도 末流를 가지고 시험할 뿐이니, 그렇게 해 가지고서는 인재를 얻을 수 없다고 탄식한다. 한편 제6화에서는 쥐와 고양이, 개, 호랑이, 승냥이, 코끼리의 상호 관계[A]가 과거 전국시대 韓·魏·趙·燕·齊·楚·秦 7국의 상호 관계[B]와 유사하다는 것을 전제로 세력의 균형과 상호 견제가 국가를 유지하는 데 얼마나 중요한가를 역설하였다. 아무리 사소한 것이라도 어느 한 쪽에서 균형과 견제가 무너지기 시작하면 그것이 걷잡을 수 없는 상태로 번지고 말기 때문에, 국가를 경영하는 자는 당파를 두어서는 안 되고, 불행하게도 당파가 있다면 어느 한 쪽으로 기울게 해서는 안 된다고 한다. 朋黨의 弊害로 말미암아 혼란에 빠졌던 唐宋을 거론하는 것으로 글의 대미를 장식함으로써, 당시 老論 중심의 정국 운영으로 말미암아 소외되었던 安東을 중심으로 한 嶺南 南人學者들의 현실인식을 우의하고 있다.[53]

청빈한 삶을 즐겼으며, 산수 자연을 좋아하여 거처를 몇 번이나 옮기기까지 하였다. 눌은의 科擧와 宦路에 대한 부정적 시각에 대해서는 최근 김명균이 그의 시와 문에 대한 검토를 토대로 재구한 바 있다. *cf.* 김명균, *op. cit.*, pp.7～15.

이렇게 볼 때 눌은은 병렬과 반복에 의한 의미의 강화, 유추를 통한 주제의 제시 같은 창작 방식을 폭넓게 활용함으로써 자신이 전달하고자 하는 바를 설득력 있게 제시할 수 있었다고 하겠다. 『망양록』의 전반부에 수록된 우언은 대부분 이와 같은 방식을 활용하여 창작된 우언들이다.

2. 역설과 반전 - 문학적 형상화의 방식

병렬과 유추를 활용한 우언은 故事보다는 寓意를 강조한다. 때로 현실에 대한 비판이나 풍자를 담기도 하지만, 敎訓이나 勸戒에 치중하는 것이 일반적 경향이다. 눌은은 이와 같은 우언을 창작하여 자신의 생각을 피력하는 방편으로 삼았다. 앞에서 살펴본 예들이 그 대표적인 것들이라고 할 수 있다. 그러나 눌은은 우의보다 고사를, 논리적인 설득이나 교훈・권계보다 문학적 형상을 통하여 인간적 이해나 심리적 감화를 추구한 우언도 창작하였다. 역설과 반전의 방식을 활용하여 피상적 표면 세계 너머에 존재하는 심층적 이면의 진실을 깨닫게 하였다. 이에 해당하는 작품들은 『망양록』 소재 창작우언 가운데 주로 후반부에 수록되어 있다.

제8화 <어리석은 촌사람[鄙氓]>을 보자. 사람이 여우의 꾐에 넘어가는 문제를 다루고 있다는 점에서 이 작품은 제7화 <여우의 꾐[寡慾]>과 밀접하게 관련되어 있다. 그러나 창작 방식은 전혀 다른 방식을 취하였다. 제7화는 서술자의 목소리가 지배한다. 사람이 여우의 꾐에 넘어가는 이유는 '욕심' 때문이라는 서술자의 주장만 읽힐 뿐 다른 것은 읽을 수 없다. 반면 제8화에서는 서술자의 목소리가 겉으로 드러나지 않는다. 여우의 꾐으로 인해 빚어진 비극적 사건만이 구체적 형상을 통해 제시되어 있을 뿐이다. 서술자의 일방적 서술, 교술적 진술로 일관하는 제7화에 비해, 제8화는 인물의 내적 갈등과 사건의 구체적 형상을 통하여 문제의 심각성을 보여줄 뿐이다. 다음과 같은 2개 삽화를 중첩・제시하면서 독자들에게 판단을 유보하는 것이 제8화이다.

---

53) *cf.* 金泳(1993), *op. cit.*, pp.96~98. ; 申泰寬, *op. cit.*, pp.135~136.

[A]

玄의 미천한 백성 가운데 여우 함정을 잘 파는 사람이 있었다.

어느 날 그가 설치한 함정에 한 노인이 빠졌다.

노인은 미천한 백성에게 왜 함정을 파서 사람에게 액을 끼치느냐고 하였다.

미천한 백성은 그 노인이 郭大夫인 줄 알았는데, 알고 보니 곽대부는 집에 있었다.

곽대부는 그것은 여우가 변신한 것이라고 하면서 아들을 시켜 죽이라고 하였다.

그러나 곽대부의 아들은 그 노인을 차마 죽이지 못하고 돌아오기를 반복하였다.

마침내 곽대부가 가서 노인을 칼로 찔러 죽였다.

그 노인은 여우였다.

곽대부는 미천한 백성에게 이후로는 함정을 만들지 말라고 하였으나, 듣지 않았다.

[B]

어느 날 이웃 여자가 밤길을 가다가 함정에 빠졌다.

여자는 미천한 백성에게 왜 함정을 파서 사람들에게 해를 끼치느냐고 하였다.

미천한 백성은 여우가 또 속이려고 한다고 하면서 즉시 여자를 죽였다.

죽은 것은 여우가 아니라 이웃집 여자였다.

삽화 A와 삽화 B의 사건은 둘 다 미천한 백성이 파 놓은 함정에 빠진 사람을 칼로 찔러 죽인 이야기라는 점에서 다르지 않다. 그러나 삽화 A에서는 함정에 빠진 노인이 사람으로 변신한 여우였기 때문에 해결하기 어려운 문제가 지혜롭게 해결된 반면, 삽화 B에서는 함정에 빠진 여자가 실제 이웃집 여자였기 때문에 문제의 해결은커녕 돌이킬 수 없는 파국을 맞고 말았다. 함정에 빠진 여자가 변신한 여우였다면, 제8화는 동일한 이야기의 단순 반복에 그치고 말았을 것이다. 그러나 눌은은 그러한 예상을 깨고 이웃집 여인이 무고하게 죽임을 당하도록 함으로써 이야기의 반전과 함께 심각한 의미를 담을 수 있게 하였다.

눌은은 삽화 A를 자세하게 그리고 삽화 B는 간략하게 처리하는 방식을 취함으로써, 문제해결과정의 지난함을 구체적으로 보여주는 한편, 그릇된 처방이 가져올 비극적 결과를 충격적으로 제시할 수 있었다. 이와 같은 표현 방식과 더불어 주목해 보아야 할 것이 이야기 속에 등장하는 인물의 성격이다. 삽화 A와 B에 모두 연루되어 있는 인물은 미천한 백성[鄙氓]이다. 그는 함정에 빠진 인물이 사람인지, 여우가 변신한 것인지를 가려낼 수 있는 눈을 가지고 있지 못한 존재이다. 그것은 郭大夫의 아들도 마찬가지다. 그렇기 때문에 함정에 빠져 있는 것이 과연 여우인지 아니면 자신의 부친인지 의혹을 떨치지 못하였고 두 번이나 발길을 돌려야 했다. 이들은 燕巖의 <虎叱>에 등장하는 '동리자의 다섯 아들'과 같은 愚衆일 뿐이다.[54] 반면 郭大夫는 그것을 판별할 수 있는 안목을 지닌 <호질>의 '범'과 같은 존재라고 할 수 있다. 문제의 본질을 꿰뚫어 보는 냉정한 이성의 소유자인 것이다. 그렇기 때문에 변신한 여우를 알아볼 수 있었을 뿐 아니라 미천한 백성에게 이후로는 함정 만드는 일을 하지 말라고 경계한다. 그러나 미천한 백성은 이러한 경계를 받아들이지 않았고, 마침내 돌이킬 수 없는 비극적 사태가 발생하고 만다.

『망양록』의 제8화 <어리석은 촌사람>은 사태의 본질을 꿰뚫어볼 수 있는 안목을 가지지 못한 자가 그러한 안목을 가진 자의 행위를 따라 하려다가 실패하는 이야기라고 하겠다. 동일한 행위는 동일한 결과를 가져올 것이라는 기대가 무너지면서 전혀 다른 결과를 가져온다는 구조는 제8화가 모방담의 서사구조를 따르고 있음을 말해준다. 그러나 감당할 능력도 없는 자가 자신의 분수를 파악하지 못한 채 일으키는 문제가 얼마나 비극적인가를 환기하는 제8화의 우의는 자못 심각한 것이다.

한편 제9화 <게장[蟹醬]>과 제10화 <노파의 다섯 가지 즐거움[老婆之五樂]>, 제11화 <호랑이의 눈흘김[虎睨]>은 역설과 반어를 통하여 관리들의 수탈을 풍자하고 피폐한 일반 백성들의 삶을 고발한 작품이다. 자기가 먹은 것은 '게장'이 아니라 '게의 똥'이라는 백정의 주장에는 부정할

---

54) *cf.* 黃浿江, 『朝鮮王朝小說硏究』(增補 6版), 檀大出版部, 1991, pp.340~370.

수 없는 진실이 담겨 있다. 해마다 새벽부터 밤늦게까지 비바람을 가리지 않고 뼈 빠지게 고생하며 농사를 지어도 관가에 바칠 것이 부족하여 장을 담글 수 없는 것이 농부들의 삶인데, 만물의 영장이라는 사람들의 삶이 그러한데, 어찌 한갓 미물에 불과한 게가 장을 가지고 있을 수 있겠느냐는 것이다.[55] 그런 즉 자기가 먹은 것은 '게의 똥'일 수는 있을지언정 '게장'일 수는 없다고 한다. '게장'을 '게의 똥'이라고 하는 것은 용인할 수 없는 臆說임에도 불구하고, '게장'이 '게의 똥'이 되지 않을 수 없는 참담한 현실이 <게장>에는 담겨 있는 것이다. 한 고을의 관장인 태수로서는 조금의 두려움도 없이 면전에서 털어놓는 백정의 목소리에 귀를 막을 수도 없고, 그렇다고 그것이 게장이라고 하기에는 목민관으로서의 위신이 서지를 않는다. 백성들 몰래 독식해왔던 '게장'은 결국 '게의 똥'으로 둔갑하게 되고, '게의 똥' 때문에 태수가 백정과 다툴 수는 없으니, 그를 방면하지 않을 수 없는 것이다. 미천한 신분의 백정이 고을의 관장인 태수를 제압할 수 있는 것은 관리들의 수탈과 백성들의 피폐한 삶이라는 현실을 배경으로 한 역설과 반어 때문인 것이다.

백성들의 피폐한 삶은 제10화 <노파의 다섯 가지 즐거움>에 이르러 좀 더 구체적으로 나타난다.[56] 주지하듯이, <노파의 다섯 가지 즐거움>은 고을을 순찰하던 관리가 길가의 개미집만한 작은 움막집에 사는 곱사등이 노파를 보고 "이런 곳에 살면서도 즐거움이 있습니까?[居此亦有樂乎?]"라고 하는 질문을 던지자, 그에 대하여 곱사등이 노파가 "있다마다

55) 李光庭, 『訥隱集』 권 21, 「亡羊錄」, 『韓國文集叢刊』 187, 民族文化推進會, 1997, pp.533～534, "每歲勞筋骨苦體膚, 犯晨夜耐風雨, 不擇水火燥濕, 不知春秋寒暑, 顔色爲之靑黃, 手足爲之胼胝, 然其所種禾穈菽麥, 常不足於輸官, 無以爲醬, 故小人終歲不嘗滋味, 不獨於臣, 與臣耕者十三家, 皆無爲醬之家矣. 以此推之, 闔一境之內, 其能飮醬者鮮矣. 夫蟹出自大海, 蚌蛤之與隣, 崖砌之爲宅, 齧水草餌虫蟓, 未嘗知五穀之名物. 夫民爲萬物之靈, 國家之根本, 手種五穀, 而猶不能爲醬, 蟹烏能有醬, 以臣料之, 此非蟹醬, 乃蟹矢也."

56) 이 작품에 대해서는 일찍이 金泳이 자세하게 논의한 바 있다. *cf.* 金泳, 「訥隱 李光庭의 '老婆之五樂' 分析」, 『국어국문학』 93, 국어국문학회, 1985. ; 김영, 「『장자』와 『망양록』의 우언문학적 관련성-「노파의 오락」을 중심으로-」, 『국어교육연구』 9, 인하대 국어교육학과, 2005.

요. 사람이 어디를 가든 즐겁지 않겠습니까?[有. 夫人生何適而不有樂也?]" 라고 하면서 털어놓은 다섯 가지 즐거움에 대한 이야기이다. 도저히 즐겁다고 생각할 수 없는 것들이 즐거움이 되는 이유를 설명하는 노파의 말 속에서 조선후기 사회의 현실과 백성들의 삶이 구체적으로 드러난다.

곱사등이 노파가 즐겁다고 한 다섯 가지는 첫째 여자로 태어난 것, 둘째 비천한 것, 셋째 부지런히 일하는 것, 넷째 곱사병을 앓는 것, 다섯째 굶주리고 헐벗은 것이다. 노파가 즐겁다고 한 다섯 가지는 실상 사람들이 극구 꺼리고 피하는 것들이다. 여자로 태어나기보다는 남자로 태어나기를 원하고, 비천한 것보다는 존귀한 것을 바라며, 수고롭게 일하기보다는 편안하게 살기를 바라고, 병을 앓기보다는 병 없이 건강하기를 바라며, 춥고 배고픈 것보다는 영화롭기를 바라는 것이 인지상정이다. 그런데 노파의 즐거움은 이와 상반되는 것에 있다고 한다. 禍와 福, 존귀함과 비천함, 수고로움과 편안함, 病苦와 健康, 幸과 不幸이 전도되는 지점에 조선후기 사회의 병리적 국면이 존재하고, 그것이 역설적으로 노파의 즐거움을 빚어낸다.

서민의 아낙으로서 '庶人之事'를 가지고 이야기하겠다고 한 노파의 말에 따르면, 조선후기 서민 남자들은 이리떼 같은 관리들과 승냥이 같은 아전들의 성화에 하루 빨리 죽기만을 바랄 뿐 마음을 편히 가질 날이 없었다. 열심히 농사를 지으려 해도 일이 채 끝나기도 전에 부역하라는 문서가 날아들고, 홍수와 한발이 계속되어도 세금 독촉은 빗발쳐 부모 봉양과 처자식 건사는 꿈도 꾸지 못한다. 부족한 가운데에도 아전과 서리배가 나오면 닭을 잡고 술을 사 먹여야 하는데, 이들은 뇌물까지 기대하면서 '내가 아니면 너는 죽는다'고 생색을 내며 욕심 채우기에 급급하다. 혹 바치지 못한 세금을 걷으러 오면 그 폐해가 이웃의 이웃에까지 미치고, 군역을 피한 자를 잡으러 오면 그 화가 친족의 친족에까지 미친다. 아무리 원통한 일을 당해도 하소연할 데가 없고, 넓고 넓은 세상에 발 들일 곳도 없고 피할 곳도 없으니, 남자들의 입에서 하루 빨리 죽고 싶다는 소리가 나오는 것이 당연하다는 것이다. 곱사등이 노파는 그런 남자로 사느니 차라리 여자로 태어난 것이 다행이라고 한다.

곱사등이 노파는 비천하게 태어나 비천하게 자라서 무너짐도 없고 넘침도 있을 수 없다고 한다. 그래서 형벌을 받아 목숨을 잃는 화를 당하는 대감들과 같은 일은 염려할 필요가 없으니, 쌀겨와 누더기를 맛난 음식이나 비단옷과 바꾸지 않겠다는 것이다. 또한 만물은 제각기 타고난 직분이 있는 법이어서 맡은 바 일을 하여 삶을 유익하게 함이 당연하니, 일 없이 지내며 공 없이 먹는 것은 재앙이라고 하면서, 몸을 움직이는 수고를 부지런히 하면서도 피곤한 줄 모름이 일없이 게으름을 즐기며 노는 것보다 즐겁다고 한다. 슬프고 가슴 아픈 일이지만, 관리가 들이닥칠 때면 마을의 아이들이나 젊은 아낙들은 곱추라면 이러한 화를 면할 수 있다고 하면서 차라리 곱추가 되기를 원하니, 자신은 곱추인 것이 다행이라고 한다. 뿐만 아니라 富貴와 死生은 다 때가 있는 것이고 命이 있는 것인데, 인위적으로 그것을 구하려고 욕심을 부리기 때문에 禍亂이 이르는 것이라고 하면서, 노파는 그것을 구하지 않기 때문에 움막에 산 지 70년이 되는 동안 하루도 즐겁지 않은 적이 없었다고 한다.

눌은은 이처럼 노파의 입을 빌려 조선후기 사회의 병리적 국면을 역설적으로 폭로하였는데, 그런 노파에게도 근심이 있다는 고백을 통해서 문제의식을 한층 심화시킨다. 또 한 차례의 반전이 이루어지는 것이다. 그런데 그와 같은 반전을 통하여 제시되는 노파의 근심은 다른 것이 아니라 '지아비가 있고 자식이 있다'는 것이다. 여자가 가정을 이루어 지아비와 자식이 있는 것은 당연한 것이고 또 행복한 일임에도 불구하고, 곱사등이 노파가 이를 근심이라고 하는 이유는 丁布와 軍役, 稅金에 시달려야 하고 장성한 자식마저 軍布와 雜役에 시달려 죽기만을 바라는 처지에 이르렀기 때문이다. 곱사등이 노파조차 그러한 근심에서 자유로울 수 없었다는 설정은 지금까지 이야기해 온 것의 의미를 일반화하고 확대하는 방식이면서, 앞에서 논의했던 조선후기 서민들의 삶의 현실을 거듭 강조하는 방식이다.[57] 눌은은 역설과 반전의 화법을 통하여 조선후기 서민들의 삶의

57) 눌은은 제10화 <노파의 다섯 가지 즐거움> 말미에서 신분의 귀천이나 남녀의 차별, 지역의 멀고 가까움을 초월하여 인재를 구해야 함을 역설함으로써, 곱사등이 노파와 같은 인재가 등용되지 못하고 궁벽한 시골에 묻혀 지내야 하는 현

실상을 극적으로 표현해 냈던 것이다.

과도한 賦役과 가혹한 徵稅에 견디다 못한 서민들은 삶의 터전을 등지고 遊離할 수밖에 없는데, 이러한 상황을 그린 것이 제11화 <호랑이의 눈흘김[虎睨]>이다. 가혹하고 포악스러운 관리들과, 열화와 같은 부역과 징세의 고통을 견디지 못하여 마침내 가족을 이끌고 도망하는 지경에 이른 家長이 밤길에 마주친 호랑이 앞에 나아가 목숨을 구걸하는 대목은 目不忍見의 상황이다. 아무리 苛酷하고 殘暴한 관리라 한들 호랑이보다 더하겠느냐는 것이 모르는 사람들의 이야기이지만, 고통을 직접 겪어야 했던 백성들에게는 호랑이보다도 더 잔포한 것이 관가 아전과 서리들이었다. 정상적인 사고로는 납득하기 어려운, 부조리한 상황이 실제로 벌어지고 있었던 조선후기의 현실을 역설적으로 풍자한 작품이 <호랑이의 눈흘김>이었던 것이다.[58]

Ⅳ. 결론

『亡羊錄』은 '漫錄'이라는 題下에 수록되어 있는데, '만록'은 정통 한문 문체에 속하지 않는 雜記에 해당하는 글이다. 의론이나 서사, 실용적 목적을 전제로 한 글을 두루 '만록'이라고 불러 왔다. 일찍이 李獻慶이 지적하였던 것처럼, 『망양록』은 '寓言'이고 '詼詭'다. 간접적·우회적 말하기 방식을 활용하여 쓴 글이며, 허황되고 우스운 이야기이다. 그러면서도 세상을 풍자·비판하는 실용적 목적도 지녔다. 편차 방식을 고려할 때, 『망양

실을 비판하고 있다. 이는 눌은의 『망양록』 소재 창작우언이 당시 소외된 南人의 정치적 입지를 담아내려고 했던 것임을 암시한다. 그러나 이와 같은 결말에도 불구하고 제10화는 조선후기 백성들의 삶의 실상을 폭로한 데 더 큰 의의가 있다고 본다.

58) 일찍이 李家源은 제11화 <호랑이의 눈흘김>에 대하여 "이는 비록 寥寥한 短篇이었으나, 당시의 苛斂·誅求的인 官吏를 諷刺하는 名品인 동시에 위로 於于의 「虎穽」을 이어받고 아래로 燕巖의 이 「虎叱」을 열어준 唯一의 寶典이 아닐 수 없겠다."고 한 바 있다. *cf.* 李家源, 『燕巖小說研究』, 乙酉文化社, 1965, p.517.

록』은 제1화부터 제11화까지의 전반부와 제12화 이후 제21화까지의 후반부로 나누어 볼 수 있다. 후반부는 '俗言'과 '古語', '古事'에서 취한 민간우언이고, 전반부는 지식인 눌은 이광정이 스스로 고안해 낸 창작우언이다.

이 글에서는 눌은 이광정의 『망양록』에 수록된 창작우언 11편을 대상으로 그의 우언 창작 방식을 검토하였다. 눌은 이광정은 병렬과 반복에 의한 의미의 강화, 유추를 통한 주제의 제시 같은 창작 방식을 폭넓게 활용함으로써 자신이 전달하고자 하는 바를 설득력 있게 제시할 수 있었다. 『망양록』 소재 창작우언 가운데 전반부에 수록된 작품은 대부분 이와 같은 방식을 활용하여 창작된 우언들이다. 이들은 대개 당시 인재등용의 문제점을 비판하면서 소외된 南人들의 정치적 입지를 반영한 것들이다. 한편 눌은은 논리적인 설득이나 교훈·권계보다 문학적 형상을 통하여 인간적 이해나 심리적 감화를 추구한 우언도 창작하였다. 역설과 반전의 방식을 활용하여 피상적 표면 세계 너머에 존재하는 심층적 이면의 진실을 깨닫게 하는 작품들은 『망양록』 소재 창작우언 가운데 주로 후반부에 수록되어 있다. 이들은 대부분 조선후기 백성들의 피폐한 삶을 보여주는 것들이었다.

눌은 이광정의 『망양록』에는 창작우언만이 아니라 민간우언도 수록되어 있다. 제12화에서부터 제21화에 이르기까지 12편의 우언이 그것이다. 이 글에서는 이들 민간우언의 창작 방식에 대해서는 미처 거론하지 못하였다. 눌은의 우언 창작 방식을 고찰하는 데에는 민간우언보다 창작우언이 더욱 적합하다는 판단 때문이었다. 눌은은 창작우언만이 아니라 민간에 전승되어 온 '俗言'이나 '古語', '古事'에서 鑑戒로 삼을 만한 것들을 취하여 우언으로 만들었다. 이들 민간우언의 창작 방식에 대한 연구가 함께 이루어질 때 눌은의 우언 창작 방식은 온전하게 구명될 수 있을 것이다.

韓國의 花卉類 寓言에 대한 一考察

- 勸戒寓言과 諧談寓言을 중심으로 -

Ⅰ. 머리말

『莊子』에서 비롯된 寓言은 한문문명권의 보편적 글쓰기 방식의 하나로 널리 활용되어 왔다. 우리나라의 경우도 예외는 아니어서, 『三國史記』에 실려있는 <花王戒>나 <龜兎之說>을 비롯하여 앞에서 살펴본 고려시대 이규보의 우언, 조선시대 성현의 『부휴자담론』, 이광정의 『망양록』은 물론 조선 후기까지 지속적으로 창작·유통되어 왔다. 최근 들어 우언 연구자들은 이같은 점에 주목하고, 한문문명권의 우언을 한 자리에 놓고 비교 검토하는 데에까지 관심의 영역을 넓히고 있다.[1] 그같은 연구 영역의 확장과 아울러 우언 자료의 발굴과 정리도 시급한 과제로 떠오르고 있다. 이 글은 우리나라의 화훼류 우언 자료를 정리하는 데 보탬이 되고자 하는 목적에서 시도된다.

조선후기 우화소설과의 관련 아래 동물우언에 대한 관심과 연구성과가 축적되어 온 것에 비할 때, 화훼류 우언에 대한 연구는 상대적으로 영성

---

1) *cf.* 윤승준, 「한·중 우언의 비교 연구(1)」, 『국문학논집』 16, 단국대 국어국문학과, 1999. ; 윤승준, 「돈황 속부 <연자부>와 조선후기 송사형 우화소설-한·중 우언의 비교적 관점에서」, 『고소설연구』 10, 한국고소설학회, 2000. ; 윤주필, 「베트남 『성종유초』의 우언문학적 성격에 대하여」, 『민족문화연구』 35, 고려대 민족문화연구원, 2001. ; 윤주필, 「한문문명권의 우언론과 한국 우언문학의 실상」, 『한국한문학회 2003년도 춘계학술발표회 발표요지집』, 2003.4.12. ; 김영, 「한·중 우언의 욕망구현 양상」, 『한국한문학연구』 31, 한국한문학회, 2003.

한 편이다. 최근 <梅柳爭春>類 우언과 '植物說', 『江村遺稿』 소재 우언 작품에 대한 연구가 이루어지면서,[2] 동물 뿐 아니라 화훼류를 제재로 한 우언의 창작이 활발하게 이루어졌고, 후대 문학사의 전개와 관련하여 그 문학사적 의의가 적지 않음도 밝혀진 바 있다. 또한 논의의 초점이 우언에 맞추어지지는 않았다고 할지라도, 林悌의 <花史>와 같은 소설 작품이나 <楮生傳>·<丁侍者傳>을 비롯한 가전 작품에 대해서는 일찍부터 학계의 관심이 기울여져 왔던 터이다.

이 글에서는 기존에 소개되지 않았던 새로운 화훼류 우언 자료들을 소개함으로써 한국의 화훼류 우언 자료를 확충하고, 화훼류 우언의 창작 배경과 동기, 그 우의의 양상에 대하여 살펴보고자 한다. 이 글에서 중점적으로 다루어지는 화훼류 우언은 자료의 성격상 크게 두 가지 유형으로 나뉜다. 하나는 화훼의 性情에 대한 관찰을 통하여 교훈을 발견하거나 그것의 전달을 목적으로 한 勸戒寓言이고, 다른 하나는 화훼의 세계에서 일어난 사건을 희화적으로 형상화한 諧詼寓言이다. 화훼를 제재로 한 권계우언과 해회우언의 이같은 성격은 권계우언에서 의론이 중시되고, 해회우언에서 서사가 중시되는 성향과 밀접하게 관련되어 있다. 우리나라에서는 해회우언에 비하여 권계우언이 압도적으로 많이 창작되었다. 그러나 수적으로는 얼마 되지 않더라도, 화훼의 세계에서 일어난 사건을 통해 인간사회의 현실을 꼬집은 풍자적·골계적 성격이 강한 해회우언은 문학사적 의의가 주목되는 작품들이라는 점에서 주목을 요한다.

Ⅱ. 화훼류 우언의 창작과 〈愛蓮說〉

<龜兎之說>과 함께 한국의 우언문학사 첫 장을 장식하는 薛聰의 <花

2) 윤주필, 「신자료 <매류쟁춘>류 우언의 원전비평 연구」, 『단국어문논집』 창간호, 단국어문연구회, 1995. ; 윤주필, 「<매류쟁춘>류 우언의 양식적 특성」, 『민족문화』 제18집, 민족문화추진회, 1995. ; 윤주필, 「≪강촌유고 초사본≫의 우언 작품 탐색」, 『국문학논집』 제18집, 단국대 국어국문학과, 2002. ; 최승범, 『한국수필문학연구』, 정음사, 1984. ; 양현승, 『한국 '설' 문학 연구』, 박이정, 2001.

王戒>는 花王과 薔薇, 白頭翁의 이야기를 빌어서 임금이 邪佞한 이를 가까이하고 正直한 이를 멀리함을 풍자함으로써 군주가 취해야 할 도리를 일깨운 花卉類 寓言이다. 이후 20세기 초까지 한국의 화훼류 우언은 지속적으로 창작되어 왔다.[3)]

화훼류 우언의 창작에는 周惇頤의 <愛蓮說>이 중요한 전범으로 작용하였으며, 白居易의 <養竹記>나 柳宗元의 <種樹郭橐駝傳>과 같은 중국 화훼류 우언의 영향도 적지 않았다. 특히 <애련설>은 성리학을 기반으로 한 조선조 선비들에게 큰 영향을 끼친 작품으로, 조선시대 화훼류 우언에는 이 작품을 모방하거나 또는 反모방한 작품들이 적지 않다.

① 옛날 周濂溪 선생은 유독 연꽃을 사랑하여 식물 가운데 군자라고 하였으니 진실로 그러하거니와, 그러나 연꽃은 오히려 붉게 단장한 태가 있으며 또한 추위를 견디지 못하니, 나의 대나무가 홀로 깨끗하게 우뚝 솟아 사랑할 만함만 같지 못하다. 아! 세상에는 이를 알아주는 이 없으니, 누가 능히 이를 가져다가 통소를 만들어서 국가의 융성을 노래할 것인가?[4)]

② 번화하여 부귀로 이름을 얻은 것은 모란이고, 맑고 빼어나서 군자로 이름을 얻은 것은 연꽃이며, 은일로 일컬어진 것은 황국이다. 이는 無極翁이 이름 붙인 것으로, 여기에 다른 의론을 용납할 것이 없지만, 만일 이 세 가지 중에서 부득이 취사 선택하여야 한다면 무엇을 취하고 무엇을 버릴 것인가?[5)]

---

3) 설총의 <화왕계>를 모방하여 창작된 작품만 해도 蔡紹權(1480~1547)의 <花王傳>, 金壽恒(1629~1689)의 <花王傳>, 趙龜命(1693~1737)의 <花王本紀>, 李頤淳(1754~1832)의 <花王傳> 등 하나의 작품군을 형성하고 있다. *cf.* 尹勝俊, 「花王戒 系統 資料譯」, 『漢文學論集』 11, 檀國漢文學會, 1993.

4) "夫昔濂溪周子獨愛蓮 以爲植物中君子 固其然矣 然蓮猶有紅粉態 且不耐寒 不及吾竹君 孤潔挺特 爲尤可愛耳 嗚呼 世無知音之人 孰能取以爲簫 以鳴國家之盛也噫" 柳元之, 「愛竹說」, 『拙齋先生文集』 卷 9, 39a.

5) "有繁華而以富貴得名者 牧丹是也 有淸秀而以君子得名者 芙蓉是也 有霜蘂而以隱逸稱號者 黃華是已 是則無極翁題品尙矣 無容議爲 若於三者之中 不得已取舍之 何取何舍" 鄭在褧, 「愛菊說」, 『愼窩集』 卷 4, 33b.

③ 뜰 한 쪽 구석에 오래된 잣나무가 있으니 매우 작다. 혹이 난 듯 부풀어 올랐고 주먹을 쥔 듯 구부러진 것이 위로는 하늘에 닿을 만한 가지가 없고 아래로는 돌을 뚫고 지나갈 뿌리가 없으면서도 혹 꽃을 피우기도 하고 혹 시들기도 한다. 이러기를 12년, 땅이 맞지 않아서인가? 아니면 제대로 길러줌을 얻지 못해서인가? 아이들이 말라 죽었나 의심하여 그 가지를 꺾어서 시험해 보기도 하고 혹은 그 껍질을 긁어 살펴보기도 하니, 郭橐駝가 나무의 천성을 따랐던 것과는 차이가 크다.[6)]

①은 柳元之(1598~1678)의 <愛竹說> 마지막 대목이고, ②는 鄭在褧의 <愛菊說> 서두이며, ③은 金擎鉉의 <老柏說> 서두이다. ①과 ②는 연꽃에 관한 글이 아님에도 불구하고 논지 전개를 위한 근거로 주돈이의 <애련설>을 원용하고 있다. 이는 화훼에 대한 작자의 인식이 표면적으로 드러난 화훼 그 자체에 머물지 않고, 그것을 통해서 구현되는, 그 너머에 있는 氣 내지 道體를 향하고 있기 때문인데, 이와 같은 외물 인식 태도는 우언의 창작을 가능하게 하는 기제로 작용한다.

군자가 매화를 보면 천지가 만물을 낳은 마음을 생각하여 나의 어진 덕을 기르며, 국화를 보면 천지가 만물을 이루어주는 공을 생각하여 나의 의로운 기운을 엄숙하게 할 것이니, 이것이 바로 사물을 보고 그 德을 취하며 꽃을 보고 本性을 기르는 도이니, 매화의 暗香과 국화의 晩節은 애당초 그 사이에 우열이 없는 것이다.[7)]

사물을 보고 그 德을 취하고 꽃을 보고 本性을 기른다[覽物取德 看花養性]는 외물 인식의 태도는 화훼에 대한 관찰이 화훼를 향해 있으면서도

---

6) "庭畔有老栢 甚小 擁腫焉 拳曲焉 上無絫天之枝 下無裂石之根 而或榮或悴 至于四三年 抑土非其宜歟 抑其養不得歟 兒輩疑其枯槁 或折其枝而驗之 或爬其膚而視之 與郭橐駝順木之天者 遠矣" 金擎鉉, 「老柏說」, 『止雲集』 卷 3, 22a.

7) "君子見梅 則思天地生物之心 而養吾之仁德 見菊則 思天地成物之功 而肅吾之義氣 此正覽物取德 看花養性之道 而暗香晩節 初無優劣於其間也" 趙希文, 「梅菊優劣論」, 『月溪先生遺集』 卷 2, 11a.

그 자체에 머물지 않았음을 보여주는 예이다. 그같은 외물 인식은 邵雍의 <觀物篇>에서 영향을 받은 것으로, 우언 창작은 이같은 외물 인식에서부터 가능하게 된다. 그 결과 화훼가 지니고 있는 性情에 따라 때로는 그 節義를 주목하고, 또 때로는 道學을, 때로는 隱逸을 주목하기도 하였던 바,[8] "공자가 평소 사물을 끌어다 비유한 것은 모두 도리를 밝히기 위한 것일 뿐[夫子平日 引物比喩 皆爲發明道理而已]"[9]이라고 하는 언명도 그같은 점을 강조한 말이다. 그런 점에서 <애련설>에 "국화는 꽃 가운데 숨어사는 은자이고 모란은 부귀한 자이며, 연꽃은 군자이다[菊 花之隱逸者也 牧丹 花之富貴者也 蓮 花之君子者也]"라고 한 대목이 "국화를 사랑한 것은 도연명 이후에 들리는 자가 드물며. 연꽃을 사랑함이 나와 같은 자 누구인가? 모란을 사랑하는 이가 많은 것은 마땅하도다![菊之愛 陶之後 鮮有聞 蓮之愛 同予者何人 牧丹之愛 宜乎衆矣]"라는 대목과 함께 조선시대 화훼류 우언에 널리 용사되었던 현상을 이해할 수 있다.[10]

조선시대의 화훼류 우언, 특히 그 중에서도 대부분의 권계류 우언은 외물을 매개로 하여 안으로 心性을 도야하고 밖으로 經世濟民의 渾厚함을 잃지 않음으로써 철학적 성찰과 더불어 현실의 문제를 실학적 정신에 입각해 해결하고자 하였던 觀物精神의 전통[11] 아래 중국의 화훼류 우언을 모방 또는 용사하여 창작된 것들이라고 하겠다.

8) "人於草木 各因其性而愛之 何嘗有古今之異哉 淵明之籬菊 浩然之橋梅 香山之養竹 濂溪之愛蓮 牧丹之於洛陽 芍藥之於廣陵 首陽之薇 南山之芝 以外凡卉衆芳不能盡擧 而古人之於草木 其區別也 其愛惜也 或以之文章 或以節義 或以道學寓之 或以隱逸寓之 又戲謔也 遊賞也 嗜之也 號之也 不止於斯 而取於蘭者 尤多尤著" 安極,「蘭圃說」,『晦隱集』卷 3, 59a.

9) 韓碩弼,「養竹記」,『釣巖先生文集』卷 2, 4a.

10) 蔡之洪(1683~1741)의 <菊說>과 <愛蓮說>과 같은 작품이 그 대표적인 예이다.

11) *cf.* 정민,「관물정신의 미학 의의」,『한국학논집』제27집, 한양대 한국학연구소, 1995.

Ⅲ. 한국 화훼류 우언의 두 유형

1. 勸戒寓言

권계우언은 교훈의 발견을 통한 깨우침이나 그것의 전달을 목적으로 한 우언으로, 화훼류 우언에서는 주로 그같은 교훈의 발견이나 전달이 화훼의 성정에 대한 관찰을 통해서 이루어진다. 한국의 화훼류 우언은 그 대다수가 권계우언에 속한다고 해도 과언이 아닌데, 여기에서는 다음과 같은 자료들을 대상으로 논의를 전개하고자 한다.[12)]

번호	작자	제목	수록문헌	소재
1	成　俔(1439～1504)	庭蔘說	虛白堂集 文集 卷 12	여뀌, 국화
2	趙希文(1527～1578)	梅菊優劣論	月溪先生遺集 卷 2	매화, 국화
3	河受一(1553～1612)	病竹說	松亭集 卷 3	대나무
4	洪宇遠(1605～1687)	木根枕說	南坡集 卷 10	나무
5	韓弘濟(孝宗代)	夢松對	素圃堂遺集 卷 1	소나무
6	南夏正(1678～1751)	種菊說	桐巢先生遺稿 卷 7	국화
7	林昌澤(1682～1723)	柳說	崧岳集 卷 4	버드나무
8	蔡之洪(1683～1741)	竹說	鳳巖集 卷 9	대나무
9		菊說	鳳巖集 卷 9	국화
10		愛蓮說	鳳巖集 卷 9	연꽃
11	姜再恒(1689～1756)	檜說	立齋遺稿 卷 7	회나무
12	金道洙(1699～1742)	竹說	春洲遺稿 卷 2	대나무
13	金宗德(1724～1797)	梅榴說 辛丑	川沙先生文集 卷 16	매화
14	韓碩弼(英祖代)	養竹記	釣巖先生文集 卷 2	대나무
15	李奎運(正祖代)	愛菊說	蹩齋文集 卷 2	국화
16	李祥奎(純祖代)	梅樵說	惠山集 卷 10	매화
17	劉秉憲(1842～1918)	葵日說	晩松遺稿 卷 3	해바라기

12) 여기에서 다루어지는 자료는 윤남한의 『한국문집기사종람류별색인 잡저기설류 기사색인』(한국정신문화연구원, 1982)에서 1차적으로 자료를 선별한 뒤, 이를 문집에서 확인하여 2차로 취사 선택하였기 때문에 누락된 것들도 적지 않을 것이며, 시대 또한 불가피하게 조선시대의 자료로 국한되지 않을 수 없었다.

18	奇宇萬(1846~1916)	養苗說	松沙文集 卷 11	싹
19	金擎鉉	老柏說	止雲集 卷 3	잣나무
20	南 皐	枯竹說 丁未	時庵集 卷 10	대나무
21		養竹說	時庵集 卷 10	대나무
22	裵炳元	哀竹記	晩山遺稿 卷 2	대나무
23	芮大周	松石說	毅齋集 卷 4	소나무, 돌
24		養葵花記	毅齋集 卷 5	해바라기
25	李浩祐	養花草說	素山文集 卷 6	화초
26	鄭在褧	愛菊說	愼窩集 卷 4	국화
27	趙章燮	匏花說	韋堂集 卷 5	박꽃
28		松菊說 贈柳仲烈	韋堂集 卷 5	소나무, 국화
29		黃花處士說	韋堂集 卷 5	국화

위에 제시한 29편의 자료는 화훼류 권계우언 가운데 극히 일부에 지나지 않는다. 이보다 훨씬 많은 자료가 존재하고 있음에도 불구하고, 우연히 필자의 눈에 뜨인 것들이 위의 자료들이기 때문이다. 구체적인 자료를 통해 권계우언의 성격을 검토하기로 한다.

> 내 일찍이 뜰을 거니는데, 대나무 하나가 다른 대나무들 사이에 끼어 있는데 그 뿌리와 끄트머리 마디는 다른 대나무들과 비슷하였으나, 그 가운데에 이르러서는 마디가 빽빽하고 가지가 굽은 것이 다른 대나무들과는 달랐다. 내가 이상히 여겨서 가까이 가서 그 연유를 살펴보니, 중간에 벌레 먹은 곳이 있었다. 무릇 아래가 빽빽하고 가운데가 성근 것이 대나무마디의 일상적인 것이고, 곧고 굽지 않는 것이 대나무가지의 일상적인 것인데, 지금 이것은 성글어야 할 곳이 도리어 빽빽하고 곧아야 할 곳이 도리어 굽어서 모두 그 일상적인 것을 잃었다. 아아! 이것이 어찌 대나무의 본성이겠는가? 외물에 시달려 그렇게 된 것이로다.[13]

13) "余嘗涉園中 有一竹介于郡竹之間 其本末枝節類他竹 至其中 其節密 其枝曲 不類他竹 余怪之 就視其故 蓋有蟲蠹其心也 夫下密而中疎 竹節之常也 直而不曲 竹之枝常也 今疎者反密 直者反曲 咸失其常 噫 是豈竹之性哉 其爍於外物者乎哉" 河受一, 「病竹說」, 『松亭集』 卷 3, 10b.

河受一(1553~1612)의 <病竹說> 서두이다. 작자는 뜰을 거닐며 대숲을 바라보다가 여느 대나무와는 다른 모습을 하고 있는 대나무를 보게 되었다. 대나무의 마디는 아래가 빽빽하고 가운데가 성글며, 가지는 곧고 굽지 않은 것이 본성이다. 그래서 대나무는 곧게 쭉 뻗어 올라간다. 그런데, 성글어야 할 마디 가운데가 빽빽하고 곧아야 할 가지가 굽어버린 대나무가 눈에 띄었던 것이다. 작자는 그 대나무가 이상하게 여겨졌고, 왜 그런 모양을 하고 있는가가 궁금해졌다. 유심히 살펴보니, 그것은 다름이 아니라 중간에 벌레가 먹었기 때문에 그렇게 되었던 것이다.

일상적이지 않은 외물에 대한 작자의 관심과 성찰은, 대나무가 그 본성을 잃는 것은 외물에 시달려서라는 사실을 간파하는 데로 나아간다. 그리고 그것은 바로 이 글을 짓게 되는 동인으로 작용하고, 이것이 더 나아가 인간의 心性과 物慾의 관계에 대한 성찰로 이어진다.[14] 결국 <병죽설>을 통해서 작자가 말하고자 한 바는 심성과 물욕의 관계라고 하는 철학적 문제였고, 선한 마음이 물욕에 가리우지 않도록 해야 한다는 교훈을 전달하고자 하였던 것이다. 다만 이를 직접적으로 논하지 아니하고, 병든 대나무를 빌어서 우의하는 방식을 택한 것이다.

이번에는 洪宇遠(1605~1687)의 <木根枕說>[15]을 보기로 한다.

(가) 나무 한 그루가 길 옆 밭두둑에서 자라났다.

(나) 소와 양에 시달리고 도끼에 찍혀 뻗어나지 못하고 구부러지고 옹이만 무성하더니, 마침내 밭을 개간하던 농부가 이를 뽑아버리고 말았다.

(다) 내가 그 나무를 기이하게 여겨서는 집으로 가져와 깎고 다듬어 베개로 만들었다.

(라) 나는 이 나무베개를 기이한 노리개로 여겨 세상의 어떤 보배와도 바꾸려 하지 않았다.

---

14) "余於是喟然而嘆 夫人受天地之中以生 其初罔有不善 及其蔽於物欲以梏良心 則其不類竹者幾希矣 嗚呼 竹以蟲而失其常 人以欲而喪其性 心受病則人物何擇焉 古人有言 觀物反己 病竹說之作 余豈徒然哉" *Ibid.*, 10b~11a.

15) 洪宇遠,「木根枕說」,『南坡集』卷 10, 33a~34b. 윤승준,『우언의 재미와 교훈』(월인, 2000), pp.167~174에「老馬說」과 함께 원문을 번역 소개한 바 있다.

(마) 이를 계기로 나는 행복과 불행이 바로 그 사이에 있음을 깨달았고, 세상에는 버릴 물건이 없다는 사실을 알았다.

(바) 나는 불우한 선비가 버려진 나무와 다를 바 없다고 생각하면서, 明君·良相이 그를 등용하여 백성의 마음을 편안하게 하기를 바란다고 한다.

<목근침설>의 내용은 위와 같이 정리할 수 있는데, 작자는 "사물과 사람은 그 이치가 하나"[夫物之與人 其理一也]라고 하고 있다. 내가 주워 다베개로 만들어 애지중지하는 '버려진 나무'에 대한 이야기이기는 하지만, 그 이치는 버려진 나무에 국한되는 것이 아니라는 것이다. 작자가 말하고자 한 바는 明君과 良相이 불우하게 지내는 버려진 人才를 발탁하여 그가 지닌 경륜을 마음껏 펼칠 수 있도록 하여야 한다는 것이다.[16] 나무의 행과 불행을 곧 사람(인재)의 행과 불행에 나란히 대응시킴으로써, 불우하게 지내는 인재가 도처에 산재한 현실을 우의하고 있다.

한편 劉秉憲(1842~1918)의 <葵日說>은 간신배들의 행태를 그와 상대되는 해바라기의 성정과 대비하여 풍자한 작품이다.

우리 집의 뜰 한 쪽 구석에 붉은 해바라기 하나를 길렀다. 해바라기는 줄기가 곧고 가지가 없었으며 키는 8척이 채 되지 않았다. 위에는 붉은 꽃 한 송이가 피었는데 마치 손바닥처럼 동그랗다. 그 성품은 오로지 해를 향할 줄만 알아서 아침에는 동쪽으로 기울고 낮에는 곧게 서며 해가 저물어서는 서쪽으로 기울었다. 비록 바람이 거세게 불고 비가 쏟아지거나 연기와 먼지가 하늘에 가득 차서 햇볕을 구분하기 어려운 때라도 마치 자석이 남쪽을 가리키듯 태양을 향함은 잠시도 어그러지지 않았다. 청명한 날에도 다름이 없었으니, 이는 밝다고 해서 절행을 삼가지 않고 어둡다고 해서 행함을 게으르게 하지 않는 자이다.

무릇 신하된 자는 조석으로 임금의 명령을 받들고 주야로 나라 일에 협찬하

16) "嗚呼 不有明君良相遇而識之 引以登之 則幾何其不爲途中之棄木也 夫物之與人 其理一也 有國家者 苟得吾是說而存之 則生民之尊枕 其庶矣乎" 洪宇遠, 「木根枕說」, 『南坡集』 卷 10, 34b.

> 여 묘당에 처해서는 선행을 개진하고 그릇된 것을 바로잡아야 하며 강호에 거처할 때는 북두에 의지하여 군주를 연모해야 한다. 그래서 승평시에는 그 즐거움을 함께 하되 위태로움을 잊지 말고 위난시에는 나라에 대한 걱정을 먼저하고 그 자신의 희비를 돌보지 않는 것이니, 신하로서의 직분을 다하는 것은 바야흐로 이 해바라기에 사양할 바가 있을 것이다. 저 간신의 무리들을 살펴보면 무사할 때에는 지위를 도적질하고 녹을 탐하다가도 창황히 엎어지고 뒤집어져 나라가 위태롭게 되어 임금이 욕을 당함에 미쳐서는 제각기 일신을 온전히 하고 집안을 보전하는 방법만 찾고 임금을 걱정하고 나라를 구하려는 마음은 하나도 없다. 심한 자는 원수에게 아첨하여서 '누구를 섬긴들 임금이 아니랴'고 떠들면서 이전 임금의 은혜와 옛 나라의 원수를 생각지 않으니 어찌 감히 붉은 해바라기 아래 머리를 쳐들 수 있겠는가?
>
> 내 장차 세상에 이 해바라기를 두루 심어서 현자로 하여금 숭상할 바가 있음을 알게 하고 불초자로 하여금 부끄러워 할 바가 있음을 알게 하리라.[17)]

劉秉憲은 언제나 태양을 따라 움직이는 뜰 한 쪽의 해바라기와 신하로서의 직분을 저버린 간신배를 대비시키고 있다. 기울어 가는 國運은 바로잡으려 하지 않으면서 오직 일신의 안위에만 골몰하는 당시 관료들의 행태에 대한 비판적 태도는, 작자로 하여금 일상 생활 속에서 항상 대면하는 해바라기라는 외물의 성정을 단지 하나의 사물이 지닌 성정 그 자체로 평범하게 인식하고 말도록 하지 않았다. 현실에 대한 고뇌가 일상적으로 대하는 외물과 만나면서 現實의 匡正을 우의하는 우언을 산출한 것이다.[18)]

---

17) "余家庭畔 養丹葵一種 其爲物 直莖無枝 長不滿八尺 上開丹花一朶 如手掌圓 其爲性 但知向日 朝而東傾 午而直立 暮而西傾 雖勁風驟雨 煙塵漲空 日光難辨之際 如磁之指南 向日之精 不違晷刻 無異於光明淸朗之時 此乃不以昭昭而愼節 冥冥而惰行者也 夫爲人臣者 朝夕獻納 晝夜贊襄 處廟堂之上 則陳善而格非 居江湖之外 則依斗而戀闕 昇平則同其樂 而不忘其危 危亂則先其憂 而不顧其躬休戚 而盡臣職者 方可有辭於此葵也 觀夫奸臣之輩 竊位貪祿於無事之日 及夫蒼黃顚覆 國危而君辱 則各求全軀保家之策 頓無憂君救國之心 甚者阿附讎賊 揚言以何事非君 不念前王之恩 不思舊國之讎者 安敢擡頭於丹葵之下哉 吾將遍種此葵於天下 使賢者知有所尙 不肖者知有所愧也" 劉秉憲, 「葵日說」, 『晩松遺稿』 卷 3, 21a～22a.

화훼를 소재로 한 권계우언의 寓意는 그것이 제재로 활용하는 화훼의 상징적 의미에 크게 의존하고 있다. 화훼류 우언의 제재로는 대나무, 소나무, 국화, 매화, 연꽃 등 사대부들이 일상생활 속에서 항상 가까이 하며 사랑하는 것들이 널리 활용되었는데, 이는 곧 화훼류 우언이 사대부들의 일상적인 사유세계와 현실에 대한 인식, 나아가 그들이 추구하는 이상세계와 밀접한 관련을 가지고 있음을 말해준다. 그 결과 이들에 의해 관습화된 傲霜孤節, 後凋之節 등의 가치는 곧 君子 내지 賢士의 志節과 德行으로 받아들여지면서 권계우언의 우의로 정형화되었다.(자료 7, 8, 9, 10, 11, 26, 28, 29) 이처럼 단순 유비관계에 의한 우의 생성 방식은, 해바라기가 태양을 따라 움직이는 것을 군주를 향한 신하의 충성과 관계짓는 또다른 문학적 관습으로 나타나기도 하였다.(자료 17, 24)

한편 이같은 유비관계에 의한 우의의 생성은 부정적 현실에 대한 날카로운 문제의 제기를 담아내기도 하였다. 즉, 不遇한 선비의 처지를 우의하거나(자료 4, 16, 25) 소인과 군자의 대결에서 군자가 승리하지 못하고 소인에게 밀려나고 마는 상황을 제재로 한 것도 있다.(자료 1, 21) 이같은 성향의 자료들은 사회·풍자우언으로서의 요소를 지니고 있다고 하겠으나, 이러한 상황을 일반화하여 제시함으로써 당대 현실 자체에 초점을 맞추기보다는 그러한 상황을 경계하고 주의해야 한다는 데 초점을 맞추고 있다는 점에서 권계우언으로 다룬다.

그런가 하면 화훼가 자라나는 과정에서 겪게되는 이야기나 화훼를 재배하는 방법에 대한 이야기를 통해서 인간의 본성이나 마음, 또는 인재육성의 방법을 우의한 작품들도 있으며(자료 3, 6, 12, 14, 18, 20), 자연의 이치(자료 2)나 인간의 유한한 생명에 대한 자각(자료 7), 또는 처세의 교

18) 만송 유병헌은 1905년 을사조약의 파기와 을사5적의 처형을 요구하는 상소를 올렸을 뿐 아니라, 1910년 일제가 우리나라를 병탄하자 일제의 불의와 을사5적의 매국행위를 규탄하였고, 조선 사람은 조선총독부에 세금을 납부하지 말아야 하며 은사금도 거부해야 한다고 역설하였다. 또한 데라우치 총독의 송덕비 축조 계획을 규탄 저지하였고, 1918년 납세 거부로 인해 투옥되었으나 굴복하지 않고 항거하였으며 끝내 단식·순국한 인물이다. 때문에 그의 <葵日說>에는 현실에 대한 남다른 인식과 고뇌가 담기지 않을 수 없었던 것이다.

훈(자료 23)을 우의로 한 화훼 우언도 있다.

2. 諧詼寓言

풍자적・골계적 성격이 강한 해회우언 자료는 권계우언에 비할 때 작품의 수가 얼마 되지 않는다. 동물우언의 경우에도 절대 다수의 작품이 동물의 행동을 빌어 인간 사회의 올바른 규범을 제시하고자 한, 권계성이 강한 것이었던 반면, 동물의 세계에서 일어난 사건을 희화적으로 형상화한 <烏鶴相訟說>이나 <鸎鳩鶩訟臥渴先生傳> 같은 작품은 희소하였다. 그러나 이들 몇 안 되는 작품이 조선후기 우화소설과 긴밀한 관련성을 가지고 있다는 점에 주목하지 않을 수 없는 것과 마찬가지로,[19] 화훼류 우언에서도 해회우언은 그 문학사적 의의가 주목되는 작품들이다. <梅柳爭春>類 우언과 <五花傳>, <春光秋色較誰勝訟> 등의 작품이 소중하게 평가되는 이유도 거기에 있다. 여기에서는 기존에 소개되지 않았던 새로운 작품 셋을 소개하기로 한다.

번호	작자	제목	수록문헌	소재
1	崔慶會(1532~1593)	松竹菊爭長說	首陽世稿 承旨公派文獻錄 上編	소나무, 대나무, 국화
2	尹行儼(英祖代)	松檜爭	守默堂遺稿 卷 5	소나무, 노송나무
3	安孝述(憲宗代)	籬菊閣梅問答	雪溪集 卷 7	국화, 매화

위의 세 작품 가운데 安孝述의 <籬菊閣梅問答>은 "이 때 영상 조인영이 무단 사직하였다. 그런 까닭에 내가 籬菊으로 스스로를 비하고 閣梅로 조대감을 빗대어 풍자한 것이다.[時趙相寅永 無端辭職 故余以籬菊自比 以閣梅比趙台 以諷之]"라는 주석을 통해 寓意하는 바를 제시해 놓았으며, 崔慶會의 <松竹菊爭長說>은 邊時淵의 『文苑』[20]에도 실려 전하는 것으

19) *cf.* 윤승준, 『동물우언의 전통과 우화소설』, 월인, 1999.

20) <松竹菊爭長說>은 『首陽世稿』 외에도 邊時淵의 『文苑』 권 7에도 실려있다. 양본은 몇 군데 글자상의 출입이 있는 점을 제외하면 동일한 내용으로 되어 있다.

로 보아 폭넓은 독자층을 형성하고 있었음을 짐작케 한다.

먼저 임진왜란 당시 의병을 일으켜 왜적을 막는 데 앞장섰던 崔慶會의 <松竹菊爭長說>을 보기로 한다. 제목에서 암시하듯 소나무와 대나무, 국화가 서로 어른의 자리를 다투는 내용인데, 그 경개를 제시하면 다음과 같다.

(가) 조래산 蒼髯丈夫는 굳은 지조와 높은 절개로 명성이 자자하다.

(나) 하루는 淸虛한 氣節을 지닌 孤竹君이 嶰谷으로부터 찾아온다.

(다) 창염장부는 스스로 어른이라고 하면서 거만하게 대한다.

(라) 고죽군이 불쾌하게 여기며 그를 어른으로 인정하려 하지 않는다.

(마) 이 때 彭澤에서 온 隱逸君子가 자신을 따를 자는 곧 창염장부와 고죽군이라고 한다.

(바) 창염장부는 은일군자의 거만함을 꾸짖는다. 그는 만물이 같지 않은 것은 만물의 정상이라고 하면서, 자신의 苦節에 대한 聖人의 칭찬을 들어 자신이 어른임을 주장한다.

(사) 고죽군은 엄동설한에 굳은 절개를 지키는 것은 창염장부만이 아니라고 반박하면서 군자의 덕을 흥기시킬 뿐 아니라 열매까지 맺는 자신의 덕을 자랑하며 어른으로 모시라고 한다.

(아) 이번에는 은일군자가 창염장부와 고죽군을 꾸짖으며, 옛 賢士들이 자신의 傲霜孤節을 칭송한 예를 들어 자신이 어른이라고 주장한다.

(자) 곁에서 창염장부와 고죽군, 은일군자의 다툼을 듣고 있던 大人先生이 그들의 志節이 모두 높다고 하면서 다투지 말라고 한다. 천지만물은 본디 근본이 같으니, 부질없이 대소·고하를 다투지 말고 스스로를 지키는 것이 소중하다고 한다. 대소·고하를 따지게 되면 尙口·無實에 이르게 된다고 힐난한다.

(차) 창염장부와 고죽군, 은일군자는 대인선생의 말을 듣고 깨달아 서로 절하고 길을 양보한다.

(카) 이튿날 憑虛子가 이 이야기를 듣고는 그들의 다툼이 군자답다고 한다.

소나무를 蒼髥丈夫로, 대나무를 孤竹君으로, 국화를 隱逸君子로 각각 명명하고 그들 사이에 벌어진 爭長 이야기를 다루고 있는 <松竹菊爭長說>은, 邊時淵의 『文苑』에도 수록되어 있는 것으로 보아 식자층 사이에 한 편의 奇文으로 이해되면서 널리 애호되어 온 듯하다. 특히 마지막에 憑虛子가 등장하여 이들의 이야기를 듣고 그에 대한 평을 부치는 결말 부분은 이 이야기가 허구적 창작임을 말하고, 이는 곧 본 작품이 사실의 객관적 기록이 아닌 일종의 戱文이었음을 뜻한다.

<송죽국쟁장설>은 매우 단조로운 구성방식을 취하고 있다. 창염장부와 고죽군, 은일군자의 다툼이 서로의 주장과 그에 대한 반론, 그리고 반론에 대한 재반론을 통해 심화되지 못하고, 세 인물은 각기 돌아가면서 자신의 주장만을 일방적으로 펼칠 뿐이다. 따라서 그들 각자의 주장에 대한 우열이나 시비를 가릴 여유조차 독자에게는 충분히 제공되지 않는다. 그러면서 셋의 주장이 한 차례 끝나자 곧바로 대인선생의 개입을 통해 삼자의 다툼을 화해로 이끌어간다.

비록 사건의 전개가 단조롭고 그 결말 처리가 촉급하게 이루어졌다고 하더라도, 소나무와 대나무, 국화의 다툼이라고 하는 기발한 착상을 빌어서 우의를 기탁한 이 작품은 <화왕계> 이후 <매류쟁춘>류 우언을 비롯한 우리나라 화훼류 우언의 주요 모티프로 활용되어 온 '다툼'을 작품 구성의 근간으로 하고 있어 주목하지 않을 수 없다. 물론 <화왕계>에서처럼 다툼의 당사자 사이에 우열을 가름에 초점이 맞추어지는 것도 아니고, <매류쟁춘>류 우언의 경우처럼 다툼이 송사로 발전하지도 않는다. 오히려 이 작품에서는 동류 사이의 다툼 자체가 문제로 제기된다. 동류 사이에서 벌어진 다툼임에도 불구하고, 창염장부와 고죽군, 은일군자는 서로가 같다고 하지 않고 다르다고 주장한다.

> 장부가 빙그레 웃으면서 말하기를 "…(중략)… 소태나무와 가래나무는 탱자나무와 가시나무에 뿌리를 두지 않으며, 영지와 난초는 쑥과 나란한 것을 수치로 여긴다. 왜 그러한가? 만물이 같지 않은 것은 만물의 정상이다. 나는 곧고 굳은 성품을 가지고 있어 세속에 따를 수 없으니, 때문에 이 산 속에 들

> 어와 이같은 장부의 지절을 지킨 지 오래되었노라. 천 길 절벽에 홀로 서서 높이 빼어나니, 굽어봄에 우거진 수풀이 그 아래에서 명을 기다리고 있는데, 봄바람이 따사로이 불어오면 만물이 모두 영화로움으로 여기지만 나는 유독 기쁜 기색이 없고 가을 서리가 살을 에일 듯 추우면 만물이 모두 고달프게 여기지만 나는 유독 그것을 고통스럽게 여기지 않는다. …(중략)… 聖人의 칭찬이 어찌하여 유독 나에게만 이르고 그대 둘에게는 이르지 않았는가? 만일 그렇다면 내 비록 스스로 어른이라고 하지 않더라도 누가 나를 어른이라고 일컫지 않겠는가? 이러한 나로써 그대들을 본다면 그대들은 꺾인 가지의 반열에 있는 것이 아니겠는가?" 하였다.21)

창염장부는 '만물이 같지 않은 것은 만물의 정상'[物之不齊 物之情也]이라고 한다. 모든 만물이 같다면 서로간의 다툼은 있을 수 없다. 같지 않기 때문에 우열이 생기고 시비가 발생하는 것이다. 창염장부와 고죽군, 은일군자는 그러한 인식을 가지고 있었기 때문에 이들 사이에 다툼이 발생하는 것이다. 그 결과 이들은 각기 상대방과 다른 차별성을 강조하고, 이를 통해 자신이 어른임을 입증하고자 한다. 그러나 이들의 주장과 반박을 자세히 들여다보면 차별성보다는 오히려 동질성이 강조되고 있음을 보게 된다. 이들은 상대의 장점이 곧 자신의 장점이기도 하다고 주장한다. 창염장부가 내세운 바 그의 어른됨은 늠렬하기 짝이 없는 '貞操高節'이었다. 그러나 이는 곧 고죽군과 은일군자가 자랑으로 여기는 바이기도 하다.22)

---

21) "丈夫乃莞爾而哂曰 …(중략)… 夫杞梓不本於枳棘 芝蘭羞比於蓬蒿 何者 物之不齊 物之情也 余以貞固之性 不能俯仰於世 故歸來乎此山 守此丈夫之節 久矣 千仞獨立 偃蹇獨秀 俯視其萋萋茸茸者 其下俟句 而春風惠暢 物皆以爲華 而余獨不色喜 秋霜凜烈 物皆以爲瘁 而余獨不病癘也 …(중략)… 將聖之贊 何獨於吾而不及於二君乎 若然則余雖不自長 而誰不謂之長者乎 以余觀於二子 則其無乃在於折枝之列乎" 崔慶會, 「松竹菊爭長說」, 『首陽世稿』 承旨公派文獻錄 上編, p.7.

22) "孤竹君乃瑳然而笑曰 君之所謂自長者 果如是爾 …(중략)… 夫秀層崖者何限 而傲秋霜者 豈止君哉 當窮陰殺節 百卉具腓 子不見吾之顔色乎 蕭然勁質 淨然自植 交梢雪月 舞影霜風 時乎見者 孰不稱孤竹之情乎 …(중략)… 丈夫奮髥怒甚 吃吃未及對 隱逸君子 淡粧靚服 斂容而進曰 二君過矣 …(중략)… 我則異於是 性本疎淡 與物無競 三陽扇和 不與桃李而爭華 及夫霜天九秋 草木變衰 然後靄然光華 日章於外 燦燦麗容 金玉其相 而德之潤身 馨香播越 聞風者心醉 孰不稱君子哉若人

그런 점에서 삼자는 화해의 가능성을 열어놓고 있다. 대인선생은 이를 놓치지 않고 지적한다.

> 곁에 한 大人先生이 있었으니, 하늘을 얼굴로 하고 도를 체모로 하였다. 만물을 품안에 품고 천 년을 하루로 삼아 영화로움과 병들어 앓음을 마음에 두지 않고 얻음과 잃음을 생각에 담아두지 않으면서 조용히 앉아서 셋의 이야기하는 바를 듣더니, 마침내 꾸짖어 말하기를, "그만, 그만들 하시오. 세 분의 志節은 높소이다. 그러나 세 분의 다툼은 불가하오이다. 이 세상 모든 만물이 본래 하나의 근본에서 나온 것이거늘 누가 크고 누가 작으며, 누가 높고 누가 아래가 되겠소이까? 귀하게 여길 바는 스스로를 지키는 것일 뿐이외다. 만일 그 크고 작음을 비교하고 높고 낮음을 따지게 된다면, 무리를 지어서는 다투고 모여서는 희희덕 거리며 놀면서 거기에 푹 빠져 취하기만 할 뿐이니, 그런 즉 이는 와글와글 시끌시끌 천하 사람들로 하여금 입만 숭상하게 만들 것이외다. 누군들 내가 저보다 낫다고 말하지 않겠습니까마는, 이와 같은 이들의 경우 나는 그들이 자신을 높이는 것을 보지 못하였소이다." 하였다.[23)]

대인선생은 '이 세상 모든 만물이 본래 하나의 근본에서 나온 것'[天地萬物 本同一原]임을 강조한다. '物之不齊'를 당연한 것으로 여기는 창염장부와 고죽군, 은일군자와는 상반되는 시각이다. '理一分殊'에서 '理一'에 치중하느냐 '分殊'에 치중하느냐에 따라 전혀 다른 주장이 펼쳐지듯, 대인선생은 이들과 전혀 다른 시각에서 문제를 바라봄으로써 이들 사이의 다툼을 화해로 이끌어 간다. 더욱 주목되는 것은 '物之不齊'를 강조함으로써

乎 …(중략)… 古人謂橘曰 年歲雖少 可爲師長 若使古人見我則 師長之名 不歸於橘 而歸於我矣 二者其隅坐隨行 而列於將命者之類也" *Ibid.*, pp.7～8.

23) "傍有一大人先生 天爲容 道爲貌 納萬物於度內 視千秋於一日 不以榮瘁留乎心 不以得喪存於慮 沖然而坐 聽其三子者之撰 乃哂之曰 已矣已矣 三君之節則高矣 三君之爭則不可 天地萬物 本同一原 孰爲大小 孰爲高下 所貴者自守而已 若較其大小 計其高下 群而爭 聚而嬉 醉然而已則 是膠膠優優 率天下而尙口也 孰不曰吾能於彼乎 若是則 吾未見其尊己也" *Ibid.*, p.8.

서로간의 大小와 高下만을 따지게 되면 결국에는 실질이 없는 口辯만을 숭상하는 풍조에 빠지게 된다는 것이다. 작자가 생존했던 시기가 조선사회에 붕낭의 소심이 일기 시작하던 때라는 점에서 이 작품에 담긴 우의는 자못 심각한 것이 아닐 수 없다.

한편 尹行儼의 <松檜爭>은 다음과 같은 내용으로 되어 있다.

(가) 노송나무는 소나무의 곧음이 자기의 곧음만 같지 못한데 사람들이 소나무의 곧음만 칭찬하고 자신의 곧음에 대해서는 말이 없는 것이 원망스럽다고 한다.

(나) 소나무는 사람들이 소나무만 칭찬하고 노송나무를 말하지 않는 것은 소나무만 곧고 노송나무는 곧지 않기 때문이 아니라 소나무에게는 노송나무가 갖고 있지 못한 여러 가지 미덕이 있으니 그 중에서 곧음을 대표로 들어 말하는 것일 뿐이라고 한다.

(다) 노송나무는 다시 그렇다면 왜 자신들의 공은 일컫지 않느냐고 묻는다.

(라) 소나무는 자신의 공을 말하며 그에 비하면 노송나무의 공은 용렬하기 짝이 없다고 한다.

(마) 노송나무가 말없이 물러나려는데, 마침 산골나그네가 그 옆을 지나다가 소나무와 노송나무는 功의 多少와 材의 高下에 있어 차이가 있지만, 모두 세상에 필요한 기물이 될 뿐 아니라 孤直之性과 歲寒之姿를 함께 가지고 있으니 자신은 둘 다 허여할 것이라고 한다.

(바) 산골나그네의 말을 들은 소나무와 노송나무는 기뻐하며 바람을 따라 춤을 춘다.

功의 大小와 材의 高下에 대한 차이로 인해 갈등과 이견이 발생하고, 당사자간의 논란을 통해서는 화해에 이르지 못하다가 결국 제3자의 개입을 통해 모두가 만족할만한 결말에 이른다는 글의 구성은 최경회의 <송죽국쟁장설>과 다를 바 없다. 그러나 <송회쟁>에서는 당사자간의 논쟁이 1차로 끝나지 않는다. 자신의 주장을 일방적으로 늘어놓는 데 그치는 것도 아니다. 1차 논쟁에서 패배한 노송나무는 이에 굴하지 않고 다시 이의를 제기하며, 소나무 역시 노송나무의 주장에 대한 반론을 구체적으로 전개한다. 이로써 양자 사이의 이견이 날카롭게 대립하고 갈등은 심각한 국면으로 치닫는다. 한 쪽에서는 현재의 질서에 대한 불평과 불만의 골이 깊이 패어있고, 이해를 달리하는 상대편과의 이견과 갈등은 쉽게 해결하기 어려운 상황에 이르렀음을 암시하는 것이다. 그러나 논쟁을 불러온 원인에 대한, 즉 자신의 곧은 성품과 곡식을 실어 나르고 물을 건네주는 공을 알아주지 않는 현실에 대한 노송나무의 불평과 불만은 논쟁과정에서 설득력을 획득하지 못하고, 기존의 공론을 뒤바꾸지 못한다. 오히려 불평불만 자체가 사태의 진실을 꿰뚫어 보지 못한 단견에서 비롯된 것임이 밝혀지고, 공론 자체의 타당성이 재확인될 뿐이다. 소나무와의 논쟁은 결국 노송나무로 하여금 자신의 무능과 보잘것없음을 인정하게 할 뿐이다. 더 이상의 논쟁이나 다툼은 불가능한 것이 되고, 노송나무는 결국 말없이 물러선다. 작품은 그렇게 마무리될 수도 있다. 그러나 작자는 제3자인 산골 나그네의 개입을 통해 소나무와 노송나무 양자의 가치를 모두 인정하는 방향으로 결말을 맺고 있다.

작자인 윤행엄은 鶴과의 대화를 통해서 부귀영화를 구하지 않고 산 속에 은거하는 이유를 밝히는 <解鶴嘲>[24]라는 글을 남기기도 하였다. 이로 미루어 볼 때, 그는 기존 질서에 편입되지 못한 불우한 인사가 아니었던가 한다.[25] 자신의 불우함을 노송나무와 소나무 사이의 논쟁에서 밀려나기는 했지만 소나무에 못지 않은 공덕과 성품을 지닌 노송나무로 빗대었던 것인지, 혹은 소나무로 대변되는 세력과의 경쟁에서 밀려난 노송나무로 대변되는 세력의 불평과 불만, 즉 당시 정권다툼의 과정에서 밀려난 時派의 입장을 우의한 것은 아닌지, 이에 대한 좀더 자세한 검토가 필요하지만,[26] 현재로서는 남아있는 자료가 불충분하여 더 이상 논의를 진전

24) 尹行儼, 「解鶴嘲」, 『守默堂遺稿』 권 5.

25) 실록에는 영조 30년(1754) 9월 21일 정유조에 宋時烈・宋浚吉을 聖廡에 從祀하기를 청한 사실이 보이는데, 이때 윤행엄은 '사학 유생'이었던 것으로 기록되어 있다. 그 뒤로는 그에 관한 기록이 보이지 않는다.

26) 윤행엄에 관한 기록이 얼마 남아있지 않은 상황에서 그의 동생인 尹行恁(1762～1801)이 時派로서 僻派의 탄핵을 받아 유배를 당했을 뿐 아니라 西學을 신봉하

시키는 데에는 무리가 따른다.

安孝述의 <籬菊閣梅問答>은 憲宗 때 領相의 자리에 있던 趙寅永이 무단 사직하고 물러나자 이를 만류하고자 지은 글이다. <리국각매문답>은 이처럼 창작 동기가 분명하며, 작자 스스로 東籬處士인 국화를 자신에 빗대고 東閣先生인 매화를 조인영에 빗대어 풍자했다고 밝힘으로써 우언 소통의 구체적 사실을 보여준다. 1840년 헌종 6년 12월 純元王后의 수렴청정이 끝나면서 안동 김씨 세력이 다소 위축되고 풍양 조씨 세력이 우세해지는 과정에서 당시 國舅 趙萬永의 동생이었던 趙寅永은 이조판서·대제학·호조판서·형조판서를 거쳐 領相의 자리에 오른다. 安孝述의 <籬菊閣梅問答>은 1842년 9월에 지어진 것인데,[27] 이해 9월 12일 조인영이 상소하여 영상직을 사직하고 물러났으니, 이를 두고 지은 것이다.

작품의 경개는 다음과 같다.

(가) 세속의 더러운 자취를 멀리하는 東籬處士는 명망이 높은 東閣先生을 찾아간다.

(나) 동각선생은 야윈 동리처사를 보고 구하는 것이 있어서 찾아왔느냐고 묻는다.

(다) 그러나 동리처사는 자신의 향기로운 孤節을 노래한다.

(라) 동각선생은 동리처사를 어리석다고 하면서 易의 時와 洪範의 數를 아느냐고 묻는다.

(마) 동리처사는 낯을 찡그리며 易의 時와 洪範의 數는 알고 있다고 대답한다.

(바) 동각선생은 다시 하늘과 땅을 아느냐고 묻는다.

(사) 동리처사는 하늘이 高明하고 땅이 博厚함은 알지만, 이를 묻는 뜻이 무엇이냐고 되묻는다.

(아) 동각선생은 易의 時와 洪範의 數, 태어난 하늘과 땅에 대하여 설명하면

였다는 이유로 신지도에서 참형당했던 사실을 고려할 때 그같은 우의의 가능성을 생각해 볼 수 있으나, 이에 대해서는 좀더 자세한 고구가 필요하다.

27) "歲在四壬寅菊月 諫洞朝隱 撰書于梅閣之東里"라고 되어 있는 마지막 구절을 통해 창작 시기를 그렇게 추정할 수 있다. 安孝述, 「籬菊閣梅問答」, 『雪溪集』 卷 7, 雪溪私稿 雜著, p.15a.

서, 동리처사는 東籬草莽之地에 뿌리를 내리고 風霜搖落之時에 꽃피며 殘陽之九九의 數를 얻었을 뿐이어서, 松栢의 즐겨함도 없고 芝蘭의 향취도 적을 뿐 아니라 부귀는 牧丹에 미치지 못하고 변화함도 桃李만 못하다고 한다.

(자) 동리처사는 동각선생의 말을 듣고 깨달은 바 있다고 하면서, 東籬에서 소박하게 살며 餘生을 마치고자 하는데 어떻겠느냐고 묻는다.

(차) 동각선생은 동리처사의 말을 듣고는 참으로 훌륭하다고 하면서, 자기도 동리처사를 따라서 東閣을 떠나 廣漠之野에서 世事를 잊고 자유로이 소요하며 살겠다고 한다.

(카) 동리처사는 동각선생을 나무란다. 무릇 군자는 본래 '桑蓬射遠'과 '舟楫經濟'를 뜻하나니, '退藏獨善'은 時와 數, 命이 부득이하여 어쩔 수 없어 하는 것일 뿐 즐겨 하는 것은 아니라고 하면서, 時에 應하고 數에 合할 뿐 아니라 主恩과 衆望까지 한 몸에 받고 있는 동각선생이 東閣을 떠나서는 안 된다고 한다.

(타) 동각선생은 동리처사의 말을 듣고 그의 마음을 알았다고 하면서 깨우침에 사례하며 내년에도 다시 찾아줄 것을 부탁한다.

(파) 동리처사는 동각선생이 東閣에 있고 자기가 東籬에 있음은 時와 數, 天地의 이치에 따른 것이라고 한다.

(하) 동각선생과 동리선생은 서로 웃으며 진정으로 義를 맺고 파하니, 세상 사람들이 梅兄・菊弟라고 부른다.

제3자의 개입을 통한 다툼의 조정 내지 화해라는 <松竹菊爭長說>이나 <松檜爭>의 사건 전개 방식과는 달리, <籬菊閣梅問答>은 문답을 통해서 東閣先生이 東籬處士의 그릇된 생각을, 그리고 동리처사가 동각선생의 그릇된 생각을 각각 바로잡아줌으로써 질서를 회복하고 화해에 이르는 방식으로 되어 있다. 질문하고 답하는 당사자들 사이에서 문제가 해결되어 화해에 이르기 때문에, 제3자의 개입을 필요로 할 정도로 이견의 폭이 크거나 갈등의 깊이가 깊지는 않을 것이라고 생각할 수 있지만, 그 우의가 현실의 민감한 사안과 연계되어 있다는 점에서 결코 그렇게만 판단하고 말 것은 아니다.

일찍이 英姿를 지니고 만년에 이르기까지 변함 없이 孤節을 지키고 있는 동리처사는 동각선생의 香風芳名을 듣고서 벌떡 일어나 찾아간다. 혹여 그를 통해서 영화를 누릴 수 있을까 기대해서이다. 동각선생의 거처에 도착하여 그 주변을 둘러본 동리처사가 '河伯望洋之歎'이 있었다고 한 것으로 미루어 볼 때, 이제까지의 자신의 삶과는 다른 별세계에 대한 꿈과 기대가 그의 내면에 적지 않았음을 짐작할 수 있다. 그러나 그러한 동리처사의 내적 욕망을 바라보는 동각선생의 시각은 대단히 비판적이다.

> 마침내 옷매무새를 가다듬고 홀로 상 아래에서 절을 올리니 동각선생은 길게 揖하고 자리를 내어주며 천천히 말했다. "선생이 오셨구려. 내게 白酒가 있더니, 바로 황화선생 당신을 기다렸던 것인가 보이다. 어찌 이리 늦었소이까? 바람은 차고 서리 이미 두껍게 내렸는데, 모습은 어찌 그리도 야위고 정신은 어찌 그리 고갈되었습니까? 이제 나를 보러 오셨으니 선생도 또한 구함이 있으시옵니까?" 처사가 고개를 숙이고 나직이 아뢰었다. "동쪽 울타리에 있는 국화여! 아, 그 외로운 뿌리가 바람에 흔들거리는구나. 옛날 굴원이 먹던 것이여! 도연명이 캐던 것이로구나. 내 향기로우면서도 이름이 알려지지 않음이여! 한 해 이미 저물어 가는데 누가 나를 꽃피웠던고?" 선생이 묵묵히 지켜보기를 한참 동안 하다가 이윽고 말했다. "일찍이 선생을 늙은이[黃耇]로 여겼더니 이제 보니 단지 바보[白癡]일 뿐이구려. 선생은 易經의 時와 洪範의 數를 아시오?"[28]

동각선생은 동리처사의 '孤節'과 그의 초췌한 몰골을 불가분의 것으로 파악하고 있다. 이는 時와 數, 天과 地의 이치에 따른 필연적 결과인데, 동

---

28) "遂斂衣而獨拜床下 先生迺長揖而延座 徐曰 子來乎 吾有白酒 正待黃華矣 子何來之晚也 風其凄矣 霜已重矣 子何貌之瘁而神之索也 今來見余 子亦有求乎 處士低首微吟曰 曰有菊於東籬兮 唉孤根之嫋嫋 昔屈子之所餐兮 亦淵明之言採播 余香而莫聞兮 歲既晏而孰華予 先生默視良久曰 曾以子爲黃耇 今直爲此白癡也 子知易之時範之數乎" *Ibid.*, pp.11a～11b.

리처사는 그것을 모른 채 孤節을 근거로 부귀영화를 구하고자 동각선생을 찾아왔던 것이다. 동각선생이 동리처사를 '바보'[白癡]라고 하는 것은, 時와 數를 모르는 동리처사가 자신의 분수를 모르고 어리석게도 그같은 꿈과 기대에 집착하기 때문이다.

동각선생이 時와 數에 대한 문답을 제기한 것은 이 때문이다. 時와 數, 天과 地에 대한 문답은 동리처사로 하여금 자신의 분수를 자각하고 거듭날 수 있게 하는 계기가 된다.

> 아! 지금 선생은 땅으로 말하면 동쪽 울타리 풀이 우거진 곳에 뿌리를 내렸고, 때로 말하면 찬바람 불고 서리 내려 만물이 떨어지는 때에 꽃 피었으며, 그 數로 말하면 단지 殘陽의 九九를 얻었을 뿐 東皇의 太一을 얻지 못하였소이다. 그런 즉 겨우 殘香만을 지키고 晩節을 굳게 지킬 수 있을 뿐, 松栢의 즐겨함이 없고 芝蘭의 향취가 적으니, 외롭고 쓸쓸하게 서리를 머리에 이고 꽃을 머금어 그 天性을 온전히 할 뿐이외다. 부귀함으로 말하면 낙양의 모란에 미치기 어렵고, 번화함으로 말하면 도리어 동쪽 동산의 복사꽃이나 오얏꽃만 같지 못하오. 젊어서 봄을 다투는 것도 나는 오히려 즐겨 하지 않거늘, 해가 저물어 가는데 누가 꽃을 피우려 하겠소? 선생은 어찌 그리 탄식하오?[29]

동각선생과의 문답을 통해 자신의 처지를 깨달은 동리처사는 分外의 부귀영화를 바라지 않고 본분을 지키면서 자연과 벗하며 소박하게 여생을 보내겠다고 다짐한다.[30] 동각선생과의 문답은 동리처사로 하여금 자신

---

29) "嗚呼 今子以其地 則根於東籬草莽之地矣 以其時則 華於風霜搖落之時矣 以其數則 秖得殘陽之九九 而不得東皇太一之數也 而但其能葆殘香而固守晩節 無松栢之胥悅 尠芝蘭之同臭 而踽踽焉 凉凉焉 戴霜而含華 能全其天而已 其富貴之相 則難及乎洛陽之牧丹 其繁華之盛 則反不如東園之桃李 而年少爭春 余猶不肯 歲晏孰華 子何有嘆" *Ibid.*, pp.12b～13a.

30) "處士霍然而汗 惺然而悟 下階而拜曰 今聞先生之言 如披雲而覩天矣 吾不至於子之門 則殆而 殆而 吾將遂初服於東籬 與匏花而爲隣 玩斥鴳之搶地 而絶浮榮之艶慕 保淸素之本色 春看蘭蓀之茁芽 秋嘗風月之淸趣 以終吾餘歲 不亦可乎" *Ibid.*, p.13a.

의 분수를 정확히 깨닫게 하는 계기가 되고, 이로써 그는 허황된 꿈을 꾸었던 자신을 부정하고 본래의 자신을 회복하게 된 것이다.

한편 늘 시끄럽고 귀찮은 世事에 얽매여서 지내온 동각선생으로서는 동리처사가 그렇게도 꿈꾸던 부귀영화와는 상반되는 세계, 일체의 구속이나 제약이 없는 한없이 자유롭고 허허로운 삶을 꿈꾼다. 갑갑한 현실로부터의 일탈을 꿈꾸어 온 동각선생이었기에, 그는 자기도 모르게 동리처사를 따라 '囂塵之外' '廣漠之野'에서 노닐며 자기가 좋아하는 대로, 하고 싶은 대로 하면서 지내고 싶다고 고백한다. 그러나 이 역시 동각선생 자신의 時와 數, 天과 地에서 벗어난 分外의 것이다. 동각선생으로부터 깨우침을 받았던 동리처사가 이번에는 동각선생를 깨우친다.

동리처사는 군자의 處世란 모름지기 자기 뜻대로 되는 것이 아님에도 불구하고, 군자라면 누구나 '桑蓬射遠'과 '舟楫經濟'를 꿈꾸지 않는 이가 없다고 하면서, 은밀한 곳에 숨어 자기 한 몸 선하게 하는 것은 時와 數, 命에 따른 부득이한 것이지, 그것이 좋아서 기꺼이 하는 것은 아니라고 한다. 하늘이 내린 資質을 타고났으며 맑고 높은 衆望을 얻었을 뿐 아니라 時에 應하고 數에 合함에도 불구하고 이를 저버림은 부당한 일이다. 더더구나 동각선생은 거기에 더하여 주인의 사랑과 衆望이 남달라 넓은 집에 심어놓기를 '서왕모의 복숭아'[金母之桃]처럼 하고, 물 주기를 '옥녀의 분'[玉女之盆]처럼 하는데, 어찌 이를 저버릴 수 있느냐는 것이다. 趙寅永이 처한 상황과 그의 辭職을 만류하는 뜻이 바로 이 대목에 기탁되어 있는 것이다. 마침내 동각선생은 동리처사를 자기를 알아주는 사람으로 인정하고, 그의 깨우침을 수용한다. 동각선생이 閣 안에 있는 것이나 동리처사가 울타리 아래 있는 것 모두 時와 數, 天地의 이치에서 벗어남이 없는 당위임을 확인한 동리처사와 동각선생은 結義兄弟를 맺는다.

1842년 9월 조인영이 영의정을 사직한 이유는 실록에 기록되어 있지 않다. "영의정 조인영이 상소하여 상직을 사직하니, 이를 윤허하였다."31) 고만 되어 있을 뿐, 그의 사직과 관련한 별다른 언급이 보이지 않는다. 다

31) 『헌종실록』 헌종 8년 9월 12일 정사조.

만 그해 7월 鑄洞 居民의 民訴를 물리친 것[32]을 引嫌하여 사직한 것이 아닌가 추정해 볼 수는 있다. 그러나 이 문제에 대해서는 헌종이 인혐하지 말라고 하였을 뿐 아니라, 이를 문제삼았던 우의정 鄭元容 또한 條例를 미처 살피지 못했던 자신의 실수를 들어 죄를 청한 바 있다.[33] 그 뒤 9월 12일 사직할 때까지 실록에 조인영과 관련한 특별한 기록은 없다. 따라서 이것이 그의 사직에 대한 직접적인 이유라고는 쉽게 수긍할 수 없다. 조인영의 『雲石遺稿』에는 「辭領議政疏 壬寅」이 남아있다. 여기에서도 그같은 상황에 대한 언급은 보이지 않는다. 다만 戚族으로서 德望과 材猷가 부족한 자신이 領相의 자리에 앉아있음이 聖德에 累가 되고 또한 나이 들고 병든 몸으로 國事를 담당할 수 없음을 辭職의 이유로 제시하고 있을 뿐이다.[34] 이같은 辭職의 辯은 그의 영의정 사직이 안동 김씨와 풍양 조씨간의 권력 다툼 과정에서 비롯된 것이 아닌가 하는 추단을 하게 한다. 그러나, 그에 대한 정황적 근거는 인정할 수 있을지 모르겠지만, 이를 확증할 논거를 찾을 수 없기에 더 이상의 논의는 줄이기로 한다. 이같은 권력 다툼의 소용돌이 속에서 조인영의 사직을 만류코자 창작·소통되었던 것이 安孝述의 <籬菊閣梅問答>인 것이다.[35]

---

32) 『헌종실록』 헌종 8년 7월 9일 을묘조 참조.

33) 『헌종실록』 헌종 8년 7월 10일 병진조 참조.

34) "臣之不敢冒云者 卽臣忝近戚也 近戚而竊勻衡之尊則 君德累矣 不能堪云者 卽臣抱貞疾也 貞疾而耐機務之 則天職曠矣 此個事情 皆已莫遺於日月之明 而今距臣丐免 時不過四五旬朔耳 以年則更增一齒 以病則又加別祟 …(하략)" 趙寅永, 「辭領議政疏 壬寅」, 『雲石遺稿』 권 7, pp.1a~2b.

35) 작자 安孝述에 대해서는 알려진 바가 별로 없다. 실록에는 그에 관한 기록이 두 차례 보이는데, 하나는 순조 34년(1834) 1월 22일 景慕宮에서 작헌례를 행할 때 通禮로 있던 안효술에게 通政大夫를 가자한다는 기록이고, 다른 하나는 헌종 11년(1845) 12월 22일 안효술을 司諫院 大司諫로 삼는다는 것이다. 이 작품은 1842년 헌종 8년에 지어진 것인 바, 그가 대사간이 되기 전, 사간원 司諫으로 있을 때 지은 작품으로 보인다. '歲在四壬寅菊月 諫洞朝隱 撰書于梅閣之東里'라고 한 말미의 기록에서 이 글을 쓸 당시 그가 사간직을 맡고 있지 않았나 추정해 볼 수 있다.

Ⅳ. 맺음말

이 글에서는 기존에 소개되지 않았던 작품들을 논의 대상으로 삼아 권계우언과 해회우언에 초점을 맞추어 한국의 화훼류 우언에 대한 개괄적 검토를 시도해 보았다. 우선 한국의 화훼류 우언이 널리 창작되게 된 데에는 邵翁의 <觀物篇>에서 영향을 받은 외물 인식과 함께 周惇頤의 <愛蓮說>이 끼친 영향이 컸다고 하였다. <애련설>은 연꽃 뿐 아니라 모란과 국화에 대해서도 언급함으로써 후대 화훼류 우언의 창작, 특히 권계류 우언의 창작에 중요한 전범으로 활용되었다. 또한 白居易의 <養竹記>와 柳宗元의 <種樹郭橐駝傳>도 화훼류 우언 창작에 영향을 끼쳤다.

우리나라의 화훼류 우언은 양적인 면에서 勸戒寓言이 압도적으로 많은데, 이들 권계우언은 '觀物反己'하는 관습과 '托物寓心'하던 전통을 토대로, 중국 우언에 대한 모방과 反모방으로 창작된 것들이 대부분이다. 특히 작품의 우의는 제재로 쓰인 화훼의 상징적 의미에 크게 의존하고 있었다. 가장 대표적인 것이 傲霜孤節, 後凋之節 등의 가치를 대표하는 松·竹·菊 등이 君子 내지 賢士의 志節과 德行에 대한 우의로 정착된 것이다. 그런가 하면 不遇한 선비의 처지를 우의하거나, 인간의 본성·마음, 인재 육성의 방법, 자연의 이치, 인간의 유한한 생명에 대한 자각, 또는 처세의 교훈을 우의한 화훼 우언도 있었다.

한편 풍자적·골계적 성격이 강한 諧詼寓言은 양적으로는 얼마 되지 않지만, 그 문학사적 의의가 주목되는 작품들이었다. 여기에서는 崔慶會의 <松竹菊爭長說>과 尹行儼의 <松檜爭>, 安孝述의 <籬菊閣梅問答> 등 세 작품을 소개 검토하였다. 소나무를 蒼髯丈夫로, 대나무를 孤竹君으로, 국화를 隱逸君子로 각각 명명하고 그들 사이에 벌어진 爭長 이야기를 다룬 <松竹菊爭長說>은 『文苑』에도 수록되어 있음을 근거로 식자층 사이에 널리 애호되어 온 작품으로 추정하였다. 작품의 내용은 '物之不齊'를 당연한 것으로 여기는 창염장부와 고죽군, 은일군자의 다툼을 '이 세상 모든 만물이 본래 하나의 근본에서 나온 것'[天地萬物 本同一原]임을 강조하는 대인선생이 개입하여 화해하게 한다는 것이다. 尹行儼의 <松檜

爭>은 노송나무와 소나무 사이의 논쟁을 통해 불우한 인재의 모습이나 권력 다툼에서 밀려난 세력의 불평과 불만을 우의한 작품으로 보았다. 한편 安孝述의 <籬菊閣梅問答>은 憲宗 8년(1842) 領相의 자리에 있던 趙寅永이 무단 사직하고 물러나자 이를 만류하고자 지은 글로서, 동리처사와 동각선생 사이의 문답을 통해서 時와 數, 天과 地의 이치를 논하면서 자신의 본분과 처한 상황을 정확하게 인식함으로써 잃었던 질서를 회복할 것을 주장한 작품이었다. <松竹菊爭長說>과 <松檜爭>은 '다툼'이라는 화훼류 우언의 주요 모티프를 수용 창작한 비교적 이른 시기의 화훼류 우언 작품이라는 점에서, 그리고 <籬菊閣梅問答>은 문답체를 활용한 창작 우언으로, 조선후기 정치 현실에서 우언이 구체적으로 어떻게 소통되었나를 보여주는 작품이라는 점에서 그 의의가 큰 작품이라고 하겠다.

動物寓言의 傳統과 訟事型 寓話小說

– 〈烏鶴相訟說〉과 〈鶚鳩鶖訟臥渴先生傳〉을 통해 본 –

Ⅰ. 문제의 제기

寓意를 寄託하기 위한 간접적·우회적 이야기 방식 또는 그러한 이야기 방식으로 서술된 작품을 '寓言'이라고 할 때,[1] 動物寓言은 寓意를 기탁하기 위한 이야기 방식의 하나로 動物을 그 소재 또는 제재로 한 것이라 할 수 있다. 즉 動物寓言이란 '動物을 素材 또는 題材로 한 寓言'을 말한다. 動物寓言은 『三國史記』 卷 41 列傳 1에 기록되어 있는 龜兎之說 이후, 野談이나 說, 傳을 비롯한 기존 갈래에 수용되면서 조선후기는 물론 한문학이 문학사의 표면에서 물러난 20세기 전반까지 지속적으로 창작되

---

1) 寓言에 대한 연구는 1970년대 후반 安秉卨의 연구 이후, 鄭學城, 尹海玉, 유종국, 李鍾默, 尹柱弼, 梁承敏, 尹勝俊 등에 의해 이루어진 바 있다. 寓言을 '作意를 寓意하기 위한 比喩的 形式'으로서 일종의 표현 방식으로 이해하고자 한 경향이 있었는가 하면, 그와는 달리 하나의 독립된 갈래로 파악하고자 하기도 하였다. 최근 寓言을 독립된 양식으로 규정하고 논의하려는 경향이 두드러지게 나타나고 있지만, 이에 대해서는 아직도 논란의 소지가 남아 있다. 여기에서는 寓言에 대해 "藉外論之"라고 한 『莊子』 寓言篇의 정의와 "意在此而言寄於彼"라고 한 王先謙의 주석, 그리고 우리 나라에서 사용되어 온 寓言에 대한 전통적인 用例에 따라 寓言을 일종의 표현 방식, 즉 寓意를 寄託하기 위한 이야기 방식으로 파악하고 논의한다. 寓言을 독립된 양식 개념으로 파악하지 않고, 일종의 표현 방식으로 다루게 되면, 우리 문학사에 다양한 형태로 존재해 온 수많은 文學事象들을 논의 대상으로 끌어올릴 수 있을 뿐 아니라, 그같은 문학사상들을 통해 서사문학의 다면적이면서도 입체적인 전개 과정을 설명하는 단서를 찾아내는 데 유리한 입지를 확보할 수 있기도 하다.

어 왔다.[2] 특히 인간 사회에 교훈적 메시지를 전달하거나, 정치적 또는 사회적 문제를 풍자하고 비판하기 위한 목적에서 창작된 작품들이 많다.

이 글은 이와 같은 動物寓言의 傳統이 조선후기 寓話小說의 형성 과정과 무관하지 않았으리라는 假說에서 출발한다. 구체적인 작품 분석을 통해 動物寓言과 寓話小說의 관련성을 검토하여 그 假說을 입증함으로써 조선후기 서사문학의 전개 양상을 새롭게 조명하고자 하는 것이 이 글의 목적이다. 특히 그 가운데에서도 訟事型 寓話小說과 動物寓言의 관련성에 주목하고자 한다. 물론 爭長型 寓話小說과의 관련성을 보여주는 動物寓言 자료도 확인되고 있지만,[3] 여기에서는 寓話小說의 형성과정에 대한 새로운 假說을 제기한다는 점에 초점을 맞추고, 動物寓言의 傳統과 訟事型 寓話小說의 관련성에 국한하여 논의하고자 한다.

訟事小說은 '송사 모티프가 소설작품 전반의 구성을 주도하는 소설, 즉 송사사건의 발생과 해결이 소설작품의 발단과 결말에 대응되는 구조를 지니고 전개되는 일련의 古典小說'을 말한다.[4] 송사소설을 이렇게 정의할 때, 訟事型 寓話小說은 '訟事 모티프가 작품 전반의 구성을 주도하는 寓話小說', 즉 動物의 세계에서 벌어지는 訟事事件을 작품 구성의 원리로 하여 전개되는 일련의 寓話小說이라고 정의할 수 있다. 조선후기의 寓話小說 가운데 <황새결송>, <鼠大州傳>, <鼠同知傳>, <鼠獄記>, <蛙蛇獄案>, <鵲烏相訟>, <까치伝> 등이 이 범주에 속한다.

訟事小說 가운데에는 현명한 판관에 의해 제기된 문제를 바르게 해결하는 것도 있지만, 이와는 달리 뇌물의 수수나 刑吏의 부정 등 부당한 방법에 의해 善과 惡이 뒤바뀌고 正義와 不義가 뒤바뀌는 혼돈의 상황으로

---

2) *cf.* 尹勝俊,「朝鮮時代 動物寓言의 傳統과 寓話小說」, 檀國大 博士學位論文, 1998, pp.51～141.

3) 曺鳳默의『華郊遺稿』에 실려 있는 <牛馬論功解>와 車錫祜의『海史集』에 실려 있는 <牛馬爭功論>과 같은 작품이 그같은 관련성을 해명하는 데 중요한 자료가 되며, 비록 동물을 제재로 하지는 않았지만, 林悌의 <柳與梅爭春>과 같은 자료를 통해 그 문학적 전통을 확인할 수 있다. *cf.* 尹柱弼,「'梅柳爭春'類 寓言의 양식적 특성」,『民族文化』第18輯, 民族文化推進會, 1995. 尹勝俊, *op. cit.*, pp.143～155.

4) 李憲洪,『韓國訟事小說研究』, 三知院, 1997, p.28.

치닫는 것도 있다. 조선후기 訟事型 寓話小說 가운데 <鼠同知傳>은 전자에 해당하고, <황새결송>·<鼠大州傳>은 후자에 해당하며, <까치伝>의 경우에는 두 가지 유형이 복합적으로 나타난다. 그러나 이들 작품의 공통적 특성 중 하나는 뇌물의 수수나 刑吏의 부정 등 부당한 관행이 송사의 진행과정에서 중요한 기능을 하고 있다는 점이다. 비록 그같은 부당한 관행이 표면화되어 있지는 않더라도, 訟事에 직접 혹은 간접적으로 연루될 때 일어날 수 있는 다양한 행동 양식을 보여주는 작품도 있다. <鼠獄記>와 <蛙蛇獄案>이 그에 해당한다. 실상 현실에 대한 작가의 비판의식과 사건 전개에 따라 독자가 경험하게 되는 긴장감은 바로 이같은 작중 현실이 그들이 관념하여 온 당위적 세계와 괴리될 때 비롯되며, 그것이 부당한 결과로 귀착될 때 그 심각성은 더욱 커지게 된다. 조선후기 訟事型 寓話小說은 이처럼 부당한 訟事 내지는 그 과정에 초점을 맞추어 현실의 모순과 병폐를 비판한 것으로 주목되어 왔다.[5)]

이 글에서는 이같은 訟事型 寓話小說의 형성 과정에 끼친 動物寓言의 영향을 <烏鶴相訟說>과 <鸎鳩鶩訟臥渴先生傳> 등 구체적인 자료를 통해 검토한다. <烏鶴相訟說>은 柳宜健((1687~1760)의 『花溪先生文集』(國立中央圖書館所藏 木板本) 卷 11에 실려 있다. 작자 柳宜健은 瑞山 사람으로 字가 順兼이며 號는 花溪이다. 父親의 諱는 泰瑞이며 母親은 烏川鄭氏 士人 坽의 딸이다. 본래는 鰲庵 起瑞와 鶴城李氏 廷義의 딸 사이에서 태어났으나, 父親이 無子하여 養子로 들어왔다. 肅宗 丁卯年(1687) 慶州 新溪里에서 태어나 英祖 11년 乙卯(1735)에 進士가 되었다. 庚辰年(1760) 7월 19일 病으로 세상을 떠날 때까지, 비록 벼슬을 하지는 않았지만 효성이 지극하고 형제간의 우애가 돈독하였다. 특히 詩와 易에 남다른 재주를 가

5) 예컨대, <鼠大州傳>의 경우, 訟事의 원인과 처리과정 및 결과가 생존과 직접적 관련을 맺고 있는 糧食의 問題에서 비롯되어 관원들의 불법적 횡포와 수탈, 부정과 비리, 무능에서 빚어지는 부당한 판결로 연결된다는 점에서 조선후기 서민의 삶과 통치체제의 부패를 반영한 것으로 해석된다. 鄭學城 이후 우화소설에 대한 연구는 이같은 점에 주목하여 그 사회적 의미를 해석하는 데 초점을 맞추어 왔다. 특히 정흥모, 蘇仁鎬, 신경숙, 鄭出憲, 민찬 등의 논의를 통해 조선후기 향촌사회의 변동과 관련하여 그 사회적 의미가 구체적으로 검토된 바 있다.

지고 있어 詩集과 <卦變疑>·<先後天> 등의 說을 담은 易書를 남겼다. 그의 <烏鶴相訟說>은 까마귀와 鶴이 希有鳥를 찾아가 黑白을 是非하는 이야기로 訟事 모티프가 중심을 이루고 있는 動物寓言이다. 한편 <鷺鳩鶩訟臥渴先生傳>은 國立中央圖書館所藏『廣寒樓記』에 合綴되어 있는 筆寫本이다. 작자는 물론 창작 및 필사 시기가 밝혀져 있지 않다. 다만『廣寒樓記』와 合綴되어 있다는 점에서 그 필사 연대는 19세기 후반으로 추정될 뿐이다.[6] <鷺鳩鶩訟臥渴先生傳>은 따오기와 비둘기, 꾀꼬리가 등장하여 世德과 門閥, 목청 자랑을 통해 優劣을 다투는 이야기로, 爭長 및 訟事 모티프가 중심을 이루고 있는 動物寓言이다.

여기에서는 이 두 작품을 중심으로 訟事型 寓話小說의 작품 구성상 기본 골격이 되는 訟事 모티프와 訟事 처리과정에서의 뇌물 수수를 비롯한 비리와 그에 따른 부당한 판결, 언변 대결에 따른 작품의 확장 등이 動物寓言 작품에 이미 존재하고 있음을 밝힘으로써, 訟事型 寓話小說 형성의 문학적 연원으로서 動物寓言의 傳統이 차지하는 의의를 구명하고자 한다.[7]

---

6) <鷺鳩鶩訟臥渴先生傳>은『廣寒樓記』와 合綴되어 있다는 점에서『廣寒樓記』의 작자 또는 필사 시기를 통해 그 창작 혹은 필사 연대를 추정해 볼 수 있다. 金東旭은 一簑本(1874), 辛東燁本(1845), 南原郡廳 刊行本(1927)을 비교 검토한 뒤, "時靑蛇瑞陽 雲林樵客書"라는 叙의 기록과 小广主人의 後序를 근거로 憲宗 11年(1845) 이전 張混(1759~1828) 門下의 委巷詩人 계통의 或者에 의해 창작된 것이라고 하였다. 한편 蘇在英은 崇實大 基督教博物館所藏『水山 廣寒樓記』를 소개하면서, 水山이란 號가 자신을 감추는 별호로 많이 쓰였다는 점에서 金東旭의 說을 부정하고,「小引」에 "半綃十疋長亘直心"이라 기록한 것으로 보아 趙秀三 또는 趙信喆이『水山 廣寒樓記』의 작자일 가능성이 있다고 조심스럽게 추정하였다. 鄭出憲은 蘇在英의『水山 廣寒樓記』 解題와 趙秀三(1762~1849)의『秋齋紀異』에 기록된 <說囊>을 근거로 19세기 趙秀三과 같은 중인 계층에 의해 창작된 작품으로 보았다. *cf.* 金東旭,「春香傳 異本攷」,『增補 春香傳硏究』, 延世大出版部, 1967, pp.81~89. ; 蘇在英,「資料解題 水山 廣寒樓記」,『崇實語文』第4輯, 崇實大 國語國文學會, 1987, p.205. ; 鄭出憲,「朝鮮後期 寓話小說의 社會的 性格」, 高麗大 博士學位論文, 1992, pp.110~114.『廣寒樓記』에 관한 이같은 논의를 바탕으로 할 때, <鷺鳩鶩訟臥渴先生傳>은 19세기 후반 당시에 유행하던『廣寒樓記』와 함께 필사된 것으로 볼 수 있고, 창작 연대는 그보다 이전으로 올라간다고 할 수 있다.

7) 李憲洪은『雪橋集』,『靑邱野談』,『禦睡新話』 등에 수록된 문헌설화와『韓國口碑文學大系』에 수록된 구전설화를 바탕으로 訟事說話의 類型을 교화형, 비판형,

Ⅱ. 動物寓言의 傳統과 訟事型 寓話小說의 관련성

1. 寓言과 訟事 모티프

> 유군은 눈물을 흘리고 푸른 눈썹을 찌푸리며 결코 매생보다 밑에 서려고 하지 않고 다시 매생에게 이르기를,
> "그대와 더불어 봄을 다투었으되 결판이 나지 않은 채 이제 곧 90일이 가까워오는군. 입으로 계속 다투기도 어려우니 우리 같이 임금께 나아가서 질의를 해보지 않으려는가?"
> 마침내 둘이 함께 토계(土階)의 아래에서 조회를 하고 장차 구망씨(勾芒氏)를 통해서 동황(東皇)께 질의를 하려 …(하략)[8]

위의 인용문은 林悌(1549~1587)의 <柳與梅爭春>에 보이는 대목이다. 柳君과 梅生이 서로 봄을 다투다가 결판이 나지 않자 東皇에게 나아가 그 판결을 부탁코자 하였다는 것이다. 비록 본격적인 訟事로 이어지지 않고 둘 사이의 화해로 마무리되며 동물을 제재로 한 작품도 아니지만, 단편적이나마 訟事 모티프가 寓言에 수용된 사례라 할 수 있다.

그러나 아래와 같은 작품은 다툼이 본격적인 訟事로 이어지며, 그것도 동물들 사이에서 벌어지는 것이라는 점에서 주목된다.

> 까마귀는 검고 鶴은 희다. 까마귀는 검은 것이 옳다 하고, 鶴은 흰 것이 옳다

유희형, 복합형으로 나누어 검토한 바 있다. 이 중 비판형에 해당하는 송사설화들은 판관의 무능을 조롱·비판하거나 아니면 판관 및 송사 담당 관원들의 부패·무능 내지는 부조리한 모습을 부각시키고 있다는 점에서 송사형 우화소설과의 관련성을 고려할 수 있다. 비록 동물을 제재로 한 설화들은 아니지만, 이같은 송사설화의 전통은 訟事型 寓話小說의 淵源을 검토하는 데에도 도움이 되기 때문이다. 그러나 여기에서 논의하는 動物寓言 작품들은 그같은 문제를 동물 이야기를 통해 말하고 있다는 점에서 訟事型 寓話小說의 형성에 더 큰 영향을 끼친 것으로 보인다. *cf.* 李憲洪, 「訟事說話의 題材的 淵源과 展開樣相」, 『說話文學研究』(下), 단국대학교 출판부, 1998, pp.665~701.

8) 신호열·임형택 공역, 『譯註 白湖全集』(하), 창작과비평사, 1997, p.926.

> 고 하여, 둘은 希有鳥에게 訟事를 하였다. 鶴은 堅白의 辨說을 펴며 말하기를 "「희다고 말하지 않겠는가. 검은 물을 들여도 검어지지 않으니」라고 하였으니, 이것은 孔子의 말이 아닌가?"하자, 까마귀는 太玄의 大旨를 논하며 말하기를 "「玄의 또 玄함, 그것이 곧 萬物을 낳는 門이다」라고 하였으니, 이것은 老子의 설이 아닌가?"하였다. …(중략)… 둘이 서로 더불어 논변하는데 그 증거가 매우 많았다. 希有鳥가 판결하여 말하기를 "賁飾함을 질박하게 하면 허물이 없다는 것은 羲經[易經]에 밝혀져 있는 바이고, 黑이 災殃이 됨은 傳記에 실려 있는 바이다. 어찌 희디 흰 白으로 검디 검은 더러움을 뒤집어 쓸 수 있겠는가."하고는 마침내, 羅氏에게 명하여 까마귀를 몰아내게 하였다.[9)]

까마귀와 鶴 사이의 黑白에 대한 是非가 여러 典故를 인용하면서 끝없이 이어지고, 希有鳥가 그들 사이의 논변에 대해 판결하고 있다. 訟事는 특정 문제를 사이에 두고 팽팽하게 대립하는 쌍방의 주장이 일정한 해결점을 찾지 못할 때 절대적 권위를 지니고 있는 제3자에게 의뢰하여 문제를 해결하는 제도적 장치이다. 그런 점에서 까마귀와 鶴이 黑白의 是非를 둘러싸고 논쟁을 벌이는 상황에서 希有鳥에게 의뢰하여 그들 사이의 다툼을 해결한다는 結構는 訟事 모티프를 온전히 갖추고 있다고 할 수 있다.

優劣이나 是非의 문제를 둘러싼 동물들 사이의 다툼과 그에 따른 제3자의 판결이라는 訟事 모티프는 위에 든 柳宜健의 <烏鶴相訟說> 외에도 國立中央圖書館藏 『廣寒樓記』에 合綴되어 있는 <鶯鳩鶩訟臥渴先生傳>과 車錫祜(1905~?)의 <牛馬爭功論>에서도 보인다. <鶯鳩鶩訟臥渴先生傳>에서는 꾀꼬리와 비둘기, 따오기가 서로 자신의 목청이 낫다고 자랑하다가 끝내는 臥渴先生에게 訟事하여 우열을 결정하고,[10)] <牛馬爭功

9) "烏黑鶴白 烏自以黑爲是 鶴自以白爲是 相與訟於希有鳥 鶴騁堅白之辨曰 不曰白乎 涅而不緇 此非孔子之言乎 烏論太玄之旨曰 玄之又玄 衆妙之門 此非老子之說乎 …(중략)… 相與論辨 證據甚多 希有鳥判曰 白賁无咎 著於羲經 黑眚爲灾 載於傳記 安能以皓皓之白 蒙黲黷之汙乎 遂命羅氏 歐烏而出之" 『花溪先生文集』 卷11, <烏鶴相訟說>.

10) 새들의 목청자랑과 관련된 訟事 모티프는 成大中(1732~1812)의 『青城雜記』 醒言篇과 趙秀三(1762~1849)의 <秋齋紀異>에도 보인다. 『青城雜記』에서는 꾀꼬

論>에서는 소와 말이 서로 자신의 공이 낫다고 다투다가 주인에게 누구의 功이 더 나은지 가려 달라고 訟事한다.

조선후기 訟事型 寓話小說에서 작품 구성의 핵심적 요소로 작용하는 동물들 사이의 訟事 모티프가 이처럼 動物寓言 작품들에서도 확인된다는 점은 訟事型 寓話小說의 형성과 관련하여 주목하지 않을 수 없는 사실이라 하겠다.

2. 訟事 처리과정에서의 비리와 그에 따른 부당한 판결

조선후기 訟事型 寓話小說에는 뇌물의 수수로 인한 부당한 판결이나 刑吏의 부정이 작품 곳곳에서 나타난다.[11] 뿐만 아니라 그에 따른 결과로 마땅히 승소해야 할 인물이 패소함으로써 심각한 파탄을 일으킨다. 작품 내적 세계에서 일어나는 이와 같은 파탄은 곧 현실 사회의 구조적 모순과 부정을 반영한 것으로,[12] 寓話小說은 동물세계에서 일어난 사건을 빌어

리와 비둘기, 무수리가 목청자랑을 하다가 鶴에게 그 판결을 부탁하는데, 鶴은 무수리의 뇌물(뱀)을 받고 그의 편을 들어준다. 또한 <秋齋紀異>에는 꾀꼬리와 따오기의 訟事와 鶴의 판결이라는 <황새결송>에 나오는 이야기가 소개되어 있다. *cf.* 成大中, <青城雜記>, 『圖書』 제6호, 乙酉文化社, 1964, pp.31～32. ; 李佑成・林熒澤 譯編, 『李朝漢文短篇集』(中), 一潮閣, 1978, p.342.

11) 寓話小說에 나타나는 몇몇 예를 들면 다음과 같다. ① "ᄌᆞ고로 송ᄉᆞᄂᆞᆫ 눈치잇게 잘 돌면 니긔지 못ᄒᆞᆯ 송ᄉᆞ도 아무 탈업시 득숑ᄒᆞᄂᆞ니 이ᄂᆞᆫ 니른바 녹비의 갈왈ᄌᆞ를 쓰미라" <황ᄉᆡ결송>(金東旭 編, 『古小說板刻本全集』 第一冊, 延世大 人文科學研究所, 1975), p.328. ② "그러나 송니ᄂᆞᆫ 곡직을 불계ᄒᆞ고 쉼여되기의 잇ᄂᆞ니 니른바 니헐영비헐영이라" <황ᄉᆡ결송>, p.330. ③ "오슈리가 너구리ᄃᆞ려 일너 왈 ᄂᆡ 드르니 …(중략)… 쏘 ᄑᆡᄌᆞ젼례ᄂᆞᆫ 우에서도 아ᄂᆞᆫ ᄇᆡ라 슈빅 양 아니면 결단코 놋치 마ᄌᆞ고 둘이 서로 약속을 졍ᄒᆞ고" <鼠同知傳>(『活字本 古典小說全集』 3, 亞細亞文化社, 1976), pp.475～476. ④ "각청 두목과 재번관속에게 뇌물 쓰고 이리이리 하면 고독단신 암까치 어찌 할 수 없으리니 그런즉 자연 희살이 되리라" <까치伝>(『文學思想』 22, 文學思想社, 1974.7), p.344.

12) "지방의 아전들은 일정한 급료가 없고 간혹 5～6년간이나 調用되지 않기도 했다. 그들이 일단 직책을 얻게 되면 굶주린 호랑이가 멧돼지를 얻은 듯 배고픈 매가 꿩을 만난 듯이 빠르고 혹독하여 다시 뒤돌아 보거나 주저할 여가가 없었다."("鄉吏則不然 既無常餼 又或至五六年不調 及其得之也 如饑虎得豕 飢鷹遇雉 其奮迅酷烈 而復有顧瞻者乎" 丁若鏞, 『與猶堂全書』, <鄉吏論>)고 하는 茶山의

이같은 현실을 비판하고 있다.

그러나 이처럼 뇌물의 수수로 인한 사실의 왜곡과 부정에 대한 비판은 일찍부터 제기되어 왔다. 배의 크기도 같고 사공의 수도 같으며 타고 있는 사람과 말의 수도 비슷한데, 어떤 배는 나는 듯이 달아나서 벌써 저쪽에 닿았는가 하면, 어떤 배는 머뭇머뭇하며 전진하지 않았는데, 알고보니 그것은 뇌물을 주었느냐 그렇지 않았느냐 하는 것 때문이었다는 李奎報의 <舟賂說>,[13] 향응을 제공받고 부당한 결정을 내리는 典牲署 提調로 말미암아 낭패를 당한 達官의 이야기를 다룬 成俔의 <黑牛說>[14] 등은 그같은 관행에 대한 비판을 제기한 이른 시기의 작품들이다. 이같은 부당한 관행에 대한 비판은 動物寓言의 전통 속에서도 거듭 확인된다.

> 따오기가 뽕나무밭에서 쉬다가 돌이켜 생각해보니, 저들은 실제로 잘 울 뿐 아니라 傳記에 그들이 잘 운다고 나오는 것 또한 많으나, 자신이 잘 운다는 것은 돌이켜보더라도 어디에 있는지 알 수 없었다. …(중략)… 장차 訟事를 하게 되면 臥渴先生이 비록 늙어 병들기는 하였지만 귀머거리는 아니니, 나의 소리를 듣는다면 어찌 잘 울고 잘 울지 못함을 분별하지 못하겠는가. 訟事에 질 것이 분명하니, 이를 장차 어찌해야 할 것인가. 아무런 준비도 없이 訟事에 들어가면 일이 대단히 어설프게 될 것이요, 공연히 자퇴하자니 이 또한 나약한 모습을 보이는 것과 다를 바 없다. 곰곰이 생각하니, 커다란 자연의 원기는 이미 멀어져갔고 봉황의 덕은 하마 쇠하였는지라. 世事는 공정하지 아니하고 訟事를 처결함에는 사사로운 바가 많으니, 만일 뇌물을 바치는 자가 있으면, 봉황을 헐뜯어 올빼미라 하고 올빼미를 떠받들어 봉황이라 하며, 곧은 자가 도리어 굽은 자가 되고 惡한 자가 도리어 善한 자가 되니, 비록 長者가 할 일은 아니지만, 訟事에서 지는 것보다는 나으리라. 나에게도 한 방법이 있으리니, 저 臥渴先生은 누워 산에서 나오지 않아 요사이 십여년간 산 속에서 적막히 지내어 飢渴이 심할 것이다. 바야흐로 이 때 만일 선물

기록은 이러한 사정을 단적으로 보여준다.

13) 『東文選』 第96卷, 說, <舟賂說>.

14) 成俔, 『虛白堂集』 文集 卷 12, <黑牛說>.

> 을 준다면, 굶주린 자가 쉬이 받아먹을 것이요, 목마른 자가 쉽게 받아 마실 것이로다. …(중략)… 물고기야말로 실로 선생이 먹고자 하는 것이요, 소라 또한 선생이 먹고자 하는 것이나, 이 둘은 (선생이) 얻을 수 없는 것이다. 아울러 선생을 위해 華蛇 한 접과 金鯁 세 마리를 갖추어 가지고는, 아침 일찍 등에 지고 날아가 선생의 집 문 아래 놓아두었다.[15]

꾀꼬리와 비둘기, 따오기가 모여 서로 世德과 門閥을 통해 優劣을 가리고자 하다가 결정이 나지 않자, 목청 자랑을 하기로 한다. 그러나 목청 자랑 역시 서로 자신이 낫다고 주장하여 결판이 나지 않고, 마침내 臥渴先生을 찾아가 訟事하기로 한다. 일이 이렇게 되자 따오기는 아무리 생각해도 자신이 이길 방도가 없었다. 결국 따오기는 부당함을 알면서도 訟事에서 이기기 위해 이와 같은 방법을 쓰기로 했던 것이다. "世事는 공정하지 아니하고, 訟事를 처결함에는 사사로운 바가 많으니, 만일 뇌물을 바치는 자가 있으면, 봉황을 헐뜯어 올빼미라 하고 올빼미를 떠받들어 봉황이라 하며, 곧은 자가 도리어 굽은 자가 되고 惡한 자가 도리어 善한 자"가 된다는 것은 뇌물의 수수에 의한 진실의 왜곡이 당대 사회에 얼마나 만연해 있는가를 말해준다. 그런데 이같은 비판적 언설이 뇌물로 인해 패소하게 된 꾀꼬리나 비둘기의 푸념이 아니라, 뇌물을 써서 승소하게 되는 따오기의 생각이라는 점에서 아이러니는 더욱 증폭된다.

따오기가 아무 말 없이 이튿날에도 뇌물을 갖다 바치자, 臥渴先生은 그 호의(?)에 감격하여 자신에게 달리 말한 것은 없는지를 묻는다. 마침내 기회를 엿보던 따오기는 그간의 사정을 이야기하고 자신을 도와 줄 것을 청

---

15) "鶖子稅駕桑田 反爾思之 彼實善鳴 雜出傳記亦多 而顧吾善鳴有何 …(중략)… 且將入訟 則臥渴先生 雖病於老 不病於聾 聞我之聲 豈不明辨其善不善之鳴乎 落訟必矣 此將奈何 無端入訟 事甚疎濶 公然自退 亦似懦弱 昧昧思之 鴻濛已遠 鳳德何衰 世事不公 聽訟多私 如有納賂者 毁鳳凰爲鴟鴞 譽鴟鴞爲鳳凰 直者反曲 惡者反善 雖非長者之事 惟愈於落訟 我亦有一道理 惟彼臥渴先生 臥不出山 而今幾十年 寥寂山林 如飢如渴 方是時苟有膳物 飢者易爲食 渴者易爲飮 …(중략)… 魚固所欲 螺亦所欲 二者不可得 兼爲先生 華蛇一接 金鯁三首 朝負翼而去 置之先生門下" <鸎鳩鶖訟臥渴先生傳>.

한다. 결국 臥渴先生은 꾀꼬리와 비둘기, 따오기의 訟事에서 따오기의 목청이 가장 낫다고 판결해 준다.

그러나 부정과 비리에 의한 부당한 판결은 판결 결과에 대한 승복을 가져오기보다는 부정과 비리의 만연을 조장할 뿐이며, 판결의 권위에 대한 냉소와 불신을 초래한다. 臥渴先生의 판결에 대해 꾀꼬리와 비둘기가 승복하지 않는 것은 이같은 상황에서 빚어진 판결의 부당함 때문이다. 동물의 세계에서 벌어진 사건으로 형상화하기는 하였으나, 이것은 곧 부정과 비리에 의한 부당한 판결이 자행되고 있는 현실 사회를 寓意하는 것이다. 작품 말미에서 "아아, 저 새들을 살피건대, 오히려 (저들까지도) 인정[뇌물] 쓰기를 구하는구나. 하물며 이 말세의 인심이야 어찌 탄식할 수 있겠는가"[16]라고 하고 있음은 그만큼 뇌물에 따른 訟事의 왜곡과 부정이 심각한 사회문제가 되어 있었음을 반증하는 것이다.

한편 <烏鶴相訟說>에서는 뇌물의 수수와 같은 부당한 관행은 아니라도, 무단적 횡포에 의한 부당한 訟事가 전개된다. 즉 1차 訟事에서 黑이 白보다 못하다는 판결에 따라 쫓겨났던 까마귀는 黑白을 분간하기 어려운 저녁때를 타서 이번에는 오히려 자신이 희고 鶴이 검다는 궤변을 늘어놓는다. 그것도 떼를 지어서는 허무맹랑한 것을 꾸며내고 없는 것을 날조하여[構虛捏無] 鶴 한 마리를 궁지에 몰아 넣는다. 까마귀떼의 억지에 곤욕을 당한 鶴이 분함을 참지 못하고 날아가 버리자, 까마귀는 '鶴이 자신의 검은 것을 숨기기 어렵게 되자 두려워 먼저 가버렸다'고 하면서 治罪할 것을 청한다. 판관인 希有鳥는 수리로 하여금 鶴을 잡아오게 한다. 잡혀 온 鶴이 내일 날이 밝기를 기다려 黑白을 밝혀 줄 것을 청하나, 希有鳥는 그 청을 들어주지 않은 채 오히려 그가 거짓말을 한다고 노여워하며 죽이라고 명한다. 밤이 새지 않은 때에는 死刑을 집행하지 못하도록 규정하고 있었음에도 불구하고,[17] 밝은 날 공명정대하게 사건을 처리하는 것이 아니라 黑白을 구분하기 어려운 저녁 때 일방적으로 鶴을 죽인다.

그런데 여기서 우리는 작자의 의도적이면서도 치밀한 창작방식에 주목

16) "嗟乎 相彼鳥矣 猶求用情 矧此末世之人心 烏可歎也哉" *Ibid.*.

17) *cf.*『經國大典』刑典 禁刑日條.

하게 된다. 그것은 작자가 1・2차 송사의 시간적 배경을 각각 달리 설정하고 있다는 점이다. 1차 訟事의 경우와는 달리 2차 訟事는 날이 저물어 黑白을 구분하기 어려운 때 진행된다. 陽에 해당하는 낮과는 달리 陰에 해당하는 밤은 혼돈과 무질서의 시간이며, 죽음과 절망의 시간이다. 또한 밖으로 열려진 시간이 아니라 안으로 닫혀진 시간이며, 따라서 남에게 공개되지 않는 은밀한 시간이다. 그 결과 밤은 밝은 이미지가 아닌 어두운 이미지를 갖게 된다.

까마귀와 鶴은 黑白이 뚜렷이 구분되는 바, 까마귀를 밤의 이미지라 한다면 鶴은 낮의 이미지에 해당한다고 할 수 있다. 한편 판관인 希有鳥는 그 중간에 위치하면서 둘 사이를 조정하고 중재하는 존재이다. 그가 조정하고 중재하는 책무를 온전히 수행할 때에는 陰陽의 질서가 바로잡히고 是非와 善惡이 제자리를 찾을 수 있으나, 그렇지 못할 때에는 질서가 깨어지고 是非・善惡이 전도되는 혼란을 초래하게 된다. 2차 訟事의 배경을 黑白을 분간하기 어려운 밤으로 설정한 것은 이 점에서 작자에 의해 의도적으로 마련된 장치라 할 수 있다. 黑白과 是非・善惡에 대한 기존의 가치관 내지는 이데올로기가 새로운 도전과 충격에 의해 동요되는 상황을 寓意하기 위해 마련된 의도적 설정인 것이다.

希有鳥는 2차 訟事에서 鶴의 청원은 무시한 채 까마귀의 주장만을 듣고 일방적으로 처결한다.[18] 希有鳥는 시종일관 白이 옳다고 판결하고 있으나, 그같은 판결은 겉으로 내세워 주장하는 표면적 사실(현상)에 근거한 것일 뿐이다. 그렇게 된 이유(실상)에 대해서는 관심을 기울이지 않는다. 그 결과 1차 訟事 때 자신이 검다고 주장했던 까마귀가 2차 訟事에서는 오히려 자신이 희다고 주장하는 사실에 대해 조금도 의문을 제기하지 않는다. 전후 사정을 소상하게 검토하여 是是非非를 정확하게 판결하는 판관의 태도는 아닌 것이다. 결국 작중에서 설정하고 있는 시간적 배경과 판결에 임하는 태도를 고려할 때, 판관 希有鳥는 겉으로는 질서를 유지하

18) 이는 곧 기존의 체제, 기존의 가치관과 이데올로기가 붕괴되어 가는 현실을 寓意하는 것이다. 그러나 이같은 판결에 대해 작자는 希有鳥가 판관으로서 자신의 책무를 온전히 수행한 것이라고 평가하지 않는다.

고 是非와 善惡을 분명히 판결해주는 조정자 내지는 중간자인 것 같으나, 실상 속으로는 조정자 내지 중간자의 책무를 저버리고 자리만 차지하고 있는 부정적 존재라 하겠다.

希有鳥의 이같은 이중적 형상은 名分과 實相이 일치하지 않는 判官, 그래서 판결 결과에 승복할 수 없는 訟事가 자행되는 현실을 寓意한다. "사물을 분변하는 것 가운데 쉬운 것으로는 黑白을 가리는 것만한 것이 없거늘, 오히려 이와 같은 지경에 이르렀으니, 하물며 분변하기 어려운 것이야 또 말해 무엇하겠는가"[19]라는 安處先生의 탄식은 訟事의 처리과정에서 빚어지는 부정과 비리가 얼마나 극심했던가, 그리고 그로 인해 訟事에 대한 信認度가 얼마나 추락해 있었던가를 극명하게 보여준다. 이는 곧 訟事型 寓話小說인 <鼠大州傳> 말미의 論評[20]과도 상통하는 것이다.

3. 언변 대결에 따른 작품의 확장

조선후기 우화소설의 특성 가운데 하나는 후대 異本으로 갈수록 言辯對決 부분이 확장되고 있다는 점이다. 예컨대 <金蟾傳>이나 <蟾同知傳>과 같은 작품에서는 上座를 차지하기 위한 다툼이 문벌자랑이나 식견자랑 등으로 이어지면서 전체 분량의 2/3 이상을 차지하고 있다.[21] 물론

---

19) "物之易辨者 莫如黑白 猶至於如此 況事之難辨者乎" <烏鶴相訟說>.

20) "대저 鼠大州는 간사한 말과 허망한 언사로 교묘하게 주쉬를 꼬이어서 죄가 있었음에도 면하고 鼫南州는 곧아 변명을 하지 않고 무죄이면서도 벌을 당했으니 주쉬의 소송사건 처결이 어찌 그릇된 것이 아니랴. 즉 소송을 처리함이 이같이 어려운 것이매 벼슬을 하는 자는 잘 살펴야 한다." 文璇奎 譯, 『花史 · 周生傳 · 鼠大州傳』, 通文館, 1961, p.102.

21) 실상 이들 작품에 나타나는 세상 구경이나 천상 구경, 天文地理와 六韜三略, 醫藥卜術에 대한 언변 대결은 너무도 장황하게 나열되고 있기 때문에, 세심한 독자가 아니라면 도리어 사건의 진행을 망각한 채 언변 내용 자체에 매몰되거나 자칫 지루함을 느낄 수도 있는 것이 사실이다. 비록 그러한 언변 대결의 확장이 흥미를 지속시키고 배가시키는 기능을 한다는 지적에도 불구하고, 그것은 너무나도 상투적인 것이라는 점에서, 그리고 필요 이상으로 장황하게 전개되고 있다는 점에서 문제가 아닐 수 없다. *cf.* 鄭出憲, *op. cit.*, pp.40～43. ; 尹勝俊, *op. cit.*, pp.146～147.

<鼠大州傳>이나 <鼠同知傳> 같은 송사형 우화소설에서는 언변 대결보다 기물이나 세간 살림에 대한 묘사가 상대적으로 확대되어 있지만, 訟事의 처리 과성에서 벌어지는 변론은 제기된 송사에 대한 판결에 (표면적으로는) 결정적 영향을 미치고, 그 대목이 양적으로도 결코 간단히 처리되고 있지만은 않다는 점에서 주목을 요한다.

動物寓言의 경우, 초기 작품들에서는 특정 사건에 대한 서술이나 요약에 의한 내용의 소개・전달이 중심으로 이루었으나, 洪宇遠(1605~1687)의 <老馬說>,[22]을 비롯하여 앞에서 살펴본 <烏鶴相訟說>이나 <鸎鳩鶩訟臥渴先生傳>, <牛馬論功解>, <牛馬爭功論> 등과 같은 후기의 작품으로 오면서 구체적인 상황이 제시되면서 언변 대결에 의한 문제의 해결 내지는 변론 부분의 확장이 두드러지게 나타나기 시작한다.

① 鶴은 堅白의 辨說을 펴며 말하기를 "「희다고 말하지 않았는가. 검은 물을 들여도 검어지지 않으니」라고 하였으니, 이것은 孔子의 말이 아니겠는가."하자, 까마귀는 太玄의 大旨를 논하며 말하기를 "「玄의 또 玄함, 그것이 곧 모든 萬物을 낳는 門이다」라고 하였으니, 이것은 老子의 설이 아니겠는가."하였다. 鶴이 말하기를 "五行으로 보면 白은 金에 해당하고, 黑은 水에 해당한다. 그런데 金이 곧 水를 낳으니, 黑은 곧 白이 낳은 바이다." 하자, 까마귀는 "五行으로 보면 金은 從하고 革하며, 水는 潤하고 下하다. 그런데 從하고 革하다는 것은 뙤박질과 화로의 괴이함이 있는 것이요, 潤하고 下하다는 것은 강과 바다의 커다람이 있다는 것이다. 또한 더러운 진흙이 연꽃을 낳고 늙은 조개가 진주를 낳으니, 연꽃이나 진주를 일러 진흙이나 조개만 같지 못하다고 함이 가하겠는가."하였다. 鶴이 또 말하기를 "玉은 희기 때문에 사람이 귀하게 여기는 것이요, 炭은 검기 때문에 사람이 천하게 여기는 것이다."하자, 까마귀가 말하기를 "머리가 검으면 사람이 기뻐하고, 머리가 희면 사람이 싫어한다." 하였다. 둘이 서로 더불어 논변하는데 그 증거가 매우 많았다.[23]

22) 洪宇遠, 『南坡集』 卷 10, <老馬說>. 이에 대해서는 尹勝俊, 「朝鮮時代 動物寓言의 한 樣相」(『韓國漢文學硏究』 第21輯, 1998.6)에서 자세히 고찰한 바 있다.

② 鶴이 말하기를 "詩에 이르기를 「검지 않다고 까마귀가 아니랴」고 하였으니, 까마귀가 검은 것을 알 수 있느니라. 또한 鮑昭賦에 이르기를 「玉처럼 흰 깃을 떨치며 노을 속으로 날아가는구나」라고 하였으니, 鶴이 흰 것을 알 수 있느니라."하였다. 까마귀가 말하기를 "鶴 중에도 玄鶴·黃鶴이 있으니, 鶴이 반드시 흰 것은 아니며, 秦始皇 때에는 白烏가 수천 마리 있었고, 燕丹時에는 까마귀 머리가 또한 희었으니, 까마귀가 반드시 검은 것은 아니다."하였다. 鶴이 말하기를 "전일에 네 스스로 검다고 한 것이 訴訟文에 갖추어 있거늘, 이제 또 말을 바꾸어 나를 검다고 誣告하니, 그 정상을 가히 알 만하다."하자, 까마귀가 말하기를 "지난번에 검고 이번에 흰 것이 내게 해될 것이 무엇인가?"하면서, 서로 힐난하기를 오래도록 하였다.[24]

①은 鶴과 까마귀가 서로 자신의 빛깔인 白과 黑이 더 낫다고 주장하는 대목이고, ②는 날이 어두워진 뒤 다시금 까마귀가 鶴에게 궤변을 늘어놓는 대목이다. <烏鶴相訟說>을 비롯하여 訟事 모티프를 가지고 있는 작품에서는 이처럼 訟事에 앞서 서로 자신이 옳다거나 더 우월하다고 하는 주장이 다양하게 벌어진다.[25] 실제로 이같은 언변 대결에 의한 작품의 확장은 <柳與梅爭春>에서도 보이지만,[26] 그것이 집중적으로 나타나는 것은 위의 작품들에 와서이다. 특히 이들 작품의 창작시기(17세기 후반~20세기 초반)가 寓話小說이 등장하여 성행하였던 시기와 유사하다는 점에서

---

23) "鶴騁堅白之辨曰 不曰白乎 涅而不緇 此非孔子之言乎 烏論太玄之旨曰 玄之又玄 衆妙之門 此非老子之說乎 鶴曰 五行白屬金黑屬水 而金乃生水 則黑是白之所生也 烏曰 五行金從革水潤下 而從革者有躍鑪之怪 潤下者有江海之大 且汚泥生蓮老蚌生珠 可謂蓮珠之不如泥蚌乎 鶴又曰 玉白而人貴之 炭黑而人賤之 烏曰 髮黑而人喜之 頭白而人惡之 相與論辨 證據甚多" <烏鶴相訟說>.

24) "鶴曰 詩云莫黑匪烏 烏之黑可知也 鮑昭賦曰 振玉羽而臨霞 鶴之白亦可知也 烏曰 鶴有玄鶴黃鶴 鶴不必白也 始皇時有白烏數千 燕丹時烏頭亦白 烏不必黑也 鶴曰 前日汝自託其黑 訟案具存 今又變辭 誣我爲黑 情狀可見 烏曰 昔者黑今日白 何損於我 相詰久之" *Ibid.*.

25) <鷽鳩鵉訟臥渴先生傳>에서는 문벌에 대한 자랑과 목청자랑이, 그리고 <牛馬論功解>와 <牛馬爭功論>에서는 자신의 功에 대한 논변이 장황하게 제시된다.

26) 林悌의 <梅與柳爭春>은 작품 전체가 그같은 논변으로 일관하고 있다.

寓話小說의 형성 내지는 변모와 밀접한 관련을 가지고 있다고 보는 것이다. 즉 前代로부터 지속적으로 창작되어 온 動物寓言의 傳統은 언변 대결에 의한 사건의 전개라는 창작 기법을 활용하면서 단순한 서술 위주의 서사기법에서 벗어나 새로운 모습으로 거듭날 수 있었고, 이같은 動物寓言의 창작 기법은 곧 소설 양식과 교섭하면서[27] 寓話小說의 형성 내지는 전개과정에 영향을 끼쳤던 것은 아닐지 문제를 제기해 본다. 더욱이 動物寓言의 경우에는 爭長이 訟事로 발전하고 있다는 점에서, 上座를 둘러싼 爭長 모티프를 중심으로 하고 있는 <두껍전>系 爭長型 寓話小說의 형성에도 적지 않은 영향을 끼쳤을 것으로 보인다.

4. 動物寓言과 寓話小說의 독자적 특성

위에서 살펴본 바와 같이 動物寓言과 訟事型 寓話小說은 그 구성이나 주제, 나아가 기법의 측면에 이르기까지 상당한 공통성을 가지고 있다. 그러나 그같은 공통성에도 불구하고, 動物寓言과 寓話小說은 그 나름의 독자성을 또한 가지고 있다. 그것은 이들이 문제삼고 있는 것이 무엇인가에서 찾아볼 수 있다.

寓話小說의 경우 訟事의 原因은 食糧과 居處의 다툼에서 찾아진다. <鼠大州傳>과 <鼠同知傳>은 등장인물의 성격이나 결말이 서로 뒤바뀌어 있음에도 불구하고, 訟事는 모두 食糧의 竊取에서 비롯된다. 두 작품 모두 飢寒으로 인해 生存 자체를 위협받는 상황을 배경으로 설정하고 있다. <鼠大州傳>의 鼠大州나 <鼠同知傳>의 鼫南州는 하루 두 끼는 커녕 三旬九食도 어려운 형편이며, 嚴冬雪寒에 땔나무 한 줌 없는 상황에서 正朝除夕에 祖上香火를 받든다는 것은 생각도 못한다. 결국 糊口之策을 마련하기 위해 食糧을 竊取하기에 이르고, 이로 인해 訟事가 벌어진다.

한편 <까치伝>과 <鵲烏相訟>[28]에서는 집(둥지), 즉 居處를 차지하기

27) *cf.* 尹勝俊, 「朝鮮時代 動物寓言의 傳統과 寓話小說」, 檀國大 博士學位論文, 1998.8, pp.149～173.

28) 『朝鮮學報』 第54輯에 영인된 <鵲與烏相訟文>과 <烏對卞訟文>을 함께 지칭한

위한 싸움이 訟事의 빌미가 된다. <까치伝>에서는 비둘기가 까치를 살해하여 암까치의 원한을 사게 되고, 이를 빌미로 암까치는 安岳郡守에게 訟事를 한다. 그러나 이같은 訟事의 原因은 표면적 이유일 뿐이다. 비둘기가 까치를 죽인 것은 우발적인 사고일 뿐, 의도적인 것은 아니었다. 비둘기가 까치의 집 낙성연에 가서 '휘욕'을 부린 근본적 이유는 "어찌 하면 이 놈의 집을 앗아 가질까"[29]하는 데 있었다. 비둘기와 까치 사이의 다툼은 근본적으로 집을 둘러싸고 벌어진 쟁탈에 그 원인이 있었던 것이다. <鵲烏相訟>에서도 까치와 까마귀의 訟事는 까마귀가 까치의 새끼와 보금자리를 빼앗는 데에서부터 비롯되고 있다.[30]

이처럼 寓話小說에 나타나는 訟事의 原因은 조선후기 서민들의 삶과 밀접한 관련을 맺고 있었던 糧食과 居處의 문제였던 반면, 動物寓言에서는 그 원인이 명시적으로 밝혀져 있지 않다. 다만 그 寓意하는 바를 살펴볼 때 動物寓言에서는 價値觀과 秩序의 유지를 문제삼고 있는 것으로 파악된다. 즉 黑白간의 優劣이나 목청의 優劣, 爭功 등이 訟事의 原因으로 제기되고 있으나, 이는 표면적 원인일 뿐 그것을 통해 궁극적으로 문제삼고자 했던 것은 價値觀의 混沌이나 秩序의 瓦解였던 것으로 보이기 때문이다.

주지하듯이, 조선왕조는 朱子學을 기본 이념으로 하고 엄격한 身分制度를 통해 사회 질서를 유지하여 온 봉건 국가였다. 儒敎理念과 華夷論的 世界觀, 그리고 漢字文化를 바탕으로 하여 이른바 '중세보편주의'를 지향하였던 것이 조선이다. 그러나 후기로 오면서 중국 중심의 華夷論的 世界觀이 흔들리고 朱子學에 대한 挑戰이 각 방면에서 제기될 뿐 아니라, 농업 생산력의 증가에 따른 경제적·신분적 분화 현상이 나타나면서 조선사회를 유지해 오던 기본 틀은 위협을 받게 된다. 그 결과 기존의 이념과

다. 이 작품은 訟事의 처리과정이나 판결에 대한 내용은 없이, 다만 까치와 까마귀가 각기 올린 所志만으로 되어 있다.

29) <까치伝>, 『文學思想』 22, 文學思想社, 1974.7, p.341.

30) <두껍전>의 異本群 가운데 宴會의 배설 동기가 居處의 마련, 즉 落成宴으로 나타나는 異本들이 여럿 존재한다는 사실은 이같은 점에서도 주목된다.

제도를 옹호하고자 하는 세력과 이를 부정하고자 하는 세력이 공존하게 되고, 이에 따라 조선후기는 중세에서 근대로 넘어가는 이행기적 특성을 보인다.

訟事 모티프를 작품 구성의 골간으로 한 動物寓言은 조선후기에 나타난 이행기적 징후들을 다분히 부정적으로 보고 있다. 기존 질서에 대한 도전을 새로운 시대적 흐름으로 인정하고 그 가치를 긍정하기보다는 오히려 이를 거부하며 부정하려고 한다. 鶴과 까마귀에 대한 기존의 인식에서 한 걸음도 물러서거나 나아감이 없고, 꾀꼬리와 비둘기, 따오기의 목청에 대한 판단에서도 기존의 틀을 벗어나려고 하지 않는다.31) 기존의 틀에 도전하는 까마귀나 따오기는 부정적 존재로 묘사될 뿐이다. 더욱이 까마귀와 따오기의 승리는 부당한 방법에 의한 부당한 귀결로 기술된다. 작자는 이같은 상황에 대해 깊이 탄식할 뿐, 그 가치를 인정하지 않는다.

이같은 점에서 動物寓言은 寓話小說이 지향하고 있었던 것과는 다른 독자적 특성을 갖는다고 하겠다. 조선후기 이행기적 상황에서 나타난 사회·경제적 변화 및 이데올로기의 변동과 관련하여 당대의 현실 문제에 주목한 것이 寓話小說과 動物寓言이었음에도 불구하고, 이들은 각기 서로 다른 시각에서 현실을 바라봄으로써 그들의 지향점은 차이를 보였던 것이다.32)

---

31) 이 점에서 따오기의 행동을 긍정적 시각에서 이해하고자 했던 鄭出憲의 논의는 재검토할 필요가 있다고 본다. 따오기의 뇌물 공여를 통한 승소를 "사람이 살아가는 데 어느 정도 필요한 美德"으로 파악하는 데에는 언뜻 동의하기 어렵다. 설령 그렇게 볼 수 있는 일면이 있다고 하더라도, 부당한 것이 정당한 것으로 뒤바뀔 수는 없기 때문이다. 오히려 그처럼 부당함이 정당함으로 뒤바뀌는 현실에 대한 비판을 주제로 한 것이 작품의 실상이기 때문이다. *cf.* 鄭出憲, *op. cit.*, pp.111~114.

32) 물론 이같은 차이는 漢文學의 전통 속에서 창작되어 온 動物寓言과 국문문학의 전통 속에서 창작·유통되어 온 寓話小說의 문학적 관습에서 연유하는 것이라고도 설명할 수 있다. 그것은 이들이 작품의 형상화 과정에서 원용하고 있는 제반 表現方式과 修辭가 漢文學과 국문소설의 문학적 관습에 토대를 두고 있을 뿐 아니라, 이들이 토대를 두고 있는 이념적 기반이 일률적으로 규정하기에는 무리가 있다고 하더라도 국문소설에 비해 漢文學은 기존의 사회 체제나 이데올로기에 대하여 비판적 성격을 가지고 있기는 하지만 전적으로 부정하거나 전복하려는 성향은 적다고 할 수 있기 때문이다.

Ⅲ. 寓話小說의 형성과정 재론

動物寓言과 寓話小說은 이상과 같은 공통성과 독자성을 지닌 채 각기 창작·유통되어 왔다. 문제는 이들간의 교섭이나 영향 관계를 입증할 만한 자료의 존재 여부이다. 더욱이 시기적으로 寓話小說 이전에 등장한 動物寓言 가운데 小說과의 교섭 내지 영향 관계를 밝혀주는 자료가 있는가에 관심이 모아진다. 이 문제가 구체적으로 밝혀진다면 기존에 說話 또는 假傳에서 寓話小說이 형성되었다고 이해되어 온 구도[33]는 새롭게 검토될 수 있기 때문이다.

訟事型 寓話小說은 작품에 따라 차이가 있기는 하지만, 漢文本과 국문本(방각본, 필사본, 활자본)의 두 갈래가 있으며, 대부분의 자료는 국문 필사본 형태로 전해지고 있다. 그러나 그 필사 연대는 대체로 19세기 중·후반에 해당하기 때문에,[34] 우화소설의 형성 시기를 파악할 수 있는 준거로 이용할 수는 없다. 활자본 역시 20세기 초반에 간행된 것들이다.[35] 한편 방각본의 경우에는 "戊申(1848) 十一月 日 由洞 新刊"의 刊記를 가지고 있는 <노셤샹좌긔>와 함께 『三說記』에 수록되어 있는 <황싀결송>을 가장 이른 시기의 작품으로 들 수 있다. 한편 <鼠大州傳>이나 <鼠獄

---

33) 金台俊의 『增補 朝鮮小說史』에서 '童話傳說의 小說化'라고 하여 寓話小說의 形成에 대해 거론한 이후, 민간의 說話에서 寓話小說이 형성되었다고 하는 것이 통설이다. 한편 민찬은 조선후기 傳의 변화에 주목하면서 動物을 題材로 창작된 조선후기의 假傳을 토대로 <鼠大州傳>과 같은 작품이 등장하였고, 이것이 국문으로 번역되는 과정에서 현재의 우화소설이 형성되었다는 의견을 조심스럽게 제기한 바 있다. *cf.* 金台俊, 『增補 朝鮮小說史』, 學藝社, 1939, pp.124~134. ; 민찬, 『조선후기 우화소설 연구』, 太學社, 1995, pp.137~144.

34) <셔듸쥐젼>(13장본)은 책 말미에 "大正二年陰十一月念一日書"라고 기록된 것으로 보아 1913년 음력 11월 21일에 필사된 것임을 알 수 있다. 그러나 丁酉에 필사되었다고 하는 <셔듸쥬젼>(4장본)의 경우 그 丁酉年이 1772년, 1832년, 1892년 가운데 어느 해인지는 분명치 않으며, 甲子年에 필사되었다고 하는 <다람의 소지> 역시 1804년, 1864년, 1924년 중 어느 때 필사된 것인지 알 수 없다. 어떻든 국문 필사본의 필사연대는 대체로 19세기 중반, 올려 잡아도 18세기 후반이나 19세기 초반을 거슬러 올라갈 수는 없다.

35) 회동서관본 <셔듸쥐젼>이나 영창서관본 <셔동지젼>은 모두 1918년에 간행되었다.

記>, <蛙蛇獄案>을 비롯한 漢文本의 경우에는 그 창작연대가 알려져 있지 않다.[36] 다만 孝宗이나 肅宗代 이후(18세기)에 창작된 것이라고 추정되고 있을 뿐이다.[37]

결국 訟事型 寓話小說은 단언할 수는 없지만 18세기경 漢文本의 창작과 함께 형성되기 시작하여 19세기로 들어오면서 국문본의 유통과 함께 성행하였다고 할 수 있다.[38] 그러면 訟事 모티프를 가진 動物寓言 가운데 18세기를 전후로 창작된 작품이 있는지를 살펴보기로 하자. 이에 해당하는 자료로는 앞에서 검토한 柳宜健(1687～1760)의 <烏鶴相訟說>을 들 수 있다. 작자의 생몰연대를 고려할 때 적어도 18세기 중반 이전에는 창작된 작품이라고 볼 수 있기 때문이다. 漢文本 寓話小說의 창작연대를 18세기 어름으로 추정할 때 그 비슷한 시기에 지어진 작품이다. 특히 이 작품은 <새들의 목청자랑>과 같이 민간에 떠돌던 설화를 채록한다거나 그것을 바탕으로 하여 재구성한 것이 아니라, 한문에 대한 작자의 소양과 뚜렷한 목적의식을 바탕으로 창작된 것이라는 점에서 주목된다.

---

36) 大谷森繁의 解題에 의하면 <蛙蛇獄案>은 <鍾玉伝>(道光戊戌季冬의 睦台林自序)에 합철되어 있는 것으로 보아 1838년 이후의 필사일 것이며, <鵲與相訟>과 <烏對卞訟文> 역시 『江都錄』에 함께 부록되어 있는 <孝明世子親製文>이 純祖 34년 憲宗 즉위년(1835) 이후의 작품이라는 점에서 그 이후에 필사된 것이 분명하다. 그러나 그 창작연대에 대해서는 단정할 수 없다. *cf.* 大谷森繁, 「'蛙蛇獄案'並びに'鵲与烏相訟文'・'烏對卞訟文'の解説」, 『韓國野談史話集成』 5, 泰東, 1987, pp.405～407.

37) 文璇奎, 蘇在英, 鄭學城 등에 의해 <鼠大州傳>이나 <鼠獄記>의 창작연대 추정이 이루어진 바 있다.

38) 文璇奎는 <鼠同知傳>을 개작・윤색하여 이루어진 것이 <鼠大州傳>이라고 하였지만, 민찬은 <鼠大州傳>의 전개를 살피면서 漢文本에서 국문본 4장본, 13장본으로 전개되어 갔다고 한 바 있다. 물론 이에 대해서는 <셔딕쥬젼>(4장본)이 한문본 <鼠大州傳>보다 선행본이라는 주장이 신경숙, 崔鎭亨에 의해 제기되기도 하였다. 그러나 여기에서는 <서대주전>에 국한하지 않고, <황싀결송>이나 <鼠獄記>, <蛙蛇獄案> 등 송사형 우화소설 전반을 포괄적으로 다룬다는 점에서, 한문본의 창작과 국문 필사본의 유통을 통해 우화소설이 전개되어 갔다고 하는 주장을 따른다. *cf.* 文璇奎, 『花史・周生傳・鼠大州傳』, 通文館, 1961, p.26. ; 민찬, *op. cit.*, pp.131～144. ; 신경숙, 「송사형 우화소설-'서대주전' '서동지전'을 중심으로-」, 『어문논집』 第30輯, 高麗大, 1991, p.107. ; 崔鎭亨, 「<서대쥐전> 異本 研究-現實對應 樣相을 中心으로-」, 成均館大 碩士學位論文, 1994, pp.36～42.

漢文學의 전통적 갈래인 '說'을 이용해 사회적 병폐와 모순을 諷刺하고 寓意한 動物寓言은 조선시대 초기부터 지속적으로 창작되어 왔다.[39] 이들 가운데에는 그 소재를 민간의 설화에서 가져온 것도 있었으나, 작자에 의해 의도적으로 창작된 경우도 적지 않았다. 16・7세기에 창작된 洪聖民(1536~1594)의 <蜀犬吠日說>을 비롯하여 朴明榑의 <贏牛說>, 洪宇遠(1605~1687)의 <老馬說> 등이 그에 해당한다. <烏鶴相訟說>은 이같은 動物寓言의 傳統을 이어받으면서, 訟事 과정에서 일어난 일련의 사건을 통해 작자의 寓意를 기탁하고 있는 것이다.

한편 動物寓言의 創作은 기존의 양식을 두루 차용하면서 다양하게 이루어졌다. 說은 물론 傳이나 野談에도 수용되어 寓意를 기탁하였으니, 寓言은 필요에 따라 다양한 갈래를 자유로이 활용할 수 있었던 것이다. 게다가 소설은 그 어떤 갈래보다도 개방적인 성격을 지니고 있기 때문에 寓言의 技法은 寓話小說에도 쉽사리 차용될 수 있었을 것이다. 그같은 개연성은 앞에서 검토한 動物寓言과 寓話小說 사이의 공통성을 통해서도 확인된다. 그러나 명시적으로 動物寓言과 寓話小說 사이의 교섭을 증명해주는 자료는 발견되지 않고 있다.[40] 다만 여기에서 주목하고자 하는 것은 그같은 交涉의 可能性과 寓話小說의 形成 이전에 면면히 이어져 온 動物寓言의 傳統이다.

---

39) *cf.* 尹勝俊, 「朝鮮時代 '動物說'에 대한 一考察-朝鮮前期를 중심으로-」, 『漢文學論集』 第15輯, 槿域漢文學會, 1997.

40) 그러나 訟事 모티프를 근간으로 한 작품은 아니라 할지라도 動物寓言과 說話의 交涉樣相만큼은 다음과 같은 자료를 통해 명시적으로 증명된다. "나는 裵子度에게 荷塘 어른께서 말씀해 주신 '의로운 개' 이야기를 전해 주었더니, 자도는 다음과 같이 말하였다. '근래에 또 「효성스런 개」의 이야기가 있는데 자네는 들었는가? 竹溪에 개를 기르는 자가 있었는데, …(중략)… 새끼개들은 함께 이것을 물고 시냇가의 도살한 곳으로 가서 어미개의 털과 발톱 등을 남김없이 거두어 산기슭에 묻고는 또다시 큰소리로 슬피 울부짖다가 세 마리가 모두 어미개 옆에서 나란히 죽었다네. 대개 죽계 사람들이 이 이야기를 말하곤 하였는데, 우리 증조할아버님께서 일찍이 기록해 두었던 것이라네.'"(余與裵子度 說荷塘翁所爲說義狗事 子度曰 比又有孝狗焉 子聞之乎 竹溪有畜狗者 …(중략)… 三狗共啣之至屠所收毛爪無遺 於麓下埋之 則又大號 自斃死其側 蓋竹溪人云 吾叔祖嘗記之) 金樂行, 『九思堂續集』 卷 3, <孝狗說>.

動物寓言의 傳統 속에서 訟事型 寓話小說의 작품 구성원리가 되는 주요 모티프와 주제의식, 표현 기법 등을 확인할 수 있다는 점, 어떤 갈래에도 수용될 수 있는 寓言의 속성과 아울러 그 어떤 갈래보다도 개방적인 小說이라는 갈래의 속성, 이를 바탕으로 한 動物寓言과 寓話小說의 交涉 可能性, 그리고 寓話小說의 형성 시기로 추정되는 18세기에 창작된 <烏鶴相訟說>이라는 구체적인 작품의 존재 등을 통해 寓話小說의 형성 과정에는 動物寓言의 傳統이 문학내적 측면에서 적지 않은 기능을 수행하였다고 보는 것이다. 물론 說話나 조선후기 傳의 변모에 따른 假傳의 영향을 부정하는 것은 아니다. 다만 說話나 假傳에 못지 않은 영향력을 끼친 것으로 動物寓言의 傳統을 고려해야 할 것이라는 문제 제기이다.

Ⅳ. 맺음말

이 글은 動物寓言의 傳統이 訟事型 寓話小說의 형성 과정과 무관하지 않을 것이라는 假說에서 출발하여, 이를 구체적인 작품을 통해 입증하고자 하였다. 이를 위해 <烏鶴相訟說>과 <鷺鳩鶩訟臥渴先生傳>을 중심으로 한 動物寓言과 訟事型 寓話小說의 對比를 통해 작품 구성의 원리가 되는 핵심 모티프와 주제 의식, 표현 기법 등에서 공통점을 찾고, 그 나름의 독자적 특성을 검토하였다. 그리고 訟事型 寓話小說의 형성 시기로 추정되는 18세기의 動物寓言 작품을 검토함과 아울러 그 이전부터 다양한 갈래에 수용・창작되어 온 動物寓言의 傳統을 주목함으로써, 訟事型 寓話小說의 형성 과정에 動物寓言의 傳統이 중요한 기능을 수행하였을 것이라는 가설을 구체적으로 검토하였다.

動物寓言과 寓話小說 사이의 교섭이나 영향 관계를 명시적으로 보여주는 자료는 발견되지 않고 있으나, 그 개연성은 충분히 확인할 수 있었다. 물론 개연성의 확인이 곧 가설의 입증이 될 수는 없다. 그러나 그같은 논의를 통해 動物寓言의 傳統이 서사문학의 사적 전개 과정에서 새롭게 주목해야 할 대상임을 확인할 수 있었던 것은 사실이다. 또한 조선후기 寓

話小說의 형성 과정과 관련하여 새로운 문제를 제기할 수 있었다는 데 이 글의 의의를 둔다.

근대계몽기 단형 서사문학과 우언

Ⅰ. 문제의 제기

1894년에서 1910년에 이르는 기간은 동학과 청일전쟁, 갑오경장, 을미사변, 아관파천, 러일전쟁, 을사조약, 정미7조약, 군대해산, 경술국치 등을 거치면서 조선왕조가 종언을 고하고 대한제국이 일본에 병합되어가던 시기였을 뿐 아니라, 또 한편으로는 정치와 경제, 사회, 교육 등 모든 방면에서 중세를 탈각하고 근대를 성취하여야 한다는 계몽운동이 활발하게 전개된 시기이기도 했다. 중국 대륙과 만주, 한반도를 둘러싸고 전개되던 서구 열강의 각축과 그에 따른 국내외의 급박한 정세 변화는 이 땅에 위기의식을 고조시켰고, 이러한 현실에 직면한 우리 민족은 위기를 딛고 넘어설 대응논리를 필요로 하였다.

근대계몽기 지식인들이 현실에 대한 진단과 처방을 공론화될 수 있었던 것은 19세기 말, 20세기 초에 등장한 신문과 잡지라는 근대적 제도를 통해서였다. 『독닙신문』과 『믹일신문』, 『뎨국신문』, 『皇城新聞』, 『大韓每日申報』 등은 이 시기 지식인들의 생각을 일반 대중에게 전달하는 매체로서 근대적인 公論 형성에 커다란 기여를 하였다. 특히 신문의 논설은 '문명개화'를 통한 자주독립국가의 건설을 목표로 대중 '계몽'을 핵심 내용으로 하고 있었다.[1)]

우리가 관심을 갖는 '근대계몽기 단형 서사문학'은 대부분이 신문 논설

---

1) *cf.* 정선태, 『개화기 신문 논설의 서사 수용 양상』, 소명출판, 1999, pp.22~27.

란에 수록되었고, 그 작가들은 신문 발행에 깊이 간여한 논객들이었다. 따라서 근대계몽기 단형 서사문학이 계몽주의적 성격을 띠는 것은 당연한 결과였고, 서사 자체보다는 논설을 통한 계몽에 목적을 두었던 것이 사실이었다. 소설적 구성이나 흥미는 효과적인 계몽을 위해 동원된 수단이었을 뿐, 현실과 연관된 교훈이 글의 본질이었던 것이다.[2)]

근대계몽기 단형 서사문학은 그동안 '구문학'과 '신문학' 사이의 거리를 메우기 위한 '과도기 문학'으로서, 단편소설의 前史的 背景으로서, 또는 근대 소설의 기원 내지 형성과정을 밝혀주는 자료로 다루어져 왔다.[3)] 그러나 근대계몽기 단형 서사문학이 본질적으로 소설적 구성이나 흥미를 지향한 글쓰기가 아니라 계몽 내지 교훈을 목적으로 한 글쓰기였다면, 이에 대한 접근 방법 역시 그와 같은 특질을 중심으로 이루어짐이 마땅할 것이다.

이 글은 근대계몽기 단형 서사문학의 글쓰기 방식이 우언 글쓰기와 다르지 않다는 판단 아래, 한국 우언의 역사적 전개와 관련하여 근대계몽기 단형 서사문학의 성격을 재검토하는 데 목적이 있다.[4)] 이를 위해 이 글에서는 서사와 논설의 결합이라는 근대계몽기 단형 서사문학의 특질을 우

---

2) 서사를 통한 우회적 계몽은 현실을 직설적으로 비판하는 데 따르는 부담을 피해가는 방식이었고, 직설적 비판보다 효과적으로 현실에 대응하는 방식이었다. *cf.* 김영민, 『한국근대소설사』, 솔, 2003(개정판), pp.77～80, pp.482～483.

3) 이와 같은 연구 시각은 林和의 『신문학사』(1939) 이후 李在銑, 김윤규, 김영민, 정선태, 한기형, 권보드래 등 최근에 이르기까지 지속되고 있다. *cf.* 임규찬・한진일 편, 『임화 신문학사』, 한길사, 1993. ; 李在銑, 「前史的 背景으로서의 短形敍事文學과 그 分類」, 『韓國短篇小說硏究』, 一潮閣, 1975. ; 김윤규, 『개화기 단형서사문학의 이해』, 국학자료원, 2000. ; 김영민, 『한국근대소설사』, 솔, 2003(개정판). ; 정선태, 『개화기 신문 논설의 서사 수용 양상』, 소명출판, 1999. ; 한기형, 『한국 근대소설사의 시각』, 소명출판, 1999. ; 권보드래, 『한국 근대소설의 기원』, 소명출판, 2000.

4) 이와 같은 문제의식은 양승민에 의해서도 제기된 바 있으며, 조상우는 한문으로 창작된 우언 작품들을 검토한 바 있다. *cf.* 양승민, 「애국계몽기 寓言의 존재양상과 그 역사적 의의」, 『우리文學硏究』 13, 우리문학회, 2000, p.393. ; 조상우, 「애국계몽기 한문산문의 의식 지향 연구」, 고려대 박사학위논문, 2002. ; 조상우, 「애국계몽기의 우언에 표출된 계몽의식-신문과 잡지에 게재된 몽유우언을 중심으로-」, 『東洋學』 34, 단국대 동양학연구소, 2003.

언과 관련하여 검토하고, 문답과 토론, 우화, 몽유 등 근대계몽기 단형 서사문학의 주요 서사방식으로 거론되는 것들이 우의를 위해 의도적으로 실징된 문학적 상지였음을 밝히고자 한다. 아울러 근대계몽기 우언의 문학사적 위상에 대해서도 간략히 살펴보고자 한다.[5)]

Ⅱ. 서사와 논설의 결합

'서사적 논설' 또는 '논설적 서사'라는 명칭에서 보듯 근대계몽기 단형 서사문학의 특징은 서사와 논설의 결합으로 이루어진 글쓰기라는 점에서 찾을 수 있다. 서사로 이루어진 논설이든 논설과 같은 직접적인 주장을 담은 서사이든, 신문과 잡지의 논설과 잡보, 소설란에는 서사와 논설의 결합으로 이루어진 글쓰기가 자주 실렸고, 이들은 시대정신을 반영하면서 당대의 여론과 담론을 주도하였다. 이 장에서는 이와 같은 근대계몽기 단형 서사문학의 글쓰기를 우언과 비교 고찰하기로 한다.

논의의 편의를 위해 한말 신문 논설란의 성격을 먼저 살펴보고, 이를 바탕으로 근대계몽기 단형 서사문학의 글쓰기 방식을 검토하기로 한다. 한말 신문 발간의 목적은 국민의 聞見을 넓혀 외국의 문물 제도를 배우게 하고 나라를 부강하게 하려는 데 있었다. 신문을 통해 국민들에게 세계정세를 알리는 한편 선진 국가의 정치·경제 및 문화 제도를 소개하고 과학지식을 보급시켜 나라를 문명개화의 단계로 끌어 올리고자 하였던 것이다.[6)] 『漢城旬報』는 이러한 발간 목적을 달성하기 위해 각국의 최근 사정

5) 여기에서는 김영민·구장률·이유미, 『근대계몽기 단형 서사문학 자료전집(상·하)』(소명출판, 2004)에 소개된 자료를 1차 텍스트로 이용하였다. 이 자료집은 한글 자료만을 수록하고 있기 때문에, 국한문 혼용 자료와 한문 자료는 정선태의 『개화기 신문 논설의 서사 수용 양상』(소명출판, 1999)과 조상우의 『애국계몽기 한문산문의 연구』(다운샘, 2002) 부록편에 소개된 것을 활용하였다.

6) 신문 발간의 목적은 이밖에도 국민들의 고통을 찾아내어 막힌 것을 제거하고 국가를 이롭게 하고 백성을 편하게 하는 모든 방법을 다 게재하여 정치가 上理에 도달하게 하는 데에도 있었으며, 광고를 통하여 상리에도 도움을 준다는 목적도 있었다. *cf.* 李光麟, 「漢城旬報와 漢城周報에 대한 一考察」, 『韓國開化史研究』,

과 역사, 문물을 소개하는 데 많은 지면을 할애하였다. 이 점은 『漢城周報』의 경우에도 예외가 아니었지만, 의견이나 논평을 다루는 논설란의 비중이 강화된 점은 눈여겨볼 변화였다.[7]

한말 신문의 논설은 盛衰와 邪正, 賢愚에 대하여 논하는 것이었으니, 勸善懲惡하여 世道風化를 補益하는 데 그 의의가 있었다.[8] 따라서 時局의 利害를 꼬집어 논하고 世俗의 得失을 풍자하여 숨김없이 간하고, 돌려 말하지 말고 곧바로 말하며, 민심의 동향을 놓치지 않아야 했다.[9] 그러나 실제 논설의 기술 방법에 있어서는 정격과 변격 등 다양한 방법이 있어서 직필을 하기도 하고 돌려서 말하기도 하였다.[10] 直筆보다는 曲筆이 독자들의 마음을 움직이는 데 더욱 큰 효과를 발휘하였기 때문에, 논설란은 직접적 설득의 형식을 고집하기보다는 간접적 설득의 형식을 널리 활용하였다.[11] 그 결과 논설란이 허구를 날조하여 잡스러운 이야기를 늘어놓고[構虛而編蕪], 독자들은 그러한 이야기의 재미에만 빠져 있다는 비판을

一潮閣, 1974, p.60. ; 鄭晋錫, 『한국언론사』, 나남출판, 1990, pp.55~62.

7) 논설란의 비중은 『독닙신문』과 『민일신문』, 『뎨국신문』, 『황성신문』 등 민간신문으로 오면서 더욱 강화된다. 또한 논설란에는 정치적·사회적 현안에 대한 신문사의 의견이나 논평만이 아니라, 신학문을 소개하고 대중을 계몽하기 위한 목적에서 아라비아 숫자나 알파벳 문자가 소개되고 생물학 강의나 농업 개량책 등이 연재되기도 하였다. *cf.* 鄭晋錫, *op. cit.*, pp.68~75. ; 권보드래, *op. cit.*, p.209.

8) "論說論說ᄒᆞ니 論說이 무엇신고 盛衰를 論說ᄒᆞᆷ이오 邪正을 論說ᄒᆞᆷ이오 賢愚를 論說ᄒᆞᆷ이니 此外에 千岐萬緖라도 其大旨ᄂᆞᆫ 勸善懲惡ᄒᆞᄂᆞᆫᄃᆡ 不過호ᄃᆡ 直諫其事도 ᄒᆞ고 委曲諷諭도 ᄒᆞ고 見景生情도 ᄒᆞ야 그 世道風化를 補益ᄒᆞ도록 ᄒᆞᆷ이라" 『皇城新聞』 1899.2.24. 「論說」.

9) "夫論說者ᄂᆞᆫ 指陳時局之利害ᄒᆞ며 譏諷世俗之得喪ᄒᆞ야 向上而有諫○之風ᄒᆞ야 有犯而無隱ᄒᆞ며 處中而抱史氏之直ᄒᆞ야 直而不回ᄒᆞ며 退下而不失閭巷之風謠ᄒᆞ야 發於咨嗟咏嘆之間ᄒᆞ니 卽古之揮人之責이 是爾오" 『皇城新聞』 1900.9.21. 「論說:答靑下先生書」.

10) "新聞의 論說體段이 正變各殊ᄒᆞᄆᆡ 事件의 輕重緊歇을 隨ᄒᆞ야 或曲筆로 宛轉說去ᄒᆞ며 隱映寫來ᄒᆞᄂᆞᆫ 故로 覽者가 默默中에 自然感應케 ᄒᆞ기도 ᄒᆞ고 或直筆로 劈破辨析ᄒᆞ며 明快截斷ᄒᆞᄂᆞᆫ 故로 覽之者가 明明中에 不覺奮發케 ᄒᆞ거ᄂᆞᆯ 貴報論說인즉 曲筆法은 盡善盡美ᄒᆞ야 使人默感ᄒᆞᄂᆞᆫ 效力이 不無ᄒᆞ나 至於直筆ᄒᆞ야ᄂᆞᆫ 欲言未言ᄒᆞ고 欲吐未吐ᄒᆞ야 畏首畏尾ᄒᆞ며 瞻前顧後ᄒᆞᄂᆞᆫ 囁嚅趑趄之態가 顯於筆端ᄒᆞ야 有若顯忌者然ᄒᆞ니 엇지 使人奮發ᄒᆞᄂᆞᆫ 效力을 望ᄒᆞ리오" 『皇城新聞』 1900.9.10. 「寄書」.

11) 정선태, *op. cit.*, p.47.

받기에까지 이르렀다.[12)]

구체적인 논설 한 편을 예로 들어 그 실상을 보기로 하자.

> 남편 동리에 ᄒᆞᆫ 귀먹은 사ᄅᆞᆷ이 잇고 북편 동리의 ᄒᆞᆫ 눈먼 사ᄅᆞᆷ이 잇셔 ᄉᆡᆼ업 ᄒᆞᆯ 길이 업셔 ᄆᆡ양 셔로 불샹이 넉이더니 일일은 한가지로 슐을 먹을ᄉᆡ 슐이 두어 슌ᄇᆡ 지나ᄆᆡ 믄득 통곡ᄒᆞ여 ᄀᆞᆯᄋᆞᄃᆡ 텬디 부모가 우리를 ᄂᆡ시ᄆᆡ 눈과 귀로 듯고 보라 ᄒᆞ심이어ᄂᆞᆯ 무슴 죄로 엇지ᄒᆞ여 귀가 먹으며 엇지ᄒᆞ여 판슈가 되엿ᄂᆞᆫ고 슬푸다 놉기는 인군과 스승만 하 니가 업스니 비록 ᄀᆞᆯᄋᆞ치는 명이 잇스나 듯지 못ᄒᆞ고 ᄉᆞ랑ᄒᆞ기는 쳐ᄌᆞ만 하 니 업스니 비록 형용이 잇스나 보지 못ᄒᆞ니 그림 단청과 종고 소ᄅᆡ를 다 다른 사ᄅᆞᆷ의게 밋으니 우리 두 사ᄅᆞᆷ의 평ᄉᆡᆼ지한이라 셰상이 닐으기를 의원의 화타 편쟉과 약의 인삼 ᄇᆡᆨ츌이라도 가히 시험ᄒᆞᆯ 계교가 업다 ᄒᆞ더니 일즉 드르니 구쥬 세계에 어진 의원이 잇셔 비록 ᄇᆡ속에셔 된 병신이라도 ᄒᆞᆫ번 시험ᄒᆞ면 곳 나으니 ᄀᆡ명치 안ᄂᆞᆫ 니 업다 ᄒᆞ더니 근일에 신긔ᄒᆞᆫ 약이 동방에 일으럿ᄂᆞᆫᄃᆡ 다 약물이니 ᄒᆞ나흔 일홈이 보명로요 ᄒᆞ나흔 일홈이 보총로니 갑시 ᄐᆡ과ᄒᆞ여 하등 사ᄅᆞᆷ은 가히 ᄉᆡᆼ각지 못ᄒᆞᆯ지라 슬푸다 우리 대한 삼쳔리 강산과 이쳔만 동포에 부지ᄒᆞᆫ 샹등인이 귀눈 먼 ᄌᆡ 몃쳔 만 인이리요 쳥컨ᄃᆡ 먼져 샹등인부터 시험ᄒᆞ면 하민은 일노 좃차 잠간 사이 일이라 간절이 시무 아ᄂᆞᆫ 군ᄌᆞ를 위ᄒᆞ야 우견을 드리노라[13)]

이치를 따지고 정견을 펼쳐야 할 논설란에 느닷없이 귀머거리와 장님 이야기를 늘어놓았다. 그들과 관련하여 특정한 정치적 혹은 사회적 사건이 발생했던 것도 아니다. 어디 사는 이들인지도 분명히 밝히지 않았다. 남쪽 동리 귀머거리와 북쪽 동리 장님이라고만 하였으니, 이들이 실제 인물인지의 여부도 알 수 없다. 그들이 만나서 통곡하며 나눈 이야기가 과연 그러한 것이었는지는 더욱 알 수 없다. 이처럼 근거 없는 이야기가 논설란에 실리고 있으니, 독자의 흥미를 끌기 위해 '허구를 날조하여 잡스

12) 『大韓民報』 1909.6.30. 「寄書」(靑城樵客). *cf.* 권보드래, *op. cit.*, pp.218~219.

13) 『ᄆᆡ일신문』 1899.3.16. 「론셜」. 『전집』(상), p.264.

러운 이야기'를 늘어놓는다는 비판은 타당한 것이었다.

그러나 이 글에서는 귀머거리와 장님의 실존 여부 내지 그들의 만남과 대화의 사실 여부가 중요한 것이 아니다. '보명로'니 '보총로'니 하는 약의 존재 여부를 문제 삼을 필요도 없다. 서사 자체보다는 서사를 통해 전달하고자 하는 의론에 초점이 맞추어진 글이기 때문이다. 이 글의 작자는 우리 민족의 현 상황을 귀머거리와 장님에 빗대어 전달의 효과를 극대화하고자 했을 뿐이다.[14] 하루 속히 聞見을 넓혀야 한다는 '계몽'의 메시지를 전달할 수 있다면, 위에서 제기된 문제들은 결코 글쓰기의 장애가 되지 않았던 것이다. 그렇다고 이러한 알레고리가 실제 현실과 동떨어진 허무맹랑한 것이었느냐 하면, 그것은 또한 아니었다.[15]

서사와 논설이 결합된 형태의 글쓰기는 '그 자체의 역사적 존재방식을 지니고 있는 당대 담론 체계의 일부'였다.[16] 그런 점에서 신문 논설란에 게재되었던 근대계몽기 단형 서사문학은 무엇인가 불완전한 글쓰기가 아니라 그 자체 완성된 글쓰기로 보아야 할 것이다. 기존의 논자들은 이러한 글쓰기의 전통을 야담이나 한문단편과 같은 조선후기 서사문학 양식에서 찾았다.

김영민은 '서사적 논설'의 특질 여덟 가지를 들고, 근대계몽기 서사적 논설은 조선후기 서사문학 양식의 시대적 변용물이라고 하였다.[17] 그러나

14) 신문은 바로 그처럼 앞 못 보고 귀 어두운 사람들을 치료하는 '천하의 유명한 의원'임을 자처했다. *cf.* 『데국신문』 1899.5.1. 「론셜」. 『전집』(상), pp.299~300.

15) 로버트 숄즈와 로버트 켈로그는, 서사에서의 의미는 작가가 창조한 허구의 세계와 우리가 살고 있는 현실 세계 사이의 관계 속에서 형성된다고 하였다. 두 세계 사이에서 하나 또는 그 이상의 만족할만한 관계나 관계의 짝을 발견할 때 우리는 서사를 이해했다고 한다는 것이다. 그들에 따르면 작자는 때로 미적 충동이나 지적 충동에 의해 독자의 반응을 통제하는데, 지적으로 통제된 허구의 극단적 형식들은 교훈적 성격을 띠게 된다고 한다. 알레고리와 풍자가 그 대표적인 형식이다. 이들은 알레고리란 '사고의 양식'이며 '이야기하기의 양식'이라고 주장한다. *cf.* 로버트 숄즈·로버트 켈로그 저, 임병권 역, 『서사의 본질』, 예림기획, 2001, p.113. pp.141~147.

16) 손정수, 「개화기 서사의 장르적 성격」, 『한국 근대문학 양식의 형성과 전개』, 상허학회, 2003, p.47.

17) 김영민은 서사적 논설의 특질로 첫째, 신문사 편집진의 직접 창작이거나 편집진과 뜻을 같이 하는 가까운 주변 인물들의 창작이라는 점, 둘째, 그 소재는 우화

근대계몽기 단형 서사문학과 조선후기 한문단편이나 야담이 구체적으로 어떻게 연관되는지에 대해서는 충분한 해명이 이루어지지 않았다. 그것은 논자가 제시한 서사적 논설의 여덟 가지 특질이 조선후기 야담이나 한문단편의 특질과 연결되지 않기 때문이다.[18] 비교적 단편이라는 점과 생동하는 당대 현실의 반영이라는 점은 야담이나 한문단편 등 조선후기 서사문학과의 공통점으로 거론할 수 있을지 모르나,[19] '서사적 요소를 통한 교훈의 제시'라는 글의 구성법이 조선후기 야담이나 한문단편의 고유한 특질로 거론될 수 있는지에 대해서는 수긍할 수 없기 때문이다. 뿐만 아니라 조선후기 야담이나 한문단편이 서사인 반면, '서사적 논설'은 비록

적 성격이 강하고 비현실적이지만, 비현실적 소재를 다루는 가운데 현실성 높은 이야기를 하고 있다는 점, 셋째, 문장이 운문체가 아닌 산문체라는 점, 넷째, 꿈을 이용하여 사건을 액자 속에 집어넣는 기법이 적지 않게 사용되었다는 점, 다섯째, 서사적 부분은 서술에 의존하는 경우가 대부분이지만 일부 대화체나 토론체 혹은 문답체 문장을 활용했다는 점, 여섯째, 초기에는 제목이 없는 경우가 대부분이었으나 점차 제목이 붙기 시작하면서 독립된 서사 문학으로서의 모습을 갖추기 시작했다는 점, 일곱째, 초기에는 길이가 매우 짧았으나 점차 그 길이가 길어지면서 연재 형식으로 발표되었다는 점, 여덟째, 서사가 시작되기 전이나 후에 편집자 주 혹은 편집자적 해설이 붙거나 서술자의 교훈적 견해가 직접 노출되는 경우가 적지 않는다는 점을 들었다. 김영민, *op. cit.*, pp.41~48.

18) 임형택은 조선후기 한문단편의 특질을 다음과 같은 네 가지로 정리한 바 있다. "첫째, 비록 한문 표현을 쓰고 있지만 고답적이고 난삽한 문투가 아니고, 우리 민족 특유의 속담·생활어휘를 적절히 폭넓게 구사해서 평이하며 우리의 언어 정감에 밀착되어 있다. 둘째, 그 시대 인간의 삶의 현실을 구체적·사실적으로 다양하게 반영하였다. 특히 새로운 부의 추구, 신분의 변화, 민중의 저항 등이 조선후기 역사의 발전적 방향을 부각시키고 있다. 셋째, 역사의 전진적 방향에서 창조적·저항적·적극적으로 행동하고 사고하는 인간의 갈등을 포착하여, 새로운 인간 형상을 창출하였다. 저항적·창조적인 주인공은 주로 민중 속에서 발견되고 있다. 넷째, 이처럼 사실적이면서도 전개방식은 서술적인 이야기로 구성되어 있다. 형성과정의 특수성(강담사의 이야기가 정착된 것)에서 연유된 현상이다." 임형택, 「실학파문학과 한문단편」, 『한국문학사의 시각』, 창작과비평사, 1984, pp.436~437.

19) 한기형은 신소설이 성취한 현실성의 전면화는 한문단편과 같은 조선후기 현실주의 문학의 전통에 힘입은 것이라고 하면서, 근대 초기 신문기사에 보이는 사실성에 기초한 이야기의 전개, 즉 사실적 기사 작성 방법은 한문단편의 구현방식을 이어받은 결과였다고 하였다. 서사문학의 연속성을 '한문단편'-'신문기사'-'신소설'의 구도에서 찾았던 것이다. 한기형, *op. cit.*, pp.34~41.

서사적 요소가 발견된다 하더라도 근본적으로는 교술에 해당하는 글임을 되새길 필요가 있다.

문학적 글쓰기와 철학적 글쓰기가 구분되지 않았던 동양의 글쓰기 전통 속에서 근대계몽기 논설의 서사문학적 성격을 이해하고자 한 정선태는 전통적인 문답체나 기존의 한문단편에서 그 전통을 찾았다. 논자는 또한 '論'과 '說'의 결합으로 이루어진 것이 '논설'이기 때문에, 논설이 허구적 성격을 띨 가능성은 본래부터 내포되어 있었다고 하였다. 그리고 논설이 서사-문학적 글을 논설란에 끌어들이게 된 것은 논설에 흥미를 부여하여 독자들의 관심을 끌어 모으고 설득의 효과를 배가하기 위한 것이었다고 하였다. 이 과정에서 논자는 우언이라는 동양의 전통적 글쓰기와 직필법과 상대되는 곡필법이라는 기술방법에 대하여 거론하고 있으나, 이를 근대계몽기 단형 서사문학과 연결짓지는 않았다.

근대계몽기 단형 서사문학에서 발견되는 서사와 논설의 결합이라는 특징, 즉 '서사적 요소를 통한 교훈의 제시'라는 글의 구성법이나 '曲筆法'이라는 기술 방법, 설득의 효과 등은 실상 중세 한문문명권의 전통적 글쓰기 방식이었던 우언의 특질이다. 『莊子』에서 "바깥 것을 의지하여 논한다[藉外論之]"고 한 바와 같이, 우언은 당면 문제와는 직접 관계되지 않는 제3의 이야기를 빌어 자신의 주장을 상대방에게 넌지시 전달하는 간접적이고 우회적인 글쓰기 방식이다. 때문에 우언에서는 이야기 자체의 의미에 초점이 맞추어지는 것이 아니라, 이야기 속에 기탁된 숨겨진 의미, 즉 이야기를 통해 별도로 산출되는 寓意에 초점이 맞추어진다. 다시 말하자면, 우언의 이야기 내용은 이야기 밖의 일상적 삶의 어떤 국면과 類比的 關係를 이루고, 작품 내적 세계는 자기 나름의 독자성을 지니고 있으면서도 작품 전폭을 통해 작품 외적 의미를 假託한다는 것이다.[20]

우언은 우의의 전달에 목적이 있는 목적문학으로, 인간 현실에 대한 도덕적 교훈이나 啓示, 사회적 풍자, 혹은 철학적 성찰과 說理를 지향한다.[21] 우언의 기본 요소로 '故事의 줄거리'와 '비유의 寄託'을 든다거나,[22]

---

20) *cf.* 윤주필, 「寓言小說의 양식사적 검토」, 『古小說硏究』 5, 한국고소설학회, 1998, pp.74~75.

우언은 '허구적 담화방식에 의한 의론과 서사의 복합체'라는 정의[23]는 서사와 논설이 결합되어 있는 우언의 본질을 지적한 것이다. 우언은 논설을 펴서 말해야 할 사실을 흥미를 끌고 설득력을 높이기 위해 서사적인 수법을 사용하여 말하는 서사적 교술문학인 것이다.[24]

서사와 논설의 결합으로 이루어진 근대계몽기 단형 서사문학이 우언의 글쓰기 방식과 다르지 않다는 사실은 '寓言'이라는 제목으로 발표된 논설의 존재를 통해서도 확인된다. 1899년 3월 8일자 『皇城新聞』 논설란에 실린 글이 그것이다.

> 胎卵濕化四生의 中에 胡蝶이라 ᄒᆞᄂᆞᆫ 蟲類가 有ᄒᆞ니 厥初에ᄂᆞᆫ 卵生ᄒᆞ야 倮蟲의 蠢質을 稟賦ᄒᆞ얏다가 그 垂老홈에 至ᄒᆞ야 禪僧의 入定홈과 如ᄒᆞ게 草根木葉間에 軀殼을 依附ᄒᆞ야 冥然罔覺ᄒᆞ다가 氣候의 變遷홈을 俟ᄒᆞ야 一種蛻質을 孚化ᄒᆞ니 其名이 太上仙蝶이라 일즉이 漆園에 逍遙遊ᄒᆞ기를 自喜ᄒᆞ야 翩翩然ᄒᆞ게 莊周가 蝶을 化ᄒᆞᆫ지 胡蝶이 周를 幻ᄒᆞᆫ지 不識不知ᄒᆞ고 百花深處로 遊戲ᄒᆞᄆᆡ 그 姿質이 悅澤ᄒᆞ고 그 紛翅가 輕快ᄒᆞ며 渾身에 金碧이 摧粲ᄒᆞ고 祥光이 紛飜ᄒᆞᆫ지라 一日은 水草間으로 飛向ᄒᆞ야 芰荷菱藻의 花間에 紅蘂와 碧華를 探홀ᄉᆡ 水涯渦泥中에 黽이라 ᄒᆞᄂᆞᆫ 倮蟲이 有ᄒᆞ니 方言으로 ᄆᆡᆼᄭᅩᆼ이라 ᄆᆡᆼᄭᅩᆼ이가 空際를 仰視ᄒᆞᄆᆡ 胡蝶의 翩翩ᄒᆞ게 香國에 遨遊홈을 欽羨ᄒᆞ야 曰호ᄃᆡ 彼ᄂᆞᆫ 何를 修ᄒᆞ야 身體도 輕快ᄒᆞ고 文采도 粲爛ᄒᆞ고 稟質도 馨香ᄒᆞ도다 我ᄂᆞᆫ 如何ᄒᆞ기로 氣質이 庸劣ᄒᆞ고 居處가 汚穢ᄒᆞ고 聲音이 鈍濁ᄒᆞ야 自顧ᄒᆞ여도 厭憎ᄒᆞᄂᆞᆫ 心이 生ᄒᆞ거든 他人이 云何ᄒᆞ다 ᄒᆞ리오 茫茫然ᄒᆞ야 前顧後瞻홀 際에 二三頑童이 蛛網으로 密籠한 蒲葵大扇을 持ᄒᆞ고 逐隊競進ᄒᆞ야 霎時間에 胡蝶을 撲捕ᄒᆞ야 一回를 頑要ᄒᆞᄆᆡ 金粉이 摧殘ᄒᆞ고 兩翅가 折落ᄒᆞᄂᆞᆫ지라 於是에 ᄆᆡᆼᄭᅩᆼ이가 水澤에 潛身ᄒᆞ야 氣를 屏ᄒᆞ고 息을 斂ᄒᆞ야 ᄉᆞᄉᆞ로 思惟호ᄃᆡ 彼蝶이 自晦ᄒᆞᄂᆞᆫ 道에 蒙昧ᄒᆞ고 文采와 輕快홈을 誇耀ᄒᆞ다가

21) *cf.* 安秉禹, 「寓言의 文學的 受容에 대하여」, 『論文集』 12, 국민대, 1977, pp.100~104.
22) 천푸칭 씀, 오수형 옮김, 『중국우언문학사』, 소나무, 1994, pp.14~15.
23) 윤주필, *op. cit.*, p.34.
24) 조동일, 『세계문학사의 전개』, 지식산업사, 2002, p.314.

> 大禍를 遭ᄒᆞ도다 古語에 曰호ᄃᆡ 薰以香自燒ᄒᆞ고 膏以明自煎이라 ᄒᆞ니 彼蝶을 謂홈이로다 我輩ᄂᆞᆫ 自今으로ᄂᆞᆫ 但이 汚泥中에 蟄居ᄒᆞ야 世人의 厭聽ᄒᆞᄂᆞᆫ 鈍濁ᄒᆞᆫ 聲音이ᄂᆞ 時로 不平의 鳴을 寧作ᄒᆞ야 慵夫懶婦의 罷睡醒夢ᄒᆞᄂᆞᆫ 工夫나 홀지언졍 彼誇耀致禍ᄒᆞᄂᆞᆫ 胡蝶을 奚羨ᄒᆞ리오[25)]

맹꽁이는 금빛 날개를 휘저으며 경쾌한 몸짓으로 향기로운 꽃 사이를 날아다니는 나비를 부러워하지만, 아이들이 휘두른 '蒲葵大扇'에 맥없이 스러지는 나비의 모습을 보고는 커다란 충격에 휩싸이게 되고 이를 통해 새로운 사실을 깨닫게 된다는 것이 서사의 기본 골격이다. 논설의 작자는 이러한 서사의 내용에 '誇耀致禍'하지 말고 '慵夫懶婦의 罷睡醒夢'하는 데 힘쓰라는 교훈적 메시지를 결합시키고 있다. 이와 같은 서사 내용과 교훈적 메시지의 결합은 작자와 독자의 공통적 경험을 토대로 성립된다.[26)] 그것은 정치적 사건일 수도 있고 사회적 현상일 수도 있다. 그것이 공개적인 발설을 억압하고 금기시하는 것일 때, 간접적 설득의 방식인 曲筆法은 邪正과 賢愚를 논하고 時局의 利害를 꼬집어 논하는 효과적인 방법이 될 수 있다. 때문에 신문의 논설란은 우언을 적극 수용하였던 것이고, 근대계몽기 단형 서사문학의 글쓰기는 우언의 그것과 다르지 않았던 것이다.

---

25) 『皇城新聞』 1899.3.8. 「論說:寓言」. 정선태, *op. cit.*, p.447.

26) 이 글의 서사와 교훈적 메시지가 결합될 수 있는 특정한 사건이나 현상을 꼬집어 말하기는 쉽지 않다. 다만 고종이 1897년 2월 러시아 공관에서 경운궁으로 돌아온 이후 2년 여 동안 추구하고 실천에 옮긴 정책이나 조치들을 살펴보면, 이 글이 당시의 정국에 대한 비판적 의미를 담고 있었음을 이해할 수 있다. 칭제건원과 대한제국의 선포는 표면적으로 우리의 자주 독립정신을 대내외에 선언한 것이었지만, 실상은 구호만 난무하는 '껍데기 제국'의 성립이었으며 근대화에 역행하는 '군주권의 반동적 강화'와 관련이 깊었다. 급기야 고종은 1898년 12월 자신의 가장 커다란 반대세력이었던 독립협회를 강제 해산하기에 이르고, 열강들에게 내주었던 금광채굴권을 환수한다. 이와 같은 일련의 조치는 '誇耀致禍'하는 나비의 그것과 다를 바 없다는 판단이 위와 같은 우언 창작의 계기가 되었던 것이 아닐까 삽의해본다. *cf.* 이이화, 『한국사이야기 ⑲ 오백년 왕국의 종말』, 한길사, 2003, pp.89~103.

Ⅲ. 서사의 방식 : 問答과 討論, 寓話, 夢遊

문납과 토론, 우화, 몽유 등은 근대계몽기 단형 서사문학의 주요 서사 방식 가운데 하나였다. 둘 또는 셋 이상의 인물이 등장하여 묻고 대답하는 방식으로 이야기를 전개하거나 특정 문제에 대하여 상대방 의견과 대립되는 자신의 의견을 펼쳐나가는 이야기 전개 방식은 「향직담화」, 「소경과 안즘방이 문답」, 「향鄕로老방訪문問의醫싱生이라」, 「거車부夫오誤해解」, 「時시事사問문答답」 등에서 쉽게 확인할 수 있다. 뿐만 아니라 동물들의 이야기를 빌어 당대 현실을 풍자하고 비판하는 형식의 우화는 「禽獸會議錄」 뿐 아니라 단형 서사문학에서도 즐겨 사용하던 서사방식이었다. 또한 꿈을 가탁하여 작가 당대의 시대정신과 이념적 지향을 기술하는 몽유 방식도 근대계몽기 단형 서사문학에서 자주 활용하던 서사방식의 하나였다. 김영민은 '서사적 논설'의 특질로 '이야기 소재의 우화적 성격', '꿈을 이용하여 사건을 액자 속에 집어넣는 기법', '대화체나 토론체 혹은 문답체 문장의 활용'을 지적한 바 있다.[27] 이 장에서는 이들 근대계몽기 단형 서사문학의 주요 서사방식이 실상 우언에서 작자의 뜻을 가탁하는 우의 방식의 일종이었음을 밝히고, 구체적인 우의의 내용에 대하여 살펴보고자 한다.

1. 問答과 討論

문답과 토론은 근대계몽기 단형 서사문학에 빈번히 등장하는 서사방식의 하나로,[28] 이를 작품 구성의 근간으로 하는 글들은 대부분 강한 계몽

27) 김영민, *op. cit.*, pp.42～43.

28) 근대계몽기 단형 서사문학 가운데 '문답'을 제목으로 한 것들만 뽑아보아도 상당수에 이른다. 『죠션크리스도인회보』의 「됴와문답」(1897.5.26), 「부즈문답」(1898.3.30), 「부즈문답」(1898.11.23), 『독닙신문』의 「시스문답」(1898.10.28～29), 「상목지문답」(1898.12.2), 「공동회에 디훈 문답」(1898.12.28), 「청국 형편 문답」(1899.1.11), 「힝셰 문답」(1899.1.23), 「외국 사름과 문답」(1899.1.31), 「신구 문답」(1899.3.10), 「지미잇는 문답」(1899.4.15～17), 「경향문답」(1899.5.10), 「지미잇는 문답」(1899.6.20),

성을 띠고 있다. 그 대표적인 예가 新舊 또는 京鄕을 대표하는 두 인물을 설정하고, 이들 사이의 대화를 통하여 과거의 구습을 타파하고 새로운 학문을 배우고 견문을 넓혀야 한다는 주장을 펼친 논설들이다. '신진학'과 '구완식', '외국사람'과 '대한사람', '신씨'와 '구씨', '서울사람'과 '시골사람', '신진소년'과 '완고선생', '박람식'과 '고집불통'이라는 인물의 대립은 그같은 내용을 전달하기 위해 의도적으로 설정된 것이다.[29]

이처럼 가상의 인물을 설정하고 이들 사이의 대화를 통하여 글쓴이가 전달하고자 하는 주장을 기탁하는 방식은 우언 글쓰기의 오랜 전통이었다. 논리적 문답의 방식과 인과적 형상화의 방식을 우언의 대표적인 서술방식으로 든 양승민은 『浮休子談論』을 예로 들어 가공인물의 문답식 배치는 작자의 주장을 우회적으로 전달하기 위한 장치라고 하였다.[30] 등장인물들 사이에서 전개되는 대화의 향방, 물음과 답변의 내용은 작자가 전달하고자 하는 주장을 전제로 의도적·허구적으로 조작된 결과라는 것이다. 따라서 문답이라는 서사적 장치보다는 묻고 답하는 과정에서 표출되는 발언의 내용과 그 결과 도출되는 결론이 중요한 의미로 다가오게 되는 것이다.

「량인문답」(1899.7.6), 『뎨국신문』의 「어리셕은 사름들의 문답」(1898.11.26), 「량인문답」(1904.11.24~25), 『대한매일신보』의 「소경과 안즘방이 문답」(1905.11.17~12.13), 「시사문답」(1906.3.8~4.12), 「로쇼문답」(1908.3.13~14), 「여호와 고양이의 문답」(1908.3.27), 「완고와 신진의 문답」(1908.7.29), 「긱창문답」(1908.11.18), 『皇城新聞』의 「漁樵問答」(1899.9.20~22), 「鼓瑟客問答」(1900.6.30), 「田舍問答」(1900.11.22), 「二叟問答」(1901.5.23), 「關東峽客問答」(1902.1.9), 「亞寶先生問答」(1904.5.6) 등을 그 예로 들 수 있는데, 실상 제목은 문답이라고 하지 않았더라도 문답을 구성의 근간으로 하는 글까지 합한다면 자료는 훨씬 더 많아진다.

29) 이강엽은 이러한 계열에 속하는 작품들은 이미 문학 바깥에서 새로운 인식으로 인정된 것을 작품 안에 옮겨놓은 데 지나지 않기 때문에, 하나의 논설을 문답식으로 풀어놓은 '변형된 논설'에 지나지 않는다고 하였다. 정선태 또한 이 시기 신문은 "새로운 지식과 정보를 독자들에게 효과적으로 전달하기 위하여 문답식의 글쓰기를 수용했고, 이 방법을 빌어 우월한 입장에서 독자들을 계몽하고자 했던 것"이라고 하였다. *cf.* 이강엽, 『토의문학의 전통과 우리소설』, 태학사, 1997, pp.281~311. ; 정선태, *op. cit.*, p.76.

30) 梁承敏, 「寓言의 서술방식과 소통적 의미」, 고려대 석사학위논문, 1996, pp.30~39.

또 하나 주목해야 할 사실은 근대계몽기 단형 서사문학에는 본격적인 토론이 전개되는 경우를 찾아보기가 쉽지 않다는 점이다. 그것은 한정된 지면이라는 제약, 즉 '단형'이라는 양식상의 제약에서 비롯된 결과였고, 글의 주제 자체가 강력한 반발을 받을 만한 성격의 것이 아니었기 때문이다. 개화와 독립의 당위성에 대해서는 어느 누구도 공격을 할 수 없었다. 또한 토론은 구성상의 긴밀성을 유지하지 못한 채 자칫 산만하게 흐를 가능성도 내포한 것이었기 때문에, 문답에 비하여 토론은 덜 선호되었던 것으로 보인다.[31]

그럼에도 불구하고 문답이나 토론이 근대계몽기 단형 서사문학의 주요한 서사방식으로 널리 활용되었던 것은 서사적 흥미보다는 작자의 일관된 주장을 펼치는 데 효과적으로 기능할 수 있었기 때문이다. 즉 우의의 기탁을 위한 도구로서 문답과 토론의 효용성이 인정되었던 것이다. 여기에서는 「됴와문답」, 「衆老人의 聽蛙劇談」, 「여호와 고양이의 문답」을 중심으로 그 실상을 검토하기로 한다.

「됴와문답」은 1897년 5월 26일자 『죠선크리스도인회보』에 실린 글이다. 『莊子』 「秋水」篇에 나오는 '井蛙'의 고사를 시대상황과 관련하여 부연한 것으로, 물새와 개구리의 문답이라는 우화에 작자의 목소리를 가탁하였다. 물새와 개구리가 묻고 대답한다는 신화적 발상에, 구각을 깨고 나와 새로운 세상을 호흡해야 한다는 계몽적 메시지를 덧붙인 글이다.

> 녜젹 속담에 ᄀᆞᆯᄋᆞᄃᆡ 물ᄉᆡ 하나이 거산대쳔에 두루 다니다가 두레 ᄉᆡᆷ에 드러가 개고리ᄅᆞᆯ 보고 ᄒᆞᄂᆞᆫ 말이 그ᄃᆡ가 젹막ᄒᆞᆫ 우물 밋헤 잇셔 세샹이 엇더ᄒᆞᆷ을 아지 못ᄒᆞ니 실노 ᄒᆞᆫ심ᄒᆞ고 민망ᄒᆞ도다 나ᄅᆞᆯ 좃차 우물 밧게 나아가면 텬디의 광활ᄒᆞᆷ과 일월의 명랑ᄒᆞᆷ과 산쳔의 슈려ᄒᆞᆷ과 화초의 번셩ᄒᆞᆷ을 력력히 구경ᄒᆞᆯ 거시오 문견의 고루ᄒᆞᆷ을 면ᄒᆞ리니 그ᄃᆡ의 ᄉᆡᆼ각이 엇더ᄒᆞ뇨 개고리 ᄃᆡ답하니 ᄀᆡᆨ의 말ᄉᆞᆷ이 허황ᄒᆞ고 오활ᄒᆞ도다 우리 조상으로브터 여러 셰ᄃᆡᄅᆞᆯ 이 곳에 사라 렬력도 만히 ᄒᆞ고 풍샹도 격거시되 일직이 텬디가 광활ᄒᆞᆷ을

31) *cf.* 이강엽, *op. cit.*, pp.306~307. ; 정선태, *op. cit.*, pp.92~94.

> 듯지 못ᄒᆞ엿시며 당장에도 보거니와 하늘이 뎌럿타시 젹거ᄂᆞᆯ ᄀᆡᆨ은 엇지ᄒᆞ여 허탄ᄒᆞᆫ 말솜으로 인심을 요동케 ᄒᆞᄂᆞ뇨 나ᄂᆞᆫ ᄌᆞᄌᆞ손손이 이 곳에 ᄉᆡᆼ쟝ᄒᆞ여 션조의 긔업과 명현의 률법을 직히여 문견도 넉넉ᄒᆞ고 ᄒᆡᆼ락이 ᄌᆞ죡ᄒᆞ니 ᄀᆡᆨ의 말을 드를 리도 업고 밋을 것도 업노라 물ᄉᆡ가 개고리의 고집ᄒᆞᆷ을 불샹히 넉여 ᄀᆞᆺ치 구경 가기를 두세 번 간쳥ᄒᆞᆫᄃᆡ 개고리 대로ᄒᆞ여 물ᄉᆡ를 군축ᄒᆞ며 ᄭᅮ지져 ᄒᆞᄂᆞᆫ 말이 너ᄂᆞᆫ 이방에 무지ᄒᆞᆫ 오랑케로 ᄂᆞᆷ의 디방에 공연히 드러와 허탄ᄒᆞᆫ 말과 괴이ᄒᆞᆫ 슐법으로 사ᄅᆞᆷ을 유인ᄒᆞ여 조샹의 셰젼ᄒᆞ든 예법을 곳치게 ᄒᆞ고 ᄇᆡᆨ셩의 어리셕은 ᄆᆞ음을 고혹케 ᄒᆞ니 진실노 내 집의 원슈요 ᄉᆞ문의 죄인이라 두눈을 부릅 쓰고 이리 쒸며 저리 쒸며 어셔 밧비 가라 ᄒᆞ니 물ᄉᆡ가 ᄒᆞᆯ 수 없셔 다른 물노 나라 가고 개고리ᄂᆞᆫ 여전히 고루ᄒᆞ다 ᄒᆞ엿시니 …(하략)[32]

문답 내지 대화는 이질적인 상대와 하나가 되고자 하는 동질화에 대한 지향이다. 동질화에 대한 지향은 상대의 신념과 실천 여하에 따라 성공하는 경우도 있고, 실패하여 이질적인 상태가 고착화되는 경우도 있다. 개구리는 동질화를 지향하는 물새의 요구를 끝내 거부하고 현재의 상태를 변화시키려 하지 않는다. 선조의 기업과 명현의 법률을 금과옥조로 여기며 '문견의 고루'함에서 벗어나지 못한 채 '고집'을 부리는 개구리는 천지의 광활함과 일월의 명랑함, 산천의 수려함과 화초의 번성함을 구경 가자는 물새를 향하여 '이방에 무지ᄒᆞᆫ 오랑케'가 남의 땅에 들어와 옛 법을 고치게 하고 백성들의 마음을 고혹케 하였으니, '원슈'이고 '죄인'이라고 한다. 물새의 입장에서는 고루한 문견에 갇혀 고집을 부리는 개구리가 불쌍하기 그지없지만, 개구리 입장에서는 남의 땅에 들어와 허탄한 말과 괴이한 술법으로 사람들을 유혹하는 물새가 자기 무리 전체의 원수이고 죄인일 따름이다. 이처럼 대립적 성격의 양자는 끝내 하나가 되지 못하고 서로의 신념을 굽히지 않음으로써 동질화의 시도는 파탄에 이르고 만다. 이는 새로운 학문을 널리 배워 문명한 세계로 나아감이 당위임에도 불구하고, 현

32) 『죠선크리스도인회보』 1897.5.26. 「됴와문답」. 『전집』(상), pp.25~26.

실적으로는 그에 대한 저항이 완강하여 당위적 세계가 구현되지 못함을 말한 것이다.

물새와 개구리의 문답이라는 허구적 형식을 빌기는 하였지만, 작자의 생경한 목소리가 그대로 노출되고, 개구리의 발언 가운데 허구와 현실의 착종이 나타나는 등 이 글이 지닌 서사문학으로서의 한계는 명백하다. 그러나 서사 자체보다는 서사를 통한 우의에 목적이 있는 글쓰기였다는 점에서 그것은 커다란 문제가 되지 않을 수 있었다.

대조적인 두 인물(동물)의 문답이라는 단조로운 구성과 등장인물의 발언에 작자의 목소리를 가탁하고, 서사보다는 서사를 통한 우의에 목적을 둔다는 점에서 「여호와 고양이의 문답」[33]은 「됴와문답」과 크게 다르지 않다. 그러나 「여호와 고양이의 문답」은 용납할 수 없는 현실에 대한 격렬한 비판과 아울러 결말이 긍정적으로 처리되고 있다는 점에서 비극적 결말을 맺고 있는 「됴와문답」과 차이를 보인다.

사람이 살지 않는 심산궁곡에서 그 종족들과 이웃하여 사는 여우와 사람들의 인가 근처에 살면서 자손들을 양육하는 고양이가 어느 날 밭에서 만난다. 이들은 춤도 추고 재주를 넘기도 하는 등 각기 장기 자랑을 하고 또 언변을 다투며 시간을 보낸다. 그러다가 해가 저물고 인적이 사라지자 여우는 자신의 속내를 드러내고, 이때부터 국면은 급격하게 전환된다.

여우는 감언이설로 고양이를 회유하는데, 그 내용인 즉 지혜와 재능, 지위와 세력이 우월한 자신이 보호하고 행복하게 해 줄 터이니 고양이의 자손들을 자신에게 맡기라는 것이다. 그렇지 않으면 다른 짐승들의 침해를 받아 멸망하고 말 것이라 협박한다. 그러나 고양이는 여우의 속내를 꿰뚫어보고, 보호라는 미명하에 강제로 귀일케 하고 억지로 변혁함으로써 자주권을 빼앗으려는 음모에 동조할 수 없다고 한다. 여우와 고양이 사이에 펼쳐지는 이와 같은 대화는 을사조약과 정미7조약, 군대해산 등을 둘러싸고 전개되었던 당대 역사의 이면을 우의하는 것이다. 실상 이 뒤에 이어지는 여우와 고양이의 다음과 같은 발언은 그것이 단순한 허구가 아

33) 『大韓每日申報』 1908.3.27. 「론셜:여호와 고양이의 문답」. 『전집』(하), pp.115~116.

닌 역사적 사실의 다른 표현임을 암시한다.

> 여호가 그졔야 하늘을 우러러 보고 기리 탄식ᄒᆞ더니 소ᄅᆡ를 크게 ᄒᆞ야 고양이를 호령ᄒᆞ여 ᄀᆞᆯᄋᆞᄃᆡ …(중략)… 또 동양 반도에 대한 인죵은 실노 ᄌᆞ샹ᄒᆞ고 령민ᄒᆞᆫ 우등 인죵이 아니리오마ᄂᆞᆫ 대한 샹등 샤회에 대관 모씨ᄂᆞᆫ 륙십만명 회원을 모라셔 외국인의게 밧치고 보호를 ᄋᆡ걸ᄒᆞ며 또 대관 모씨ᄂᆞᆫ ᄉᆞ십만명 회원을 지휘ᄒᆞ야 외국인의게 밧치고 그 공로를 발표ᄒᆞ며 모회장은 젼국 유림을 위협ᄒᆞ야 외국인에게 밧치고 ᄀᆡ도ᄒᆞ여 주기를 근쳥ᄒᆞ엿스니 이것이 모다 시셰를 통달ᄒᆞ고 변화불측ᄒᆞᆫ 민쳡ᄒᆞᆫ 슈단이라 너ᄂᆞᆫ 우리 즘ᄉᆡᆼ 동류즁에도 ᄀᆞ쟝 잔악ᄒᆞᆫ 죵족으로 이ᄀᆞᆺ치 ᄆᆡ혹ᄒᆞᆫ 소견을 고집ᄒᆞ고 변통ᄒᆞᆯ 줄을 아지 못ᄒᆞ니 필경 ᄌᆞ멸ᄌᆞ망ᄒᆞᆯ지로다
> 고양이가 이 말을 듯고 발연대노ᄒᆞ야 ᄀᆞᆯᄋᆞᄃᆡ …(중략)… 현금 셰계의 인류의 힝위를 볼작시면 ᄌᆞ긔의 관직을 도득ᄒᆞ기 위ᄒᆞ야 하늘을 ᄭᅮ짖고 어버이를 릉욕ᄒᆞᄂᆞᆫ 쟈도 잇스며 ᄌᆞ긔의 셰력을 유지ᄒᆞ기 위ᄒᆞ야 임군을 속이고 나라를 ᄑᆞᄂᆞᆫ 쟈도 잇고 ᄌᆞ긔의 리익을 도모ᄒᆞ기 위ᄒᆞ야 동포를 잔학ᄒᆞᄂᆞᆫ 쟈가 비비우지ᄒᆞ니 이러ᄒᆞᆫ 쟈ᄂᆞᆫ 가히 인류라 칭ᄒᆞ지 못ᄒᆞᆯ지며 우리 짐ᄉᆡᆼ 동류 즁에셔도 깁히 붓그러워 ᄒᆞᄂᆞᆫ 바어ᄂᆞᆯ 네가 이로ᄡᅥ 나를 ᄭᅬ이고져 하ᄂᆞ냐[34]

고양이의 항변에 발끈한 여우는 대한 사회 대관들의 행적을 예로 들어 시세를 판단하지 못하고 어리석은 고집만 부리는 고양이를 나무란다. 자상하고 영민한 우등 인종인 한국인이 시세를 통찰하고 민첩하게 행동하였으니, 그 대표적인 사례가 李容九를 비롯한 매국노들의 행적이라는 것이다. 여우의 발언이 여기에까지 이르게 되자, 허구적 장치를 빈 서사는 더 이상 허구의 세계에 머물 수 없게 되고, 허구와 사실, 서사와 논설의 결합을 통하여 작가가 기탁하고자 한 우의가 구체적으로 부각된다. 고양이는 日帝의 走狗가 된 그들은 사람이라고 할 수 없는 자들로, 짐승인 자신들조차 부끄럽게 여기는 존재라고 한다. 그러니 더 이상 자신을 회유하

34) 『전집』(하), p.116.

려 들지 말라는 것이다. 작품 속 서사는 여우가 고양이의 自主思想과 自保方針을 인정하는 것으로 마무리된다.

이 글이 발표된 1908년 3월은 의병활동이 치열하게 전개되던 때였다. 1907년 7월 군대해산을 계기로 일어난 군인들의 무장투쟁은 의병부대의 활동으로 이어져 1911년까지 日軍과 치열한 전투를 전개한다. 閔肯鎬, 李康秊, 申乭石, 許蔿, 李鎭龍 등이 이끄는 의병부대는 전국에서 일군과 맞서면서 민족의 기개를 높이고 있었는데,[35] 이러한 역사적 사실을 고려하면, 여우의 회유에 흔들리지 않고 끝까지 자신의 뜻을 굽히지 않는 고양이는 어떤 협박과 회유에도 뜻을 굽히지 않고 나라의 자주와 독립을 위하여 굳건하게 싸우던 의병들을 우의한 것이라 할 수 있다.[36]

『皇城新聞』 1907년 6월 15일자 논설란에 실린 「衆老人의 聽蛙劇談」은 맹꽁이의 '맹꽁맹꽁' 하는 소리가 무슨 뜻인지를 둘러싸고 노인들이 서로 자신의 해석이 옳다고 주장하다가 끝내 결판을 내지 못하고 돌아갔다는 이야기이다. 하잘 것 없는 맹꽁이의 울음소리에 대하여 노인들이 둘러 앉아 진지한 토론을 벌인다는 것은 일상적으로 기대하기 어려운 일이다. 그럼에도 불구하고 맹꽁이의 울음소리에 대한 토론을 중심 서사로 가져온 것은 무언가 다른 이야기를 하고자 한 목적에서 비롯된 결과라고 이해함이 옳을 것이다. 맹꽁이 울음소리에 대한 토론이라는 허구적·문학적 장치는 이 글이 문면 그대로 이해되고 말아서는 안 됨을 암시한다. 우언으로서의 소통을 가능하게 한 장치가 바로 맹꽁이 울음소리에 대한 노인들의 토론인 것이다.

> 霖雨가 初晴ᄒᆞ고 月色이 微明ᄒᆞᆫᄃᆡ 榻外他人은 鼾睡가 正酣ᄒᆞ고 天涯朋友ᄂᆞᆫ 跫音이 不傳이라 長夜乾坤寂寞中에 閒心散步로 樓上에 悄倚터니 此聲이 何聲인가 草際田間에 雄唱雌和ᄒᆞ야 同情을 齊表ᄒᆞᄂᆞᆫᄃᆡ (一)ᄆᆡᆼ (二)공 (三)ᄆᆡᆼ (四)공 東에셔 ᄆᆡᆼ공 西에셔 ᄆᆡᆼ공 左에셔 ᄆᆡᆼ공 右에셔 ᄆᆡᆼ공 此ᄂᆞᆫ ᄆᆡᆼᄒᆞ면 彼ᄂᆞᆫ 공

35) 震檀學會, 『韓國史 : 現代篇』, 乙酉文化社, 1963, pp.957~962.

36) 1908년 5월 1일~8일자 『경향신문』 소설란에 실린 「꿩과 톡기의 깃분 슈작」(『전집』 하, pp.247~249) 역시 우화를 빌어 당시 의병 이야기를 다룬 글이다.

彼가 공ᄒᆞ면 此ᄂᆞᆫ 밍ᄒᆞ야 瞥眼間一天地가 都是 밍공밍공ᄒᆞᄂᆞᆫ 聲而已인ᄃᆡ 街邊衆老叟가 環坐ᄒᆞ야 若有所爭辨ᄒᆞ더라[37)]

작자는 노인들의 토론을 서사의 중심으로 끌어들이기 위한 서두를 위와 같이 기술하였다. 토론의 시공간적 배경을 소개함과 동시에 '밍' '공' '밍' '공' 하는 맹꽁이의 울음소리를 거듭 강조함으로써 흥미를 불러일으키고 뇌리에 각인시키고 있다. 그러나 독자들에게 흥미를 불러일으키고 '밍공'이라는 음상을 각인시키는 것은 실상 다음에 전개될 토론 즉 쟁변의 내용을 강조하기 위한 의도적 조작이라고 보아야 옳다. 실제 쟁변에서 발설되는 내용은 이제까지의 유희적 성격과는 달리 자못 심각한 문제의식을 담고 있기 때문이다. 맹꽁이의 울음소리에 대한 여섯 노인의 해석을 간추리면 다음과 같다.

A : 날이 갈수록 人心이 무너지고 聖人의 道가 추락하는 현실을 개탄하여 미물인 맹꽁이도 공자와 맹자를 그리워하는 소리로 '孟, 孔, 孟, 孔'하는 것이다.

B : 근래 흔해 빠진 것이 참봉과 주사, 대신과 협판이거늘, 어리석은 백성[愚氓]들은 어찌하여 아직도 들에 엎드려 있는가? 어리석은 백성[氓隷]을 기롱하고 公卿을 선망하는 소리로 '氓, 公, 氓, 公'하는 것이다.

C : 현금 韓人은 일심단결하여 외국을 배척해야만 나라를 보존할 수 있으니, 歃血同盟하고 힘을 합하여 공격해 나가라는 소리로 '盟, 攻, 盟, 攻' 하는 것이다.

D : 오늘날 형세를 살펴보건대 쇄국하고 협약을 파기한다면 무엇을 해낼 수 있겠는가? 우리 동포는 그저 등에[虻]나 모기같이 조용히 몸을 낮추고 메뚜기[蛩]같이 구차한 삶이나마 도모하라는 소리로 '虻, 蛩, 虻, 蛩'하는 것이다.

E : 열강의 압력이 아무리 심하더라도 반드시 새로운 싹[萌]은 돋아나고 또

37) 『皇城新聞』 1907.6.15. 「論說:衆老人의 聽蛙劇談」. 정선태, 전게서, p.612.

돋아나서 저 하늘에까지 닿을 것[拱]이라고 '萌, 拱, 萌, 拱'하는 것이다.

F : 가만히 앉아서 기다리다가는 망할 날을 면하기 어려우니, 우리 동포 형제는 경쟁세계로 용맹스럽게 전진해 나아가고 청년 신진은 다 함께 학업에 힘써 앞날을 도모해야 한다고 '猛, 共, 猛, 共'하는 것이다.

맹꽁이의 울음소리 '밍공'은 音相의 相似를 매개로 '孟孔'·'氓公'·'盟攻'·'虻蛩'·'萌拱'·'猛共'과 결합되는데, 이는 語戲的 要素를 통하여 흥미를 유발하는 한편 무너져가는 조국의 현실에 대한 비통한 자각을 환기시킨다. 실상 여섯 노인의 맹꽁이 울음소리에 대한 쟁변은 대한제국이 처한 현실을 우의한 것이다. 무너져가는 조국의 현실 앞에서 혹자는 과거의 도를 회복하여 바로잡자고 하고 혹자는 국가의 안위에는 아랑곳 않고 환로에 진출하여 개인의 부귀영화를 이루는 것이 최선이라고 하며, 혹자는 외세를 배척해야 한다고 하고 또 혹자는 구차하더라도 목숨을 보전하는 것이 상책이라고 한다. 그런가하면 너무 걱정하지 말고 때를 기다리면 언젠가는 국권을 회복할 날이 올 것이라고 하기도 하고, 어찌 가만히 앉아만 있을 수 있느냐며 용맹스럽게 떨쳐 일어나 맞서 싸워야 한다고 주장하기도 한다.

이야기는 여섯 노인이 오랫동안 논쟁을 벌이다가 해결에 이르지 못하고 흩어지는 것으로 끝난다. 맹꽁이 울음소리에 대한 쟁변이라는 허구적 장치에 풍전등화와 같은 조국의 운명을 가탁한 이 이야기는 궁극적으로 무엇을 말하고자 한 것일까? "一蛙之聲을 …(중략)… 若集二千萬人而同聽之ᄒᆞ면 亦必有二千萬種之感情ᄒᆞ리니 此ᄂᆞᆫ 民知가 未開ᄒᆞ고 國力이 未完故也니 其思想之複雜과 議論之矛盾을 當何時而可一之오"라는 논설의 마지막 구절은 그것을 암시하기에 충분하다. 이권쟁탈에 혈안이 된 열강들이 시시각각으로 조국의 숨통을 죄어 오는데 갑론을박만 하고 시간만 보내고 있던 당대 사상계와 정계를 비판하면서 동시에 이제부터라도 국론을 통일하고 국력을 하나로 모아 대처할 것을 촉구한 것이다.

2. 寓話

인간 이외의 동물이나 신, 또는 사물들 사이에서 생기는 일을 꾸며 인간의 정황을 이야기하는 단형의 서사양식이 寓話이다.[38] 우화에서는 전형적 인물과 상황을 설정하고, 거기서 빚어지는 이야기의 비유적 의미를 통해 인간이나 인간 사회를 풍자하고 교훈을 전달한다. 따라서 전형적인 인간의 행태를 예시하여 교훈을 주는 단편적 이야기를 우화라 하지만, 크게 보면 작가의 주관적인 사상이나 지식을 가탁(Vehicle)을 통해 표현·전달하려는 이야기는 모두 우화가 될 수 있다.[39] 우화의 외연을 최대한 넓히면 '寓言으로 이루어진 이야기'는 모두 우화라고 할 수 있는 것이다. 그렇게 되면 근대계몽기 단형 서사문학에 자주 보이는 우화 양식은 곧 우언에 다름 아닌 결과가 된다.

그러나 우언과 우화를 동일한 개념의 용어로 볼 수는 없다.[40] '우언'은 오랜 역사를 거쳐 오는 동안 '우화'를 비롯한 기존의 다양한 양식을 수용 또는 차용하였을 뿐 아니라 새로운 소재와 기법을 개발하고 실험하면서 다채롭게 발전해 왔기 때문이다. 근대계몽기 단형 서사문학에서 드러나는 우화의 활용[41] 역시 그런 맥락에서 이해하여야 할 것이다.

앞에서 거론하였던 「寓言」과 「됴와문답」, 「여호와 고양이의 문답」이 우화였던 것처럼 근대계몽기 단형 서사문학에서 우화가 차지하는 비중은 결코 작지 않았다. 새로운 우화를 창작하여 제시하는가 하면, 선대로부터 전승되어 온 우화를 활용하기도 하고,[42] 이솝우화와 같은 외국의 우화를

38) *cf.* 李商燮, 「우화(寓話, fable)」, 『文學批評用語事典』, 民音社, 1976, pp.210～211.
39) 鄭學城, 「寓話小說硏究」, 서울대 석사학위논문, 1972, p.3.
40) '우언'과 '우화'의 개념에 대해서는 양승민(1996), *op. cit.*, pp.27～29. ; 윤주필, *op. cit.*, pp.78～80 참조.
41) 최근 함돈균은 '서사전략'의 하나로서 단형서사문학에서의 우화에 주목한 바 있다. *cf.* 함돈균, 「근대계몽기 단형서사에 나타난 서사전략 연구-기독교 계열 신문과 『독립신문』을 중심으로-」, 『근대계봉기 단형 서사문학 연구』, 소명출판, 2005, pp.53～75.
42) 선대 설화를 수용한 우화의 예로는 다음과 같은 자료를 들 수 있다. 「가긕의 항다반ᄒᆞᄂᆞᆫ 토끼타령은」 『뎨국신문』 1900.3.30.(『전집』 상, pp.365～367) ; 「근일 일

수용하기도 하였다.[43] 본 절에서는 1898년 2월 5일자 『독닙신문』의 논설과 「有眼者○○盲魚」, 「倉鼠厠鼠之嘲」를 중심으로 우화의 형식을 취한 근대계몽기 단형 서사문학에 대하여 살펴보기로 한다.

1898년 2월 5일자 『독닙신문』의 논설란은 어떤 지각 있는 친구의 글을 기록한다고 하면서 우화 한 편을 소개한 뒤 그에 대한 설명을 덧붙이고 있다. 소개된 우화의 줄거리를 간추리면 다음과 같다.

> 옛날 '긔싱'이라는 사람이 자기 집 동편에 있는 방축에 고기가 많음을 보고 재력을 기울여 물을 맑게 하고 수초를 가꾸어 경승지로 만들었으나, 그가 죽은 뒤 주인이 바뀌자 방축을 放棄하여 漁翁들이 마음대로 고기를 낚아가니 물고기들이 곤란한 지경에 빠졌다. 하루는 방축가를 배회하던 백로가 근심하는 체 하자 물고기들이 그 이유를 묻는다. 백로는 오는 길에 회와 역구풀을 물에 풀어 방축의 물고기를 모두 잡아가자고 하는 사람들의 말을 들었기 때문이라고 대답한다. 이 말을 들은 물고기들은 백로에게 살 방책을 가르쳐 달라고 한다. 마침내 백로는 자기가 물고기들을 산 넘어 연못으로 옮겨주겠다고 한다. 그러나 백로는 자신이 했던 말과는 달리 물고기들을 샘구멍에도 넣고 바위 위에도 떨어뜨려 죽이니, 방축의 물고기 태반이 죽고 만다. 그 때 게 한 마리가 백로에게 자신도 데려가 달라고 청한다. 백로는 마지못해 게를

그는 틱한혼데」 『뎨국신문』 1900.6.28.(『전집』 상, pp.385～386) ; 「어려운 일을 공론ᄒᆞ던 쟈는 만터니 셩ᄉᆞ홀 때에는 ᄒᆞ나도 업다」 『경향신문』 1908.6.26.(『전집』 하, p.258) ; 「釜山狗」, 『대한자강회월보』 제13호, 1907.7. ; 「談叢」, 『태극학보』 제24호, 1908.9. 「釜山狗」와 「談叢」의 원문은 조상우에 의해 소개된 바 있다. 조상우, *op. cit.*, pp.327～328, pp.335～337.

43) 이솝우화를 수용한 예로는 다음과 같은 자료를 들 수 있다. 「눔을 참소ᄒᆞᆫ 이ᄂᆞᆫ 제 몸이 몬져 망홈」, 『죠선크리스도인회보』 1898.5.18.(『전집』 상, pp.47～48) ; 「개고리도 잇쇼」, 『독닙신문』, 1899.6.12.(『전집』 상, pp.159～156) ; 「ᄒᆞᆫ ᄉᆞ자가 있ᄂᆞᆫ데」, 『협성회회보』, 1898.2.26.(『전집』 상, p.196) ; 「창히가 망망ᄒᆞ야」, 『ᄆᆡ일신문』 1898.8.15.(『전집』 상, pp.220～221) ; 「셔양 사름 녯말에 골ᄋᆞ듸」, 『뎨국신문』 1901.3.12.(『전집』 상, pp.432～434) ; 「졍소의 불긴」, 『경향신문』 1906.11.30～12.7.(『전집』 하, pp.199～201) ; 「ᄆᆡ얌이와 ᄀᆡ얌이라」, 『경향신문』 1907.2.1(『전집』 하, p.204). 이밖에 『대한유학생회학보』 제1호와 제2호 및 『대한협회회보』 제3호, 『대한학회월보』 제5호에 실린 자료는 양승민에 의해 소개된 바 있다. *cf.* 양승민(2000), *op. cit.*, p.395.

> 데려 가게 되는데, 게는 백로의 다리와 목을 물고 가면서 죽은 물고기들을 보게 된다. 백로의 계교를 깨달은 게가 용맹을 발하여 백로의 목을 꽉 조인다. 살려달라고 애걸하는 백로에게 게는 옛 방축으로 되돌아가면 살려주겠노라고 한다. 방축으로 되돌아온 게는 백로를 붙잡은 채 물고기들에게 사실을 밝힌다. 물고기들이 원통함을 이기지 못하여 백로를 물어죽이고, 총명한 물고기를 교사로 삼아 어린 물고기들을 교육시켜 다시는 어옹과 백로의 해를 입지 않게 한다.

방축 가운데에서 나고 자라 다른 곳에 유람한 적이 없는 물고기들은 聞見이 없어, 백로의 공갈에 허둥지둥할 뿐 그 진위를 판단할 능력조차 없는 존재들이다. 자신의 목숨을 구해 준다는 말 하나만을 믿고, 그것이 죽음에 이르는 길인지도 모른 채 무작정 뛰어드는 무모하고도 무지한 존재들이다. 백로의 간교한 계교도 계교이지만, 그것을 파악하지 못하고 죽어가는 물고기들에 대한 동정심이 독자의 감정을 격하게 만든다. 마침내 게가 등장하여 원수를 갚게 되는 순간, 억눌렸던 감정은 일시에 해소된다.

살려주겠다고 하면서 죽음으로 내모는 간교한 백로는 청일전쟁 이후 조선의 독립을 보장해주겠다고 하면서 조선을 식민지로 만들어가던 일본을 상징하고, 무모하고도 무지한 존재인 방축의 물고기들은 이 땅의 순박한 민중을 상징한다. 갈수록 노골화되는 일본의 침략과 수탈로부터 순박한 민중을 구원할 영웅, 목숨을 돌보지 않고 동족의 안전과 국가의 독립을 지켜낼 영웅은 당시 우리 민족이 간절히 염원하는 존재였다. "삶들을 씌시오 뎌긔 ᄇᆡᆨ로 왓소 이 방츅에ᄂᆞᆫ 게도 업나"하는 독백은 바로 그같은 염원과 배치되는 비극적 현실을 표현한 것이라 하겠다.

이와 유사한 성격의 우화로 1900년 6월 16일자 『皇城新聞』 논설란에 실린 「有眼者○○盲魚」를 들 수 있다. 앞 못 보는 물고기 盲魚를 빌어 열강의 각축장이 되었던 동아시아의 형국을 우의한 글이기 때문이다.

> 地中海裏面에 千丈巨壁이 周遭ᄒᆞ야 上覆如蓋ᄒᆞ고 中空如甕ᄒᆞ야 黑洞洞不見天日ᄒᆞᄂᆞᆫ 一座石窖가 有ᄒᆞᆫᄃᆡ 一穴이 牙開ᄒᆞ야 波濤가 呼吸ᄒᆞᄂᆞᆫ지라 其中에

> 一種魚族이 卵育生息ᄒᆞ야 穴外尺地를 不出ᄒᆞ고 窖裏寸天이 不照홈으로 目力을 無所用ᄒᆞ야 不能見物ᄒᆞ고 成群成隊ᄒᆞ야 得物充饒ᄒᆞ고 不得則不食ᄒᆞ야 一世界를 自成ᄒᆞ니 其名曰盲魚라 穴外에 耳目聰明的魚族이 波濤의 吸氣를 隨ᄒᆞ야 石門을 經入ᄒᆞ니 廣闊ᄒᆞᆫ 積水에 魚糧도 多有ᄒᆞ며 各種珠蚌貝介의 寶貨도 積聚ᄒᆞ얏ᄂᆞᆫᄃᆡ 土産魚族의 無知홈을 怪訝ᄒᆞ야 動靜을 伺察ᄒᆞ니 ○○不見ᄒᆞᄂᆞᆫ 盲者라 見甚矜憐ᄒᆞ야 所見魚糧의 多와 寶貨의 積홈을 指諭ᄒᆞᆫᄃᆡ 盲魚가 不信ᄒᆞ거ᄂᆞᆯ 欺凌心이 乃肆ᄒᆞ며 貪慾心이 闖發ᄒᆞ야 同類를 招呼ᄒᆞ야 ○○을 鼓動ᄒᆞ며 鱗甲을 潑刺ᄒᆞ야 要地를 先據ᄒᆞ며 糧貨를 自饒ᄒᆞ니 盲魚의 所得充腹의 物이 漸漸減縮홈이 種族이 次次消鑠ᄒᆞ야 遂至無類라[44]

국제관계사에서 19세기는 영국과 러시아의 대결시대라 일컬어진다. 나폴레옹 타도에 기여한 영국과 러시아가 강대국으로 부상하면서 이 두 나라가 세계의 패권을 다툰 데에서 비롯된 말이다.[45] 영국과 러시아의 대결은 크림 전쟁을 계기로 발칸으로부터 동아시아로 옮겨졌다.[46] 그와 함께 미국과 프랑스, 독일 등 서구의 제국주의 열강들도 중국과 일본, 한반도, 인도차이나 지역에서의 이권 획득을 위해 동아시아로 눈길을 돌린다. 명치유신을 거치면서 신속하게 근대화를 이룩한 일본은 또 하나의 제국주의 국가로 성장하여 동아시아의 이권다툼에 끼어든다. 그 결과 청나라와 조선을 비롯한 동아시아 각국은 제국주의 열강의 수탈 대상으로 전락하고 만다.

조선의 경우만 보더라도, 1896년에서 1899년 사이에 미국은 서울-인천 철도부설권과 평안도 운산의 금광 채굴권, 서울의 전차 부설권을 획득하

44) 『皇城新聞』 1900.6.16, 「有眼者○○盲魚」. 정선태, *op. cit.*, p.511.

45) 최문형, 『한국을 둘러싼 제국주의 열강의 각축』, 지식산업사, 2001, p.13.

46) 그 단적인 예가 러시아의 남진을 봉쇄하기 위해 일어난 영국의 거문도 점령 사건(1885)이다. 영국의 거문도 점령은 블라디보스토크의 해군기지로서의 가치를 크게 떨어뜨리는 것이었을 뿐 아니라 저탄기지를 확보할 수 없는 러시아 함대로 하여금 수동적인 방어 중심의 전략을 강요하게 하는 것이었다. 그 결과 러시아는 동아시아 방위 정책을 전면 수정하지 않을 수 없게 된다. *cf.* 최문형, *op. cit.*, pp.63~76.

며, 러시아는 함경도 경원과 경성의 광산 채굴권, 압록강과 울릉도의 삼림 채벌권을 가져가고, 절영도에 貯炭所를 설치한다. 영국은 은산금광 채굴권을 가져가고 거문도에 저탄소 설치를 요구하며, 독일은 강원도 당현금광 채굴권을, 그리고 프랑스는 서울-의주 철도부설권을 가져간다. 청일전쟁 승리를 통해 조선에서의 우위를 확보하게 된 일본은 한반도 연안의 漁撈權을 획득함은 물론 미국과 프랑스로부터 경인철도와 경의철도 부설권을 넘겨받는다. 또한 경부철도 부설권을 비롯한 각종 이권을 획득해 가면서 조선에 대한 침탈을 가속화한다.[47] 결국 제국주의 열강의 수탈로 인해 망국을 향해 치달아가던 '은둔의 왕국' 조선의 형상은 石窟 속 '盲魚'와 다를 바 없었던 것이다. "盲魚의 어두운 시력은 스스로 밝게 하기 어렵거니와 황색인종은 밝은 시력을 가지고도 맹어를 배우려 하니, 도대체 무슨 일이란 말인가?"하는 탄식을 통해서도 알 수 있듯이, 이 글의 작자는 계몽을 통한 국권수호 내지 자주독립의 성취라는 주지를 우화의 형식에 가탁해 놓은 것이다.[48]

한편 1902년 11월 15일 『皇城新聞』 논설란에 실린 「倉鼠厠鼠之嘲」는 곡식창고 속에 사는 倉鼠가 뒷간에 사는 厠鼠를 만나 生의 苦樂에 대하여 묻고 답하는 형식의 우화이다. 倉鼠의 물음에 厠鼠는 먹을 것도 없는 더럽고 불결한 곳에 사니 辛苦가 이만저만이 아닌데다가 자칫 잘못하면 똥통 속에 떨어지고, 사람의 눈을 피한다 해도 사나운 개를 만나면 횡액을 면할 수 없으니 항상 전전긍긍하며 지내야 하는데 무슨 즐거움이 있겠느

---

47) *cf.* 韓沽劤, 『韓國通史』, 乙酉文化社, 1970, pp.485~511. 『뎨국신문』 1906년 1월 20일자 논설 「나라에 고용 노릇ᄒᆞ는 쟈의 본밧을 일」은 열강의 수탈을 소재로 한 우화의 또 다른 예이다(『전집』 상, pp.477~478).

48) '소경'의 이미지는 미개한 상태에 빠져있던 우리 사회를 계몽하여 문명한 세계로 나아가야 한다는 주장을 전달하고자 근대계몽기에 자주 동원되던 수사의 하나였다. '문명'과 '야만'이라는 이분법적 인식 체계는 그런 점에서 우리 현실을 앞 못 보는 소경에 비유하곤 하였다. 그러나 앞을 보지 못하는 소경의 이미지는 물리적 차원에서의 소경과 정신적 차원에서의 소경이라는 또다른 담론을 만들어내면서, 무조건적 외세 추종에 대한 경계를 위해 원용되기도 하였다. 다음과 같은 글들은 소경의 이미지에 대한 당대의 인식을 엿볼 수 있게 해주는 자료들이다. 「盲者의 叱責」, 『皇城新聞』 1899.4.15. ; 「盲笑笑盲」, 『皇城新聞』 1902.5.24. ; 「盲說」, 『皇城新聞』 1903.12.26.

냐고 한다. 반면에 倉鼠는 커다란 곡식창고 속에서 지내는 자신의 풍족하고 안락한 삶을 자랑한다. 그러나 전반부에 제시된 이와 같은 倉鼠와 厠鼠의 처지가 역전되는 데 이 글의 묘미가 있고, 그같은 역전을 이루어내는 厠鼠의 발언에 작자의 뜻이 기탁되어 있다.

> 厠鼠ㅣ 冷笑曰 均是同胞也로ᄃᆡ 以其地處之殊로 榮辱苦樂이 若是班乎則李斯之歎이 良稱達觀也로다 然而吾輩ᄂᆞᆫ 非若犬馬之有效於國而徒然耗費倉○之粟ᄒᆞ며 又乏蜜蜂丸螳役翰之苦而逸居無爲라가 專○偸竊ᄒᆞ야 以取果腹則爲民國之憎嫉也ㅣ 久矣어던 況冒○太倉峙積之宮ᄒᆞ야 憑藉忌器不灌之勢ᄒᆞ고 貪○饕粲도 自爲得計ᄒᆞ야 依侍威福에 ○有畏忌則庸詎知隱密之際에 有機○之設ᄒᆞ야 禍迫於眉睫也리오 此ᄂᆞᆫ 又李斯所以歎黃犬於東市也니 君은 不覩莊周之說乎아 夫犧牛ᄂᆞᆫ 衣以紋繡ᄒᆞ고 食以芻粟이로ᄃᆡ 及其牽以入於太廟ᄒᆞ야ᄂᆞᆫ 雖欲爲孤犢이나 不可得矣라[49]

倉鼠는 厠鼠의 이와 같은 충고를 받아들이기는커녕 '그런 상서롭지 못한 말은 하지 말라'고 하며 柳宗元의 <永某氏之鼠>는 한갓 망령된 이야기에 불과할 뿐이라고 한다. 厠鼠의 苦言에도 불구하고 倉鼠는 자신의 삶의 방식을 고수한 것이다. 그러나 얼마 지나지 않아 倉鼠는 倉吏가 풀어놓은 고양이에게 잡히고 만다.

倉鼠와 厠鼠의 우화는 倉鼠와 같은 삶의 방식에 대한 경계를 교훈으로 제시한다. 작자는 李斯가 知足할 줄 모르고 권세에 의지하여 위엄과 복록을 희롱하다가 끝내 죽임을 당한 것을 거울 삼아, 탐욕스러운 모리배들을 경계하는 것으로 글을 맺었다.[50] 「倉鼠厠鼠之嘲」는 『史記』「李斯列傳」과

49) 『皇城新聞』 1902.11.15, 「倉鼠厠鼠之嘲」. 정선태, *op. cit.*, p.592.

50) "本記者ㅣ 曰 人生○○○○榮枯苦樂이 果有因地○○○不同之勢ᄒᆞ야 賢智英才ᄂᆞᆫ 每多坎坷之歎ᄒᆞ고 愚不肖ㅣ 反居榮達ᄒᆞ니 此ㅣ 秦斯之所以○○黃犬於倉厠之鼠나 然而斯之智ㅣ 巧於名利之術而闇於保身之策故로 雖能博取極一世之富貴나 恃其權利而恣弄威福ᄒᆞ고 ○不知足이라가 卒未免東市之慘而身敗家亡ᄒᆞ니 嗚呼라 權勢盛滿은 固造物者之所忌也라 彼貪饕○利之夫ᄂᆞᆫ 宜鑑戒于此而無爲厠鼠之所笑也夫ᆫ저" 정선태, *op. cit.*, p.593.

『莊子』, 『孟子』, 유종원의 「三戒」 등이 거론되고 있는 것으로 미루어 『이솝우화』의 영향보다는 동양의 전고를 바탕으로 한 창작으로 이해함이 옳을 것이다.

이밖에도 「코끼리와 원숭이의 이야기」[51]와 「거믜 니야기라」,[52] 「호토상탄」,[53] 「狐假人形談」[54]을 비롯하여 『경향신문』 소설란에 실린 일련의 우화,[55] 鄭秉善의 「梅柳의 競爭論」,[56] 張志淵과 呂圭亨의 「釜山狗」,[57] 1899년 2월 8일자와 1901년 8월 24일자 『皇城新聞』 논설,[58] 1901년 4월 5일자 『뎨국신문』 논설,[59] 1909년 6월 26일자와 7월 20일자 『대한매일신보』 「시ᄉᆞ평론」란에 실린 글[60] 등 우화의 형식을 취한 근대계몽기 단형 서사문학 작품은 상당수에 이른다. 문답이나 토론이 인물의 발언을 통해 작자의 목소리가 그대로 노출되는 한계를 가지고 있었던 데 비하여, 우화는 단편적이나마 구체적인 사건을 통해 작자의 의도를 우의하는 간접적 형상화 방식을 취함으로써 시대적 현안이나 그에 대한 작자의 의견을 비교적 자유롭게 표현할 수 있는 장점을 가지고 있었다고 하겠다.

---

51) 『그리스도신문』 1897.5.7. 『전집』 상, pp.63～64.

52) 『죠선크리스도인회보』 1897.6.23. 『전집』 상, p.29. 이 작품은 李鈺의 <蜘蛛賦> 및 尹愭의 <雜說>과 흡사하다는 점에서 선대로부터 전승되어오던 이야기를 재구성한 것이 아닌가 한다.

53) 『미일신문』 1898.9.23. 「론셜:호토상탄 여우와 토끼가 서로 싱키다」. 『전집』 상, pp.226～227.

54) 『대한매일신보』 1906.11.2. 조상우, *op. cit.*, p.320.

55) 『경향신문』 1908.1.17. 「법은 멀고 주먹은 갓갑지」(『전집』 하, pp.226～227) ; 『경향신문』 1908.5.1～8. 「꿩과 토끼의 기쁜 수작」(『전집』 하, pp.247～249) ; 『경향신문』 1909.1.22. 「분수에 넘는 일을 말나」(『전집』 하, pp.263～264).

56) 『西友』 7, 1907.6. 조상우, *op. cit.*, pp.333～335.

57) 『대한자강회월보』 13, 1907.7. 조상우, *op. cit.*, pp.327～329.

58) 『皇城新聞』 1899.2.8. 「論說(北蟾과 南蟾)」. 『皇城新聞』 1901.8.24. 「論說 : 禽鳥樂」. 정선태, *op. cit.*, pp.439～440. pp.563～564.

59) 『뎨국신문』 1901.4.5. 「론셜」. 『전집』 상, pp.447～448.

60) 『대한매일신보』(한글판) 1909.6.26. 1909.7.20. 「시ᄉᆞ평론」. 『전집』 하, pp.147～148. pp.166～167.

3. 夢遊

『三國遺事』「調信之夢」에서 보듯 우리 문학사에서 夢遊 양식의 전통은 매우 오랜 역사를 가지고 있다. 몽유 양식의 전통은 조선시대에 이르러 '몽유기'와 '몽유록'이라는 양식을 완성시켰고, 근대계몽기에 이르러 당대 현실에 대한 비판적 서사방식으로서 새롭게 주목받았다.[61] 金光洙의 『晩河夢遊錄』(1907)과 劉元杓의 『夢見諸葛亮』(1908), 『대한매일신보』에 연재되었던 「디구셩미릭몽」(1909.7.15~8.10), 朴殷植의 『夢拜金太祖』(1911), 申采浩의 『꿈하늘』(1916) 등은 전환기의 역사적 현실과 시대정신을 담아낸 몽유 서사물이었다.

몽유는 꿈을 빌어 이야기를 펼쳐나가는 서사방식[托夢敍事]이다. 꿈은 불만스럽고 번뇌스러운 현실과 대조가 되는, 만족스럽고 번뇌가 없는 비현실의 세계를 대치함으로써 심리적인 긴장해소 내지 정화를 추구한다.[62] 또한 꿈은 오도된 정치 현실을 비판하고 사회 제도의 모순을 곡진하게 펼쳐 보임으로써 작자의 현실인식을 형상화하기도 한다. 꿈이라는 기제는 작자의 현실인식과 욕망을 보다 자유롭게 표출할 수 있도록 하는 문학적 장치였고, 몽중세계에서 펼쳐지는 사건은 과거와 미래를 자유롭게 오가면서 작자의 우의를 구체화하는 데 기여하는 수단이었던 것이다.[63] 뿐만 아

61) 몽유 양식의 역사적 전개에 대해서는 張德順의 「夢遊錄 小考」(『국문학통론』, 신구문화사, 1963) 이후 많은 연구업적이 나왔다. 그 대표적인 업적이 다음과 같은 것들이다. 서대석, 「몽유록의 장르적 성격과 문학사적 의의」, 『한국학논집』 3, 계명대 한국학연구소, 1975. ; 정학성, 「몽유록의 역사 의식과 유형적 특질」, 『관악어문연구』 2, 서울대 국어국문학과, 1977. ; 정학성, 「몽유록의 우의적 전통과 개화기 몽유록」, 『관악어문연구』 3, 서울대 국어국문학과, 1978. ; 차용주, 『몽유록계 구조의 분석적 연구』, 창학사, 1979. ; 신재홍, 「몽유록의 유형적 고찰」, 서울대 석사학위논문, 1986. ; 유종국, 『몽유록소설연구』, 아세아문화사, 1987. ; 윤주필, 「우언의 전통과 조선전기 몽유기」, 『민족문화』 16, 민족문화추진회, 1993. ; 신재홍, 『한국몽유소설연구』, 계명문화사, 1994. ; 양언석, 『몽유록소설의 서술유형 연구』, 국학자료원, 1996. ; 신해진, 『조선중기 몽유록의 연구』, 박이정, 1998. ; 김정녀, 「조선후기 몽유록의 전개 양상과 소설사적 위상」, 고려대 박사학위논문, 2002.

62) 황패강, 『조선왕조소설연구』(증보 6판), 단대출판부, 1991, pp.41~42.

63) *cf.* 金貞女, *op. cit.*, p.18.

니라 몽중체험은 새롭게 각성된 의식에 도달하기 위한 하나의 과정 내지 단계로서, 근대계몽기에는 계몽을 위한 수단으로 적극 활용되기도 하였다.[64] 근대계몽기 단형 서사문학에서 몽유가 널리 활용되었다는 사실은 불만스럽고 번뇌스러운 현실에 대한 자각과 이를 타개하고자 하는 욕구가 그만큼 강렬했음을 뜻한다.

본 절에서는 「夢中問答」, 「일쟝츈몽」, 「허다흔 녯 사름의 죄악을 심판흠」을 중심으로 꿈을 작품 구성의 뼈대로 하는 근대계몽기 단형 서사문학 작품을 살펴보기로 한다.[65] 이들은 각기 舊習의 혁파, 선진 문물의 수용, 자주 독립의 성취라는 근대계몽기 몽유우언의 주제를 대표하는 작품들이라고 할 수 있다.

「夢中問答」은 1899년 1월 16일자 『皇城新聞』 논설란에 실린 글이다. 이 글은 「벼슬 구하는 자여」라는 제목으로 1907년 12월 14일자 『대한믹일신보』(한글판) 논설란에 다시 실리기도 했던 것으로 보아 몽유의 방식을 이용한 논설 가운데 적지 않은 영향력을 지니고 있었음을 알 수 있다. 꿈에서 길가 큰 나무 아래에 서 있는 斥候官 '天下大將軍'을 만난 나는 몇 달씩 職所를 비우더라도 서울의 權門勢家에 주선만 잘 하면 陞差를 하는 지방관들이 많다며, 천하대장군도 그렇게 하면 쉽게 큰 벼슬을 얻을 수 있을 것이라고 한다. 맡은 직무를 수행하는 데 방해가 된다며 잠깐 앉아서 이야기를 하는 것조차 받아들이지 않았던 천하대장군은 그러한 나의 제안을 단호히 거절한다. 다음과 같은 천하대장군의 발언은 곧 작자가 전달하고자 하였던 메시지라 할 수 있다.

> 장군이 대노흐여 골으되 그듸는 더러온 사름이로다 관인이라 흐는 거슨 적

---

64) *cf.* 정학성, 「몽유담의 우의적 전통과 개화기 몽유록」, 『관악어문연구』 3, 서울대 국어국문학과, 1978, pp.433~434. ; 조상우, 「애국계몽기의 우언에 표출된 계몽의식-신문과 잡지에 게재된 몽유우언을 중심으로-」, 『동양학』 34, 단국대 동양학연구소, 2003, p.62.

65) 꿈이라는 허구적 구성을 통해 사실과 우의가 결합되는 우언을 '몽유우언'이라고 한다면, 본 절에서 다루게 되는 일련의 근대계몽기 단형 서사문학 작품들은 몽유우언으로 묶일 수 있다. *cf.* 윤주필, *op. cit.*, p.41.

> 고 큰 거슬 물론ᄒᆞ고 그 벼슬을 ᄒᆞᄂᆞᆫ 날은 그 직칙을 극진히 ᄒᆞᄂᆞᆫ 거시 신ᄌᆞ의 도리어ᄂᆞᆯ 이졔 그ᄃᆡ가 사ᄅᆞᆷ을 불의의 일노써 동ᄒᆞ야 나를 시험ᄒᆞ니 엇지 쟝쟈를 ᄃᆡ졉ᄒᆞᄂᆞᆫ 뜻이리오 내 비록 여긔 잇셔 경셩이 멀고 쥬션이 업슬지라도 나의 직무만 극진히 ᄒᆞ면 ᄌᆞ연 샹관이 알고 쳔거ᄒᆞ야 승차가 될 거시어ᄂᆞᆯ 엇지 ᄉᆞ곡ᄒᆞᆫ 길을 쫏차 비리의 힝ᄉᆞ로 공톄를 손상케 ᄒᆞ리오 나ᄂᆞᆫ 비록 초야에셔 썩을 지언뎡 이ᄀᆞᆺ치 비리의 힝실은 힝치 아니ᄒᆞ노라 ᄒᆞ거ᄂᆞᆯ[66]

사사로이 公體를 손상케 해서는 안 됨에도 불구하고 비리가 횡행하여 인사 제도의 기강이 무너졌던 것이 당시의 현실이었다.[67] 「로쇼문답」의 老宰相이 남촌 소년에게 이야기 해 준 갑오 이후의 망국적 현상은 실상 과거의 舊習을 더 이상 볼 수 없게 되었다는 것인데, 그에 따르면 나라의 공변된 물건이어야 할 '관작'은 '우리네 집안 물건'이 되어 있었고, 감사나 수령 한 자리쯤은 식견이나 재능과는 무관하게 줄 수 있었으니 소경이나 귀머거리도 할 수 있는 자리였다.[68] 또한 임금의 총애를 얻어 인사를 담당하는 권리만 손에 넣게 되면, 내가 원하는 사람이면 누구나 등용할 수 있고, 또 아무리 가난하더라도 하루저녁이면 금세 부자가 될 수 있을 만큼 뇌물과 부정이 횡행하였던 것이 현실이다.[69] 「몽중문답」은 꿈의 세

---

66) 『대한매일신보』 1907.12.14. 「론셜:벼슬 구ᄒᆞᄂᆞᆫ 자여」. 『전집』 하, p.106.

67) 당시 인사 제도의 문란상은 「衆老人의 聽蛙劇談」(『皇城新聞』 1907.6.15)에서도 희화화된 바 있다. "年來參奉主事가 其注如雨ᄒᆞ고 大臣協辦은 可摘如苽인ᄃᆡ 何許愚氓은 尙且田野에 蟄伏ᄒᆞ얏ᄂᆞ뇨" 정선태, *op. cit.*, p.612.

68) "대뎌 관작이 비록 나라의 공변된 물건이라 ᄒᆞ나 즉 우리네 집안 물건이라 ᄒᆞᆯ 만ᄒᆞᆫ 거시 아모의 아ᄃᆞᆯ은 비록 무식ᄒᆞ고 ᄌᆡ능이 업고 겸ᄒᆞ야 혼암ᄒᆞᆯ지라도 감ᄉᆞ ᄒᆞᆫ 자려ᄂᆞᆫ 당연히 □을 벼슬이오 아모의 손ᄌᆞᄂᆞᆫ 비록 귀먹고 말도 잘못ᄒᆞ고 눈이 ᄇᆞᆰ지 못ᄒᆞᆯ지라도 슈령 ᄒᆞᆫ 과ᄂᆞᆫ 의례히 ᄒᆞᆯ 거시러니" 『대한매일신보』 1908.2.13~14. 「긔셔:로쇼문답」(김시언). 『전집』 하, p.107.

69) "임금ᄭᅴ 춍이나 엇어 관직을 츌쳑ᄒᆞᄂᆞᆫ 권리만 슈즁에 잇스면 궁교빈족은 구황딜노 슈용ᄒᆞ고 친근ᄒᆞᆫ 손은 구쳐ᄉᆞ딜노 슈용ᄒᆞ고 오강과 향곡에 부쟈들은 반찬단지로 슈용ᄒᆞ니 이거시 다 쓸만ᄒᆞᆫ ᄌᆡ목으로 슈용ᄒᆞᆫ 거슨 아니니 그 불치ᄒᆞᄂᆞᆫ 거시 내게 샹관업고 이 가온ᄃᆡ셔 ᄌᆞ연히 아ᄎᆞᆷ 간난이 져녁 부쟈되ᄂᆞᆫ 것만 타슈가득이오 병조판셔와 리조판셔ᄂᆞᆫ 의례히 공명텹 몃 빅쟝식 쳐분을 물어 찬가로 쓰니 찬가만 될 ᄲᅮᆫ 아니라 가용이 넉넉ᄒᆞ더니" 『대한매일신보』 1908.2.13~14. 「긔셔:로쇼문답」(김시언). 『전집』 하, pp.108~109.

계를 빌려 그러한 현실을 비판하면서, 과거의 폐습이 횡행하는 현실과는 달리 臣子의 도리를 극진히 다하는 천하대장군을 제시함으로써 이상적인 관리상의 정립에 대한 기대를 나타낸 것이다.[70]

「몽중문답」이 舊習의 革罷를 내용으로 한 풍자우언이라면,[71] 「일쟝춘몽」은 선진문물의 학습과 수용을 목적으로 한 계몽우언이라고 할 수 있다.[72] 1899년 7월 7일 『독닙신문』의 논설란에 실린 이 글은 신문사로 찾아온 어떤 선비의 꿈 이야기를 기록한 것이다. 꿈이 본래 虛事인 줄 알면서도 이를 신문에 수록한 것은 그 꿈 이야기에 대한 편집자들의 인식이나 의도가 반영된 결과라고 할 수 있다. 평소 구라파 세계의 문명한 나라 풍속을 보고자 했던 몽유자는 꿈에 프랑스 파리와 영국의 런던을 구경하게 된다. 특히 런던에서는 각급 학교와 기계창을 둘러보며 며칠을 유람하던 중 '貪泉'이라는 우물과 '啞泉'라는 우물, 그리고 '風穴'이라는 구멍을 보게 된다. 문명한 나라의 풍속을 대표하는 것은 마지막에 나오는 커다란 돌로 눌러놓은 '풍혈'이다. 마시면 貪心이 생기는 '탐천'이나 마시면 바른 말을 하지 못하고 벙어리가 되는 '아천'은 동양에도 그와 비슷한 물이 있거니와, 바람을 막기 위해 '풍혈'을 돌로 눌러놓는 것은 백성을 다스리는 정부·관인의 귀감이 되는, 근래 동양에서는 찾아보기 힘든 풍속이었던 것이다. "군쟈의 죠흔 ᄇᆞ람이 ᄯᅢ을 ᄯᅡ라 잘 불거드면 쇼인의 풀이 잘 ᄌᆞ라려니와 만일 혹독ᄒᆞᆫ ᄇᆞ람이 불거드면 풀을 압뎨ᄒᆞ야 쓸어지게 ᄒᆞᄂᆞ니라"[73]는 말은 통치하는 정부와 관인의 마음가짐에 따라 백성들의 생사가

---

70) 臣子의 도리에 대한 이와 같은 논설과 함께 환로 진출에 대한 욕망과 경계를 담은 글도 논설란에 실렸다. 1899년 8월 19일 『皇城新聞』에 실린 「宦慾」이 그 예인데, '宦海는 深淺이 無常하고 風波가 不時한 곳'이라 예로부터 英雄烈士와 名公巨卿이 狼狽를 많이 보았던 만큼, 삼가고 삼가야 한다는 경계의 뜻을 담았다.

71) 「몽중문답」과 같이 舊習의 革罷를 내용으로 한 몽유우언으로는 「夢拜白頭山靈」, 「春夢」을 더 들 수 있다. 이에 대해서는 趙祥祐가 자세하게 다룬 바 있다. *cf.* 趙祥祐, *op. cit.*, pp.63～67.

72) 「論說(昨夜之夢)」(『皇城新聞』 1898.10.14)과 「論說(抱甕灌圃)」(『皇城新聞』 1899.7.19), 「醉與夢亦必諫之覺之」(『皇城新聞』 1901.11.30) 등도 개화와 계몽을 주제로 한 몽유우언들이다.

73) 『독닙신문』 1899.7.7. 「일쟝춘몽」. 『전집』 상, p.166.

결정된다는 뜻이다. 꿈이기 때문에 '탐천'이니 '아천'이니 '풍혈'이니 하는 것의 실재 여부는 중요하지 않다. 다만 그러한 허구를 빌어 우리도 프랑스나 영국과 같은 분명한 선진 제도를 배워 백성을 위한 정치를 펼쳐야 한다는, 위정자들에 대한 요청을 드러내고자 했던 것이다.

근대계몽기 몽유우언의 특징 가운데 하나는 「일장츈몽」에서와 같이 몽유공간으로 서구의 문명국이 설정된다는 점이다. 물론 이 시기 몽유우언 가운데 상당수는 여전히 전통적인 몽유 양식의 관습을 따르고 있지만, 이처럼 서구 문명국을 몽유공간으로 한 서사가 펼쳐진다는 사실은 이전의 몽유 양식에서는 볼 수 없었던 것이다. 1907년 7월 7일 『뎨국신문』에 실린 논설 「몽즁유람」[74]에서는 서구의 문명국이 아니라, 러시아와 프러시아, 오스트리아 삼국에 의해 분할 지배를 당하고 있던 폴란드가 몽유공간으로 등장한다. 열강의 침탈 속에서 親露니 親日이니 하며 국론의 분열을 거듭하고 있던 당시, 폴란드의 비극적 역사는 타산지석으로 삼기에 충분하였기 때문이다.

한편 1908년 8월 8일자 『대한매일신보』 논설란에 실린 「허다훈 녯 사름의 죄악을 심판홈」은 전대 몽유록의 전통을 이은 근대계몽기 몽유우언이라고 할 수 있다. 몽중세계로 설정된 공간은 단군을 국왕으로 하는 천상의 나라이다. 그곳에서는 광개토대왕과 천합소문, 을지문덕과 최영, 이순신 등 우리 역사상 민족의 기상을 떨쳐 광대한 영토를 개척하고 외적의 침입을 크게 물리쳐 용맹을 떨친 군주와 장수들이 국가의 제1위와 제2위를 맡고 있다. 그 주변에는 성군과 헌신들이 시위하고 섰다.

이같은 자리에 박제상이 앞으로 뛰어나와 재배 통곡하면서 몽중세계는 급격한 위기감에 휩싸인다. 박제상은 "지금 대동반도국에 겁운이 비참ᄒᆞ야 삼쳔리 강토가 키업ᄂᆞᆫ ᄇᆡ를 띄움과 ᄀᆞᆺᄒᆞ며 이쳔만 ᄉᆡᆼ명이 도탄에 잇셔셔 지ᄉᆞᄂᆞᆫ ᄐᆡ셔 죽고 영웅은 말나셔 죽ᄉᆞ오니 나라이 망홈은 고샤ᄒᆞ고 종족의 멸홈이 당쟝에 잇ᄉᆞ온지라"[75] 하며 조선 반도의 위기를 고발한다. 박제상의 입을 빌어 토로된 꿈속 조선의 상황은 현실의 그것과 다르지 않

74) 『뎨국신문』 1907.1.26. 「몽즁유람」. 『전집』 상, pp.503~504.
75) 『대한매일신보』 1908.8.8. 「론설:허다훈 녯 사름의 죄악을 심판홈」. 『전집』 하, p.126.

은 것이었다.[76)]

몽중세계에서는 조선이 오늘의 참혹한 지경에 이르게 된 원인을, 무수한 姦臣民賊이 비루하고 용렬한 사상을 선동하여 국가의 정신을 죽이고 민족의 행복을 박탈한 때문이라고 진단하고, 그들의 죄악을 낱낱이 밝혀 장래 자손들의 경계할 바로 삼아야 한다고 한다. 이에 박제상은 역사가와 문인, 제왕가와 신하 등 역대로 사대사상에 물들어 독립정신을 망각하였던 이들의 죄를 논하여 밝힌다. 특히 조선왕조 동안에는 국문이 있음에도 불구하고 한문을 사용함으로써 언론의 자유를 박탈하였고, 중국을 섬겨 자주 정신을 말살하였으며, 국가의 이익보다 당파의 이익을 우선하고 민족의 흥망보다 개인의 벼슬과 부귀를 우선하는 무리들이 만연하였다고 하면서 그러한 무리를 단죄해야 한다고 하였다. 박제상의 이같은 논죄에 모든 이들이 박수를 치며 찬미하고, 대한제국만세를 삼창하는데, 몽유자는 그만 그 소리에 놀라 잠에서 깨어난다.

제3국에 의해 나라의 독립이 좌지우지되는 상황을 지나 외교권과 행정권까지 다른 나라에 넘겨주고 군대마저 무장 해제된 조선의 상황은 사실상 회복 불가능한 지경에 이른 것이었다. 현실적 대안을 마련할 수 없는 자리에서 몽유는 현실을 극복하기 위한 방법으로 동원된 최후의 수단이었다고 하겠다. 옥황상제와 창해역사, 을지문덕, 백두산신령, 한라산신령 등이 꿈에 나타나 위기에 처한 대한국민을 각성케 하고 대안을 제시하지만,[77)] 몽중세계에서의 자각과 대안은 현실적 실천을 담보할 수 없는 것이었다.

---

76) 「몽즁ᄉᆞ」에서도 몽중세계를 빌어 위기에 처한 조선의 현실을 토로한 바 있다. "졍치법도ᄂᆞᆫ 비록 ᄀᆡ혁ᄒᆞᆫ다 ᄒᆞ나 외교권을 임의 내여 주고 힝졍권ᄭᆞ지 일헛스ᄆᆡ 외국에 왕ᄅᆡᄒᆞᄂᆞᆫ ᄉᆞ신은 죠ㅅ나라의 린상여와 ᄀᆞᆺ흔 사ᄅᆞᆷ이 업고 각부 쟝관은 남뎐 고을 좌슈와 ᄀᆞᆺ치 ᄉᆞ연은 보지 안코 도쟝만 씩어 주어 ᄒᆞᆫ가지 령갑이라도 두셔도 업고 실효도 업셔 딜셔만 문란케 ᄒᆞ며 민심만 의혹케 ᄒᆞ니 이러ᄒᆞ고야 유신ᄒᆞᆯ 긔망이 엇지 잇스리오" 『대한매일신보』 1908.3.8. 「긔셔:몽즁ᄉᆞ」. 『전집』 하, p.113.

77) *cf.* 「몽즁ᄉᆞ」(『대한매일신보』 1908.3.8. 「긔셔」), 「夢拜乙支將軍記」(『西友』 16 1908.3), 「拏山靈夢」(『대한학회월보』 2, 1908.3), 「夢見滄海力士」(『皇城新聞』 1908.7.22), 「夢拜白頭山靈」(『皇城新聞』 1908.9.12).

Ⅳ. 근대계몽기 우언의 문학사적 위상

근대계몽기 단형 서사문학을 모두 우언이라고 할 수는 없으나,[78] 서사와 논설이 결합된 글쓰기로서 서사보다는 논설에 의의를 두었다는 점에서 이들은 실상 우언 글쓰기와 다르지 않은 것이었다. '서사적 요소를 통한 교훈의 제시'라는 글의 구성법이나, '曲筆法'이라는 논설의 기술 방법, '설득의 효과'에 대한 고려, '寓言'을 제목으로 한 논설의 존재 등은 근대계몽기 단형 서사문학이 우언 글쓰기를 지향하였음을 보여주는 근거가 된다.

문답과 토론, 우화, 몽유 등 근대계몽기 단형 서사문학에서 즐겨 사용한 서사방식은 작자의 우의를 가탁하기 위해 동원된 수단이었다. 문답과 토론에서는 등장인물의 발언을 통하여 작자의 목소리를 전달하였고, 우화에서는 인간 이외의 동물이나 신, 또는 사물의 세계를 통하여 인간의 정황을 우의하였으며, 꿈이라는 가상의 세계를 통해서는 작자의 현실인식과 욕망을 표출할 수 있었던 것이다. 문답과 토론, 우화, 몽유의 서사방식은 개별적으로 활용되는 경우도 있었지만, 한 작품 안에서 둘 이상의 서사방식이 결합하여 함께 사용되기도 하였다. 우화와 문답이 결합하기도 하고, 토론과 몽유가 결합하기도 하는 등 다양한 방식으로 조합되면서 작자의 주장을 전달하는 데 기여하였다. 한편 이들 서사방식이 지니는 형상화에서의 생경함이나 도식성, 또는 단편성 등의 문제는, 서사문학으로서는 불완전한 한계로 지적될 수 있으나, 근대계몽기 단형 서사문학이 서사보다는 논설을 지향한 우언 글쓰기였음을 고려할 경우, 오히려 그러한 성향이 강하게 드러날수록 글쓰기의 본래 목적은 온전히 달성될 수 있었다.[79]

---

78) 물론 근대계몽기 단형 서사문학을 모두 우언이라고 할 수는 없겠지만, '역사·전기소설' 역시 서사보다는 논설을 위주로 하는 문학 양식이었다는 점을 고려하면, 근대계몽기 우언의 외연은 대폭 확대될 수 있을 것이다. *cf.* 김영민, *op. cit.*, p.118.

79) 근대계몽기 단형 서사문학의 한계로 그와 같은 점을 지적하는 것은 서사문학 편향의 연구태도에서 비롯된 결과라 할 것이다. 근대계몽기 단형 서사문학의 문학사적 의의를 서사문학사의 발전과정에서 찾으려고 하는 논의 역시 이러한 비판

근대계몽기 단형 서사문학이 우언의 특질을 계승하고 있다는 사실은 일찍이 이종묵에 의해 지적된 바 있었다.[80] 논자는 근대계몽기 단형 서사문학의 대사회적 기능과 관련하여, 애국계몽운동의 일환으로 쓰여진 이 시기 우언을 '啓蒙寓言'이라고 규정하였다. 특히 우언이 서사단락을 통해 흥미를 돋우고 논설단락을 통해 강한 계몽을 주장하기에 이 시기 여러 양식 중에서 가장 유의미한 것이었다고 하였다. 양승민도 당대의 역사적 상황과 시대정신을 담아냈다는 점에서 이 시기 우언의 의의를 찾았다.[81] 조상우는 이 시기 몽유우언이 교육을 통한 계몽과 제도 개선에 초점을 맞추고 있었음을 밝혔다.[82] 우언이 본래 '현실 지향성' 내지 '현실 견인성'이 강한 글쓰기라는 사실과 근대계몽기 문학의 특수성을 고려한다면, 근대계몽기 우언이 당대의 화두였던 문명개화와 계몽, 자주 독립의 문제를 우의로 하고 있음은 당연한 결과라고 할 수 있다.

근대계몽기 우언은 이전 시대의 우언에서 이룩한 우언 글쓰기의 다양한 방식을 계승하는 한편, 시대변화에 따른 새로운 요소들을 흡수하면서 다채로운 꽃을 피웠다고 평가할 수 있다. 문답과 토론, 우화, 몽유의 서사방식은 전대 우언에서 이미 오랜 전통을 가지고 있는 서사방식이었다. 그러나 이 시기에 들어서면서 이솝우화가 수용되고, 몽중세계로 서구의 문명국이 등장하는 점 등은 새롭게 평가해야 할 사실이다. 근대계몽기 이전까지 우언 창작의 전범 구실을 하였던 것은 인도의 불교우언과 중국의 선진우언 및 당송우언이었다. 그러나 이솝우화의 수용을 통하여 우언 창작의 전범이 다변화함으로써 이후 우언의 창작은 새로운 변화를 적극 실험할 수 있게 되었다고 하겠다. 프랑스와 영국, 폴란드가 근대계몽기 몽유우언의 몽중세계로 등장함으로써 서사공간의 확장을 이룬 것 역시 그같은 변화와 무관하지 않다.

에서 자유로울 수 없다.

80) 李鍾黙, 「'浮休子談論'과 寓言의 양식적 특성」, 『古典文學硏究』 5, 한국고전문학연구회, 1990, pp.204~205.

81) 양승민, 「愛國啓蒙期 寓言의 존재 양상과 그 역사적 의의」, 『우리文學硏究』 13, 우리문학회, 2000, pp.393~415.

82) 조상우, *op. cit.*, pp.67~75.

또 하나 주목해야 할 사실은 근대계몽기 신문 잡지와 우언의 결합이다. 이전까지의 우언은 민간우언과 창작우언으로 대별해 볼 수 있는데, 전자의 소통은 민간의 구전에 의존하였고, 후자의 소통은 문집의 간행(혹은 필사) 및 유통에 주로 의지할 수밖에 없었다. 때문에 우언의 소통은 시간적 공간적 제약을 받지 않을 수 없었다. 그러나 근대계몽기 신문 잡지가 출현하면서 우언의 소통은 동시다발적으로 광범위한 소통이 가능해졌다. 이는 우언의 영향력이 그만큼 증대했음을 뜻하는 것이다. 특히 우언의 효용성을 인지한 논객들은 논설란과 잡보란, 소설란 등을 적극 활용하여 국민을 계몽하는 데 우언을 이용하였다.

신문 잡지와의 결합은 단형 우언의 창작을 더욱 촉진하는 계기로 작용하였다. 제한된 지면의 사정상 장편의 우언을 한 번에 게재할 수 없었기 때문에 부득이한 경우에는 며칠에 걸쳐 나누어 싣기도 하였지만, 그렇게 할 경우 우언의 효용성은 그만큼 줄어들 수밖에 없다. 따라서 신문 잡지와의 결합은 단형 우언의 창작을 촉진하는 계기가 되었을 것이다.

신문과의 결합은 좁혀 말한다면 신문 논설과의 결합이었기 때문에, 근대계몽기 우언은 교술 성향이 더욱 강화되었다. 물론 이전 시대에도 '說'이나 '論', '對' 등과 같이 교술적 성향이 강한, 의론 중심의 양식을 차용한 우언이 널리 창작되기는 하였으나, '假傳'이나 '傳', '夢遊錄', '민담', '소설' 등 서사적 성향이 강한 양식의 차용이나 그들과의 교섭이 빈번하게 이루어졌던 것도 사실이다. 그런데 신문 논설과의 결합은 우언이 지닌 서사적 성향을 최대한 활용하면서도 교술로서의 우언의 본질을 확고하게 하는 것이었다. 때문에 서사문학보다는 교술문학이 우언과 더욱 밀접한 관계를 이루게 되었다고 할 수 있다.[83)]

83) 한문학, 특히 논변체 한문 산문이 문학사의 전면에서 사라진 뒤 현대문학사에 새로이 등장하게 된 논변체 산문은 에세이(essay)였다. 에세이와 우언의 관련성에 대해서는 후고를 기약한다.

'풍경소리'를 통해 본 불교우언의 현대적 소통*

Ⅰ. 머리말

중세 한문문명권의 보편적 글쓰기 방식이었던 寓言은 우리 문학사에서도 커다란 물줄기를 형성하면서 오랜 기간 창작 유통되어 왔다. 「龜兎之說」과 「花王戒」로부터 시작된 우언의 전통은 고려시대로 넘어와 李奎報(1168～1241)를 비롯한 걸출한 작가가 등장하고 '傳'과 '說' 등의 다양한 한문학 양식을 활용하면서 다기한 꽃을 피웠다.[1)] 특히 假傳은 한국 우언의 특징으로 지적되기도 하였다.[2)] 조선시대에는 夢遊錄의 등장과 함께 우언의 창작기법이 더욱 다양해졌으며, 成俔(1439～1504)의 『浮休子談論』과 李光庭(1674～1756)의 『亡羊錄』 등 독립된 우언작품집이 나오기도 하였다. 뿐만 아니라 야담과 소설을 비롯하여 기존의 다양한 문학양식을 활용하면서 그 편폭을 넓혀온 우언은 근대계몽기에 이르러 신문 잡지 등과 결합

---

* 이 글은 2005년 7월 12일까지 발표된 풍경소리 게시판의 글과 당시까지의 현황을 기초로 작성한 것이다. 그 이후 2009년까지의 현황에 대해서는 풍경소리 창립 10주년 기념 학술 심포지움 자료집 『공간, 미래, 콘텐츠를 통한 포교의 지평 확대-풍경소리 10년의 평가와 전망』(풍경소리, 2009.9.10)에 수록된 4편의 논문이 있어 참고할 수 있다.

1) 고려시대 우언에 대한 업적으로는 다음과 같은 것들이 있다. 양승민, 「고려조 의론체 산문의 우언적 성향과 의미」, 『어문논집』 36, 안암어문학회, 1997. ; 이정선, 「고려 우언 연구」, 경상대 석사학위논문, 2002. ; 김성룡, 「이중텍스트의 시학과 중층 독해-가전을 통해 본 우언 텍스트의 이론-」, 『동아시아 우언론과 한국의 우언문학』, 집문당, 2004. ; 윤승준, 「고려시대 우언의 한 양상-이규보를 중심으로-」, 『고려조 한문학론』, 민속원, 2004.

2) 陳蒲淸 · 權錫煥, 『韓國古代寓言史』, 岳麓書社, 2004, pp.30～32.

하면서 그 어느 때보다도 커다란 영향력을 갖게 되었다.[3]

문학이 본질적으로 異化와 同化의 메카니즘 속에서 문학적 감동을 전달하는 것이라고 할 때, 우언은 그같은 문학의 본질을 본령으로 하는 글쓰기라고 할 수 있다.[4] 그런 점에서 우언은 비단 과거의 문학으로서만이 아니라 오늘의 문학으로서도 주목을 요한다. 이 글은 현대 우언의 다양한 양상 가운데[5] 일상 생활공간에서 접할 수 있는 '풍경소리'를 중심으로 佛敎寓言의 현대적 소통과 그 가능성에 대하여 살펴보고자 한다. 먼저 포교단체 '풍경소리'의 출범과정과 게시판의 성격을 살펴본 뒤, 게시판 '풍경소리'에 실린 글들을 대상으로 하여 불교우언의 내용을 검토할 것이다. 그리고 '풍경소리'를 통해 본 현대 불교우언의 가능성에 대하여 논의하기로 한다.

Ⅱ. '풍경소리'의 출범과 게시판의 성격

1. 포교단체로서의 '풍경소리'

1999년 8월 9일 사단법인 한국불교종단협의회 부설 단체로 승인된 '풍

3) 근대계몽기 우언에 관한 최근의 업적으로는 다음과 같은 논문을 들 수 있다. 양승민, 「애국계몽기 寓言의 존재 양상과 그 역사적 의의」, 『우리文學硏究』 13, 우리문학회, 2000. ; 조상우, 「애국계몽기의 우언에 표출된 계몽의식-신문과 잡지에 게재된 몽유우언을 중심으로-」, 『東洋學』 34, 단국대 동양학연구소, 2003. ; 윤승준, 「근대계몽기 단형서사문학과 우언」, 『東洋學』 38, 단국대 동양학연구소, 2005.

4) *cf.* 윤승준, 『동물우언의 전통과 우화소설』, 월인, 1999, p.216.

5) 연구자들은 최근 현대소설과 아동문학, 뮤지컬, 영화, 애니메이션, 인터넷 등을 중심으로 현대 우언의 가능성에 대하여 검토한 바 있다. 「우언의 인문학적 지위와 현대적 활용의 가능성」을 주제로 한 제1회 東亞 寓言硏究 國際會議(한국학중앙연구원, 2005.2.25~26)에서 발표된 윤동재의 「아동문학에 나타난 우언작법의 활용」, 권오현의 「현대소설의 우언기법 연구」, 양승민·강영순의 「다매체 속에서의 우언의 활용 실태와 전망」, 김태환의 「Internet매체에서의 현행 우언 감상」 등이 그러한 예이다.

경소리'는 일반 대중들이 불교에 대한 거리감을 없애고 쉽고 친근하게 다가갈 수 있도록 하기 위해 창립된 비영리 포교단체이다. 이를 위해 '풍경소리'에서는 전국의 지하철과 철도 역사에 게시판 '풍경소리'를 운영하고, 불교문화의 대중적 정착을 위한 사업을 연구·개발하며, 결식아동, 소년소녀가장, 심장병어린이, 무의탁노인, 소아암어린이 등 어려운 이웃을 위한 다양한 행사와 캠페인을 전개하고 있다.

'풍경소리'는 1999년 5월 19일 이용성 현 사무처장을 중심으로 한 창립준비위원회가 발족하면서 태동되었다. 동년 7월 30일 서울지하철공사로부터 115개 지하철 역사에 게시판 설치를 승인 받았고, '풍경소리' 게시판 설치를 위한 액자의 제작은 총지종의 지원을 통하여 구체화되었다. 아울러 같은 해 8월 한국불교종단협의회 부설 단체로 등록하면서 정식으로 출범한 '풍경소리'는 이후 개인과 단체, 사찰의 후원과 협찬으로 운영되고 있다.

초대 운영위원장으로 봉은사 주지 원혜 스님을 모신 '풍경소리'는 이후 기구를 정비하여 이사회를 구성하고, 대표이사(초대 : 삼천사 주지 서성운, 2대 : 도선사 주지 안혜자) 아래 사무처를 두어 실무를 담당하도록 하였다.[6] 또한 후원회와 편집위원회, 포교위원회를 별도로 설치하여 운영상의 제반 문제를 해결하도록 하였다. 게시판 '풍경소리'의 운영과 관련하여 2001년에 구성된 편집위원회(초대 편집위원장 맹난자, 2대 편집위원장 김원각)는 현재 7인의 편집위원(김원각, 맹난자, 문윤정<편집간사>, 강호영, 김영희, 도수 스님, 장용철)을 두고 있으며, 이들에 의하여 투고된 작품의 심사가 이루어지고 있다.

'풍경소리'가 출범하게 된 데에는 불교대중화를 모색하고자 하는 불교계의 자발적 동인도 있었으나, 1987년부터 운영되어 온 지하철기독교선교협의회의 '사랑의 편지'[7]가 커다란 자극이 되었다. 기독교에서는 '사랑의

6) 사무처는 기획, 총무, 조직, 관리 등 4개 팀으로 구성되어 운영되어 왔는데, 현재는 총무팀에서 제반 업무를 총괄 관리하고 있다.

7) 1987년 5월 지하철기독교선교협의회에서는 서울시 지하철 각 역사에 '사랑의 편지'를 담은 우편함을 설치하였다. 지하철을 이용하는 시민이라면 누구나 자유롭

편지'를 통하여 10년 넘게 일반 시민들과 만나면서 기대 이상의 결과를 얻고 있었던 반면, 불교계에서는 대중적 포교 수단을 확보하지 못하고 있었다. '풍경소리'는 그와 같은 불교계의 현실에 대한 반성에서 태동된 것이라 하겠다.

2. '풍경소리' 게시판의 성격

1999년 9월 15일 서울시 지하철 1~4호선 115개 역사에 460개 액자를 설치하는 것으로 출발한 '풍경소리' 게시판은 2005년 7월 현재 대구와 부산, 인천, 광주, 천안 등 전국의 지하철과 철도 역사 900여 곳에 1,780개의 게시판이 설치 운영되고 있다. '풍경소리' 게시판은 쉽고 일상적인 언어로 부처의 가르침이나 불교 사상을 전하고자 하는 목적에서 출발한 것이지만, 지하철과 철도 역사라는 일상 시민의 생활공간에 자리한다는 점에서, 평화롭고 자비로운 사회를 구현하고자 하는 문화운동의 성격도 아울러 지니고 있다. 게시판 '풍경소리'에 불교적 색채가 농후한 글이나 훈계성이 강한 글보다는 오히려 일상 속에서 일반인들이 쉽게 공감할 수 있는 진솔한 삶의 이야기들이 많은 이유가 여기에 있으며, '풍경소리'가 불교에 대한 거부감을 줄이고 대중성을 획득할 수 있게 된 까닭도 여기에 있다.

게시판 액자에 전시되는 '풍경소리' 포스터는 짤막한 글과 간결한 판화 혹은 전각 작품이 어우러진 작품이다. 판화 혹은 전각 작품을 배경으로 여백을 충분히 살린 디자인은 짧은 글과 조화를 이루면서 시민들에게 신선하게 다가가도록 하는 동력이 되었다. 액자의 크기(가로×세로, 420㎜×720㎜)나 디자인의 참신성에 대한 고려는 뒤늦게 출발한 '풍경소리'가

게 '사랑의 편지'를 가져가 읽어 볼 수 있도록 하였는데, 1989년 4월부터는 역사 내에 액자를 설치하고 한 달에 두 차례씩 정기적으로 '사랑의 편지'를 게시하고 있다. '사랑의 편지'는 시민들이 지하철을 기다리는 짧은 시간 동안 읽는 글이기 때문에, 200자 원고지 두 장 분량의 짧은 글로 제한하고 있다. 그러나 짧은 글 속에 희망과 사랑, 용기를 주는 감동적인 내용을 담아 일반 시민들의 마음을 움직임으로써 복음으로 들어가게 한다. '사랑의 편지'는 간접선교방식을 취하고 있는 것이다.

지하철기독교선교협의회의 '사랑의 편지'와는 다른 정체성을 확보하기 위한 고심의 결과였다. 뿐만 아니라 편안하고 담백한 글은 시민들의 마음을 잔잔하게 적시면서 바쁜 일상 속에서 잊고 지내던 우리의 삶과 현실을 되돌아보게 하였다.[8]

게시판 '풍경소리'는 평균 두 달에 세 차례 6편 정도의 작품이 새롭게 만들어져 교체 전시되는데, 1999년 9월 수필가 이영일의 「해법」과 방송작가 오세경의 「지금」을 첫 작품으로 내놓은 이후 2005년 7월 12일 현재까지 총 154편의 포스터가 전시되었다. 뿐만 아니라 그동안 소개되었던 작품들은 2001년과 2004년 두 차례에 걸쳐 샘터사에서 단행본으로 간행되기도 하였다.[9]

1) 필진의 구성

'풍경소리'의 필진은 주로 佛子 문인과 승려로 구성되어 있으며, 판화 혹은 전각은 목판화가 강행복과 고암 정병례가 담당하여 왔다.[10] 그동안 풍경소리의 필진으로 활약한 이들을 살펴보면, 시인으로는 김원각 · 장용철 · 김영희 · 강현미 등 10인(36편)이 참여하였고, 수필가로는 맹난자 · 문윤정 · 정진권 · 강호형 · 김시헌 등 9인(36편)이, 승려로는 법현 · 도수[11] · 법정 등 7인(12편)이, 그리고 소설가로는 김성동 · 이용범 · 이우상 · 이재운 등 6인(10편)이 참여하였다. 또한 동국대학교 불교학과의 박경준 교수

---

8) 이와 같은 사실은 법보신문 627호(2001.10.17)의 기사 "지하철을 점령한 글의 힘 『풍경소리』"와 풍경소리 인터넷 홈페이지(http://www.pgsori.net)의 자유게시판에 올라있는 몇몇 일반 시민들의 글을 통해서 확인할 수 있다.

9) 2001년 10월에 간행된 『풍경소리』에는 출범 후 2년 동안 소개된 60편의 작품이 수록되었고, 2004년 5월에 간행된 『풍경소리 2』에는 1권 출간 이후 선보인 작품 60편이 수록되었다.

10) 초기에는 목판화가 강행복이 포스터의 판화를 전담하였다. 이후 2001년과 2002년에는 고암 정병례의 전각과 修證 스님과 혜안 스님의 수묵화가 강행복의 판화와 함께 번갈아 이용되었는데, 2003년 이후부터는 고암 정병례가 전담하고 있다.

11) 도수 스님은 속명 '이영일'이라는 이름으로 「해법」을 발표하기도 하였다. 동일 인물임에도 불구하고, 여기에서는 발표 당시의 표기에 따라 수필가와 승려로 별도 처리하였다.

(7편)와 방송작가 오세경(3편), 아동문학가 박민호(1편) 등이 필진으로 활동하고 있다. 지금까지 풍경소리의 필진으로 활동하여 온 이들과 그들의 작품수를 제시하면 아래와 같다.

작가	편수	작가	편수	작가	편수	작가	편수	작가	편수
김원각	16	맹난자	11	장용철	8	박경준	7	문윤정	6
정진권	6	강호형	4	김영희	4	법현 스님	4	김시헌	3
오세경	3	강현미	2	김성동	2	김용복	2	도수 스님	2
법정 스님	2	손광성	2	이용범	2	이우상	2	이재운	2
구 상	1	김재진	1	김춘성	1	류영국	1	박민호	1
서동석	1	석지현 스님	1	용성 스님	1	우학 스님	1	윤소암	1
이명선	1	이상희	1	이영일	1	정 민	1	정찬주	1
혜자 스님	1	황다연	1						

필진 구성상 시인과 수필가의 비중이 상대적으로 크다는 점이 특징으로 지적될 수 있는데, 이는 '풍경소리'의 형식 혹은 내용상의 제약에 따른 결과로 보인다. '풍경소리'는 한 장의 포스터 안에 모든 내용을 담아야 하기 때문에, 글의 분량은 제목을 포함하여 200자 원고지 2.5매 이내로 제한하고 있다. 또한 내용상으로는 되풀이되는 일상 속에서 간과하고 지나쳤던 인생의 참 모습이나 소중한 가치를 새롭게 발견하게끔 하는 글이나 불교 사상의 핵심을 은연 중 전달하는 글을 지향한다.[12] 따라서 '풍경소리'에는 정제되고 압축된 언어와 비유적 표현을 구사하는 시나 생의 철학을 담은 수필이 갈등의 야기와 지속, 반전과 해결을 추구하는 소설에 비하여 상대적으로 적합한 양식이라 할 수 있다. '풍경소리' 필진 구성상 시인과 수필가의 비중이 큰 것은 이와 같은 형식이나 내용상의 제약에 따른 결과라 할 수 있다.

12) '풍경소리'에 실리는 글의 성격은 다음과 같은 작가의 말을 통해 어느 정도 가늠해 볼 수 있다. "이 책은 이처럼 바쁜 현대인들에게 여유와 휴식을 줍니다. 산사의 풍경소리가 그러하듯이 소리치며 강요하지 않는 언어, 소박하지만 영혼을 밝혀 주는 언어, 침묵의 공간에서 자신을 되돌아보게 하는 언어이기 때문입니다." 「머리말 : 마음으로 듣는 풍경소리」, 『풍경소리』, 샘터사, 2001.

2) 經典의 轉載와 創作

그동안 '풍경소리'에 실린 글은 그 성격상 크게 두 부류로 나누어 볼 수 있다. 하나는 『法句經』이나 『雜阿含經』, 『숫타니파타』 등 불교 경전에서 뽑은 구절이나 高僧의 법어 또는 高僧傳의 일화를 소개한 것이고, 다른 하나는 우리의 일상을 되돌아보게 하는 창작물로 문인이나 승려, 학자들이 쓴 것이다.

'풍경소리'는 '법음을 전하는 사람들의 모임'이라고 표방하고 있는 바와 같이, 게시판을 통하여 부처의 가르침이나 불교 사상을 전하는 데 목적을 두고 있다. 따라서 경전의 내용을 일부 발췌, 소개하는 것은 포교를 목적으로 한 본래의 취지를 직접적으로 구현하는 방식이 된다. 그러나 불경의 내용 일부를 전재, 직접 소개할 경우에는 '풍경소리' 게시판의 대중화에 일정한 한계를 감내하지 않을 수 없다.[13] 그런 점에서 불교 사상을 직접 드러내지 않고 간접적으로 전달하는 방식의 創作은 그같은 한계를 극복하고 일반 시민들에게 쉽고 친근하게 다가가는 길을 열 수 있다는 장점을 갖는다. 그러나 창작의 경우에는 독자들이 글의 표면적 의미를 이해하고 수용하는 데 그칠 뿐, 거기에서 더 나아가 이면에 감추어진 불교 사상을 수용하고 실천하는 데까지는 이르지 않는다는 점에서 또다른 한계를 가지고 있다. 經典의 轉載와 創作은 각각의 장점과 단점을 가지고 있는 것이다. '풍경소리' 작자들은 이와 같은 양자의 단점을 최소화하고 장점을 최대화하기 위해 고민하지 않을 수 없을 것이다. 현재까지 나온 154편의 작품을 살펴보면, 經典에서 轉載한 것이 47편이고 創作에 해당하는 것이 107편이다.[14] 그 구체적인 사례를 보기로 한다.

---

13) 풍경소리 홈페이지 자유게시판의 328번 "은유법을 사용하면 어떨까요?(황창영)"라는 글은 소통과정에서 발생할 수 있는 그같은 문제점을 지적한 것이라고 하겠다. "큰스님들의 글을 직설적으로 올리는 것 같습니다. 불교라는 표현을 쓰지 않고 불교의 가르침을 간접적으로 표현하면 어떨까요?"라는 대목은 경전의 한 대목이나 고승의 일화를 그대로 전재하는 데에서 야기될 수 있는 거부감을 줄일 필요가 있다는 지적이면서, 우언 창작 및 소통의 필요성에 대한 요구라고 하겠다.

14) 이와 같은 통계 수치는 고사성어나 시조 작품, 박지원의 산문 등을 새롭게 풀이한 글도 창작물로 포함시킨 결과이다. 그러나 그러한 경우는 극히 일부에 지나

어떤 사람이 이웃마을의 아름다운 3층집에 올라가 보고는
목수를 불러 이 집보다 더 좋은 3층집을 지어달라고 했습니다.
목수는 땅을 고르고 기둥을 세우고
벽돌을 쌓기 시작했습니다.
얼마 후,
주인이 목수에게 물었습니다.
"지금 몇 층 집을 짓느냐?"
목수가 대답하였습니다.
"3층집을 짓기 위해 1층을 짓고 있습니다."
주인이 말했습니다.
"나는 1층과 2층은 필요 없으니 3층만 지어라."

세상에도 이와 같은 사람이 있습니다.
씨앗을 뿌려 가꾸지 않고, 땀을 흘려 노력하지도 않으면서
좋은 결과만을 빨리 얻고 싶어합니다.[15)]

「노력」이라는 제목의 글로, 『百喩經』에서 뽑은 설화와 그에 대한 간략한 풀이로 이루어졌다. 『백유경』은 『百句譬喩經』 또는 『百句譬喩集經』이라고도 하는데, 5세기 경 인도의 승려 僧伽斯那(Sanghasena)가 짓고 그의 제자 求那毘地(Gunavrddhi)가 서기 492년에 漢譯한 경전이다. 100가지의 교훈적인 비유를 모은 『백유경』은 우화 같은 이야기가 먼저 나오고, 이어서 僧伽斯那의 해설이 등장하는 방식으로 구성되어 있다.[16)] 위에 인용한 「삼층 누각」의 경우, 『백유경』에서는 三寶를 공경하지 않고, 놀고 게으름을 피우면서 깨달음을 구하는 佛弟子가 '아래 세 가지 결과는 필요 없고

지 않기 때문에, '풍경소리'에 실린 글의 전반적인 성격을 이해하는 데에는 무리가 없을 것이다. 또한 창작물 가운데에는 불교 경전에 나오는 내용을 각색한 것도 있다. 그러나 창작물이 전체의 2/3 이상을 차지한다는 점은 불교우언의 현대적 창작과 소통이라는 점에서 주목할만한 것이라 하겠다.

15) 「노력」. 『풍경소리』, 샘터, 2001, pp.66~67.

16) 현각, 「백유경 해설」, 『백유경』, 민족사, 1996, p.193.

아라한의 결과만을 구하고 싶'어하는 것을 비유했다고 하였다.[17)]

'풍경소리'는 이와 같은 『백유경』의 비유를 소개하면서 그 뜻을 간략히 부연하였다. 그러나 『백유경』 원전과는 달리 '풍경소리'에서는 이야기의 의미를 종교적 해석에 국한시키지 않았다. 그 결과 부처와 불제자, 三寶 등이 거론되지 않았고, 그에 따라 종교에 구애됨이 없이 누구나 손쉽게 이야기의 세계로 빠져들게 하였다. 나아가 '씨앗을 뿌려 가꾸지 않고, 땀을 흘려 노력하지도 않으면서 좋은 결과만을 빨리 얻고자 하는' 사람들의 허황되고 속물적인 근성을 꼬집음으로써, 이야기의 의미에 쉽게 공감할 수 있도록 하였다. 대중 공간에 자리한 '풍경소리' 게시판이 일반 시민들 사이에 폭넓은 공감대를 형성하면서 개개인의 가슴 속에 깊이 각인될 수 있었던 것은, 이처럼 종교적 색채를 내세우지 않음으로써 가능했다고 하겠다.

게시판에 소개된 작품 가운데에는 명시적으로 밝히지 않았어도 『백유경』에 나오는 이야기를 각색한 것들이 여럿 있다. 김원각의 「증거」,[18)] 맹난자의 「마음」,[19)] 「머리와 꼬리」[20)] 등이 그러한 예이다. 또한 '풍경소리' 게시판에는 『백유경』 외에도 『法句經』[21)]이나 『雜阿含經』,[22)] 『숫타니파타』[23)] 등 불교 경전에서 뽑은 글을 소개한 경우와 달라이라마·아짠 차 선사 등 高僧의 법어[24)] 또는 高僧傳의 일화[25)]를 소개한 것들이 있다.

---

17) 『백유경』, 민족사, 1996, pp.30~31.

18) 『풍경소리』, 샘터, 2001, p.16. *cf.* 『백유경』 13話 「자기 허물을 모르는 사람」.

19) 『풍경소리』, 샘터, 2001, pp.30~31. *cf.* 『백유경』 19話 「물에 금을 긋는 사람」.

20) 『풍경소리』, 샘터, 2001, p.37. *cf.* 『백유경』 54話 「뱀의 머리와 꼬리가 서로 다툰 이야기」.

21) 「잘못」, 「가르침」, 「자신의 심지를 굳건히 하라」, 「즐거움을 원한다면」 등 4작품의 출전이 『법구경』이다.

22) 「인내」, 「악처」, 「좋은 벗」, 「초승달과 보름달」 등 4작품의 출전이 『잡아함경』이다.

23) 「그물에 걸리지 않는 바람같이」, 「복(福)과 근심」, 「모자라는 것은 소리를 내지만」 등 3작품의 출전이 『숫타니파타』이다.

24) 달라이라마의 법어를 소개한 예로는 「말」과 「내부의 적을 제거하라」를 들 수 있고, 아짠 차 선사의 법어를 소개한 예로는 「마음의 평화를 위한다면」과 「자신을 들여다보라」를 들 수 있다.

25) 「나누면 남는다」와 「위험합니다」, 「시인과 고승」 등 3편의 출전은 『宋高僧傳』이고, 「일연 스님의 말씀」은 『고승열전』에서 가져온 것이다.

한편 佛子 문인이나 학자들의 창작을 통하여 '풍경소리' 게시판을 장식하는 예로는 다음과 같은 경우를 들 수 있다.

아파트보다는 그래도 두 발로 땅짚고 서서
하늘 쳐다보는 내 집이 좋지
손바닥만한 땅이라도
그래도 때 되면 채송화 봉숭아도 꽂을 수 있는
단독주택이 좋지
통 속 같은 아파트는 싫습니다
통 속 같은 방에서 자고
통 속 같은 엘리베이터를 타고
통 속 같은 지하철을 통해
통 속 같은 사무실에서 하루를 보내는
온통 통 속에 들어 있는 하루
통, 통, 통자인생이여
마침내 관 속에 들어가면
그것이 마지막 통 속인가[26)]

장용철의 시집 『서울지옥』에 들어있는 「桶字人生」이라는 작품이다. 두 발로 땅 짚고 서서 하늘을 쳐다볼 수 있고, 채송화 봉숭아도 심을 수 있는 자연 속의 열린 공간이 아니라, 회색빛 콘크리트 속에 갇힌, 숨 막히는 도시의 삶에서 벗어나고자 하는 현대인의 욕망을 담은 작품이라 할 수 있다. '가짜'가 판을 치는 '미친 시대', '도시의 어둠'을 노래한 시인은, 현대인의 병든 일상을 온통 통 속에 갇혀 지내다가 마침내 다시는 나올 수 없는 통 속으로 들어가는 것으로 파악하였다. 시인은 우리의 삶을 짓누르고 있는 갑갑한 현실과 폐쇄된 도시의 일상에서 벗어난, 자유로운 소통이 가능한 세계를 갈망하였다고 하겠다.[27)]

26) 장용철, 『서울지옥』, 명상, 1989, p.40.
27) 진정한 소통에 대한 시인의 갈망은 같은 시집에 실려 있는 시 「긴급 통화」에서

이 시는 같은 제목으로 '풍경소리'에도 실렸다.[28] 그러나 본래 발표되었던 그대로 실린 것이 아니라, 전달하고자 하는 시인의 메시지가 더욱 명료하게 제시되는 형태로 변형되었다. 장용철은 시어 자체가 "자신의 감정과 생각을 수사적 장치 없이 구어체적인 명료함으로 솔직하게 드러내는 성격을 지니고 있어 독자들에게 쉽고 단순해 보인다."[29]는 평가를 받고 있음에도 불구하고, '풍경소리'에서 이와 같은 변형이 일어난 것은 시민들에게 쉽고 친근하게 다가가고자 하는 의도를 반영한 결과라고 할 수 있다. '통자인생'으로 대변되는 '현대인의 삶의 궤적'은 결국 현대인의 '생각'조차 '칸막이'와 '가드레일'로 재단하는 형국이 되어버렸다. 때문에 '이제 관념의 뚜껑을 열고 푸른 하늘을 바라봅시다.'라는 메시지는 도시생활에 찌든 현대인들이 지닌 일탈의 욕망을 자극하기에 충분한 것이 된다. 장용철의 시가 '풍경소리' 게시판에 등장하면서 겪은 이와 같은 변화는 한 편의 완결된 작품으로서, 혹은 정제된 언어의 결정체로서보다는 메시지의 전달과 공감대의 확대를 염두에 두었기 때문이라고 할 수 있다.

「통자인생」의 경우처럼, 기존의 시인이나 작가 작품을 변형시켜 '풍경소리' 게시판에 실은 경우가 있는가 하면,[30] '풍경소리'를 위해 창작된 순수 창작물도 있다. 이우상의 「장군과 찻잔」,[31] 이재운의 「석류 이야기」,[32] 박경준의 「머리에 붙은 불을 끄듯」,[33] 「달 하나, 배 세 척」[34] 등이 그러한

도 확인된다.

28) "통 속 같은 아파트에서 자고 / 통 속 같은 엘리베이터를 통해 / 통 속 같은 지하철을 타고 / 통 속 같은 사무실에서 하루를 보내다가 / 마침내 통 속 같은 관(棺) 속에 들어가 / 인생을 마감하는 것이 / 현대인의 삶의 궤적입니다. / 통 속 같은 세상에서 살다 보니 / 어느새 생각조차 통조림이 된 듯합니다. // 이제 관념의 뚜껑을 열고 푸른 하늘을 바라봅시다. / 우주에는 칸막이가 없고, / 구름의 길에는 가드레일이 없습니다." 「통(桶)자 인생」. 『풍경소리 2』, 샘터, 2004, p.92.

29) *cf.* 홍정선, 「부정 뒤에 숨은 사랑」, 『서울지옥』, 명상, 1989, p.113.

30) 정진권의 「한 생각 바꿨더니」(『풍경소리』, pp.46~47), 「열쇠와 자물쇠」(『풍경소리』, pp.68~69), 맹난자의 「걸어서 갈께요」(『풍경소리』, pp.130~131) 등이 그러한 예에 속한다.

31) 『풍경소리』, 샘터사, 2001, pp.18~19.

32) 『풍경소리』, 샘터사, 2001, p.56.

33) 『풍경소리 2』, 샘터사, 2004, p.61.

34) 『풍경소리 2』, 샘터사, 2004, p.81.

예라고 할 수 있다.

이처럼 '풍경소리'는 불교 경전의 구절이나 고승의 법어, 일화, 혹은 불자 문인·학자들의 창작물을 쉽고 친근한 언어를 통해 시민들의 일상 생활공간 속에 배치함으로써 부처의 가르침을 전하고 세상을 평화롭게 만들고자 하는 포교운동이자 문화운동이라고 하겠다. 이러한 운동이 6년여에 걸쳐 많은 사람들의 호응 속에 그 지평을 넓혀갈 수 있었던 것은 작가들의 노력과 불교계의 후원·협찬 때문이기도 하지만, 독자 혹은 일반 시민들에게 거부감을 주지 않는 전달 방식, 표현 방식을 따르기 때문이기도 하다. 즉 '풍경소리'는 독자들에게 메시지를 직접 제시하여 그것을 받아들일 것을 강요하기보다는 독자들이 이야기를 읽고 생각하는 가운데 그 이야기를 통해 산출되는 별도의 의미 내지 교훈을 스스로 깨우치게 하는 방식을 취하고 있기 때문이다. 그런 점에서 '풍경소리'는 일종의 寓言이라고 할 수 있고,[35] 현대 불교우언의 창작과 소통을 보여주는 자료로 주목할 필요가 있다.

Ⅲ. 불교우언으로서의 '풍경소리'

불교우언은 불교에 대한 대중들의 종교적 적대감을 최소화 하고, 설법자에 대한 신뢰를 증진시켜 피설법자의 마음을 열게 하는 데 효과적이다. 이와 같은 불교우언은 불교포교의 척도가 되고, 불교문화의 기반을 형성한다.[36] 그런 점에서 현대인의 일상 공간 속에서 포교운동과 문화운동을 전개하는 '풍경소리'가 우언이라는 방식을 활용하는 것은 당연하면서도 자연스런 결과라고 하겠다. 이 장에서는 '풍경소리'에 실린 글 가운데 불

---

35) 물론 '풍경소리'에 실린 작품 모두가 우언은 아니다. 그러나 그 가운데 상당수의 작품이 우언이라는 점에서, 현대 불교우언의 창작과 소통 가능성을 검토할 필요는 있다고 본다.

36) *cf.* 강석근, 「불교우언문학의 범주와 탐색」(『우언의 인문학적 지위와 현대적 활용의 가능성』, 제1회 동아 우언연구 국제회의 발표요지집, 2005), pp.163~166.

교우언에 해당하는 것을 먼저 제시하고,37) 이를 자아의 성찰과 일상의 재발견을 주제로 한 것과, 불교의 기본 교리나 사상, 수행 등 종교적 메시지의 전달을 주제로 한 것으로 나누어 살펴보고자 한다.

일련번호	제목	작가 / 출전	비고
1	증거	김원각	『풍경소리』 p.16
2	장군과 찻잔	이우성	『풍경소리』 pp.18~19
3	마음	맹난자	『풍경소리』 pp.30~31
4	꼬리와 머리	맹난자	『풍경소리』 p.37
5	병속의 새	김성동	『풍경소리』 p.44
6	한 생각 바꿨더니	정진권	『풍경소리』 pp.46~47
7	어머니 마음	김원각	『풍경소리』 p.48
8	석류 이야기	이재운	『풍경소리』 p.56
9	큰 뜻	三昧經	『풍경소리』 p.64
10	달밤	맹난자	『풍경소리』 p.65
11	노력	百喩經	『풍경소리』 pp.66~67
12	열쇠와 자물쇠	정진권	『풍경소리』 p.68
13	우물에 뜬 달	정진권	『풍경소리』 pp.70~71
14	초대	智度論	『풍경소리』 p.85
15	궁핍	김원각	『풍경소리』 pp.88~89
16	지혜로운 가르침	김원각	『풍경소리』 pp.90~91
17	고승의 등	김원각	『풍경소리』 p.102
18	실천	김원각	『풍경소리』 p.103
19	뭣하러	김원각	『풍경소리』 pp.110~111
20	수레와 소	정찬주	『풍경소리』 pp.116~117
21	거울	강호형	『풍경소리』 p.122
22	비워야 담는다	맹난자	『풍경소리』 p.128

37) 여기 제시하는 자료는 단행본으로 간행된 120편 가운데에서 선별한 46편으로 제한한다. 풍경소리 홈페이지에는 이후 발표된 작품들도 소개되어 있는데, 그 가운데 불교우언에 해당하는 것으로는 다음과 같은 10편을 더 들 수 있다. 129. 세상의 모든 풀들이 약초이듯이(문윤정), 131. 오줌 누는 자갈(이명선), 134. 도(道)는 어디에 있습니까(碧巖綠), 135. 너구리 새끼(벽암록 역해), 139. 내려놓게(문윤정), 140. 개에게 우유를 먹이는 방법(장용철), 141. 열심히 하다 보면(박민호), 143. 할머니의 눈물(맹난자), 153. 나를 지키는 것이 곧 남을 지키는 것(이용범), 154. 맑은 날만 계속된다면(맹난자).

23	걸어서 갈게요	맹난자	『풍경소리』 pp.130~131
24	네 명의 아내	이명선	『풍경소리 2』 p.19
25	못된 성질	김원각	『풍경소리 2』 p.20
26	사람의 마음	손광성	『풍경소리 2』 p.23
27	마음을 바꾸면	강현미	『풍경소리 2』 p.28
28	여기에 의지할 뿐이다	緇門崇行錄	『풍경소리 2』 p.32
29	강을 건너는 그대에게	박경준	『풍경소리 2』 p.41
30	마음에 두지 말라	문윤정	『풍경소리 2』 p.43
31	극락이 있습니까	김원각	『풍경소리 2』 p.50
32	위험합니다	宋高僧傳	『풍경소리 2』 p.57
33	머리에 붙은 불을 끄듯	박경준	『풍경소리 2』 p.61
34	바쁘게 할 일	도수 스님	『풍경소리 2』 p.67
35	우산은	이상희	『풍경소리 2』 p.75
36	달 하나, 배 세 척	박경준	『풍경소리 2』 p.81
37	아무것도 감추고 있지 않네	맹난자	『풍경소리 2』 p.91
38	순간을 산다	四十二章經	『풍경소리 2』 p.104
39	나는 그를 버릴 수 없다	김원각	『풍경소리 2』 p.110
40	누가 그 음식을 먹겠느냐?	김영희	『풍경소리 2』 p.114
41	자신보다 사랑스러운 사람은 없다	김원각	『풍경소리 2』 p.117
42	분침과 시침	정진권	『풍경소리 2』 p.118
43	눈을 감으면 보여요	맹난자	『풍경소리 2』 p.126
44	악담은 되돌아온다	김원각	『풍경소리 2』 p.130
45	다만 길을 가리켜 줄 뿐이다	김원각	『풍경소리 2』 p.134
46	물건에 대한 대접	박경준	『풍경소리 2』 p.136

1. 자아의 성찰과 일상의 재발견

과학문명이 발달함에 따라 우리의 삶은 한결 풍요롭고 여유롭게 될 것이라 기대했지만, 그럴수록 현대인은 주어진 업무와 한정된 시간에 쫓기는 삶을 살아가고 있다. 시시각각 쏟아지는 정보를 따라가고 업무를 수행하는 것만도 벅찬 형편에, 새로운 정보를 창출하고 당면한 문제에 대한 독창적 대안을 제시하여 자신의 존재 가치를 증명해야 하는 것이 현대인이다. 그런 점에서 현대인이 시대에 뒤처져서는 안 되고 남보다 앞서 나가야 한다는 중압감에 시달리는 것은 당연한 것인지도 모른다. 때문에 현대인은 한시도 일상으로부터 벗어날 수 없고, 잠시도 뒤를 돌아볼 여유를 가지지 못한다. 일상에 매몰된 삶은 곧 자아의 상실을 초래하고, 생의 참다운 가치를 깨닫지 못하게 한다. '풍경소리'는 그런 점에서 일상에 매몰되어 있는 현대인들에게 짧은 시간이나마 자아를 성찰하고, 잊고 지내온 생의 가치를 재발견하게 하는 계기를 제공한다.[38]

> 한밤중에 도둑이 빈 집을 털고 있었습니다.
> 손전등을 비추며 정신없이 세간을 뒤지고 있을 때,
> 험상궂게 생긴 괴한이 불쑥 나타났습니다.
> 소스라치게 놀란 도둑은 반사적으로 칼을 뽑아 들었습니다.
> 그러자 괴한도 똑같은 자세를 취하며 노려보는 것이었습니다.
> 다음 순간 도둑은 그만 맥이 풀려
> 그 자리에 풀썩 주저앉고 말았습니다.
> "저 놈이 나로구나. 내가 괴한이로구나!"
> 도둑은 거울에 비친 자기 모습에 놀랐던 것입니다.
>
> 지금 거울 속의 나는 어떤 모습일까요?[39]

강호형의 「거울」이라는 작품이다. 빈 집을 터느라 정신이 나간 도둑은 자신이 어떤 모습을 하고 있는지 돌아볼 겨를이 없다. 거울에 비친 자신

38) 다음과 같은 작가의 말은 '풍경소리'의 그러한 기능을 보여주는 것이라 하겠다. "저마다 무거운 등짐을 짊어지고 그저 앞만 보고 달려가는 우리들. 다시는 돌아오지 않을 사람처럼 떠나고 지쳐서 돌아온 그 자리에서 다시 출발을 거듭해야 하는 일상의 반복. 어느 날인가는 문득 걸음을 멈추고 자신을 돌아보게 됩니다. 시방 나는 잘 가고 있는 것일까. 너무 멀리 와 있는 것은 아닌가? 길을 잘못 들어선 것도 같은 낯설음, 혹은 어느 대열에서 나만 뒤처진 것 같은 허전한 심정일 때 바로 그러한 순간에 우연히 눈에 들어온 지하철 게시판의 '풍경소리' 한 구절이 여러분에게 위안이 되었으면 하는 바람을 가져 봅니다." 「작가의 말 : 나를 돌아보게 하는 언어」, 『풍경소리 2』, 샘터사, 2004.

39) 「거울」. 『풍경소리』, 샘터사, 2001, p.122.

의 모습은 '험상궂게 생긴 괴한'일 뿐 순간적으로 자신임을 깨닫지 못한다. 낯선 자신의 모습을 보고 소스라치게 놀라며 칼을 뽑아든 도둑은 자아를 상실한 채 업무와 시간에 쫓기며 살아가는 현대인의 초상에 다름 아니다. 그토록 쫓기며 사는 삶은 과연 누구의 삶이며 무엇을 위한 삶인지, 오늘도 허둥대는 현대인들은 '거울'을 들여다 볼 일이다.

거울 속의 나를 찾는 행위는 종교적으로는 본성을 찾는 일을 뜻한다. 그러나 일반 시민들은 그와 같은 종교적 해석에서 이 글의 의미를 찾거나 그로 인해 감동을 받거나 하지는 않는다. 그보다는 오히려 '거울 속의 나'는 과연 어떤 모습을 하고 있을까라는 질문이 그들의 뇌리에서 떠나지 않으며, 지금까지 살아온 자신의 생을 스스로 되돌아볼 뿐이다. 이 글이 오랫동안 독자의 마음을 붙잡아 둘 수 있는 것은 종교적 해석에 따른 심오한 의미의 발견이나 깨달음 때문이 아니라, 평소 돌보지 않고 버려두었던 '자아'에 대한 성찰과 '나의 삶'에 대한 반성을 가능하게 하기 때문이다.

> 어느 나라에 일정한 나이가 되면
> 부모를 산에 버리는 풍속이 있었습니다.
> 우리 나라 고려장과 비슷했습니다.
>
> 한 아들이 노모를 업고 깊은 산으로 들어섰습니다.
> 숲이 짙은 오솔길로 들어서자
> 노모는 솔잎을 따서 띄엄띄엄 길에 뿌렸습니다.
> 아들이 왜 솔잎을 뿌리느냐고 묻자 노모는 힘없이 말했습니다.
> "응, 네가 혼자서 돌아갈 때 혹시 길을 잃을까 표시를 해놓은 것이니
> 잘 살펴 가거라."[40)]

김원각의 「어머니 마음」이라는 작품이다. 『雜寶藏經』의 棄老國 이야기를 소개한 것이지만, 이 이야기를 읽는 이들은 실상 불경의 한 대목을 읽

40) 「어머니 마음」. 『풍경소리』, 샘터사, 2001, p.48.

는다고 여기기보다는 친숙한 우리의 설화 한 편을 다시 듣는다는 생각을 하게 된다. 뿐만 아니라 독자들은 이 글의 종교적 의미보다는 뜨거운 모성을 먼저 떠올리게 된다. 기로국 이야기가 우리 나라에 수용되면서 나타난 가장 큰 변이는 종교성이 탈락하고 모성지향성이 강조되었다는 점이다.[41] 또한 오랜 세월 전승되는 과정에서 고려장 설화는 우리 사회를 지탱하는 기본 윤리의 하나로 孝를 정착시켜 왔다. '모성'이라는 인간 존재의 영원한 고향과 '효'라는 우리 사회의 전통적 가치는 고향을 잃고 떠도는 현대인의 마음을 울리고, 가치의 혼돈 속에서 길을 잃고 헤매는 현대인의 감성을 자극하기에 충분한 것이다. 그래서 이 글을 읽는 순간 시민들은 자신의 어머니를 먼저 떠올리고 그 따스한 품을 그리게 되며, 부모에 대한 자신의 도리를 되짚어보게 되는 것이다. 잊고 지내던 일상적 가치의 소중함을 재발견하게 하는 것이다.

'풍경소리'에는 비록 우언의 방식을 따르지 않았더라도 모성이나 효를 주제로 우리의 감성을 자극하는 글들이 여럿 실렸다. 이재운의 「어머니와 할머니」,[42] 강현미의 「마음을 바꾸면」,[43] 정진권의 「호박 넝쿨」[44] 등이 그러한 예이다. 종교적 메시지에 앞서 누구나 공감하는 인간 본연의 문제와 일상적 가치의 소중함을 환기시킴으로써 거부감 없이 자연스럽게 받아들일 수 있도록 하였기 때문에, '풍경소리'는 일반 시민들에게 쉽고 친근하게 다가갈 수 있었던 것이다. 비록 모성이나 효를 주제로 한 것은 아니지만, 강호형의 「약속」[45]이나 맹난자의 「따뜻한 손」[46]과 같이 소외된

41) *cf.* 李秀子, 「高麗葬설화의 형성과 의미」, 『국어국문학』 98, 국어국문학회, 1987, pp.135~150.

42) 「어머니와 할머니」. 『풍경소리』, 샘터사, 2001, pp.126~127.

43) 「마음을 바꾸면」. 『풍경소리 2』, 샘터사, 2004, p.28.

44) 「호박 넝쿨」. 『풍경소리 2』, 샘터사, 2004, p.35.

45) 이 작품은 우리 역사가 배태한 가슴 아픈 현실의 한 단면을 포착한 글이다. 그러면서도 주어진 삶을 부정하거나 그에 좌절하지 않고 묵묵히 자신과의 약속을 지키며 살아가는 우리 이웃의 모습을 제시함으로써 어떤 삶이 진정 아름다운 삶인지를 새삼 깨닫게 하는 글이라 할 수 있다. 「약속」. 『풍경소리』, 샘터사, 2001, pp.34~35.

46) 이 작품 역시 소외된 이웃에 대한 따뜻한 관심과 애정을 담은 글이다. 「따뜻한 손」. 『풍경소리』, 샘터사, 2001, p.73.

이웃에 대한 관심을 환기하는 작품들 또한 잔잔한 감동을 불러일으킨다.

분침이 시침에게 말했습니다.
"이, 게으른 녀석, 넌 어떻게 한 시간에 한 발밖에 못 가니?
난 한 시간에 한 바퀴씩 돈다."
그러자 시침이 말했습니다.
"쯧쯧, 무능한 녀석, 어떻게 한 바퀴를 다 돌아야 겨우
한 시간의 일을 하니? 한 걸음에 한 시간씩이다."

모든 것을 자기 기준에 맞추다 보면
남의 것은 모두 단점으로 보일 수도 있습니다.47)

정진권의 「분침(分針)과 시침(時針)」이다. 현악기와 목관악기, 금관악기, 타악기가 제 음색에 맞는 부분을 제각기 담당하면서 서로 조화를 이룰 때 아름다운 교향악이 완성될 수 있듯이, 우리가 살아가는 사회도 서로 다른 개인이 모여 각자의 개성과 장점을 최대한 살리면서 조화를 이룰 때 서로 부족한 부분을 채워가면서 상생과 공존의 길을 열 수 있다. 그래서 서로에 대한 이해와 인정, 그리고 배려는 함께 살아가기 위한 최소한의 덕목인 것이다. 그러나 현실은 나와 다른 이들을 부정하고 모두가 나와 동일하게 생각하고 행동하기를 강요한다. 다양성을 추구하는 사회에서 획일성을 강요하는 모순이 지배적 이데올로기로 통용된다. 분침과 시침이 서로에게 던지는 말은 바로 그같은 모순을 우의한다. 작가는 열쇠와 자물쇠의 관계를 통해서도 동일한 메시지를 피력한 바 있다.48)

이렇듯 '풍경소리'에는 바쁜 일상을 살아가는 현대인들에게 잠시 발걸음을 멈추고 자기 자신과 주변의 이웃을 되돌아보게 하고, 잊고 지내던

47) 「분침과 시침」. 『풍경소리 2』, 샘터사, 2004, p.118.
48) 「열쇠와 자물쇠」. 『풍경소리』, 샘터사, 2001, p.68. 원효의 「크고 좋은 것」(『풍경소리』, 샘터사, 2001, pp.58~59)과 김영희의 「젓가락」(『풍경소리』, 샘터사, 2001, p.78) 역시 동일한 메시지를 담은 글이다.

일상의 소중함을 깨닫게 하며 무엇이 진정 가치 있는 삶인가를 생각하게 하는 작품들이 하나의 유형을 이루고 있다. 이러한 유형에 속하는 작품들은 종교적 메시지를 안으로 감추고 표면화하지 않음으로써 사회적 전염력을 증대시킬 수 있었다. 그러나 종교적 메시지와는 거리가 먼 글인 듯 보임에도 불구하고, 궁극적으로는 불교적 세계관과 사유방식을 확산하고 그에 친숙하게 하는 기능을 한다는 점에서 불교의 대중화 내지는 포교에 적지 않은 기여를 하는 것들이다.

2. 종교적 메시지의 전달

사물에 대한 차별적 인식을 부정하는 불교에서는 언어를 불신한다. 그것은 언어가 곧 분별이기 때문이다. 그럼에도 불구하고 불교에는 팔만사천의 법문이 있다. 언어를 불신하면서도 언어를 사용해야 하는 상황은 분명 모순이다. 이 모순을 넘어서기 위해 불교에서는 '모순어법'을 사용한다.[49] 언어를 사용하면서도 언어의 초월을 지향하는 것이다. 이와 같은 '超絶的 思惟'는 '離言絶慮'·'得意亡言'의 언어관과 문학론을 형성하고,[50] 言表나 形象에 매이지 않는 소통을 지향한다. 元曉가 '逆說'과 '寄喩'를 중요시했던 것도 그 때문이다.[51]

그런 점에서 '뜻은 여기에 있으면서도 말은 저쪽에 기대는'[意在此而言寄於彼][52] 방식의 寓言은 불교의 언어관이나 문학론과 상통하는 점을 가지고 있다. 겉으로 진술되는 이야기에 얽매일 경우, 우언의 진정한 소통은 이루어질 수 없다. 그렇지만 寓意는 진술된 이야기를 떠나서 존재할 수도 없다. 진술된 이야기를 바탕으로 하면서도 그것의 초월을 지향하는 것이 우언이기 때문이다.

---

49) *cf.* 이형기, 「시와 불교가 만나는 자리」, 『불교문학이란 무엇인가』, 동화출판공사, 1991, pp.37~44.

50) *cf.* 이종찬, 「불교의 초절적 사유와 문학」, 『불교문학이란 무엇인가』, 동화출판공사, 1991, pp.59~68.

51) *cf.* 조동일, 「元曉」, 『한국문학사상사시론』(제2판), 지식산업사, 1998, pp.57~60.

52) 王先謙, 『莊子集解』, 三民書局印行, 1909, p.164.

불교우언으로서의 '풍경소리'가 대중들에게 쉽고 친근하게 다가가기 위해 원용하는 이야기들은 寓意를 위한 言表에 지나지 않는다. 따라서 그 언표를 초월하지 못할 경우 불교우언의 소통은 불완전할 수밖에 없다. '풍경소리'는 일반인을 상대로 한 포교 수단으로, 그리고 불교문화의 대중화를 위한 방편으로 출범한 것이기 때문에 불교의 심오한 교리나 사상을 담기보다는 일반적이고 기초적인 차원의 종교적 메시지를 담는 데 주력하였다. 불교의 기본 교리나 사상, 혹은 수행 등을 우의한 작품이 중심을 이루는 것도 이와 무관하지 않을 것이다. 먼저 김원각의 「나는 그를 버릴 수 없다」를 보기로 한다.

> 어느 고승 문하에 백 여 명의 제자가 있었습니다.
> 어느 날 한 문하생이 동료의 물건을 훔치는 사건이 생겼습니다.
> 동료들이 그를 쫓아내자고 했으나 고승은 거절했습니다.
> 얼마 후, 도난 사건이 또 생기자 문하생이 들고 일어나
> 그를 내쫓지 않으면 자기들이 나가겠다고 항의했습니다.
> 고승은 전 문하생을 불러놓고 단호히 말했습니다.
> "그래, 너희들은 현명하다.
> 옳고 그른 것을 분별할 능력은 하늘이 내린 복이다.
> 너희들은 어디를 가더라도 잘못됨이 없을 것이다.
> 하지만 옳고 그름을 분별하지 못하는 이 녀석을
> 내가 가르치지 않고 쫓아낸다면 어디서 무엇을 배워 구제받겠느냐?
> 너희들 모두가 이 절을 떠난다 해도 나는 이 녀석을 포기할 수 없다."[53)]

문하생들의 반발에도 불구하고 끝내 동료의 물건을 훔친 제자를 내쫓을 수 없다고 하는 고승의 이야기이다. 제자를 제도하고자 하는 고승의 애정은 '지옥에서 고통받고 있는 모든 중생을 제도하기 전에는 결코 성불하지 않겠다'고 한 地藏菩薩을 연상케 한다. 작가는 「고승의 등」[54)]에서

---

53) 「나는 그를 버릴 수 없다」. 『풍경소리 2』, 샘터사, 2004, p.110.
54) 「고승의 등」. 『풍경소리』, 샘터사, 2001, p.102.

밤늦게 술을 마시러 갔다 오는 제자를 위해 담장 밑에 엎드려 발을 디딜 수 있도록 도와주는 고승의 형상을 보여주었는가 하면, 「뭣하러」[55]에서는 생선에 대한 생각을 절 입구에 올 때까지 버리지 못한 제자를 야단치는 고승의 모습을 보여주기도 하였다. 이 모두가 제자를 제도하기 위해 스승이 해야 할 본분이라고 생각했던 것이다. 「다만 길을 가리켜 줄 뿐이다」[56]에서 말하듯, 그 길을 가고 아니 가는 것은 부처의 가르침을 믿고 따르는 제자들에게 달려 있는 것이지, 스승은 다만 길을 가리켜 줄 뿐인 것이다.

부처의 가르침이나 불교의 진리는 스승을 따라 배우고 깨우칠 수 있지만, 나를 먼저 비우지 않고는 받아들일 수 없는 것이다. 맹난자의 「비워야 담는다」[57]는 그같은 사실을 우의한 작품이다. 이는 속을 비워야 멀리까지 소리를 울리는 종이나 겉을 맑게 해야 세상의 모습을 고루 담을 수 있는 거울의 이치와 같은 것이다.[58]

> 용맹스럽기로 이름난 한 장군이 평소 애지중지하던
> 골동품 찻잔을 꺼내어 감상하고 있었습니다.
> 이리저리 만지다가 갑자기 찻잔이 손에서 미끄러졌습니다.
> "아이쿠!"
> 얼른 찻잔을 움켜잡은 장군의 등에서는 식은 땀이 흘렀습니다.
> '천만대군을 이끌고 죽음이 난무하는 전쟁터를 들락거리면서도
> 한 번도 떨린 적이 없었는데 어이하여 이까짓 찻잔 하나에
> 이토록 놀란단 말인가?'
> 장군은 미련 없이 찻잔을 깨어버렸습니다
>
> 보이는 것에 대한 사랑과 미움, 혹은 집착이 무엇입니까?
> 마음의 평화와 삶의 지혜를 어지럽히는 보이지 않는 장애가 아닐까요.[59]

---

55) 「뭣하러」. 『풍경소리』, 샘터사, 2001, pp.110~111.
56) 「다만 길을 가리켜 줄 뿐이다」. 『풍경소리 2』, 샘터사, 2004, p.134.
57) 「비워야 담는다」. 『풍경소리』, 샘터사, 2001, p.128.
58) *cf.* 「무엇이 된다는 것」. 『풍경소리 2』, 샘터사, 2004, p.44.
59) 「장군과 찻잔」. 『풍경소리』, 샘터사, 2001, pp.18~19.

마음이 바깥 경계의 사물에 끌려서 잊을래야 잊을 수 없는 것을 '着'이라고 하고, 자기 뜻에 맞는 일이나 물건에 연연하여 끊임없이 탐내고 만족할 줄 모르는 것을 '貪慾'이라고 한다. 탐착 내지 탐욕은 五根의 즐거움을 추구하는 데에서 비롯되는데, 눈과 귀, 코, 혀, 몸의 즐거움을 알아 물들게 되면, 자연 거기에 집착하게 되고 그것을 추구하고자 하는 욕망이 끊임없이 일어난다. 그러나 집착과 탐욕의 대상은 덧없는 것, 결국 스러지고 마는 법이니, 여기에서 '苦'가 생겨나게 된다. '苦'를 일으키는 욕망을 삼가 마음의 편안함을 얻어야 하니, 이를 위해 수행을 하는 것이다. 이우상의 「장군과 찻잔」은 찻잔 하나로 말미암아 마음의 평정을 잃었던 장군의 이야기를 통해, '고'의 근원을 멸하고 '도'의 세계로 나아갈 것을 우의한 것이라 하겠다.

휘영청 달 밝은 밤
가을 호수에
작은 배 세 척이 떠 있습니다.

李는 멈춰선 배에 비스듬히 앉아
낚시하며 달을 쳐다봅니다.
金은 배를 저어 동쪽으로,
朴은 남쪽으로 노 저어 가면서
달을 바라봅니다.

그런데 李에게는 달이 멈춰 있는 것으로 보입니다.
金은 자신을 따라 동쪽으로 움직이는 달을 보며,
朴은 남쪽으로 이동하는 달을 봅니다.

달은 분명 하나인데 말입니다.[60]

---

60) 「달 하나, 배 세 척」. 『풍경소리 2』, 샘터사, 2004, p.81.

박경준의 「달 하나, 배 세 척」이다. 달은 분명 하나인데, 보는 사람에 따라 각기 다른 모습으로 보이는 것은 무엇 때문인가? 그리고 이를 통해 무엇을 말하고자 한 것인가? 불교의 핵심적 교리인 연기설은 모든 사물이 '이것이 있음으로 저것이 있다'는 관계에 따라 존재한다는 의존성의 원리라고 설명된다.[61] 모든 사물은 그것을 그것으로 있게 하는 수많은 원인과 조건의 복합적인 상호의존이 만들어낸 결과라고 보는 것이다. 그리고 이 상호의존의 관계는 다른 원인, 다른 조건의 개입으로 인해 얼마든지 변화될 수 있다. 따라서 달은 분명 하나이지만, 멈춰선 배의 金에게는 달이 멈춰 있는 것으로 보이고, 동쪽으로 배를 저어가는 李에게는 달이 동쪽으로 움직이는 것으로 보이며, 남쪽으로 노 저어 가는 朴에게는 달이 남쪽으로 이동하는 것으로 보이는 것이다. 그러므로 불교에서는 사물의 본체라 할 수 있는 그 自性을 인정하지 않는다. 항구적 본체로서의 달의 형상은 없다고 말하는 것이다. 그럼에도 불구하고 달이 멈추어 있다고 하거나 동쪽으로 움직인다고 하거나, 아니면 남쪽으로 이동한다고 하는 것은 본체가 없는, 관계적 존재에 불과한 사물을 마치 항구적 본체나 되는 것처럼 차별적으로 인식하고자 하는 것에 불과하다. 그러나 연기설에 뿌리를 두고 있는 空사상에 의하면, 차별적 인식은 한갓 부질없는 미망에 불과할 뿐이다. 그래서 불교에서는 분별의 초월을 지향하는 것이다. 나아가 그러한 분별의 초월조차 초월한다. 色卽是空이요 空卽是色인 것이다. 그렇게 되면 이것과 저것은 구별될 수 없다. 차별의 장벽이 철폐된 곳에서는 하나가 곧 여럿이고 여럿이 곧 하나로 통한다. 「달 하나, 배 세 척」은 이와 같은 불교 사상을 우의하고 있는 것이라 할 수 있다.[62]

> 옛날, 한고조(寒苦鳥)라는 새가 있었습니다.
>
> 이 새는 둥지가 없어 밤이면 항상 추위에 떨며

---

61) 김동화, 『불교학개론』, 백영사, p.103(이형기, 「시와 불교가 만나는 자리」, 『불교문학이란 무엇인가』, 동화출판공사, 1991, pp.37~38에서 재인용).

62) 이와 같은 해석은 불교에서의 말하는 분별의 초월에 대한 이형기의 논의를 토대로 한 것이다. *cf.* 이형기, *op. cit.*, pp.37~40.

"날이 새면 꼭 집을 지으리라"고 다짐합니다.
그러나 날이 밝아 따뜻해지면 생각이 곧 바뀌어
"이렇게 따뜻한데 애써 집을 지을 필요가 있겠는가?"
하면서 빈둥빈둥 먹고 놀기만 합니다.
밤이 되면 또 후회하는 것은 물론입니다.

오늘 당장 해야 할 일을 추우면 춥다고, 더우면 덥다고,
아직 이르다고, 혹은 너무 늦었다고
갖은 핑계를 대며 다음으로 미루면서 게으름을 피우는
우리와 한고조는 닮은꼴이 아닐는지요.
'머리에 붙은 불을 끄듯' 몸과 마음이 게으르지 않도록
자신을 다잡아 가야 할 일입니다.[63]

'寒苦鳥'는 이솝우화에 등장하는 게으른 매미[64]를 연상시킨다. 밤만 되면 추위에 떨며 꼭 집을 짓겠노라고 다짐을 하면서도, 날이 밝아 따뜻해지면 빈둥빈둥 먹고 놀기만 하는 '한고조'는 고통에 시달리면서도 게을러 도를 닦지 않는 중생을 비유한다. 수행에는 정진하지 않고 이 핑계 저 핑계 대며 게으름 피우는 중생을 비판한 것인데, 이러한 비판은 도수 스님의 「바쁘게 할 일」[65]에서도 볼 수 있다. 정찬주의 「수레와 소」[66] 역시 환경을 탓하지 말고 자신을 채찍질할 것을 우의한 작품이다.

그러나 수행에는 계율과 차례가 있는 법이니, 이것을 무시해서는 안 된다. 맹난자의 「꼬리와 머리」[67]는 『백유경』에 나오는 비유를 원용하여 계율과 차례의 중요성을 우의한 작품이다. 뱀의 꼬리와 머리가 서로 앞서겠

63) 「머리에 붙은 불을 끄듯」. 『풍경소리 2』, 샘터사, 2004, p.61.
64) 우리에게 「개미와 베짱이」로 널리 알려진 이야기인데, 원전에는 '매미'로 등장한다. *cf.* 이솝 · 유종호 옮김, 『이솝우화집』, 민음사, 2003, p.160. 「게으름뱅이여, 개미한테 가보라(2)」.
65) 「바쁘게 할 일」. 『풍경소리 2』, 샘터사, 2004, p.67.
66) 「수레와 소」. 『풍경소리』, 샘터사, 2001, pp.116~117.
67) 「꼬리와 머리」. 『풍경소리』, 샘터사, 2001, p.37.

다며 다투어 계율을 범한 결과는 서로가 서로를 끌고 공멸의 길로 들어가는 것이니, 공멸이 아닌 공생의 길로 나아가기 위해서는 계율과 차례를 지켜야 한다는 것이다.

한편 김성동의 「병속의 새」,[68] 문윤정의 「마음에 두지 말라」,[69] 『四十二章經』에서 뽑은 「순간을 산다」,[70] 맹난자의 「아무것도 감추고 있지 않네」[71] 등은 禪話 내지 禪詩에 가까운 글들이다. 선시와 선화는 우의·풍자·역설·아이러니·비유를 통해 표현될 때가 많다는 점에서, 우언과 유사한 점을 지니고 있다. 그러나 선화와 선시는 수행과 근기의 수준이 높은 소수의 수행자를 수신자로 하기 때문에 그 소통의 영역은 철저하게 제한되어 있다고 하겠다.[72] 이 가운데 맹난자의 「아무것도 감추고 있지 않네」를 보기로 한다.

> 송나라의 황산곡 시인은 참선을 마친 뒤
> 옆에 있던 조심(祖心) 선사에게 물었습니다.
> "논어에 보면 나는 너희에게 아무것도 감추고 있지 않다고 했는데
> 그 말씀이 바로 선(禪)과 같지요?"
> "잘 모르겠는데요. 우리 산책이나 할까요?"
> 두 사람은 물푸레꽃이 활짝 피어있는 산길을 따라 걷고 있었습니다.
> "향기가 어떻습니까? 좋지요?"
> 선사가 물었습니다.

---

68) 「병속의 새」. 『풍경소리』, 샘터사, 2001, p.44.
69) 「마음에 두지 말라」. 『풍경소리 2』, 샘터사, 2004, p.43.
70) 「순간을 산다」. 『풍경소리 2』, 샘터사, 2004, p.104.
71) 「아무것도 감추고 있지 않네」. 『풍경소리 2』, 샘터사, 2004, p.91.
72) 강석근은 그런 점에서 "선시와 선화는 표현·내용·수사법에서 우언과는 너무나 비슷하지만, 이미 일반인들에게까지 잘 알려진 일부의 선시를 제외하면 선시와 선화는 불교우언의 범주에 넣을 수 없다"고 한 바 있다. 그러나 소통의 영역이 제한되어 있다는 점을 근거로 선시와 선화를 불교우언의 범주에 포함할 수 없다는 주장에는 동의하기 어렵다. 우언은 기본적으로 말하기 방식 또는 글쓰기 방식과 관련된 개념이지, 그 소통의 영역 자체가 글의 성격을 규정하는 것은 아니기 때문이다. *cf.* 강석근, *op. cit.*, p.164.

"예, 좋군요."

"거 보시오. 아무것도 감추고 있지 않지요?"

孔子는 제자들에게 "그대들은 내가 무엇을 숨긴다고 여기는가? 나는 그대들에게 숨기는 것이 없노라. 행하고서 그대들에게 보여주지 않은 것이 없는 자가 바로 나이다."[73]라고 하였다. 제자들은 공자의 道를 대단히 높고 심오한 것으로 여겼지만, 공자는 실상 道란 것이 그렇게 높고 멀리 있는 것이 아님을 깨우쳐주어 제자들을 분발케 하고자 하였다. 일상의 모든 動作과 語默이 모두 道 아닌 것이 없는데, 제자들은 그것을 알지 못하고 다른 데에서 도를 구하고자 했기 때문이다. 祖心禪師 역시 黃山谷에게 물푸레꽃의 향기를 통하여 道란 결코 높고 멀리 있는 것이 아님을 보여주었다. 그렇거늘 도를 구하는 이들은 그것을 깨닫지 못하고, 멀리서만 구하고자 하니 도를 깨우치기가 어려운 것이다.

'풍경소리'의 불교우언은 그것이 불교의 기본 교리가 되었든, 불교 사상이나 수행의 자세 혹은 태도가 되었든, 종교적 메시지를 우의로 하고 있다. 그러나 우언을 통한 우의의 기탁이라는 점에서 어려운 불교 교리를 일반 대중의 큰 저항 없이 전달할 수 있는 장치를 확보하고 있는 셈이다. 물론 불교 교리나 사상을 얼마나 깊이 이해하고 그것을 실천에 옮길 수 있느냐는 또다른 차원의 문제가 될 것이다.[74]

---

73) "子曰 二三子 以我爲隱乎 吾無隱乎爾 吾無行而不與二三子 是丘也" 『論語』「述而」篇.

74) '풍경소리' 홈페이지의 자유게시판에는 불교우언의 우의에 대한 질문과 답변이 종종 보인다. 그러나 독자와 작가와의 직접적인 대화가 이루어지는 경우는 아직 없다. 풍경소리 사무처장이나 홈페이지 관리 담당자가 중간에서 우의의 소통을 중개하고 있는 형편인데, 그로 인해 불교우언의 우의는 또다른 측면에서 새롭게 해석될 가능성도 가지고 있다.

Ⅳ. 맺음말 - '풍경소리'를 통해 본 현대 불교우언의 가능성

이상에서 살펴본 '풍경소리'의 성격과 내용에 대한 검토를 바탕으로, 현대 불교우언의 가능성에 대하여 검토할 차례가 되었다. 포교단체로서 출범한 '풍경소리'는 전국의 지하철과 철도 역사 900여 곳에 게시판 '풍경소리'를 운영함으로써 불교우언을 현대 사회에 소통시켰다. 이를 통해 '풍경소리'는 일반 대중을 상대로 한 포교운동을 전개함과 아울러, 불교문화의 대중화에도 기여하였다. 6년여라는 길지 않은 기간에 현대인의 일상 속에 파고들어 그들의 바쁜 발걸음을 붙들고 마음을 움직일 수 있었던 것은 짧은 글 속에서 긴 여운과 잔잔한 감동을 전할 수 있었기 때문이다. 그것은 불교의 교리나 사상을 직설적으로 전달하는 데에서 얻어진 것이 아니라, 쉽고 평이한 언어로 누구나 공감할 수 있는 삶의 진실과 가치를 전하고자 했기 때문에 가능한 것이었다. 종교적 색채를 전면에 내세우지 않고, 드러내지 않은 가운데 불교의 기본 교리나 사상을 간접적으로 전달하는 우언의 방식은 그러한 점에서 매우 유용한 것이었다.

'풍경소리'는 과거에 등장하였던 불교우언들과는 달리 포교와 불교문화의 대중화라는 목적 뿐 아니라, 우언의 소통과 그에 따른 효과를 적극적으로 의식한 창작이라는 점을 특색으로 지적할 수 있다. 문화의 필요성과 가치를 자각하기 시작한 사회 분위기와 함께 새롭게 등장한 매우 의욕적이고 적극적인 불교운동의 하나라고 할 것이다. 특히 '풍경소리' 게시판이 일반 시민의 생활공간 속으로 들어옴으로써, 불교우언은 그 어느 때보다도 넓은 지평을 확보할 수 있게 되었으며, 영향력 또한 그 어느 때보다도 커졌다.

또한 '풍경소리'는 佛子 문인들과 승려에 의한 창작이 전체의 2/3 정도를 차지한다는 점에서 그 의의가 크다. 현대 불교우언의 활발한 창작 가능성을 예측케 하기 때문이다. '한국문학사에서 불교우언은 시대를 기준으로 역삼각형의 모습을 이룬다'는 지적[75]을 고려할 때, '풍경소리'의 등장은 매우 고무적인 현상이다. 후대로 오면서 불교우언의 창작이 위축되었던 것은 척불정책에도 그 원인이 있지만, 실상은 신자들을 설득하고 유인하려는 불교계 자체의 노력이 부족했기 때문이다. 때문에 일반 시민을 상대로 한 '풍경소리'의 적극적인 활동은 결국 불교우언 창작의 활성화를 추동하는 계기가 될 수 있다고 하겠다.

그러나 불교우언의 현대적 가능성을 점검할 때 주의할 것은, 불교우언이 본질적으로 교리와 비슷한 창작상황에 의해 유형화되는 특성을 가지고 있기 때문에, 작가의 개성을 발휘하는 데에는 애로점이 있다는 사실이다.[76] 이같은 사실은 '풍경소리'의 경우에도 예외일 수 없다. 두 달에 세 차례씩 6편의 작품을 꾸준히 내놓는 것도 중요한 의미를 갖지만, '풍경소리'가 처음 등장하였을 때 우리 사회에 던져 주었던 신선한 충격과 감동을 지속적으로 유지하는 것이 더욱 중요하다. 이것은 '풍경소리'가 앞으로 해결해 나가야 할 과제라 할 수 있다. 자기 갱신을 위한 노력을 게을리 할 경우, 동어반복의 매너리즘에 빠질 우려가 크기 때문이다. 그럼에도 불구하고, '풍경소리'는 현대 불교우언의 창작과 소통 가능성을 실천적으로 보여주었다는 점에서 중요한 의의를 지닌다고 할 수 있다.

---

75) 강석근, *op. cit.*, p.166.

76) *cf. Ibid.*, p.163.

2

제 2 부

중국 우언과의 비교

중국 우언의 수용과 재창조

- 柳宗元을 중심으로 -

Ⅰ. 머리말

중세 한문문명권의 보편적 글쓰기 방식의 하나였던 寓言은 작가가 처한 시대적·사회적 상황에 따라 다양한 형태로 거듭 창작되고 소통되어 왔다. 특히 韓愈나 柳宗元의 우언은 한문문명권 각국의 문인들에게 커다란 영향을 끼치면서 우언 창작의 규범 내지 전범으로 기능하였으리라 추정된다. 이는 李白과 杜甫, 韓愈와 柳宗元 같은 걸출한 시인과 문인이 이룩한 近體詩와 古文이 동아시아 중세문학의 최고창작물로 인정되어 지속적인 영향을 끼쳐 왔던 사실과도 무관하지 않다.[1)]

이 글은 柳宗元(773~819)을 중심으로 중국 우언이 우리나라에 수용되면서 변용·재창조된 양상을 검토하는 데 목적을 둔다. 이를 위해 여기에서는 먼저 유종원 문학의 수용과정을 살피고, 그의 우언을 수용·재창조한 사례를 들어 그같은 사실을 구체적으로 검토한다. 또한 그의 우언이 폭넓게 수용될 수 있었던 까닭이 무엇이었는지를 살피면서 중국 우언의 수용과 재창조가 지니는 의의에 대해서도 논해보고자 한다.

이같은 작업은 한문문명권 중심부에서 이루어진 문학창작의 규범 내지 전범이 중간부와 주변부로 수용되면서 새롭게 창작·변용되어 간 양상을 보여줄 것이다. 아울러 중심부와 중간부·주변부의 문학이 서로 복잡하고

1) *cf.* 조동일, 『공동문어문학과 민족어문학』, 지식산업사, 1999, p.47, pp.81~82.

다면적으로 얽혀있는 양상을 이해하고, 중간부 · 주변부의 문학이 문명권 공동의 문학의 진폭을 넓히고 자산을 풍성히 하는 데 적극 기여한 사실을 확인하는 작업이 될 것이다.

Ⅱ. 중세의 전범 학습과 유종원 문학

'述而不作'의 정신을 숭상하던 중세에는 선행 문학 유산에 대한 학습이 곧 창작으로 나아가는 통로를 마련하는 길이었다. 그 결과 한문문명권 공동의 典範으로 자리 잡은 儒家의 경전과 역사서, 제자백가서, 시문집 등 선행 텍스트에 대한 학습과 그에 대한 변형 규칙의 습득은 문학 창작의 주요한 원리가 되었다. 한문문명권 공동의 전범 역할을 한 것은 先秦 · 漢 · 唐 · 宋의 문화였고, 이를 재생산해야 한다는 관념은 중세 문인들의 공통적 생각이었다.2) 崔滋(1188～1260)는 일찍이 '천하가 한 집안이며 동일한 글을 사용한다'고 하였는데,3) 이는 중세공동문화를 건설하는 데 함께 참여함이 마땅하다는 것이었다.

1. 文集의 보급과 감상

유종원의 詩文은 한문문명권 공동의 문학 유산으로서, 전범 학습의 주요 대상 가운데 하나였다.4) 유종원의 문학이 정확히 언제부터 우리나라에

2) 김성룡, 「典範 학습과 중세의 문학교육」, 『문학교육학』 1, 한국문학교육학회, 1997, pp.275～282.

3) "詩僧元湛謂予云 今之士大夫作詩 遠託異域人物地名 以爲本朝事實 可笑 …(중략)… 予答曰 凡詩人用事不必泥其本 但寓意而已 況復天下一家 翰墨同文 胡彼此之有間 僧服之" 崔滋, 『補閑集』 中 제22화. 韓國學文獻硏究所 編, 『破閑集 · 補閑集』, 亞細亞文化社, 1972, pp.107～108.

4) 유종원은 그의 詩와 文 양면이 모두 전범 학습의 대상이 되었던 인물이다. 유종원의 시를 次韻한 작품은 헤아릴 수 없이 많으며, 그의 시는 『八家詩選』을 비롯한 각종 시선집에 수록되어 작시의 모범적 사례로서 학습의 대상이 되어 왔다. 李植(1584～1647)은 「學詩準的」(『澤堂集』 別集 권 14, 『한국문집총간』 88, pp.517

보급되었는지는 알 수 없으나, 고려 高宗 때 翰林諸儒가 지은 <翰林別曲>에 유종원의 문집이 등장하는 것으로 보아 적어도 12세기에는 그의 문집이 우리나라 문인들에게 널리 읽혔음을 알 수 있다.5) 한편 李奎報(1168~1241)의 『東國李相國集』과 李齊賢(1287~1367)의 『益齋集』에는 麗末 우리나라 문인들에게 끼친 유종원의 영향을 보여주는 기록이 남아 있다.

① 시는 격조 높아 黃庭堅의 體보다 낫고
글은 담이 커서 柳子厚의 風을 살렸어라.
다만 한스런 것은 태평한 나라 못 이루고
풀숲에서 외쳐대며 가을벌레 배우는 것이라.6)

② 하늘이 膽大한 기질을 주고 異人을 낳게 한다면 그런 이는 바로 우리나라 朴公을 두고 하는 말일 것이다. 그는 일찍 세상을 구제할 뜻을 품었고 諸葛亮과 王猛의 사람됨을 사모하였다. 史學에 각별한 취미가 있었으니 漢·唐 이래의 역사적 사실들을 어제 본 것처럼 생생히 써냈다. 글에서는 韓愈와 柳宗元의 문체를 따랐으며, 세상 물리에 환하여 심지어 음악, 의복제도에 이르기까지 정통하지 않은 것이 없었다. 거기에다 활쏘기와 공치기에도 능란하였으니 재주 있는 문관과 노련한 장수라도 그를 따르지 못하였다.7)

~518)에서 유종원의 五言古詩와 律詩, 七言歌行, 排律을 學詩의 모범으로 삼아 익혀야 할 대상으로 거론한 바 있다. 여기에서는 유종원의 詩에 대한 것은 제외하고 文에 국한해서 살펴보기로 한다.

5) "唐漢書 莊老子 韓柳文集 / 李杜集 蘭臺集 白樂天集 / 毛詩尙書 周易春秋 周戴禮記…"라고 한 <한림별곡> 제2장은 당시 문사들의 지적 편력을 엿볼 수 있게 하는 대목인데, 이 가운데 유종원의 문집이 들어 있어 그의 문집이 高宗 이전에 이미 수용되어 널리 읽혀졌음을 짐작할 수 있다.

6) "詩高全勝庭堅體 文膽猶存子厚風 但恨未成華國手 草間呼叫學秋蟲" 李奎報, 『東國李相國集』 권 12, 「廻安處士置民詩卷 在軍幕作」. 『한국문집총간』 1, p.416.

7) "天與膽氣 厥生異人 則我鷄林朴公是已 嘗有濟世之志 慕諸葛孔明王景略之爲人 又嗜史學 說漢唐已來事 袞袞如昨所覩者 爲文得韓柳體 善諳練物理 至於飮食服餌之事 無不精妙 又工射藝及打毬 雖材官宿將 莫及也" 李奎報, 『東國李相國集』 권 19, 「故戶部尙書檜谷居士朴公仁碩眞贊 幷序」. 『한국문집총간』 1, p.493.

①은 安置民의 글이 지닌 풍격이 담대한 유종원의 문장과 유사함을 말한 것이고, ②는 朴仁碩(1143~1212)이 유종원의 문풍을 익혔음을 말해주는 기록이다. 안치민과 박인석의 문장에 대하여 위와 같이 평가하였던 이규보는 유종원의 글에 대한 비판적 글쓰기를 시도하기도 하였다.[8] 이규보는 유종원의 <斬曲几>와 <乞巧文>을 근거로 그의 문장과 행적에 대해 평가하는 글을 남기기도 하였는데,[9] 유종원의 문학을 대상으로 행해진 이와 같은 글쓰기는 중세의 전범 학습이 단순한 수용의 차원에 머물지 않고 그에 대한 비판적 글쓰기로 나아갔음을 보여준다.[10]

『櫟翁稗說』에는 다음과 같은 기록이 보인다.

> ③ 퇴지(退之)와 자후(子厚)의 글은 고금(古今)의 사람들이 서로 강적(强敵)이라 일컬어오고 있는데, 한유(韓愈)와 유종원(柳宗元)의 글에는 논(論)·문(文)·서(書)·의(議)·서(序)·전(傳)·비(碑) 등이 갖추 있다. 한유의 송문창서(送文暢序)·오자왕승복전(圬者王承福傳)·서장중승전후(書張中丞傳後)·평회서비(平淮西碑)와 유종원의 복수의(復讐議)·재인전(梓人傳)·수양묘비(睢陽廟碑)·평회이아(平淮夷雅) 등의 글을 종류대로 편찬하여, 한 책으로 만들어 반복하여 읽으면 더욱 즐거울 것이다.[11]

> ④ 굴원(屈原)의 「천문(天問)」에 대하여 유자후(柳子厚)가 그 문(問)에 따라 답(答)한 글을 「천대(天對)」라고 하는데, 모두 글이 까다롭고 이해하기 어

---

8) 『東國李相國集』 권 22에 수록된 「反柳子厚守道論」과 「非柳子厚非國語論」 등이 그러한 사례이다. 이에 대해서는 조동일, 박희병, 김성룡 등의 논의를 참고할 수 있다. *cf.* 조동일, 「이규보」, 『한국문학사상사시론』(제2판), 지식산업사, 1998, pp.93~97. ; 박희병, 「이규보의 문예론」, 『한국의 생태사상』, 돌베개, 1999, pp.66~67. ; 김성룡, 「李奎報」, 『한국문학작가론』 1, 집문당, 2000, pp.122~125.

9) 李奎報, 『東國李相國集』 권 22, 「柳子厚文質評」. 『한국문집총간』 1, pp.520~521.

10) 이규보는 韓愈의 「雜說」에 나오는 龍과 구름의 관계를 사람과 文章의 관계로 해석하는 글을 쓰기도 하였다. *cf.* 李奎報, 『東國李相國集』 권 22, 「書韓愈論雲龍雜說後」. 『한국문집총간』 1, p.522. 이에 대해서는 별고에서 구체적으로 다룬 바 있다. *cf.* 尹勝俊, 「고려시대 우언의 한 양상-李奎報를 중심으로-」, 『高麗朝 漢文學論』, 민속원, 2004, pp.195~222.

11) 『국역 익재집』 II, 「역옹패설」 후집 1(민족문화추진회, 1984), p.144.

> 려웠다. 우리 집에 주회암(朱晦庵)이 이에 대하여 주해(注解)한 책이 있는데, 이를 읽으면 이른바 얼음이 녹듯이 의심이 풀리고 즐겁도록 문리(文理)가 순하여진다는 것을 알게 된다.[12]

③은 한유와 유종원이 이룩한 다양한 문체에 대한 평가와 그에 대한 학습의 필요성을 말한 것이고, ④는 유종원의 <天對> 중 난해한 부분을 朱子의 주해를 보고 이해할 수 있었다는 것으로, 당시에 이미 유종원의 문집에 대한 주해서가 유통되고 있었음을 증언해준다. 당대 고문운동을 주도했던 한유와 유종원은 原과 論, 序 등의 다양한 문체를 이용한 글쓰기를 개척하였던 바, 이들이 개척한 다양한 문체는 고려 후기 문인들에게 수용되어 다양한 산문 갈래의 출현을 가능하게 하였다.[13]

한편 元天錫(1330~?)은 유종원의 문집을 읽고 난 소감을 다음과 같은 시로 표현하였다.

長自懷沙事不忘	길이 「懷沙」로부터 잊을 수 없는 일
往還江海十餘霜	강과 바닷가 오가기 십여 星霜이라
悠悠萬里零陵夢	아득하구나. 만 리 밖 '零陵'은 꿈같은 곳
幾逐春風到故鄉	몇 번이런가? 봄바람 좇아 고향 갔던 것이.
竄逐窮荒恨未忘	궁벽하고 거친 곳으로 쫓겨난 恨 잊을 수 없어
對湘垂淚鬢如霜	湘水 대하여 눈물 뿌리니 귀밑털은 서리 같구나.
至今淸夜愚溪月	지금도 맑은 밤이면 '愚溪'에 달 떠올라
夢照先生入醉鄉[14]	꿈처럼 선생이 醉鄉에 드는 것 비추리라.

유종원의 불우한 생애에 대한 연민의 탓인지 원천석은 유종원을 屈原

---

12) *Loc. cit.*.

13) *cf.* 李貞任, 「高麗時代 碑誌文學 硏究」, 高麗大 博士學位論文, 1995. ; 洪性旭, 「性理學 受容期 散文의 硏究」, 高麗大 博士學位論文, 1998.

14) 元天錫, 『耘谷行錄』 권 1, 「讀柳宗元集 二首」. 『한국문집총간』 6, pp.138~139.

에 비유하고 있다.15) 憲宗의 황태자 책봉에 따른 大赦免令에서조차 八司馬가 제외됨에 따라, 유종원은 5년여에 걸친 永州 龍興寺 생활을 청산하고 근처의 '愚溪'로 거처를 옮기면서 <愚溪詩序>와 <愚溪對>를 지었다. 고향으로 돌아가고자 하는 꿈이 수포로 돌아가고, 시간이 흐르고 나이가 들어갈수록 남방의 궁벽한 오지에서 無望한 세월을 보내다 보니, 선친의 묘소 한번 관리하지 못하고 後嗣를 의탁할 곳조차 없던 것이 유종원이 처한 상황이었다. 유종원의 遊記와 寓言은 대부분 이 시기에 지어진 것으로, 그의 폄적생활과 깊이 연관되어 있다. 원천석이 남긴 시가 이 시기 유종원의 삶에 초점을 맞추고 있다는 사실이 그의 우언에 대한 수용과 이해를 보여주는 직접적인 증거가 될 수는 없지만, 그의 문학과 삶에 대한 이해가 어떤 점에 무게를 두었던가는 짐작할 수 있게 한다.

조선 초기에는 중국 유명문인들의 개인 시문집을 대량으로 구입하여 간행 보급하였는데, 유종원의 문집 역시 그같은 상황에서 간행 유통되었다. 태종과 세종대에 사서오경과 더불어 한유와 유종원 문장의 학습 필요성이 공론화되면서,16) 세종 20년(1438)에는 집현전에 명하여 韓·柳文의 註釋을 撰集토록 한다.17) 그에 따라 세종 21년(1439)에 『唐柳先生外集』이

---

15) 金允植(1835~1920)은 賈誼와 柳宗元을 비슷하다고 하면서 이 두 사람은 때를 만난 것은 屈原보다 어진데도 불구하고 明主에게 버림을 받았다고 생각하였기 때문에, 슬픔이 산마루처럼 높고 억울함이 湘水처럼 끝이 없었다고 하였다. "柳柳州 年少才富 驟進驟敗 彷佛賈生 …(중략)… 二者遭時 自謂賢於屈原 而見絶於明主 此所以哀恨共彬嶺積 而幽寃與湘水不盡者也" 『雲養集』 권 14, 「雜著」. 尹浩鎭, 「金允植의 '八家涉筆(其二)-柳文' 硏究」, 『한국 고문의 이론과 전개』, 태학사, 1998, p.662에서 재인용. 李瀷(1579~1624) 또한 "하늘이 특이한 인재를 내었건만 마침내 궁벽하고 황량한 데서 매몰되었으니, 어찌 애석한 일이 아니겠는가?"라고 하여 그의 불우한 생애를 안타까워한 바 있다. 이익, 『국역 성호사설』 X, 제27권 경사문, 「유자후」(민족문화추진회, 1978), pp.335~336.

16) 태종 11년(1411) 11월 1일(무오)자 실록 기사에는, 十學 都試를 통해 인재를 취하는 것에 대하여 사간원에서 상소를 올려 三館의 직사를 받은 자에게는 연말에 十學의 시험을 치르는 대신 四書·五經과 通鑑, 大學衍義, 楚辭, 韓·柳文에 통달하게 하고 권면하여 經書에 통하지 않는 것이 없고 이치에 밝지 않은 것이 없도록 해달라고 하였다. 또한 세종 12년(1430) 5월 18일(정사)에는 경연에서 임금이 검토관 權採에게 中庸·大學 뿐 아니라 杜詩와 韓·柳文 등을 모두 익힘이 가하다고 하였다.

간행되고, 그 이듬해에는 『唐柳先生集』이 간행된다.[18] 한편 中宗 18년(1523)에는 대제학 李荇(1478~1534)의 건의에 따라 한유 · 유종원의 문장과 이백 · 두보 · 소식 · 황정견의 시를 인쇄 보급토록 하는가 하면, 예조의 건의에 따라 散逸된 서적을 상을 주어 購募하도록 하는데, 한유와 유종원의 문집은 원하는 대로 값을 지급하고 구하도록 한다.[19] 중종 29년(1534) 『京本校正音釋唐柳先生集』이 간행되고, 선조 때 『諸家注柳先生集』이 간행되며, 숙종조에는 『柳柳州詩集』과 『柳文抄』가 간행되는 등 유종원의 문집은 조선 초기부터 후기에 이르기까지 지속적으로 간행 · 보급되었다.[20]

이처럼 문풍의 진작을 위해 간행 보급된 유종원의 문집은 우리나라 문인들에게 작문의 모범으로서 학습의 대상이 되었다. 더욱이 훌륭한 시문의 창작은 곧 관료로 진출할 수 있는 길이었기 때문에 중국 유명문인들의 개인 시문집은 적극적인 학습의 대상이 되지 않을 수 없었다.

2. 選集의 간행과 전범 학습

유종원의 문학은 개인 문집으로 간행 보급되는 한편 역대 문인들의 시문을 가려 뽑은 선집의 형태로 유통되기도 하였다. 그 대표적인 것이 『古文眞寶』, 『文章宗範』, 『唐宋八家文抄』 등이었다.[21]

송나라 말기의 학자 黃堅이 편찬한 『고문진보』는 우리나라의 경우 고

---

17) 증보판 CD-ROM 국역 조선왕조실록 제1집, 세종 20년 11월 30일 경술.

18) 尹炳泰, 『韓國書誌年表』, 한국도서관협회, 1972. 黃渭周, 「朝鮮 前期의 漢詩選集」, 『정신문화연구』 제20권 제3호(통권 68호), 한국정신문화연구원, 1997, p.37, 주 7)에서 재인용.

19) 증보판 CD-ROM 국역 조선왕조실록 제2집, 중종 18년 7월 19일 정해 ; 중종 37년 10월 2일 무인.

20) *cf.* 김학주, 『조선시대 간행 중국문학 관계서 연구』, 서울대학교출판부, 2000, pp.3~4.

21) 이밖에도 『四部手圈』, 『文叢』, 『古文選』 등의 選集에 柳宗元의 문장을 수록, 학습의 대상으로 삼았음을 알려주는 기록이 남아있다. 세종 12년 12월 10일(병자) 실록 기사. ; 정조 22년 11월 30일(기축) 실록 기사. ; 허목, 『국역 미수기언』 Ⅰ, 「문총서」(민족문화추진회, 1979), pp.59~61. ; 이덕무, 『국역 청장관전서』 Ⅰ, 「고문선 뒤에 씀」(민족문화추진회, 1978), pp.276~277.

려말인 14세기에 처음으로 간행·유통되기 시작하여 그동안 전범 학습의 기본 교재로 활용되어 온 『文選』의 자리를 차츰 대신하게 된다. 田祿生(1318~1375)의 『壄隱逸稿』에는 『고문진보』가 우리나라에 처음으로 들어와 간행·보급되던 과정이 기록되어 있다. 전록생은 공민왕 16년(1367) 7월에 慶尙道都巡問使가 되어 合浦에 出鎭하였는데, 이 해에 일찍이 구득해 온 『고문진보』를 增刪하여 간행했다고 밝히고 있다.[22] 『고문진보』는 그 뒤 세종 2년(1420) 管城(충북 옥천)에서 다시 간행되었으나, 이것은 합포에서 간행되었던 것과 다소 출입이 있었다. 이에 문종 2년(1452)에는 명나라 翰林侍讀 倪謙이 1450년 우리나라에 사신으로 오면서 가지고 들어온 『詳說古文眞寶大全』을 간행하였다. 그 뒤 이를 복각·보급하는 일이 많았는데, 金宗直이 발문을 부친 『상설고문진보대전』은 성종 3년(1472)에 목판본으로 간행한 것이다.[23]

본래 『고문진보』는 전집 10권과 후집 10권 등 총 20권으로 문체별로 편차되었는데, 우리나라에서 널리 유통된 『상설고문진보대전』은 전집 12권 후집 10권 총 22권으로 구성되어 있으며, 편차 역시 후집의 경우에는 저자의 시대순으로 되어 있다. 이 가운데 유종원의 작품은 전집에 4편의 詩가 수록되어 있고, 후집에 <梓人傳>, <答韋中立書>, <捕蛇者說>, <種樹郭橐駝傳>, <愚溪詩序> 등 10편의 文이 실려 있어 『고문진보』의 보급에 따라 유종원의 대표적인 시문은 전범 학습의 대상으로 자리잡아갔다.[24]

---

22) "十六年丁未七月壬辰 爲慶尙道都巡問使 出鎭合浦 嘗購得來古文眞寶 始增刪 刊行于世 嘗拜政堂文學" 田祿生, 『壄隱逸稿』 권 6, 「壄隱先生歷官略」. 『한국문집총간』 3, p.418. 한편 「舊說附」에는 "一說 先生嘗奉使入中國 始購來古文眞寶 手自刪增 其鎭合浦時 刊行于世 故至今讀古文者 必稱先生用功云"이라 기록되어 있다. 田祿生, 『壄隱逸稿』 권 5, 「舊說附」. 『한국문집총간』 3, p.413.

23) 金宗直, 「詳說古文眞寶大全跋」, 『壄隱逸稿』 권 4, 『한국문집총간』 3, p.408. 한편 김학주는 『고문진보』의 성격과 『상설고문진보대전』의 전래 및 간행, 『문장종범』·『문장궤범』 등 다른 선집과의 관계에 대해 검토한 바 있고, 정재철은 『상설고문진보대전』의 편자와 체재 및 내용에 대하여 소상히 검토한 바 있다. *cf.* 김학주, *op. cit.*, pp.111~122. ; 鄭載喆, 「『詳說古文眞寶大全』 연구-도학적 문학관의 적용 양상-」, 『한국한문학연구』 32, 한국한문학회, 2003, pp.23~54.

24) 許筠(1569~1618)은 『惺所覆瓿藁』에서 文戴公 成俔(1439~1504)의 말을 인용하여 "國初의 諸公이 모두 『古文眞寶』 前後集을 읽고 文章을 이루었기 때문에, 지

그런가 하면 선조 때에는 撰集廳에 명하여 한유·유종원·구양수·소동파 등 사가의 문장을 모아 『文章宗範』을 간행하도록 하였다.[25] 16세기 말·17세기 初가 명나라 前後七子의 저작이 수용되면서 조선 문단에 秦漢古文派가 성립되고, 그에 따라 전범 학습의 텍스트가 唐宋古文에서 秦漢古文으로 교체되어 가던 시기였다는 점을 감안하면,[26] 『문장종범』의 간행은 尹根壽(1537~1616), 柳夢寅(1559~1623),[27] 金尙憲(1570~1652), 趙翼(1579~1655), 鄭弘溟(1592~1650) 등으로 이어지는 진한고문파의 새로운 움직임에 대한 보수적 반동에서 결과된 것이라 할 수 있다.

또한 洪奭周(1774~1842)의 문집에 「題四家文抄」가 남아 있는 것으로 보아 韓·柳·歐·蘇 사가의 문장을 모아 별도로 간행한 것은 『문장종범』 외에도 더 있었던 것으로 보인다. 홍석주는 이 글에서 이들 사가의 문장은 비록 사서오경과 같은 聖人의 글에는 미치지 못하지만, 그것을 징검다리 삼아 理義의 지극함에 도달할 수 있다고 하여 그 학습의 의의를 강조하였다.[28] 兪莘煥(1801~1859) 역시 唐宋 古文을 발판으로 삼아 秦漢의 문

금까지 사람들이 글을 처음 배울 때에는 반드시 『古文眞寶』를 중시한다."[國初諸公皆讀古文眞寶前後集 以爲文章 故至今人士初學 必以此爲重]고 하여 당시 초학자들이 『고문진보』를 학습하던 상황을 증언하였다. 그런가 하면 端宗과 成宗, 中宗은 『고문진보』를 頒賜하여 학습토록 하였으며, 李珥(1536~1584) 역시 宣祖에게 자신의 문장 공부과정을 아뢰면서 『고문진보』를 언급한 바 있다. *cf.* 許筠, 『惺所覆瓿藁』 권 24, 「惺翁識小錄 下」. 『한국문집총간』 74, p.347. ; 증보판 CD-ROM 국역 조선왕조실록 제1집, 단종 즉위년 8월 8일 무진 ; 성종 6년 11월 24일 기사. ; 증보판 CD-ROM 국역 조선왕조실록 제2집, 중종 31년 3월 16일 신미. ; 선조 8년 6월 24일 신묘.

25) 증보판 CD-ROM 국역 조선왕조실록 제2집, 선조 38년 6월 30일 병오. 徐居正은 三代 兩漢의 문장처럼 융성한 때가 없었다고 하면서, 그보다는 못하지만 후세의 훌륭한 문장으로 韓·柳·歐·蘇 四家를 꼽았다. 증보판 CD-ROM 국역 조선왕조실록 제1집, 성종 6년 5월 7일 을묘.

26) *cf.* 姜明官, 「16세기 말 17세기 초 擬古文派의 수용과 秦漢古文派의 성립」, 『한국고문의 이론과 전개』, 태학사, 1998, p.99.

27) 柳夢寅은 先秦時代의 문장을 폭넓게 학습하고 尙古的 文章觀을 지녔음에도 불구하고, 柳宗元의 문장을 『大家文會』(1606)에 수록하면서 유종원의 문장이 지닌 精勁高古한 장점을 버릴 필요가 없다고 하였다. *cf.* 신익철, 『柳夢寅 文學 研究』, 보고사, 1998, pp.41~45.

28) *cf.* 鄭珉, 『朝鮮後期 古文論 研究』, 亞細亞文化社, 1989, pp.80~81.

장으로 올라가고 다시금 六經에 도달하는 단계를 설정하였다.[29] 이들 사가의 문장에 대한 존숭은 조선 후기까지도 지속된다.

한편 명나라 茅坤(1512~1601)이 초록한 『唐宋八家文抄』 역시 우리나라에 반입되어 적지 않은 영향을 끼쳤다. 일찍이 李植은 「作文模範」에서 義理의 本源인 시·서와 사서는 매일같이 읽어야 하며, 荀子와 楊朱, 주역 계사, 그리고 좌전과 예기를 숙독하도록 하며, 한유의 문장은 무엇보다도 먼저 익히되 평생 모범으로 삼아야 한다고 하면서, 명나라 茅坤이 초록한 八大家文을 모범으로 삼아 공부하라고 한 바 있다.[30]

그러나 164권에 달하는 茅坤의 『당송팔가문초』는 워낙 방대한 문헌이어서 다 읽어보기가 쉽지 않았다. 게다가 필기와 소설이 유행하고 명청의 패사소품체가 유입되면서 문풍은 날이 갈수록 달라졌다. 이에 정조는 순정한 문체를 지속시키기 위한 노력의 일환으로 문신과 그 자제들에게 소설류의 서적을 읽지 못하게 했으며, 모범적인 서적을 간행토록 하고 중국 서적의 유입을 금지시킨다.[31] 1781년 정조가 손수 『당송팔가문초』에서 뽑아 『唐宋八子百選』을 간행·반포하였던 것도 이같은 흐름과 무관하지 않다.[32] 『당송팔자백선』은 한유의 글 30편, 유종원의 글 15편, 구양수의 글 15편 등 100편의 글을 表, 上書, 箚子, 論, 策, 書, 序, 記, 雜著, 碑, 墓誌, 墓表, 傳 등 문체에 따라 6권 3책으로 엮은 책이다. 유종원의 글은 <封建論>과 <寄許京兆孟容書>, <答韋中立論師道書>, <始得西山宴遊記>, <愚溪對>, <種樹郭橐駝傳>, <梓人傳> 등 15편이 실렸다.

---

29) *cf. Ibid.*, pp.132~136.

30) "詩書正文 孟子正文 論語庸學 幷傳註 爲先熟讀 終身溫習 此義理本源 不可一日塞也 荀楊 乃韓文之所從出 數十篇抄讀 此外易繫辭 春秋三傳中左傳 禮記等書 有餘力則熟讀採穫 韓文 文之宗 不可不先讀 七八十首抄讀 若得臭味 仍以爲終身模範可也 然末學之得力者少 不可專爲歸宿 如詩之杜詩也 茅鹿門坤所抄八大家文最爲中正 柳之於韓 如伯仲 歐王曾 專出於韓 三蘇雖學莊國 亦不出韓之模範 大蘇雖詭 文氣不下於韓 以意爲主 筆端有口 以此爲歸宿地 抄讀七八十首 尋常熟覆 不必多讀而得力也" 李植, 『澤堂集』 別集, 권 14, 「作文模範」. 『한국문집총간』 88, pp.518~519.

31) *cf.* 김혈조, 「燕巖體의 成立과 文體反正」, 『고전비평연구 2』, 태학사, 1998, pp.33~50.

32) 증보판 CD-ROM 국역 조선왕조실록 제3집, 정조 5년 6월 13일 갑신.

李·杜의 시와 韓·柳의 문을 으뜸으로 여기던 조선 전기까지와는 달리, 農巖 金昌協(1651~1708) 이후 明清 문학론이 본격적으로 수용되고 정조의 문체반정을 겪으면서 조선후기 문단은 보수성이 강화되어 韓歐正脈에 집착하는 경향을 보였다. 그에 따라 전범 학습의 대상은 한유를 정점으로 하여 구양수와 曾鞏에게로 그 무게중심이 옮겨감으로써 유종원의 위치는 상대적으로 약화되지만,[33] 유종원 문학이 지닌 전범으로서의 지위는 조선말까지 커다란 변함없이 유지된다.

Ⅲ. 우언의 수용과 재창조

유종원은 시인이자 문인이었을 뿐만 아니라, 藩鎭과 宦官이 커다란 세력을 형성하여 부정과 모순을 양산하던 당대의 정치 현실을 목도하고 그에 대한 개혁을 주장했던 신진관료이기도 하였다. 805년 정월 德宗이 사망하고 順宗이 즉위하면서 조정의 권력을 장악한 王叔文·韋執誼 등은 당대의 사회 현실을 바로잡기 위해서 과감한 人事의 단행, 탐관오리의 징벌, 財政의 정리, 藩鎭 세력의 약화, 환관의 弄權 제동 등 개혁정책을 주도하였다. 그러나 順宗이 즉위한 지 6개월만에 물러나자 혁신정치에 참여했던 이들은 모두 처형당하거나 폄적되었다. 유종원은 이 때 王叔文에게 재능을 인정받아 禮部員外郎에 발탁되어 개혁정치에 동참하였던 터였다. 결국 유종원은 邵州刺史로 좌천되었다가 도중에 永州司馬로 폄적되는데, 이때부터 10년 동안 永州에서 지내게 된다. 유종원의 寓言은 대부분 이 시기에 지어진 것들이다.

永州 폄적기에 지어진 유종원의 우언은 그 양이 많지는 않다. 陳蒲清은 유종원의 우언으로 모두가 인정하는 작품에는 다음과 같은 것들이 있다고 하였다.

---

33) *cf.* 鄭珉, *op. cit.*, pp.43~53.

三戒, 羆說, 鞭賈, 蝜蝂傳, 哀溺文, 憎王孫文, 罵尸蟲文, 謫龍說, 東海若, 宥蝮蛇文, 鶻說

논자는 이상의 11편과 아울러 <種樹郭槖駝傳>, <梓人傳>, <永州鐵爐步志>, <設漁者對智伯>, <李赤傳>, <河間傳>, <劉叟傳>, <序碁>, <行路難>, <辨伏神文> 등 10편도 우언으로 간주해야 한다고 하였다.[34] 이를 모두 합하여도 유종원의 우언은 총 20여 편 안팎에 지나지 않는다. 유종원은 당대 현실에 바탕을 둔 전형적 형상의 창조와 부패한 사회현상에 대한 신랄한 풍자를 통해서 이전에는 볼 수 없었던 우언의 새로운 경지를 개척하였다. 뿐만 아니라 독립된 제목을 사용하여 한 편의 독립된 우언을 창작한 첫 번째 작가이며, 정밀하고 정확한 묘사를 통해 우언 형상을 창조해냈다는 점에서 높이 평가되고 있다.[35]

유종원의 문집이 비교적 이른 시기부터 유통되었고, 『고문진보』나 『당송팔가문초』와 같은 선집이 반입・유통되면서 오랜 기간 전범 학습의 대상이 되어왔던 사실에 비추어 볼 때, 그의 우언은 우리 우언문학사에 적지 않은 영향을 끼쳤을 것이다. 여기에서는 <種樹郭槖駝傳>과 <梓人傳>, <三戒>에 초점을 맞추어 유종원 우언의 수용과 재창조 과정을 구체적으로 살펴보고자 한다.

1. 〈種樹郭槖駝傳〉과 金摯鉉의 〈老柏說〉

<種樹郭槖駝傳>을 창작의 소재로 활용한 金摯鉉(1823~1906)의 <老柏說>은 유종원 우언의 수용 사실을 명시적으로 보여줄 뿐 아니라, <종수곽탁타전>의 우의가 다양한 층위로 확대 해석되면서 소통되었음을 보여주는 자료이기도 하다.

주지하듯이 <종수곽탁타전>은 곱사등이 곽탁타의 나무 심는 법을 통해 治道를 논한 글이다. 곽탁타가 나무를 심는 법은 나무의 천성을 그대

34) 천푸칭 씀, 오수형 옮김, 『중국우언문학사』, 소나무, 1994, p.232.
35) *cf. Ibid.*, pp.232~241.

로 따르는 것일 뿐, 특별한 것이 아니었다. 다른 이들과 차이가 있다면, 아침저녁으로 가서 보고 또 돌아보고 하면서 지나치게 애정을 쏟거나 걱정하는 일이 없는 것이었다. 대개 사람들이 나무를 사랑한다고 하는 행위는 나무를 해치는 것이었고, 걱정한다고 하는 것 또한 나무에게 원한을 사는 일이었다.[36] 곽탁타는 그런 일을 하지 않았기 때문에 그가 심은 나무들은 잘 자랄 수 있었다.

金鑋鉉은 이와 같은 <종수곽탁타전>을 단서로 <노백설>을 지었다. 그러나 <종수곽탁타전>과는 상대적인 상황을 설정하여 자신의 不遇한 처지와 그 속에서도 변치 않는 굳은 節操를 나타내고자 하였다.

> 뜰 한 쪽 구석에 오래된 잣나무가 있으니 매우 작다. 혹이 난 듯 부풀어 올랐고 주먹을 쥔 듯 구부러진 것이 위로는 하늘에 닿는 가지가 없고 아래로는 돌을 뚫고 뻗어나간 뿌리가 없으면서도 혹 꽃을 피우기도 하고 혹 시들기도 한다. 이러기를 12년, 땅이 맞지 않아서인가? 아니면 제대로 길러줌을 얻지 못해서인가? 아이들은 말라 죽지나 않았나 하여 혹은 그 가지를 꺾어 보기도 하고 또 혹은 그 껍질을 손톱으로 긁어 보기도 하니, 郭橐駝가 나무의 천성을 따랐던 것과는 차이가 크다. 쓸모없는 나무인가? 큰 재목으로 쓸 나무가 아닌가? 쓸모없는 나무라면 차라리 無何之鄕 廣莫之野에 심어 사람들의 害를 입지 않으면서 天壽를 누리게 함이 더 나을 것이다.
>
> 아! 나 또한 쓸모없는 散木이다. 궁벽한 오두막에서 나이 들어갈수록 점점 더 야위고 시들어갔으니, 얼마나 탄식했던가? 마침내 後凋之節을 취하여 새로이 흙을 북돋아주고 잡초를 뽑고 김을 매어 길러주니, 한 오라기 生氣가 성대히 피어오르고 검고 노란 싹이 돋아나 지난날 아무것도 없던 때와는 달랐다. 이에 나무의 不遇함이 사람의 不遇함과 다를 바 없음을 알았다.

---

36) 유종원은 관리들이 백성을 다스리는 것도 이와 같은 형국이라고 한다. "然吾居鄕 見長人者好煩其令 若甚憐焉 而卒以禍 旦暮吏來而呼曰 官命促爾耕 勗爾植 督爾穫 早繅而緖 早織而縷 字而幼孩 遂而雞豚 鳴鼓而聚之 擊木而召之 吾小人輟飧饔以勞吏者 且不得暇 又何以蕃吾生而安吾性耶 故病且怠" 『柳宗元集』, 권 17, 「種樹郭橐駝傳」, 中華書局, 1979, p.474.

> 그러나 나무의 不遇함은 사람에게 있는 것이라 知遇를 입음은 쉬운 법이다. 그러나 사람의 不遇함은 하늘에 달려 있는 것이라 知遇를 입기가 어려우니, 어찌 그 쉬운 것을 가지고 어려운 것을 비교할 수 있겠는가? 한겨울에 우뚝 솟은 것은 胡康侯의 절조이고 눈 속에 푸른 것은 邵堯夫의 절조이다. 쓰러진 나무에서 돋아난 싹이 비록 무성한 듯해도 그것이 구름을 뚫고 하늘을 가리는 커다란 나무로 자라나 大夏의 棟梁으로 쓰일지 어찌 알겠는가?[37]

뜰 한 쪽 구석의 오래된, 그러나 키 작은 잣나무를 두고 지은 글이다. 10년이 넘었음에도 쭉 뻗어 올라간 가지 하나 없고 뿌리 또한 든든하게 내리지 못한 채, 피고 시들기를 반복할 뿐이다. 나무란 무릇 심을 때는 자식처럼 사랑하더라도 내버려 둘 때는 잊은 듯이 하여야 그 天性이 온전해지는 법이다.[38] 그렇거늘 이리 찔러보고 저리 찔러보며 잠시도 쉬지 못하게 하면서, 어떻게 우뚝한 잣나무의 기상을 기대할 수 있겠는가? 심고 기르기를 곽탁타와는 달리 하면서 그가 심고 기른 나무처럼 되기를 기대하는 것은 온당한 일이 아니다.

김경현은 나무의 不遇나 사람의 不遇가 다를 바 없지만, 나무의 知遇는 사람에게 달려 있는 데 비해 사람의 知遇는 하늘에 달려 있으니, 불우한 인재가 뜻을 얻기가 얼마나 어려운 일이냐고 묻는다. 스스로를 가리켜 '쓸모없는 散木'이라 하면서도, 잣나무가 되어 桃李의 얼굴빛을 짓지 아니하였고 龍虎의 자태나 琥珀의 빛도 취하지 않았으며, 오직 곧은 마음과

---

37) "庭畔有老栢 甚小 擁腫焉 拳曲焉 上無叅天之枝 下無裂石之根 而或榮或悴 至于四三年 抑土非其宜歟 抑其養不得歟 兒輩疑其枯槁 或折其枝而驗之 或爬其膚而視之 與郭槖駝順木之天者 遠矣 無乃散木耶 不材之木耶 如其無用 不若樹之於無何之鄕廣莫之野 不被人害而得終天年之爲愈也 噫 余亦無用底散木也 窮廬白首枯落何歎 乃取後凋之節 番土以培之 鋤草以養之 藹然有一線生氣 玄芽黃萌 非復昔日之濯濯矣 是知木之不遇 猶人之不遇 然木之不遇在人 其遇也易 人之不遇在天 其遇也難 則豈可以所易者較其所難者哉 大冬挺秀者 胡康侯其操也 雪裏色靑者 邵堯夫其節也 顚木之蘖 雖若蔥靑 安知其干雲蔽日而爲大廈棟梁之用哉" 金擎鉉,『止雲集』卷 3,「老柏說」.『止雲先生文集』, 景仁文化社, 1997, pp.274~275.

38) "其蒔也若子 其置也若棄 則其天者全而其性得矣"『柳宗元集』권 17,「種樹郭槖駝傳」, p.473.

굳은 절조만을 지켜왔다고 자부하는 것이 작자이다.[39] 김경현은 늙은 잣나무를 '온갖 變故를 겪고도 굳세고 당당하게 서 있는 志士·仁人'에 비한 朱子의 글을 빌어 그같은 자부심을 더하고 있다.[40]

본래 유종원의 <종수곽탁타전>은 목민관으로서 백성을 다스리는 치자의 도를 논한 것이지만, 이를 단서로 쓰여진 김경현의 <노백설>은 굳은 절조를 지키며 살아가는 불우한 인재들의 상황을 대변한 것이었다.[41] 그런 점에서 <종수곽탁타전>이 民本思想에 바탕을 둔 글이라면, <노백설>은 인재 등용이 원만하게 이루어지지 않는 세태에 대한 비판에 초점을 맞춘 글이라고 할 수 있다.

2. 〈梓人傳〉과 崔忠成의 〈雜說〉

일찍이 李齊賢은 한유와 유종원의 글을 소개하면서 <復讐議>·<平淮夷雅> 등과 함께 <梓人傳>을 거론한 바 있었다.[42] 『고문진보』나 『당송팔가문초』, 『당송팔자백선』 등에 수록되기도 한 <재인전>은, 이들 선집이 전범 학습의 기본 텍스트로 이용되면서 널리 수용될 수 있었다. 이는 <종수곽탁타전>의 경우도 마찬가지였다.

주지하듯이 <재인전>은 '楊潛'이라는 이름을 가진 梓人 이야기를 통해 宰相의 도리를 밝힌 글이다[余謂梓人之道 類於相]. '천자를 보좌하고 천하를 돕는 이의 법이 될 만하다[是足爲佐天子相天下法矣]'고 하였으니,

---

39) "吾且爲柏而不爲桃李顔者 非取龍虎之姿琥珀之脂也 惟貞心勁節 是愛 同余者何人" 金擎鉉, 『止雲集』 卷 3, 「老柏說」. p.275.

40) "余嘗讀晦父老柏之文 有曰 焚斫之餘 屹然不僵 如志士仁人 經歷變故 而剛毅獨立" *Loc. cit.*.

41) 金擎鉉은 <梅友說>에서도 그같은 뜻을 드러내고 있다. "嗚呼 我亦梅也 梅亦我也 若使幸而生於桃李名園之中 則富貴春風 氣條任達 腴幹豪肥 而乃生於窮簷墝埆之處 拳曲焉 鬱澁焉 無一勝巢之枝 抑梅之不遇 亦人之不遇歟 摩挲而問于梅 梅也笑而不答" 金擎鉉, 『止雲集』 卷 3, 「梅友說」. pp.276~277.

42) 이제현, 『국역 익재집』 II, 「역옹패설」 후집 1(민족문화추진회, 1984), p.144. 李瀷 또한 什器나 簡冊에 그것을 만든 이의 이름을 새기는 제도에 대하여 상고하면서 <梓人傳>을 거론한 바 있다. *cf.* 이익, 『국역 성호사설』 V, 제13권 인사문, 「物勒工名」(민족문화추진회, 1978), pp.126~127.

천자를 보좌하고 천하를 돕는 자는 곧 재상이다. 그가 인재를 등용하여 높은 자리에 앉히고, 지휘하고 부려서 기강을 바로잡고 법도를 정돈케 함으로써 천하 모든 사람들을 편안하게 하는 것은, 梓人이 여러 工人들을 잘 운용하여 집을 짓는 것과 같기 때문이다. 그러나 재상의 도리는 여기에 그치는 것이 아니다. 재물에 현혹되어 자신의 도리를 끝까지 다하지 않거나, 일을 그르친 책임을 천자에게 전가해서는 안 되기 때문이다. 그런 점에서 <재인전>은 '재상의 治國의 구체적인 임무와 去就의 道理를 논한 宰相論'[43]이라고 한 吳洙亨의 지적은 정곡을 꿰뚫고 있다.

張維(1587~1638)는 <재인전>에 대하여 다음과 같은 글을 남겼다.

> 柳子厚가 <梓人傳>을 지었는데, 梓人이 궁실을 잘 짓는다고 칭찬하면서 "오늘날에는 都料匠이라고 부른다."라고 하였다. 그런데 「考工記」를 살펴보면, 나무를 다스리는 工匠이 일곱 있는데, 梓人과 匠人은 각각 그 중의 하나이다. 梓人은 筍簴나 飮器, 射侯 등을 주로 만들 뿐, 일찍이 궁실을 만들지 않았으니, 궁실을 만드는 것은 匠人의 직분이었다. 그래서 唐나라 때에도 오히려 都料匠이라고 일컬었던 것인데, 子厚는 匠을 梓로 바꾸어 놓았으니, 아마도 옛 기록을 자세히 살피지 못한 탓인 듯하다. 또 이른바 '곡직과 방면, 형세를 자세히 살피는 것[審曲面勢]'은 百工이 모두 하는 바로, 大匠만 그렇게 하는 것은 아니다. 우연히 「考工記」를 보다가 그냥 생각이 나서 써 본다.[44]

『周禮』 「考工記」를 읽다보니, <재인전>의 '梓人'은 '匠人'이라고 했어야 한다는 것이다. 또한 '楊潛'만이 아니라 장인이라면 누구나 '審曲面勢' 하는 법인데, 유독 '양잠'만 그렇게 하는 것처럼 형상화한 것은 잘못되었다는 것이다. 그런 점에서 匠石을 주인공으로 한 崔忠成(1458~1491)의

---

43) 吳洙亨, 「柳宗元散文硏究」, 서울대 박사학위논문, 1992, p.248.

44) "柳子厚作梓人傳 稱梓人善爲宮室 今謂之都料匠云 按考工記 攻木之工七 而梓與匠各居一焉 梓人則主爲筍簴飮器射侯而已 未嘗爲宮室 爲宮室者 匠人之職 故在唐時猶稱都料匠 而子厚以匠爲梓 恐考之不詳 且所謂審曲面勢者 百工皆有之 非獨大匠爲然也 偶觀考工記漫記之" 『谿谷集』, 「谿谷漫筆」 권 1. 『한국문집총간』 92, p.569.

<雜說>[45)]은 <재인전>을 재창조한 예로 이해할 수 있다.

> 옛날에 匠石이 큰 집을 지으려고 마룻대와 들보로 쓸 큰 재목을 구하였으나 얻지 못한 것이 오래되었다. 太山의 아래와 長谷 사이에 가시나무 덤불 속에서 자라난 소나무가 있었는데, 쑥덤불 사이에 파묻히고 소나 양에게 짓밟혀 제대로 자라지 못하였다. 匠石이 이를 보고 탄식하였다.
>
> "보기 드문 놈이로다! 마룻대와 들보로 쓸 큰 재목이로다. 허나 제대로 자라지를 못하였구나. 그러니 네 놈을 쓰고자 한들 어디에 쓸 수 있으리?"
>
> 옆에 있던 나무꾼이 말했다.
>
> "그러면 잡초를 베어내고 가시나무를 잘라내어 雨露에 젖게 하고 뿌리가 자라도록 해서 가지와 잎이 무성하게 되어 쓸 만한 재목이 될 때를 기다리면 되지 않소?"
>
> "아! 어느 곳엔들 큰 재목이 없겠는가? 꼭 여기서 나무를 길러 쓸만하게 될 때를 기다릴 게 뭐 있나?"
>
> 匠石은 소매를 떨치고 가버렸다.
>
> 사방으로 두루 재목을 구하여 여러 산을 오르내리며 가지 않은 곳이 없었으나 끝내 얻지 못한 것이 또한 백 년이 넘었다. 돌아오는 길에 이 소나무를 보니 곧게 줄기를 뻗어 푸른 구름을 뚫고 높이 자랐으며 우뚝 솟은 가지는 봉황이 와서 둥지를 튼 흔적이 있었다. 匠石이 이에 희색이 만면하여 스스로 말하기를 '마룻대와 들보로 쓸 큰 재목을 얻었구나.' 하였다. 나무꾼이 이를 보고 웃으면서 말하였다.
>
> "큰 나무는 들보로 쓰고 작은 나무는 서까래로 쓰면 크고 작은 것이 모두 제 쓰임을 얻나니, 이와 같은 법을 펴서 집을 짓는 것은 匠氏의 功이요, 긴 것만 쓰고 짧은 것은 버리는 것은 匠氏의 용렬함이다. 집 지을 재목을 구하려 하면서도 재목을 기를 줄 모른다면, 이것은 또한 3년을 말린 좋은 쑥을 구하려 하면서도 이를 기르지 않는 것이 아니겠는가?"[46)]

---

45) 『山堂集』 권 3에 실려 있는 이 글은 홍성욱이 「雜說 硏究-說 文體의 장르적 특징과 관련하여-」(『漢文學論集』 19, 槿域漢文學會, 2001)에서 소개한 바 있다.

46) "昔者匠石方營大廈 求棟梁之材而未之得者 盖亦有年矣 太山之下 長谷之間 有松

'楊濳'이라는 梓人의 집 짓는 법을 빌어 재상론을 전개한 것이 <재인전>이었다면, <잡설>은 '匠石'의 求材를 통하여 인재양성의 절실함을 피력한 글이라 할 수 있다. 최충성은 '선비란 집 짓는 데 필요한 나무와 같은 법'이니, 국가의 동량이 되고 주춧돌이 될 인재를 양성하지는 않고 단지 인재가 없다고 한탄한다면, '정말로 인재가 없는 것인가, 아니면 인재가 있음에도 불구하고 기르지 않는 것인가?'라고 반문한다.[47] 더욱이 커다란 인재는 하루아침에 이루어지는 것이 아님을 강조하고 있기에,[48] 국가 경영의 원대한 안목을 우의한 것이라 할 수 있다.

최충성은 이 밖에도 2편의 <雜說>을 더 남기고 있는데, 『山堂集』 권 1에 수록된 <잡설>에서는 沙石에 묻혀 있는 荊山의 玉이라도 卞和와 같이 그것을 알아보아서 갈고 다듬어 훌륭한 보석을 만들 수 있는 이를 만나야 귀해질 수 있는 것과 마찬가지로, 인재도 그를 알아주는 이를 만나야 비로소 빛을 발할 수 있음을 말하였다.[49] 또한 권 3에 수록된 <잡설>에서는 太山 아래 長谷 사이에 사는 곤궁한 괴물(天淵之龍)이 오랫동안 버림받았다가 同類가 아니라고 하여 마침내 승천하여 만물에 혜택을 베

栢生於荊棘之中 困於蓬蒿 厄於牛羊 而未之長焉 匠石於是見而歎之曰 異哉 是爲棟梁之材 而惜其未之長焉 雖欲用之 何嗟及矣 傍有樵夫曰 若然則胡不艾草而斬荊棘 滋雨露而養其根 冀枝葉之峻茂 而以爲用也 匠石曰 噫 何所獨無大材 而必於此養之待其用哉 拂袖而去 旁求四方 登山陟岡 無所不探 而卒未得者 盖亦百有餘年矣 返而見是松 則亭亭直幹 上出乎靑雲之間 落落高枝 曾經乎鳳凰之宿矣 匠石於是欣欣然有喜色 而自以爲得棟梁之材 樵夫見而笑之曰 大木爲杗 小木爲桷 大者小者 各得其宜 施而成室者 匠氏之功也 取長而棄短者 匠氏之拙也 求材而不養其材者 不亦三年之艾而不畜者乎" 崔忠成, 『山堂集』 권 3, 「雜說」. 『한국문집총간』 16, p.605.

47) "士之於國 猶木之於宮室也 …(중략)… 欲得其材而反謂天下無材者 噫 其眞無材耶 其亦有材而莫之養耶" *Loc. cit.*.

48) "天之品物也 固大小早晩之不同類焉 盖小草芊芊而春榮秋枯 大椿落落而八千歲而長 八千歲而老 物必久而後成者 可以爲大矣" *Loc. cit.*.

49) "世有卞和 然後知卞和之玉可貴也 夫玉之産於荊山而埋於沙石者 盖無世無之 人人莫不見之 而誰知是玉之可以爲器也 必待卞和 然後可以雕琢而無瑕也 夫然後可以成其器也 夫然後可以高其價也 然則玉不自貴 而貴之者和也 …(중략)… 玉以人而貴 人以玉而名 豈非相須者乎 …(중략)… 爲人反不如和玉之相成 其可謂之智乎" 崔忠成, 『山堂集』 권 1, 「雜說」. 『한국문집총간』 16, p.586.

푸는 것을 통해, 불우한 처지에 있지만 커다란 뜻을 품은 인재들을 버려두어서는 안 됨을 말하였다.[50] 두 편 모두 앞에서 살펴보았던 <잡설>과 마찬가지로 인재들이 버림받지 않는 세상에 대한 꿈을 담고 있다고 하겠다.

3. <三戒>와 林象德의 <雜說二首>, 尹愭의 <雜說三>

「臨江之麋」, 「黔之驢」, 「永某氏之鼠」 등 3편으로 이루어진 <三戒>는 유종원의 대표적 우언으로, 자신의 본분을 모르는 고라니와 당나귀, 쥐들의 이야기를 통해 세인들에게 경거망동하지 말 것을 경고하고, 당시 군벌과 환관의 음모에 대한 경계가 부족하여 정치혁신이 실패하고 말았다는 뜻을 담았다.[51]

蘇東坡(1036~1101)가 <二說>을 짓고 鄧牧(1247~1306)도 <二戒>를 짓는 등 후대 문학에 커다란 영향을 끼친 <삼계>는 우리나라 문인들에게도 큰 영향을 끼쳤다. 근세의 화가이자 수필가인 金瑢俊(1904~1967)은 호를 '黔驢'라 하였는데, 『근원수필』(1948)에 실은 「黔驢之技」에서 '검려'

50) "太山之下 長谷之間 有怪物焉 蠕蠕然 蠢蠢然 無羽翼而能飛也 無爪蹄而能走也 …(중략)… 於是潛形於尺澤之中 以待其成材之日 而不自知其水之將涸也 …(중략)… 鳳凰飫聞其聲而不之濟焉 麒麟厭見其勢而不之恤焉 若是者何哉 非其類也 而素不知尺澤之苦也 …(중략)… 凡士之志於大道 忘其衣食 而竟爲飢寒之害 遂成沈痼之疾者 不知幾多人也 …(중략)… 夫物之變化 莫測其端 豈可以庸微而不以仁之哉" 崔忠成, 『山堂集』 권 3, 「雜說」. 『한국문집총간』 16, pp.605~606.

51) 천푸칭, *op. cit.*, p.237. 한편 段醒民은 『柳子厚寓言文學探微』에서 당시의 역사적 정황을 근거로 세 작품의 풍자대상을 구체적으로 지적한 바 있다. 즉 「臨江之麋」의 고라니는 憲宗이 신임하던 환관 吐突承璀를, 「黔之驢」의 당나귀는 永貞改革黨의 政敵이었던 竇群을, 그리고 「永某氏之鼠」의 쥐는 宦官의 무리라고 지적하였다. *cf.* 吳洙亨, *op. cit.*, p.171. 유종원은 <三戒>를 짓게 된 동기를 이렇게 말했다. "나는 세상 사람들이 자기 본분을 미루어나가지는 아니하고 외물을 빌어 자신을 내세우는 것을 항상 증오해왔다. 혹은 권세에 의지해서 자기와 맞지 않는 부류와 어울리려고 하고, 혹은 재주를 부려 강자의 노여움을 사기도 하며, 또 혹은 기회를 틈타 마음대로 못된 짓을 한다. 그러나 종국에는 그들 모두가 화를 입고 만다. 어떤 사람이 고라니와 당나귀, 쥐의 이야기를 하였는데, 이런 일들과 비슷하여 삼계를 짓는다."(吾恒惡世之人 不推己之本 而乘物以逞 或依勢以干非其類 出技以怒强 竊時以肆暴 然卒迨于禍 有客談麋驢鼠三物 似其事 作三戒) 『柳宗元集』 권 19, 「三戒」, p.533.

라는 호를 갖게 된 내력에 대해 설명하면서 유종원의 「黔之驢」를 소개한 바 있다.[52] 그는 「검지려」에 등장하는 당나귀가 자신의 우졸함을 감출 줄 모르고 대수롭지 않은 재능을 드러냈다가 목숨을 잃고 마는 것을 통해 스스로를 되돌아보는 기회로 삼았다.

유종원의 우언 <삼계>가 우리나라 문인들에게 수용되어 새로운 우언으로 재창조된 사례는 林象德(1683~1719)의 <雜說二首>와 尹愭의 <雜說三>에서 볼 수 있다. 임상덕은 숙종 31년 增廣別試 殿試에서 3등으로 합격하여 정언, 지평, 홍문관부교리, 이조좌랑, 이조정랑 등을 역임하였던 인물로, 尹拯(1629~1714)을 스승으로 모셨으며 經學에 뛰어났던 것으로 알려져 있다.[53] 그의 <雜說二首>에는 "우리 집과 우리 마을에는 닭과 범에 대한 자못 기이한 일이 두 가지 있다. 이를 기록하여 '雜說' 2편을 만드니, 또한 子厚의 '三戒'와 같은 類이다."[54]라는 병서가 붙어 있다. <雜說二首>는 「子老雞」와 「陷穽虎」 2편으로 이루어져 있는데, 이들은 각기 자신의 힘을 믿고 不義를 행하는 이들에 대한 경계와 눈앞의 이익을 탐하다가 큰 것을 놓치고 마는 경거망동에 대한 경계의 뜻을 담고 있다. 그렇지만 「子老雞」는 늙은 수탉이 자신의 힘을 믿고 기존에 하던 방식대로 하려다가 달라진 상황에 대응하지 못하고 도리어 피해를 당하고 만다는 점에서 「永某氏之鼠」를 새롭게 재창조한 것이라 할 수 있고, 「陷穽虎」는 함정에 빠진 호랑이가 섣불리 반응하지 않다가 주어진 상황을 잘 이용하여 마침내 목숨을 건진다는 점에서 「黔之驢」를 反模倣한 것으로 이해할 수 있다.[55] 먼저 「子老雞」부터 보기로 한다.

> 집에서 닭을 친지 오래되었는데, 해마다 여름에서 가을로 넘어갈 때가 되면 병아리들은 털과 깃, 발톱이 조금씩 자라고 옹기종기 모여 다니며 무리를 이

---

52) 김용준, 『근원수필』(3판), 범우사, 2000, pp.19~25.

53) *cf.* 홍성욱, *op. cit.*, p.244.

54) "吾家與吾鄕 有雞虎二事頗奇 書之爲雜說二篇 亦子厚三戒之類也" 林象德, 『老村集』 권 4, 「雜說二首」. 『한국문집총간』 206, p.79.

55) 그런 점에서 林象德의 <雜說>은 실상 柳宗元의 <三戒>와 내용상 차이를 보이고 있다고 한 홍성욱의 지적은 재고를 요한다. *cf.* 홍성욱, *op. cit.*, pp.244~245.

> 루었다. 어떤 이가 내게 늙은 수탉 한 마리를 주었는데 체구가 매우 크고 싸움을 잘 하는 놈이었다. 늙은 수탉은 자기가 힘이 세고 또 나이도 많은지라 뭇 병아리들을 만나면 자못 방자하게 굴었다. 자기가 다니는 길에는 병아리들이 얼씬대지 못하게 내쫓고 음식도 빼앗아버렸으니, 병아리들은 그 고통을 견디지 못하였다.
>
> 하루는 수탉이 채마밭에서 모이를 쪼고 있었는데 매우 천천히 움직이고 있었다. 병아리 떼가 오는 것을 보고는 기뻐하며 전에 그랬던 것처럼 호령하고자 하였다. 그런데 병아리들이 갑자기 나란히 줄지어 서더니, 끝에 서 있던 놈이 몸을 곧추 세우고 싸우려 달려들었다. 수탉은 우습게 여기고 그 놈의 꽁무니를 차 버렸다. 꽁무니를 채인 병아리는 곧 달아났다. 이번에는 그 다음에 있던 녀석이 이어 달려 나와 두세 번 덤비더니 그 놈도 곧 달아났다. 달아나면 또 다음 녀석이 나오고 앞놈이 나가면 뒷놈이 들어오니, 수탉은 화가 더욱 치밀어 힘껏 쳤지만 병아리들은 계속 차례로 나와 그 줄이 다하도록 모두 한번씩 싸웠다. 그리하여 싸움이 또한 삼사 십 합에 이르렀는데, 가장 먼저 패주하였던 녀석이 또 달려드니 수탉은 더욱 화가 치밀었지만 힘이 점점 부쳐서 때리는 것이 처음 같지 못하였다. 병아리들은 수탉이 더 이상 견디지 못할 것을 알고 마침내 무리를 모아 한꺼번에 좌우에서 공격하니 수탉은 이들에 대적할 형편이 아니었다. 이에 날개를 접고 부엌을 돌아 달아나니 병아리들이 승세를 타서 다투어 추격하여 담장으로 몰아붙여서는 마구 차 죽여 버렸다.[56]

임상덕은 이 글 마지막에 '힘에 의지해서 자신의 강함만을 믿고 뭇 사람들에게 不義를 행하는 자치고 패하지 않은 자가 드물다'고 하였다.[57]

---

56) "家故祝雞 每夏秋之交 子雞毛羽爪距始成 揖揖成羣 人有遺老牡雞者 體尨然特大 善鬬 蓋負其力 又年尊 遇衆子雞無狀 行則羣驅之而奪之食 衆雞不勝困 一日 牡獵於圃 得甚施施 來見衆雞 喜若將號令如前爲者 衆雞忽行列立 其末者挺然逆戰 牡意無之 踢其顚 輒走 次末者續而進 二三合 亦輒走 走則又次末者進 前者出而後者入 牡怒益出力搏之 子雞益以次進 沒其行 皆一戰 戰亦已三四十合 於是 最先敗者又赴之 牡怒益甚 力益倦 搏法稍稍不如初 衆雞度不支 遂傾羣合趨左右迫 牡勢莫敵 曳翅繞除北走 衆乘勝競追之 隘於牆 雜蹴殺乃已" 林象德, *op. cit.*, p.79.

자신의 힘만을 믿고 늘 그렇듯이 병아리들을 우습게 대하는 수탉의 태도는, 마치 주인을 믿고 아무런 거리낌 없이 온 집안을 헤집고 다니는 永州某氏네 쥐들을 연상시킨다. 권력의 비호 아래 힘없는 자들을 수탈하는 노회한 무리의 상징으로서, 나이 많고 덩치가 큰 수탉은 「永某氏之鼠」에 등장하는 '쥐'와 동질적 존재인 것이다. 그런 점에서 임상덕의 「子老雞」는 등장인물을 새롭게 창조함으로써 「永某氏之鼠」의 우의를 그대로 살려낸 우언이라고 할 수 있다. 때문에 '기회를 틈타 제멋대로 못된 짓을 하는' [竊時以肆暴] 무리들이 끝내 패망하고 만다는 서사적 결말은 그렇지 않은 현실에 대한 통렬한 풍자임을 잊어서는 안 된다.[58]

한편 「陷穽虎」는 <三戒> 가운데 「黔之驢」를 反모방한 작품이다.

> 현의 어느 마을에서는 사나운 호랑이에게 해를 입을까 걱정하여 함정을 팠는데, 과연 이 함정을 이용해 호랑이를 잡았다. 마을의 한 소년이 함정 주위에서 아래를 살펴보다가 미끄러져 아래로 떨어지고 말았다. 호랑이는 애당초 이 아이에겐 관심이 없었다. 마을 사람들이 놀라 달려왔지만, 아무리 생각해도 구출해낼 방도가 없었다. 마침내 굵은 두레박줄을 드리우고 위에 붙잡아 매었다. 호랑이가 문득 이 줄을 잡았으나 올라올 수는 없었다. 사람들이 활을 쏘고 돌을 던지며 위협하자, 호랑이는 그 아이를 찢어먹으려는 듯 갑자기 아이의 옷을 물어뜯었다. 마을의 古老가 말하였다.
> "아, 지혜로운 호랑이로다. 어서 함정의 문을 열어라."
> 마침내 문을 열자 호랑이가 뛰쳐나왔고, 아이 또한 온전하게 구출할 수 있었다. 지난번 그 어리석은 호랑이였다면 반드시 하루아침의 노여움을 이기지 못하고 사람들에게 사납게 굴었을 터이나, 이번 호랑이는 그렇지 않았으니, 지혜롭다고 하지 않을 수 있겠는가? 무릇 호랑이의 포악함과 용맹함으로도 자신을 위해 일을 도모함에 그 주밀하고 원대하기가 이와 같으니, 기이하도다.[59]

---

57) "雖然 亦有倚力恃强 行不義於衆者 罕不敗" *Ibid.*, p.80.

58) 홍성욱은 이와 같은 서사적 결말을 두고 "힘이 있어도 의롭게 사용되어져야 하고 힘이 부족하더라도 지혜만 있다면 충분히 자신의 결점을 극복할 수 있다는 것을 보여줌으로써 강자에 대해서는 경계를 약자에 대해서는 자신의 역량을 잘 헤아려 지혜롭게 처신할 것을 요구하고 있다."고 하였다. 홍성욱, *op. cit.*, p.247.

호랑이 앞에서 섣불리 울어 젖히고 발길질을 해대며 자신이 가진 얼마 되지 않는 재주를 다 드러내보였다가 결국 잡아먹히고 만 것이 黔 땅의 당나귀였던 데 비해, 「陷穽虎」의 호랑이는 함정에 빠졌어도 어떻게 해야 살아나갈 수 있을지를 신중하게 생각하고 행동함으로써 자신의 목숨을 건졌다. 드리워진 줄은 호랑이가 타고 올라올 수 있는 것이 아니었기에 거기에 매달릴 수 없고, 함정에 떨어진 소년을 잡아먹는다 한들 자신의 목숨이 보장될 수 있는 것도 아니다. 함정에서 나갈 수 있는 길이 열려야만 목숨을 건질 수 있다는 사실을 잊지 아니하고 섣불리 행동하지 않은 호랑이에게서 隱忍自重하며 大事를 도모하는 방법을 배워야 한다는 것이다. 백수의 왕이라고 하는 호랑이도 자신을 위해 일을 도모하는 방식이 이렇거늘, 그만 못한 존재는 더 말해 무엇 하겠는가? "재앙은 방심하는 데에서 일어나고, 훌륭한 생각은 근심 걱정하는 데에서 생겨난다."[60]는 말 역시 경거망동을 경계하고 매사에 신중하게 대처하라는 교훈을 전달하기 위해서 가져온 것이다. 「陷穽虎」의 寓意는 「黔之驢」와 다를 바 없다. 다만 그것이 상반된 상황의 설정을 통해 전달되고 있다는 점에서, 「陷穽虎」는 「黔之驢」를 反모방하여 재창조한 것이라고 하겠다.

그런가 하면 尹愭(1741~1826)는 <雜說三>을 남겼는데, 그 중 세 번째 이야기는 <삼계> 가운데 「臨江之麋」를 모의하여 새롭게 창작한 작품이다.

> 어떤 사람이 남에게서 강아지를 얻어 기르는데, 강아지가 작고 처음 왔기 때문에 자주 먹이를 주고 매번 안쓰럽게 여기면서 쓰다듬어 주었다. 그 집에 있던 늙은 개는 이에 속으로 한을 품었지만 겉으로는 사랑하는 척하였다. 주인이 보기만 하면 강아지를 핥아주고 안아주는가 하면, 강아지 몸에 붙어 있는 이를 깨물어주기도 하고 파리를 쫓아주기도 하였다. 이에 주인은 전혀 의

59) "縣某里 患惡虎 置穽焉 果獲 里少年 從穽上俯窺之 跌而墜 虎初若不見者 里人驚走視 計無出 相與垂大綆 懸上之 虎輒抱不得上 投矢石懼之 虎輒少囓 裂人衣 爲將磔食狀 里老父曰 噫 智虎也 亟啓穽之門 遂啓虎出 人亦獲全 向使虎愚也 必不勝一朝之怒 而逞于人 今不然 可不謂智矣乎 夫以虎之暴猛 爲其身謀 迺周遠若此異哉" 林象德, *op. cit.*, p.80.

60) "得非所謂禍起於不虞 而慮生於憂患者耶" *Loc. cit.*.

> 심하지 않았다. 며칠 후 마침내 개는 밤에 주인이 깊이 잠든 틈을 타 이빨을 세워 강아지의 목을 물어 죽이고는 문 밖에 물어다 내놓았다. 날이 밝아 주인이 일어나자, 늙은 개는 주인의 옷을 끌어 강아지가 있는 곳으로 와서는 슬피 울며 강아지의 시신을 가리켜 보였다. 모름지기 속으로 죽이고자 하는 마음을 품고서 겉으로 애련히 여기는 모습을 보여 주인으로 하여금 의심하지 않게 하였고, 또한 그 악독한 짓을 이미 행하고서도 강아지가 죽은 것이 자기 때문이 아닌 것처럼 하였으니, 교활하도다. 개도 이러하거늘 하물며 사람이야 어떠하겠는가?[61]

「臨江之麋」는 자신이 고라니임을 잊고 개들을 진정한 자신의 친구라고 생각하며 가깝게 지내다가 결국 개들에게 잡혀 먹히는 고라니, 그의 어리석음에 초점을 맞춘 작품이다. 반면 윤기의 <잡설> 세 번째 이야기는 겉으로는 강아지를 사랑하는 척 하지만 속으로는 강아지를 질투하여 마침내 주인 몰래 물어 죽이는 악독한 짓을 하고서도 태연히 모르는 척 하는 늙은 개의 교활함에 초점을 맞추고 있다. 이처럼 「臨江之麋」와 <잡설>은 서술 시각이 피해자와 가해자 가운데 어디에 맞추어져 있느냐는 다르지만, 주인 몰래 주인의 사랑을 받는 동물을 기존에 사랑받던 동물이 시기하고 질투하던 끝에 물어 죽인다는 이야기의 기본 구조에서는 차이가 없다.

그런데 두 작품을 세밀히 검토하면 기본 구조는 동일함에도 불구하고, <잡설>이 「臨江之麋」를 그대로 옮겨놓고만 있지는 않음을 알 수 있다. 「臨江之麋」의 대립과 갈등은 '고라니'와 '개'라는 異類 사이의 것이며, 고라니를 잡아먹는 것이 고라니와 함께 생활했던 '사냥꾼의 개들'이 아니라 고라니를 처음 본 '들개[外犬]'들인 반면, <잡설>에서는 '강아지[狗兒]'와 '늙은 개[老狗]'라는 新舊間의 대립을 전제로 한 同類 사이의 갈등이며,

61) "人有得狗兒於人 將畜之 爲其小且新來 頻與之食 每憐撫之 家有老狗 陰恨而陽愛 見輒舐抱 且爲之齧蚤蠅 人不疑之 居數日 狗乃夜乘人睡熟 直牙其吭殺之 銜以出諸門外 及明人起 狗牽人衣 至狗兒處 哀鳴指示 夫內懷欲殺之心 而外示憐愛 使人不疑 旣售其毒 又若其死之 不由於己 狡哉 狗且然 況人乎" 尹愭,『無名子集』文稿 冊五,「雜說三」.『한국문집총간』256, p.249.

이들은 모두 주인집에서 함께 생활하는 존재였다는 점에서 유종원의 「臨江之麋」를 새롭게 재창조한 <잡설>의 독자적 세계를 읽어낼 수 있다.[62] 이와 같은 <잡설>의 창조적 형상은 작품 내의 갈등과 대립 관계를 더욱 명확하게 함으로써 작자가 전달하고자 하는 바가 선명하게 드러나도록 하는 데 기여하고 있다.

Ⅳ. 맺음말 - 유종원 우언 수용과 재창조의 의의

동아시아 중세문학의 최고창작물 가운데 하나로 인정받아 온 柳宗元 문학은 李白이나 杜甫, 韓愈 등 중국 유명문인들의 詩文과 함께 문학 창작의 전범이 되어 창작을 위한 학습 대상이 되어 왔다. 유종원 문학에 대한 우리나라 문인들의 언급은 李奎報나 李齊賢 등 고려후기에서부터 찾아볼 수 있는데, 특히 <種樹郭橐駝傳>, <梓人傳>, <三戒>를 비롯한 그의 우언이 소통되고 새로운 우언 창작의 원천으로 작용하였던 사실은 崔忠成, 張維, 林象德, 尹愭, 金擊鉉 등 여러 문인의 글을 통해 확인된다.

유종원의 우언은 소통과정에서 이야기 속에 깃들어 있는 우의가 새롭게 해석되기도 하고(金擊鉉의 <老柏說>), 다양한 방식으로 재창조되기도 하였다. 몇몇 사례를 통해 볼 수 있는 유종원 우언의 재창조 방식으로는 ① 서술 시각을 달리하여 새로운 우의를 전달하는 방법(崔忠成의 <雜說>, 尹愭의 <雜說三>), ② 등장인물을 달리 설정하여 새로운 우언을 창조하는 방법(林象德의 <雜說> 중 「子老雞」, 尹愭의 <雜說三>), ③ 원작과는 정반대되는 이야기를 꾸며 새로운 우언을 창조하는 방법(林象德의 <雜說> 중 「陷穽虎」) 등이 있었다. 이처럼 다양한 방식으로 재창조된 우언은 그 소통과정에서 유종원의 본래 우언 형상 및 우의와 함께 중층의 형상과 우의를 창출함으로써 한문문명권 공동의 문학유산 폭을 넓히고 깊이를

---

62) 윤주필은 尹愭의 <雜說三>에 등장하는 '늙은 개'를 '기득권을 자신의 고유 권리로 여기는 수구파 인물'의 환유로 보았다. *cf.* 윤주필, 『틈새의 미학』, 집문당, 2003, p.201.

더하는 데 기여하였다고 평가할 수 있다.[63]

유종원의 우언이 널리 수용되고 재창조될 수 있었던 것은 그의 우언이 지닌 현실풍자성 때문이 아니었을까 한다. 유종원이 처했던 현실과 창작 배경을 고려하면, 그의 우언은 당시의 정치 혹은 사회상황과 분리해서 이해될 수 없다. 그럼에도 불구하고 그가 창조한 우언의 형상은 특정 시공간에 국한된 것이 아니라 언제 어디서든 일어날 수 있는 보편성을 지닌 것이었기 때문에 우리나라에 수용되어서도 자유로운 해석과 재창조가 가능했다고 보는 것이다.[64] 그같은 사실은 비록 독립된 우언은 아닐지라도, 屈原의 「懷沙」에서 가져온 '蜀犬吠日'의 형상이 具鳳齡(1526~1586)과 洪聖民(1536~1594)에 의해 거듭 재창조되었던 사실과 무관하지 않다.[65] 이는 <捕蛇者說>의 영향으로 이루어진 權斗寅(1643~1719)의 <石茸說>과 尹愭(1741~1826)의 또다른 <雜說>이 있다는 점에서도 개연성을 인정할 수 있다.[66]

이처럼 우리나라 문인들에게 수용되어 재창조된 중국 우언은 유종원의 우언만이 아니다. 『莊子』 우언을 비롯하여 韓愈와 劉禹錫 등 중국 유명문인들의 우언은 우리나라에 수용되면서 다양하게 재창조되었다.[67] 이 글에

63) 이러한 사실은 '間텍스트성' 내지 '間문화성'의 개념과도 상통한다. 중세 한문문명권에서 전범 학습의 대상이 되었던 선행 텍스트들은 이를 바탕으로 창작된 후대 문학텍스트의 의미를 형성하는 데 부단히 간섭하여 왔다. 때문에 새로운 텍스트의 의미는 선행 텍스트 또는 문화적 규범과의 끊임없는 대화 속에서 추출되어야 한다. 그 결과 새로운 텍스트는 일정 부분 선행 텍스트에 빚지지 않을 수 없지만, 다른 한편으로는 선행 텍스트를 더욱 풍성하게 하기도 하는 것이다. *cf.* 장원철, 「한문산문에서의 미학적 특성」, 『한국한문학과 미학』, 태학사, 2003, pp.248~249.

64) 오수형은 이 점이 곧 유종원의 풍자우언이 지닌 우수성이라고 지적한 바 있다. *cf.* 吳洙亨, *op. cit.*, p.171.

65) *cf.* 尹勝俊, 『動物寓言의 傳統과 寓話小說』, 月印, 1999, pp.256~265. ; 양현승, 『한국 '說'문학 연구』, 박이정, 2001, pp.96~100.

66) 이 두 작품에 대해서는 양현승과 윤주필이 각각 소개한 바 있다. *cf.* 양현승, *op. cit.*, pp.292~295. ; 윤주필, *op. cit.*, pp.198~208.

67) *cf.* 김영, 「한·중 우언의 욕망구현 양상」, 『韓國漢文學硏究』 31, 韓國漢文學會, 2003. ; 金泳, 「老莊의 生態思想과 寓言」, 2003년도 한국한문학회 추계학술발표요지, 2003.9.26.

서 중국 우언의 수용과 재창조라는 문제를 유종원에 초점을 맞추어 살펴보았을 뿐이다. 한문문화권 각국에서 이루어진 우언의 수용과 재창조에 대한 비교 연구를 통해 동아시아 우언을 종합적으로 검토하고 일반이론을 수립하는 일은 앞으로 해결해야 할 과제이다.[68]

---

68) 윤주필의 「한문문명권 우언론 비교 연구」(『동아시아 우언론과 한국의 우언문학』, 집문당, 2004)는 그같은 연구의 필요성과 가능성을 이론적 측면에서 제시하고 접근한 업적이다.

敦煌 俗賦 〈鷰子賦〉와 朝鮮後期 訟事型 寓話小說

- 韓·中 寓言의 比較的 觀點에서 -

Ⅰ. 문제의 제기

敦煌에서 발견된 <鷰子賦>는 <茶酒論>과 함께 唐代의 대표적인 長篇 寓言詩로 알려진 작품이다.[1] 참새가 제비집을 강점하는 사건을 다루고 있는 <연자부>는 '당시의 부패한 정치상황 및 상층계급의 생활상을 질박한 언어를 통하여 생동감 있는 형상으로 풍자'한 민간문학,[2] '鳥類에게 사회상 어떤 유형의 인물(군 출신 관료)의 성격을 부여'한 寓言,[3] 또는 '唐代 中葉 지방의 토호들이 朝廷의 括戶政策을 역이용하여 逃戶 신분의 서민들에게 부리는 횡포'를 풍자한 講唱文學으로 평가받고 있다.[4] 이 글에서 이같은 <연자부>가 <황새결송>·<鼠大州傳>·<鼠同知傳>·<까치伝> 등 朝鮮後期 訟事型 寓話小說과 적지 않은 유사점을 가지고 있다는 점에 주목한다.

특히 한문문화권 각국의 寓言은 공통의 특정 전범을 토대로 하면서도, 각기 처한 시대적 사회적 상황에 따라 달리 수용·변이되어 왔다는 점에

---

1) *cf.* 천푸칭 씀, 오수형 옮김, 『중국우언문학사』, 소나무, 1994, pp.214~217.
2) 張振離, 「從<鷰子賦>看民間文藝」, 『敦煌變文論文錄』 下, 明文書局, 1985, pp.767~772.
3) 천푸칭, *op. cit.*, p.215.
4) 全弘哲, 「講唱文學의 敍事體系와 演行樣相 硏究」, 韓國外國語大 博士學位論文, 1995, pp.135~144.

서, <연자부>는 한문문화권에 속하는 각국 우언의 독자성과 공통성을 밝히는 데에도 유용한 비교 연구의 대상이 된다. 여기에서는 조선후기 송사형 우화소설과의 비교를 통해 그같은 사실을 확인함과 아울러, 한문문화권 각국 우언에 대한 비교 연구의 필요성과 의의를 검토하고자 한다.[5)]

또한 우언 창작의 원리와 관습을 고려할 때, <연자부>는 조선후기 송사형 우화소설 형성과정에 대한 새로운 논의를 가능하게 할 것으로 기대된다. 그동안 조선후기 우화소설의 형성과정에 대해서는 여러 측면에서 논의되어 왔으나,[6)] 우언의 창작이 선대 작품의 모방('反모방'을 포함하여)을 통하여 이루어져 왔다는 점을 고려한다면,[7)] <연자부>와 조선후기 송사형 우화소설의 관계는 새롭게 조명할 필요가 있다.

이 글은 이와 같은 문제를 고찰하기 위하여 다음과 같은 순서로 논의를 진행한다. 먼저 <연자부>의 내용을 소개하고 송사형 우언으로서의 특성을 검토한다. 그리고 조선후기 송사형 우화소설과 비교 검토하면서 그 공통점과 차이점을 각각 분석한다. 끝으로 우언 창작의 원리와 관습을 토대로 조선후기 송사형 우화소설의 형성과정을 재론한다.

Ⅱ. 〈연자부〉의 내용과 訟事構造

<韓朋賦>와 함께 민간 설화를 강술한 것[8)]으로 알려진 <연자부>는

5) 저자는 韓中 寓言을 비교 검토하는 데 일차적 관심을 기울이고 있다. 이같은 연구의 필요성은 尹柱弼에 의해서도 지적된 바 있다. *cf.* 尹勝俊, 「韓·中 寓言의 比較 硏究(1)」, 『國文學論集』 第16輯, 檀國大學校 國語國文學科, 1999, pp.185~205. ; 윤주필, 「한문문화권의 우언 글쓰기의 방법과 의의」, 『한국문학연구의 새로운 방향 모색』(나손 선생 서거 10주기 기념 학술대회), 나손학술상 심사위원회, 2000, p.55.

6) 송사형 우화소설의 형성과정에 대해서는 그동안 조선후기 鄕村社會의 變動을 반영하면서 說話, 假傳, 動物寓言의 영향 내지 교섭을 통하여 형성된 것으로 논의되어 왔다. 金台俊 이후 李尙九, 신경숙, 蘇仁鎬, 鄭出憲, 민찬, 李憲洪, 尹勝俊 등에 의하여 이같은 사실이 검토된 바 있다.

7) *cf.* 윤주필, *op. cit.*, pp.28~30.

8) 王慶菽은 <연자부>가 하나의 완전한 寓言 故事를 서술한 것이라고 하였으며,

서로 다른 형식의 두 가지 텍스트를 가지고 있다.[9] 하나는 4言 위주의 賦 형식으로 된 것이고, 다른 하나는 長篇 5言詩로 된 것이다. 편의상 전자를 '甲本'이라고 칭하고, 후자를 '乙本'이라 칭한다. '갑본'과 '을본'은 상이한 형식에도 불구하고, 양자 모두 참새의 제비집 강탈로 말미암은 訟事 사건을 중심으로 하고 있다. '갑본'과 '을본'의 내용[10]은 다음과 같이 정리할 수 있다.

<甲本>

① 중춘 2월 제비가 勝地를 점쳐 둥지를 마련하다.

② 제비가 없는 틈에 참새가 제비의 둥지를 차지하다.

③ 제비가 돌아와 울부짖자, 참새들이 제비를 때려서 내쫓다.

④ 제비가 봉황에게 訴狀을 올려 참새를 벌해 줄 것을 청하다.

⑤ 봉황이 구욕새를 시켜 참새를 잡아오게 하다.

⑥ 참새는 시간을 끌며 지체하려 하나, 구욕새가 즉시 참새를 잡아가다.

⑦ 잡혀 온 참새가 봉황에게 제비의 소송은 무고라고 강변하다.

⑧ 참새와 제비를 대질 심문한 후, 봉황이 참새에게 곤장 5백대를 치고 옥에

兪泰揆는 敦煌講唱文學을 佛經故事變文과 非佛經故事變文으로 나누고, 다시 非佛經故事變文을 내용에 따라 講史變文·時事變文·說話變文으로 나누면서 <연자부>를 說話變文에 넣고 있다. *cf.* 王慶菽, 「試談'變文'的産生與影響」, 『敦煌變文論文錄』 上, 明文書局, 1985, pp.263~264. ; 兪泰揆, 「敦煌講史變文硏究」, 成均館大 博士學位論文, 1993.

9) <연자부>의 異本으로는 ① Pelliot 2653, ② Pelliot 2491, ③ Pelliot 3666, ④ Pelliot 3757, ⑤ Stein 6267, ⑥ Stein 0214, ⑦ Stein 0554 등 7종이 알려져 있는데, ① Pelliot 2653만이 '갑본'과 '을본'을 모두 담고 있을 뿐 나머지 6종의 이본은 '갑본'만으로 되어 있다. 그 결과 돈황 자료를 정리한 보고서 및 연구서들은 ① Pelliot 2653을 저본으로 하면서 다른 이본들을 참고하여 <연자부>의 원문 비정 작업을 해 놓고 있다. 이본에 대한 대비 검토는 王重民, 潘重規 등 중국 학자들에 의해 이루어진 바 있어, 그 구체적인 대비는 기존의 업적에 미룬다. *cf.* 王重民, 『敦煌變文集』(上·下), 人民大學出版社, 1957. ; 潘重規, 『敦煌變文集新書』(上·下), 中國文化大學 中文硏究所, 1984.

10) <연자부> 원문은 唐代의 민간속담과 방언 및 은어 등이 섞여 있어 번역이 쉽지 않다. 이 자리를 빌려 번역문을 제공해 주신 우석대 중국통상학부의 全弘哲 선생님께 감사드리며, 이후 이 글에서 제시하는 원문의 번역은 전홍철 선생님의 초역에 필자가 약간의 손질을 한 것임을 밝혀둔다.

가두라고 하다.

⑨ 제비가 기뻐하다.

⑩ 참새의 형제인 때까치와 비둘기가 제비에게 같은 동물로서 너무 심한 처사가 아니냐고 항변하다.

⑪ 참새의 아내가 옥에 갇힌 남편을 찾아가자, 참새는 아내에게 구욕새를 찾아가 청탁하라고 하다.

⑫ 참새가 간수에게 뇌물을 줄 터이니 형틀을 벗겨달라고 청하나, 간수가 거절하다.

⑬ 참새가 심문관에게 뇌물을 줄 터이니 편하게 해달라고 청하나, 심문관이 거절하다.

⑭ 참새는 제비의 고소가 무고라고 변론하며, 上柱國의 功勳으로 속죄할 것을 청하다.

⑮ 봉황이 참새의 변론을 받아들여 석방하라고 판결하다.

⑯ 풀려 난 참새는 제비를 불러 화해하고, 이웃 마을로 가 함께 살다.

⑰ 鴻鶴이 서로 다투어 訟事를 벌인 참새와 제비를 욕하다.

⑱ 참새와 제비가 鴻鶴을 조롱하며 시를 지어 보라고 하다.

⑲ 鴻鶴이 시 한 수를 지어 주자, 참새와 제비가 화답시를 지어 그들의 뜻을 보이다.

<乙本>

① 참새와 제비가 開元歌를 부르다.

② 봄이 되어 돌아온 제비가 옛집에 둥지를 틀다.

③ 겨우내 제비 둥지에서 妻子와 함께 지내던 참새를 만나다.

④ 참새와 제비가 서로 자신의 집이라며 다투다.

⑤ 제비가 참새를 붙들고 봉황에게 가 고소하다.

⑥ 봉황 앞에서 제비와 참새가 차례로 변론하다.

⑦ 봉황은 제비에게 둥지를 돌려주라고 판결하고, 이에 제비는 기뻐하다.

⑧ 참새가 제비에게 사과하고, 제비 역시 돈을 주면 참새에게 집을 팔겠노라고 하다.

'갑본'이 송사의 빌미가 된 사건의 발생에서부터 재판의 진행 과정과 이를 둘러싼 제반 상황을 구체적으로 형상화하고 있어 敍事的 性向이 두드러진 賦 형식의 寓言이라면, '을본'은 참새와 제비 사이의 論爭(특히 ④와 ⑥)에 상당한 분량을 할애하고 있는 歌讚 형식의 寓言이다. 그러나 '갑본'의 서사가 참새와 제비 사이의 대립과 다툼, 그로 인해 제기되는 송사와 봉황의 판결에 초점을 맞추고 있고, '을본'의 논쟁 역시 집주인을 둘러싼 참새와 제비 사이의 다툼과 변론에 할애되고 있다는 점에서, 형식이나 서술상의 차이를 뛰어넘어 근본적으로 양자는 모두 참새와 제비 사이의 다툼 및 그 해결을 내용의 기본축으로 하고 있다. 결국 제비와 참새가 서로 자신의 집이라며 다투고 싸움을 벌인 끝에 봉황에게 송사하여 사건을 해결하는 <연자부>는 ('갑본'과 '을본' 모두) 전형적인 송사형 우언인 것이다.

<연자부>의 송사구조는 (가) 송사의 빌미가 된 '사건', (나) '송사'의 제기 및 재판이 열리기까지의 과정, (다) 재판과정에서의 '변론'과 그에 대한 '판결', (라) 판결 뒤의 '후일담'으로 분석할 수 있다. 먼저 (가) 송사의 빌미가 된 '사건'이다. '갑본'(①~③)의 경우, 다음에 보는 것처럼 참새는 제비의 집을 강탈한다.

> 마침 누런 참새가 한 마리 있었으니, 머리는 뾰족한 것이 길가에서 머뭇대고 있었다. 강자에게 아부하고 약자를 능멸하는 이 놈은 제비가 없음을 보고는 들어와 제멋대로 노략질하였다. 그러다가 제비가 지어놓은 집이 아름답고 깨끗함을 보고는 곧 올연히 자기가 점거해 버렸다. 참새의 아내와 아이들은 모두 기뻐하고 즐거워하며, 자신들의 재주를 스스로 자랑하며 말했다. …(중략)… 말이 채 끝나기도 전에 제비가 돌아와 땅을 구르며 울부짖었다. 참새 새끼들이 밖으로 나와서는 잘잘못을 묻지도 않고, 주먹을 빼어 들고 물리치니, 좌우에서 밀치고 뛰어오르면서 귀를 쪼아대고 뺨을 후려쳤다. 새끼들은 제비의 다리를 비틀고 끌어당기고, 참새 아내는 입으로 물어뜯었다. 흠씬 두들겨 맞은 제비는 가소롭게도 시체마냥 뻗어버리고 말았으니, 머리도 들지 못하고 눈도 뜰 수 없게 되었다.[11]

제비 夫妻가 연못가로 나가고 없는 틈에 참새가 제비집을 차지해 버린 것이다. 이에 앞서 제비는 복을 얻고 재앙을 피할 수 있는 곳[得福無殃]을 가려 나무꼭대기의 가지를 가져오고 진흙을 쌓아 굴을 만들 뿐 아니라 풀을 깔아 침상을 만드는 등 온갖 정성을 기울여 둥지를 만들었다. 그러나 그토록 정성 들여 마련한 집을 아무런 이유 없이 한순간에 빼앗겨버린 것이다. 억울하게 빼앗긴 집을 앞에 두고 제비는 발을 구르며 울부짖는다. 그러나 참새는 막무가내다. 오히려 다짜고짜로 제비를 물어뜯고 뭇매를 주는 것이 참새이다. 이로 말미암아 송사가 제기된다.

한편 '을본'(②~④)에서는 겨울을 나고 돌아온 제비가 자신의 옛집을 차지하고 있는 참새를 만나는 데에서 집을 차지하기 위한 다툼이 시작된다.[12] 특히 '을본'에서는 제비와 참새가 서로 자신의 집이라고 주장하는 대목(④)에 상당한 분량을 할애하고 있는데,[13] 그 요지는 텃새와 철새의

11) "乃有黃雀 頭腦峻削 倚街傍巷 爲强凌弱 覩鷰不在 入來皎(挍)掠 見他宅舍鮮淨 便卽兀自占着 婦兒男女 共爲歡樂 自誇樓羅 …(중략)… 言語未定 鷰子卽廻 踏地叫喚 雀兒出來 不問好惡 拔拳卽差 左推右聳 剜耳擵頭 兒捻拽脚 婦下口齒束 鷰子被打 可笑屍骸 頭不能擧 眼不能開" 潘重規, 『敦煌變文集新書』, 中國文化大學 中文硏究所, 1984, p.1143.

12) "제비는 실로 따르기 어려우니, 말도 잘하고 재주도 있네. 일평생 청렴결백한 마음가짐으로 살았으니, 날짐승 중에는 이보다 뛰어난 새 없네. 마루 기둥 위에 살면서, 진흙을 물어다가 둥지를 만드네. 벗을 좇아 사이좋게 짝하지만, 참람한 새는 찾지 않네. 가을 겨울은 석굴에 숨고, 봄 여름은 인간 세상에 있네. 2월이 오면 나무숲에 깃들고, 8월이면 산으로 돌아가네. 입으로는 장명초를 물고, 나머지 일엔 등한히 하네. 겨울이 지나도록 죽지 않으면, 올해 다시 돌아올 것이네. 바람 타고 구름 속을 노니나니, 허공을 빙빙 날아다니네. 옛집으로 다시 돌아와서는 각자 자기 집에 둥지를 트네. 숲에서 한 마리 새를 만났으니 스스로 이름을 참새라고 하네. 머리를 흔들며 경박하게 길에서 떠들어대니, 말 속에 시비 걸기를 일삼네. 참새는 실로 조잘조잘 말이 많고 교묘한 말솜씨로 잘도 둘러대네. 제비의 집이 좋은 것을 알아채고 날아와 제멋대로 침범하네.(鷰子實難及 能語復嘍羅 一生心快健 禽裏更無過 居在堂梁上 銜泥來作窠 追朋伴親侶 濫鳥不相過 秋冬石窟隱 春夏在人間 二月來投藂 八月却歸山 口銜長命草 餘事且閑閑 經冬若不死 今歲重迴還 遊颺雲中戲 宛轉在空飛 還來歸舊室 各自本窠依 藂中逢一鳥 稱名自雀兒 搖頭徑野說 語裏事口爭口規 雀兒實嘖唫 變弄別浮沈 知他窠窟好 乃卽橫來侵)" *Ibid.*, p.1161.

13) '을본'에서는 '갑본'에서 "이치로써 따지다가"[以理從索]라고 한 대목이 구체적으로 나타난다. 논쟁의 일례를 제시하면 다음과 같다. "참새가 제비에게 말했다.

생존 방식에서 빚어지는 갈등 정도로 요약할 수 있다. 제비는 따뜻한 봄이 되자 옛집으로 다시 돌아와 둥지를 틀었던 것이고[還來歸舊室 各自本窠依] 참새는 겨우내 이곳에 거주하면서 처자를 먹여 살려 왔던 터이니[一冬來居住 溫暖養妻兒], 제비와 참새가 서로 자신의 집이라고 주장하는 것은 그 나름의 논리를 가지고 있다. 그러나, 문제는 참새가 제비의 옛집을 자신의 거처로 삼고 있다는 점에 있다.

(나) '송사'의 제기 및 재판이 열리기까지의 과정이다. '갑본'(④~⑥)의 경우, 집을 빼앗기고 뭇매까지 맞은 제비는 봉황을 찾아가 상소한다. 소장의 내용은 다음과 같다.

> "저 제비는 외롭고 가난하게 살아오다 집 한 채를 만들어 갖게 되었습니다. 그런데 이를 참새에게 강탈을 당하였을 뿐만 아니라, 저들은 또 저에게 협박하며 이르기를 「칙령에 이르기를, 도망한 객호를 찾아내어 관청에 정식으로 등록시키라」고 하였는가 하면, 「네 놈은 도망하여 호적에서 누락되었는지라 일찍이 왕의 부역에 응한 적을 보지 못하였으니, 종당에는 관리를 보내어 몽

「귀 기울여 정신차려 들으시오. 당신 집을 되돌려 받으려거든, 우선 주둥이나 바로 하시구려. 붉은 참새는 상서롭다고 하여, 형제들이 천자의 정원에 거주하면서 임금과 손을 맞잡고 지내고 있으니, 이는 세상이 다 알고 있는 사실이오. 이 세상에 살고 있는 것은 매일반이나, 받는 대우가 이다지도 다르오. 보리가 익으면 내가 먼저 먹고, 벼가 익어도 앞서서 맛을 보지요. 추위가 오고 더위가 감에, 어찌 일찍이 한번이라도 천자의 고을을 이별한 적이 있소? …(중략)… 불쌍하게도 그대는 먼 곳에서 온 나그네이니, 이를 가지고 서로 다투지 맙시다.」 제비는 탄식하며 말했다. 「그대에게 자랑하지는 않겠소이다. 배고프면 언제나 九醞을 먹고, 갈증이 나면 丹砂水를 마시지요. 세상과 이별할 수는 없으나, 마음속으로는 항상 신선을 그리워하지요. 겨우내 은거하는 것을 괴이하게 여기지 마오. 山家를 좋아하기 때문일 뿐이오. 오래 머물면 사람이 증오하고 천대하지만, 드물게 방문하면 기뻐하고 환영하지요. 이 때문에 겨우내 은거하는 것이지, 굶주림과 추위가 두려워서가 아니라오.」"(雀兒語鷰子 側耳用心聽 如欲還君窟 且定觜頭聲 赤雀由稱瑞 兄弟在天庭 公王共執手 朝野悉知名 一種居天地 受果不相當 麥熟我先食 禾熟在前嘗 寒來及暑往 何曾別帝鄉 …(중략)… 怜君是遠客 爲此不相爭 鷰子自咨嗟 不向雀兒誇 飢恒食九醞 渴卽飲丹砂 不能別四海 心裏戀洪牙 莫怪經冬隱 只爲樂山家 久住人憎賤 希來見喜歡 爲此經冬隱 不是怕飢寒) *Ibid.*, pp.1162~1163.

> 둥이로 등을 쳐서 담주・애주・상주・백주로 유배를 보내야 할 것」이라고 합니다. 또한「구름이 떠가는 들판의 까치는 내 장인이고, 구(鵮)의 갈매기는 우리 백부이며, 州縣의 장관들이 오이와 쑥처럼 널려 있으니 모두 나의 친척들」이라고 하면서,「이러한 상황에서 네가 소장을 올려 나에게 소송을 건다 할지라도 전혀 이익이 없을 것이니, 빨리 우리 문전을 떠날 것이요, 잠시라도 지체하면 결국 물어뜯기고 얻어맞을 것」이라고 하였습니다. 저 제비는 분함을 발하지 아니하고 이치로써 따지다가, 마침내 머리를 부여 잡히고 끌려 다녀야 했을 뿐 아니라 멱살을 잡히고 옷이 찢기는 상황에 이르렀으니, 참새의 커다란 주먹은 이리저리 난무하고 그 뾰족한 머리는 이리저리 교차하였습니다. 그들 부자 여럿이 힘을 합하여 서로 밀치고 때림에 저 제비는 얻어맞아 털이 상하고 깃이 떨어져 일어나지도 못하고 서 있지도 못하게 되었으니, 저의 목숨은 조석에 달린 상황이 되었습니다. 엎드려 원하옵건대 이 일을 자세히 검사하시고 징험하시어 흑백을 가리어 주옵소서. 억울함을 이기지 못하여 왕께 그들의 허물을 벌해 줄 것을 청하나이다."[14]

참새는 제비집을 무단 점거하였을 뿐 아니라 권세와 문벌을 바탕으로 제비를 위협하였으며 무리를 지어 구타하였으니, 이를 처벌해 달라는 것이다. 한편 참새가 협박한 내용이 사실이라면 제비는 王役에 응한 적이 없었기 때문에 칙령에 따라 처벌을 받아야 한다. 그럼에도 불구하고, 제비가 官에 소송을 제기하는 것은 당시 逃戶의 발생을 억제하기 위해 시행되었던 唐 開元年間의 括戶政策의 허상을 비판하기 위한 것이다. 괄호정책이 실패한 것은 制度上의 未備와 地方 土豪 및 官吏들의 착취 횡포 때문이었다. 도호가 발생하였음에도 불구하고 이들을 호적에서 삭제하지 않고 隣戚에게 代納케 하는 폐해는 지방관의 성적을 戶口數에 따라 평가하던

---

14) "鷰子單貧 造得一宅 乃被雀兒强奪 仍自更著恐嚇 云明勅括客 標入正格 阿你浦逃落藉 不曾見你膺王役 終遣官人棒脊 流向擔崖象白 雲野鵲是我表丈人 鵮鳩是我家伯 州縣長官 瓜蘿親戚 是你下牒言我 共你到頭 並亦火急離我門前 少時終須喫撾 鷰子不分(忿) 以理從索 遂被撮頭拖曳 捉衣擠擘 遼亂尊拳 交橫禿剔 父子數人共相敲擊 鷰子被打 傷毛墮翮 起止不能 命垂朝夕 伏乞檢驗 見有靑赤 不勝寃屈請王科責" *Ibid.*, p.1143.

당시 제도상의 문제점이었으며, 지방 토호나 관리들의 착취 횡포는 바로 <연자부>에 보이는 참새의 무단적 횡포에 비의되는 것이다.15) 즉 지방의 土豪 내지 有力者로 보이는 참새는 '도호'라는 제비의 신분상의 약점을 이용하여 제비의 소유권을 갈취하려고 하는 것이다.16) '읃본'에서 제비와 참새의 다툼이 철새와 텃새의 논쟁으로 대변되고 있음은 이같은 상황을 고려할 때 <연자부>를 통해 우의하고자 한 바가 무엇이었는지를 짐작할 수 있게 한다. 결국 이러한 상황에서 제비는 자신의 처벌을 각오하면서까지 참새의 횡포에 저항한 것이다.

마침내 봉황은 구욕새를 파견하여 참새를 잡아오도록 한다. 한편 참새는 악몽을 꾸고, 집안 식구들에게 문을 열어주지 말도록 하며, 자신을 찾는 이가 있으면 동쪽 마을에 갔다고 이르라고 한다. 참새의 악몽은 자신의 제비집 강탈이 부당함을 스스로 인정하는 것이다. 또한 그에 따른 재앙을 두려워하는, 불안한 심리의 표출이 아닐 수 없다. 참새의 불길한 예감은 봉황의 명을 받은 구욕새의 출현으로 현실화된다. 구욕새의 출현은 참새가 식구들에게 당부하는 말을 문 너머에서 빠짐없이 들으면서 이루어진다는 점에서 더욱 극적이다.

> 구욕새가 문 너머로 멀리서 불렀다. "네 이놈, 행여 숨을 생각일랑 말거라. 방금 네가 말한 것을 다 들었으니, 속히 나와서 나와 함께 시비를 가려보자. 어찌하여 남의 집을 빼앗았으며, 게다가 그를 때려 다치게 하였느냐? 봉황께서 나를 보내어 잡아오도록 하셨으니, 네 스스로 포승줄을 받거라. 구멍 속에 들어가 숨어도 벗어날 수 없을 것이니라. 너는 잘 생각해서 처신하거라."
> 참새는 두려움에 벌벌 떨고 어른 아이 할 것 없이 온 집안식구들도 모두 놀

15) 가혹한 조세와 징역의 부담을 견디지 못하고 삶의 터전을 버리고 유랑하는 逃戶의 삶은 張謂의 <代北州老翁答>(『全唐詩』 卷 197)을 통해서도 확인할 수 있다. 逃戶의 발생은 국가 재정의 결손과 직결된 것이었기 때문에, 唐은 攤逃禁止令을 내려 이를 억제하려 하였고, 括戶政策의 시행은 물론 賦稅의 免除나 輕減을 통해 客戶로 흡수하고자 하는 정책을 시행한다. 이에 대해서는 全弘哲, 「<鷰子賦> 硏究」(『中韓文化硏究』 2, 南京大, 1998)에서 자세히 고찰한 바 있다.

16) 全弘哲(1995), *op. cit.*, p.140.

> 라 어찌할 바를 몰랐다. 마침내 참새가 밖으로 나와 구욕새 앞에 무릎을 꿇고 첫째와 둘째를 불러 말했다. "나으리께서 멀리부터서 오셨으니 무척 더우실 것이다. 우선 집안으로 모시고 서늘하게 해 드리거라. 예로부터 갑작스레 방문하는 손님은 있어도, 준비 없는 주인은 없다고 하였다. 잠시 앉아 계시게 하고 식사를 준비하거라." 구욕새가 버럭 화를 내며 허리를 잡고 나아가 말했다. "네 이놈, 참으로 파렴치하기도 하구나. 네 자신의 죄를 전혀 알지 못하니, 조금이라도 관대하게 해주었다가는 공연히 시간만 보내겠구나. 식사는 필요 없다. 나는 배고프지 않다. 어서 빨리 떠나야지, 임금께서 더디 옴을 괴이하게 여기실까 걱정이니라." 참새는 더욱 근심이 되었으니, 그의 콧대 높음은 온 데 간 데 없이 사라졌다. 그리고 머뭇머뭇 꾸물대며 떠나지 않으면서 곤경에서 벗어날 수 있기를 바랐다. 엉뚱한 헛소리와 억지 소리를 늘어놓으며 천만가지로 빌고 또 빌었다. "저의 편의를 봐주시어 융통성 있게 내일까지 도착하게 해주시면, 하찮은 것이기는 하지만 예물로써 보답하겠습니다." 구욕새는 화를 버럭 내면서 허리를 붙잡아 곧 결박하니, 참새는 괴로워하며 양 눈썹에 주름이 펴지지 않았다.[17)]

모든 것을 들켜버린 참새는 두려움과 불안에 어찌할 바를 모른다. 그러나 강자에게 아부하고 약자를 능멸하는 참새의 성격은 여기에서 다시 한 번 드러난다. 아들들을 불러 구욕새를 접대하게 하면서 시간을 벌고자 할 뿐 아니라, 뇌물을 주겠으니 편의를 보아달라고 하면서 구욕새를 회유하는 등 온갖 방법을 다 동원하여 위기에서 벗어나고자 한다.[18)] 송사의 빌미가

---

17) "包鳥鶵隔門遙喚 阿你莫漫輒藏 向來聞你所說 急出共我平章 何爲奪他宅舍 仍更打他損傷 鳳凰令遣追捉 身作還自抵當 入孔亦不得脫 任你百種思量 雀兒怕怖 悚懼恐惶 渾家大小 亦總驚忙 遂出跪拜包鳥鶵 喚作大郎二郎 使人遠來衝熱 且向窟裡逐涼 卒客無卒主人 蹔坐撩治家常 包鳥鶵惡發 把腰卽曰 者漢大癡 好不自知 恰見寬縱 苟徒過時 飯食浪道 我亦不飢 火急須去 恐王怪遲 雀兒已愁 貴在淹流 遷延不去 望得脫頭 乾言强語 千祈萬求 通融放到明日 還有些些束羞(修) 包鳥鶵惡發 把腰卽扭 雀兒煩惱 兩眉不皺" 潘重規, *op. cit.*, p.1144.

18) 한편 '을본'(⑤)에서는 논쟁을 통해 결판이 나지 않자 제비가 참새를 붙들고 봉황에게 직접 가서 송사를 제기하는 것으로 되어 있고, 따라서 재판을 앞두고 벌어지는 위와 같은 대목은 생략되어 있다. "참새는 제비에게 붙들려 곧장 새들의

된 사건이나 송사가 제기되어 재판이 열리기까지의 이같은 정황은 독자나 청중들로 하여금 간악한 참새가 어떻게 징치되는가에 관심을 갖게 한다.

(다) 재판 과정에서의 '변론'과 그에 대한 '판결'은 '갑본'의 ⑦~⑮와 '을본'의 ⑥, ⑦에 해당한다. 참새가 봉황에게 온갖 변명을 해가며 제비의 고소는 무고라며 항변하지만, 참새와 제비를 대질 심문한 봉황은 우선 참새에게 곤장 5백대를 치고 옥에 가두라고 명한다. 이때까지만 해도 독자나 청중의 기대는 충족될 것처럼 보인다. 그러나 다음과 같은 참새의 변론을 듣게 되면서 과연 어떠한 판결이 내려질 것인지 긴장하게 된다.

> "제 아이의 이름은 '腦子'이온데, 늙은 까마귀에게 급히 쫓기는 신세가 되었습니다. 도망가는 중에 위험을 가릴 겨를이 없었는데, 구멍이 하나 있기에 그 속으로 들어가 잠시 제비의 집에 머물러 간신히 잡히지 않을 수 있었습니다. 그런 즉 사실은 곤경을 피하기 위해서였으며, 또한 사정이 워낙 급했기 때문이었지 결코 강탈한 것이 아닙니다. …(중략)… 텅 비어있는 것을 보고 그곳에서 잠시 쉬었을 뿐입니다. 제비가 돌아왔기에 앞으로 나아가 감사의 말을 하려고 하였는데, 사유를 자세히 헤아리지도 않고 멀리서 보더니 까닭 없이 욕을 퍼부었습니다. 부자가 머리를 모아 위아래로 끌어당기고 하기에, 분함에 미쳐 뒷일을 생각지 못하고 서로 싸우게 되었던 것입니다. 제비는 날개가 부러졌다고 하였습니다마는, 저 역시 지금 다리가 부러졌으니, 제비와 저의 상처는 피차 일반입니다. 만일 제비집에 거주한 것을 가지고 논죄코자 하신다면, 청컨대 그 집 값을 보상해 주고자 합니다. 이제 법에 의거하여 처벌하고자 하시니, 감히 쓸데없이 입을 놀리지는 않겠습니다. 다만 제게는 '上柱國'의 功勳이 있으니, 그것으로 贖罪의 대가를 지불할 수 있게 해주시기 바랍니다."[19]

왕을 뵙게 되었다. 봉황은 누대 위에 앉았고, 온갖 새들이 사방을 둘러싸고 있었다. 주변을 배회하며 사방을 둘러보다가, 제비가 입에 소장을 물고 있는 것을 보았다. "천만 뜻밖에 집을 강탈당하였기에 소장을 올려 참새를 고소하옵니다. 억울하여 호소하였으니, 삼가 대왕께 아뢰옵니다."(雀兒被鷰撮 直見鳥中王 鳳凰臺上坐 百鳥四邊圍 徘徊四顧望 見鷰口銜詞 橫被强奪窟 投名言雀兒 抱屈見諫訴 啓奏大王知) *Ibid.*, p.1163.

참새는 교묘한 말솜씨로 제비가 자신을 비방한 것이라고 주장한다. 제비의 집을 강탈한 것이 아니라 곤경을 피하기 위해 잠시 몸을 기탁했을 뿐이며, 사례를 하려 했는데 제비가 까닭 없이 시비를 거는 바람에 서로 다투게 되었고, 제비만이 아니라 자신도 상처를 입었다는 것이다. 게다가 굳이 벌하고자 한다면, 자신이 가지고 있는 '上柱國'의 功勳으로 贖罪의 대가를 지불하게 해달라는 것이다. 이와 같은 참새의 변론이 독자와 청중을 긴장케 하는 것은, 그것이 터무니없는 거짓말이면서도 그 나름의 논리를 갖추고 있기 때문이다. 저간의 사정을 알고 있는 독자나 청중에게는 그같은 참새의 변론이 더욱 가증스러운 것으로 받아들여지지만,[20] 과연 이같은 변론에 대하여 봉황이 어떤 판단을 내릴 것인지는 알 수 없다.

긴장 속에 참새에게 어떠한 징치가 내려질 것인가를 지켜보던 독자나 청중은 뜻밖의 결과와 마주치게 된다. 참새가 제비집을 강탈한 것에 대해서는 다시 문제 삼지 말고, 참새를 방송하라는 봉황의 판결이 그것이다.

> "참새가 거만하게도 제비의 집을 강탈하였다기에 그 연유를 추고하였으나, 애당초 자신의 죄를 인정하지 않는구나. 그런데 上柱國의 功勳을 가지고 贖罪하겠다고 하니, 옥에 오래 머물게 할 수가 없구나. 즉시 석방하도록 하고 번거로이 다시 심문하지 말도록 하라."[21]

이같은 최종 판결이 독자나 청중의 기대에 어긋나고, 또 쉽사리 납득되

---

19) "但雀兒明(兒)明(名)惱(腦)子 交被老烏趁急 走不擇險 逢孔卽入 蹔投鸗舍 勉(免)被拘執 實緣避難 事有急疾 亦非强奪 …(중략)… 旣見空閑 蹔歇解卸 鸗子到來 卽欲向前詞謝 不悉事由 望風惡罵 父子團頭 牽及上下 忿不思難 便卽相打 鸗子旣稱墜翮 雀兒今亦跛跨 兩家損處 彼此相亞 若欲確論坐宅 請乞酬其宅價 今欲據法科繩 實卽不敢咋呀 見有上柱國勳 請與收贖罪價" *Ibid.*, pp.1146~1147.

20) 李秀雄은 이같은 제비의 변론에 대하여 '공명에 기대고 있는 교만한 자의 형상'이라고 하면서, '상주국 공훈'만 가지고 있으면 覇道를 자행할 수 있고 법의 제재를 받지 않을 수 있었던 당대의 세태를 반영한 것이라고 하였다. *cf.* 李秀雄, 『敦煌文學과 藝術』, 건국대출판부, 1990, pp.203~204.

21) "雀兒剔禿 强奪鸗屋 推問根由 元無臣伏 旣有上柱國勳收贖 不可久留在獄 宜卽適放 勿煩案責" 潘重規, *op. cit.*, p.1147.

지 않는 것은, 참새가 제비집을 강탈하였을 뿐 아니라 집안식구들을 거느리고 제비를 구타하고 협박하였다는 애초의 잘못 때문만이 아니다. 공정한 판결을 내려줄 것으로 기대했던 봉황이 참새의 간교한 변론에 넘어가 부당한 판결을 내리고 있기 때문이다. 더욱이 옥에 갇혀 있는 동안 참새가 보여준 태도와 행동에 비추어 보더라도, 이같은 판결은 천만 뜻밖의 것이 아닐 수 없다. 참새는 사태의 본질에 대해 그 자신 누구보다도 잘 알고 있는 존재이다.[22] 그러나 그에 대한 정당한 처벌을 달게 받으려 하지 않고, 부당한 방법으로 사태를 무마하고자 한다. 곤장을 맞아 참혹한 몰골이 된 참새는 자신의 죄를 뉘우치기는커녕 면회 온 아내에게 구욕새를 찾아가 청탁하라고 하고, 간수와 심문관에게 뇌물을 줄 터이니 봐 달라고 부탁한다. "나라의 법은 바늘 틈 만한 예외도 허용치 않는다고 하나, 사적으로는 수레가 드나들 정도로 융통성이 있다"[官不容針 私可容車]는 것이 그의 생활철학이다. 그러한 참새이기에 심문을 당하면서도 끝까지 자신의 죄를 자백하지 않고 변명만 늘어놓는다. 그러나 참새의 거짓 변명에 대하여 봉황은 정당하게 판결하지 못하고 만다. 당위와 현실 사이의 괴리, 기대하던 바의 좌절로 말미암아 이제까지의 모든 사실은 모순과 파탄에 이른다. 여기에 <연자부>가 당초 우의하고자 했던 바가 있다.

한편 '을본'의 경우에는 참새로 하여금 제비에게 집을 돌려주라고 판결한다. 이같은 판결은 '갑본'과는 달리 참새의 잘못을 인정한 결과이다. 또한 참새 역시 봉황의 판결에 순순히 승복하며, 스스로 부끄러움을 견디지 못하여 죽고자 한다.[23] '갑본'에 비하여 '을본'은 독자나 청중의 기대가 충족된 결과라고 할 수 있다.

---

22) 잘못이 참새에게 있다는 사실은 참새의 아내조차 인정하고 있는 바이다. 옥에 갇힌 참새를 찾아온 참새 아내가 '이는 스스로 화를 자초한 것이니 다른 사람을 원망하거나 헐뜯지 말라'고 하는 것을 통해서도 알 수 있다. 그러나 참새는 이를 인정하지 않고 여전히 엉뚱한 소리를 한다. *cf.* "乃是自招禍祟 不得怨他□祖" (□ : 雨 아래 毘자가 있는 글자임) *Ibid.*, p.1145.

23) '을본'에 보이는 이같은 '참새'의 행동은, '갑본'의 참새가 자신의 무죄를 증명하기 위해, 그리고 곤장이라도 면하기 위하여 여러 가지 방도를 강구하였던 것과는 다른 모습이다.

(라) 송사가 끝난 뒤의 '후일담'은 '갑본'의 ⑯~⑲와 '을본'의 ⑧에 해당하는 바, 참새와 제비가 서로 화해하고 잘 지낸다는 이야기이다. '갑본'에서는 옥에서 풀려난 참새가 제비를 불러 함께 술을 마시며 자신의 잘못을 사과한다. 서로 화해한 제비와 참새는 동쪽 마을로 가 이웃하여 함께 사는데, '鴻鶴'이 이들을 보고서 그들의 허물을 차례로 나무란다. 이미 화해한 제비와 참새가 홍학의 질책을 반박하며 그들의 우정을 과시하는 和答詩를 짓는 것으로 작품은 끝난다. '을본' 역시 우의를 강조하는 話者의 훈계 뒤에 참새와 제비가 다음부터는 논쟁을 말자고 하면서 서로 집을 양보하겠다고 하는 것으로 끝난다. 이같은 결말은 송사에 이르기까지의 과정 및 변론을 통해 보여지는 참새와 제비 사이의 첨예한 대립과 주장에 견주어 볼 때, 특히 참새의 무단적 강탈과 부당한 주장에 대하여 비판적 태도를 견지해 오던 '갑본'의 경우에는 독자의 기대를 저버린 안이한 결말이 아닐 수 없다.

이상에서 보듯, <연자부>는 제비집을 둘러싸고 벌어지는 참새와 제비 사이의 다툼이 송사로 발전하면서 작품 구성을 주도하는 송사형 우언이다. <연자부> '갑본'은 참새가 무력으로 제비집을 빼앗는 사건에서 발단되어 이것이 제비의 송사로 이어지고, 봉황이 그에 대한 판결을 내리면서 결말로 향하고 있다. 특히 그 과정에서 참새의 무단적 횡포가 드러나고, 당시 송사 처결과정에서의 비리가 지적되며, 궁극적으로 판결 자체가 부당하게 내려지고 있다는 점 등에서 당시 사회의 여러 가지 문제점을 반영하고 있는 우언이라 할 수 있다. 뿐만 아니라 '갑본'은 '을본'에 비하여 서사성이 강조되고, 구체적인 상황 묘사[24]가 탁월하다는 점에서도 주목된

24) 구욕새와 참새 사이의 실랑이, 참새의 변론, 간수와 참새 사이의 대화, 옥에 갇힌 참새와 그를 면회간 참새 아내의 대화 장면을 묘사한 대목은 당시의 인정세태를 구체적으로 묘사한 것으로 높이 평가된다. 또한 곤장을 맞은 참새의 참혹한 몰골과 그를 구원하는 참새 아내의 형상은 <연자부>의 묘사가 얼마나 사실적으로 이루어져 있는가를 보여주는 대표적인 대목이다. 이 점은 張振離, 李秀雄 등에 의해 간략하나마 언급된 바 있다. *cf.* 張振離, *op. cit.*, pp.769~770. ; 李秀雄, *op. cit.*, p.202.

다. 한편 <연자부> '을본'은 제비집의 주인을 둘러싼 참새와 제비 사이의 논쟁과 변론에 중점을 두고 있는데, 이같은 논쟁을 통해 참새와 제비(또는 텃새와 철새)로 대표되는 인물군상의 삶의 방식 내지는 그들의 공존 방식에 대한 모색에 작품의 의미를 두고 있다고 할 수 있다.

Ⅲ. 〈연자부〉와 조선후기 송사형 우화소설

<황새결송>·<鼠大州傳>·<鼠同知傳>·<까치伝> 등 조선후기의 송사형 우화소설은 부당한 訟事 내지는 그 과정에 초점을 맞추어 중세 사회 해체기의 구조적 모순과 병폐를 비판한 작품으로, 그 사회적 의미가 중시되어 왔다. 특히 국사학계의 연구에 힘입어 조선후기 향촌사회의 변동에 대한 실상이 밝혀지면서, 우화소설은 조선후기 향촌사회의 계층갈등 및 서민들의 삶을 사실적으로 형상화한 작품으로 평가되어 왔다.[25]

Ⅱ장에서 논의한 바와 같이, 돈황 속부 <연자부>는 송사형 우언이기 때문에 작품의 기본 구조상 조선후기 송사형 우화소설과 그 궤를 같이 하고 있다. 여기에서는 작품 구조의 기본적 동질성을 너머 송사의 구체적인 원인과 송사의 처리과정 및 판결 결과를 검토함으로써 <연자부>와 조선후기 송사형 우화소설의 공통점은 어디에 있고, 차이점은 무엇인지 살피기로 한다.

---

25) 1980년대 이후 우화소설에 대한 연구는 많든 적든 그같은 사실에 초점을 맞추어 왔고, 이를 통하여 상당한 성과를 거둔 것도 사실이다. *cf.* 李尙九, 「寓話小說의 敍述構造와 社會意識」, 高麗大 碩士學位論文, 1984. ; 신경숙, 「송사형 우화소설」, 『어문논집』 30, 高麗大 國語國文學硏究會, 1991. ; 蘇仁鎬, 「<두껍전> 異本群의 樣相과 社會的 意味」, 高麗大 碩士學位論文, 1991. ; 鄭出憲, 「朝鮮後期 寓話小說의 社會的 性格」, 高麗大 博士學位論文, 1992. ; 민찬, 『조선후기 우화소설 연구』, 太學社, 1995. ; 李憲洪, 『韓國訟事小說硏究』, 三知院, 1997. ; 尹勝俊, 「朝鮮時代 動物寓言의 傳統과 寓話小說」, 檀國大 博士學位論文, 1998.

1. 식량과 거처를 둘러싼 다툼

위에서 살펴본 바와 같이, <연자부>에서의 송사는 참새의 제비집 강탈에서 비롯된다. '逃戶'에 비의되는 제비에게 '집'은 유랑 생활을 끝내고 정착할 수 있는 터전이라는 점에서 참새의 제비집 강탈이 갖는 상징적 의미는 간과할 수 없는 것이다. 제비 부처는 그들의 삶을 기탁할 보금자리를 마련하느라 세심히 살피고 온갖 정성을 다 기울인다. 그러나 참새의 강탈로 말미암아 '집'이 완성되었을 때의 기쁨과 앞으로의 삶에 대한 꿈을 송두리째 빼앗기고 만다. 집을 빼앗김은 곧 그들의 삶 자체를 빼앗기는 것과 다름없기 때문에 이를 되찾기 위해 애쓰지만, 그들에게 돌아온 것은 '지방 토호' 내지 '관리'에 비의되는 참새의 뭇매와 협박 뿐이다. 조세와 부역의 시달림에 쫓기던 끝에 유랑 생활을 택해야 했고, 그 고달픔을 견디지 못하고 다시 정착하려고 하였으나, 이것마저 뜻대로 이루지 못하고 삶의 터전을 수탈당해야 하는 뼈저린 아픔이 <연자부>의 송사 원인인 것이다.

한편 조선후기 송사형 우화소설에서는 '식량'이나 '거처'와 같은, 생활기반에 대한 다툼이 송사의 원인으로 나타난다. <鼠大州傳>과 <鼠同知傳>에서는 '식량'의 절취가, 그리고 <까치伝>과 <鵲烏相訟>에서는 '거처'의 다툼이 송사의 원인이다. 이는 조선후기 향촌사회의 계층갈등과 서민의 삶을 반영한 것으로 해석된다. 주지하듯이 조선후기는 봉건적 경제체제인 지주전호제의 해체와 신분제의 변동 및 붕괴로 말미암아 사회 전반에 걸쳐 커다란 변화를 가져온다. 이앙법과 이모작, 수리시설의 보급으로 농업 생산력이 비약적으로 발전함에 따라, 적은 노동력으로 많은 생산량을 올릴 수 있게 되고, 이같은 농업 생산력의 변화는 饒戶富民層이라는 새로운 계층을 등장시킨다. 그러나 또 한편에서는 지주전호제의 모순과 화폐경제의 확산에 따라 소작지마저 빼앗기고 賃勞動者로 전락한 貧農層이 대거 출현한다.[26] 이같은 상황에서 식량과 거처의 문제는 일반 서민들

26) 이같은 계층의 분화현상은 경제적인 면에서 뿐 아니라 국가의 수취구조에 의해서도 가속화되었다. 요호부민층이 頉戶 募屬 등의 수단을 통해 군역이나 환곡의

의 생존과 직결되는 중대한 문제였고, 따라서 이를 차지하기 위한 갈등과 다툼이 심각한 사회현상으로 제기된 것은 당연한 귀결이었다.

전에 없는 흉년을 만나고 또 엄동설한을 당하여 '救荒無事'의 방책을 논의하던 鼠大州는 서균의 묘책에 따라 鼧南州가 모아놓은 알밤과 옷가지, 보배 및 온갖 기물을 절취한다. 겨울을 나기 위해 모아두었던 식량을 송두리째 도둑맞은 타남주는 小鼠를 시켜 서대주의 형세를 염탐하도록 한 뒤, 그의 절취 사실을 확인하고 主倅에게 송사를 제기한다. 서대주의 식량 절취가 <서대주전>의 송사 원인인 것이다. <서동지전>에서는 貧寒하여 正初 除夕에 先祖 香火를 받들 수조차 없게 된 다람쥐가 서대주에게 양식을 구걸하였다가 거절당하자, 이에 원한을 품고 서대주가 자신의 양식을 탈취해갔다고 허위로 소송을 제기한다. 전후 사정 및 기소자와 피소자가 <서대주전>과 차이를 보이지만, 송사의 원인으로 제시된 것은 식량의 탈취라는 동일한 사건이다.

한편 <까치전>의 비둘기는 까치의 낙성연에 초청받지 못했음을 분히 여겨 "어찌 하면 이놈의 집을 앗아가질까" 하다가, 결국 낙성연에 가서 까치는 물론 그 자리에 참석한 꾀꼬리, 두견, 두루미, 박새, 할미새, 섬동지를 차례로 꾸짖으며 휘욕한다. 마침내 이에 항의하는 까치를 발로 차 높은 가지에서 떨어뜨려 죽이니, 이로 말미암아 암까치의 송사가 제기된다. 송사의 표면적 이유는 까치의 억울한 죽음이지만, 이같은 죽음을 초래한 사건은 거처의 마련, 즉 낙성연이었고, 비둘기는 까치의 둥지를 차지하고자 휘욕을 부렸던 것이니, 그 근본적 이유는 거처를 둘러싼 다툼이었던 것이다.[27] <鵲烏相訟>에서도 까치와 까마귀의 송사는 까마귀가 까치의

수탈에서 빠져나간 반면, 빈농층은 그것을 고스란히 감당해야 했고, 그 결과 流亡의 방법을 택하기도 하였으나, 그로 인한 결손은 다시금 남아있는 이들에게 부과되어 악순환이 계속된다. 뿐만 아니라 19세기 들어서면서 계속된 자연재해와 전염병, 거듭되는 흉년 등은 일반 서민들의 생존을 위협하는 지경에까지 이른다.

27) 李憲洪도 이같은 점에서 <까치전>의 낙성연 살인사건에 대하여 '소외당한 데 대한 분풀이'나 '먹는 문제가 심각한 관심사였던 하층민이 먹고 즐기는 자리에서 소외되어 갖게 된 섭섭함'에서 빚어졌다고 하는 김충실, 김재환의 해석을 비판하고, 어떻게든 트집을 잡아 까치의 집을 빼앗아야겠다는 '비둘기의 부당한 욕심'에서 비롯된 것이라고 파악하고 있다. *cf.* 李憲洪, *op. cit.*, pp.281～282.

새끼와 보금자리를 빼앗는 데에서부터 비롯된다. 한편 <황새결송>에서는 식량과 거처의 문제를 포괄하는 '재산'의 다툼이 송사의 원인이 되고 있다.

이같은 작품의 실상과 관련하여 <鸎鳩鶩訟臥渴先生傳>의 다음 대목은 조선후기 우화소설이 공통적으로 문제삼는 송사가 무엇 때문인지를 이해하는 데 중요한 시사점을 제공한다.

> "저희들은 마시고 쪼고 하는 田地를 다투기 위한 것이 아니옵고, 거처할 숲을 다투고자 하는 것도 아니옵니다. 다만 잘 우는지 잘 울지 못하는지, 소리가 맑은지 탁한지, 그 우열을 가리지 못했기 때문에 이렇게 일제히 찾아와 우러러 소청하는 것이오니, 삼가 원하옵건대 선생께서는 잘 들으시고 생각하시어 분명한 처결을 내려주시기 바라나이다."[28]

위의 인용문은 꾀꼬리와 비둘기, 따오기가 목청자랑을 하다가 결판이 나지 않자, 마침내 臥渴先生을 찾아가 송사를 제기하는 대목에 나오는 말이다. 그런데 우리의 관심을 끄는 것은 다툼의 이유를 밝히기에 앞서 "저희들은 마시고 쪼고 하는 田地를 다투기 위한 것이 아니옵고, 거처할 숲을 다투고자 하는 것도 아니옵니다."라고 한 부분이다. 이같은 진술은 당시 '田地'로 대변되는 식량의 문제나 '숲'으로 대변되는 거처의 문제로 인해 송사가 빈번히 일어났음을 방증하는 것이고, 또한 그에 대한 판결이 분명치 않게 처리된 경우가 적지 않았음을 말해준다. 자신의 경작지를 잃어버리고 임노동자로 전락한 빈농층, 그리고 군역과 조세의 부담을 견디지 못하여 삶의 터전을 등지고 떠돌아야 했던 조선후기의 유랑민들에게 식량과 거처의 문제는 그 무엇보다도 중대한 문제였다. 조선후기 송사형 우화소설에서 식량과 거처의 문제가 송사로 발전하고, 더욱이 송사의 처리과정이 공정하지 않을 뿐 아니라 뇌물의 수수에 따라 부당한 판결로 이어지는 경우가 허다한 것은 그같은 현실의 질곡과 병폐를 반영한 결과라 하겠다.

---

28) "小子等非爲爭飮啄之田地 非爲爭居處之園林 鳴之善惡 聲之淸濁 未決優劣 故敢此一齊仰訴 伏乞先生 神之聽之 參酌明決焉"<鸎鳩鶩訟臥渴先生傳>

2. 뇌물과 공훈으로 인한 부당한 판결

<헌사부>와 조선후기 송사형 우화소설에 공통적으로 나타나는 특징 중 하나는 송사의 처리과정이 뇌물의 공여라는 부당한 방법에 의해 전개되며, 공훈을 자랑하는 패악한 자의 변론이 수용됨에 따라 판결 결과가 부당하게 내려진다는 점이다. 양자 모두 부정과 거짓으로 말미암아 시비와 선악이 전도된 현실을 비판하고 풍자하는 데 우의의 초점이 놓인다.

먼저 <연자부>의 경우를 보기로 한다. 송사에 임하는 참새의 기본 생각은 "나라의 법은 바늘 틈 만한 예외도 허용치 않는다고 하나, 사적으로는 수레가 드나들 정도로 융통성이 있다"[29]는 것이다. 때문에 그는 곤장을 맞아 등판에 다섯 자는 됨직한 종기가 솟았음에도 불구하고 조금도 굴하지 않는다. 그런 상황에서도 세력가에게 빌붙고 있는 구욕새를 통하여 봉황에게 청탁할 방법을 찾기 위해, 아내를 시켜 구욕새에게 약초 한 단을 보내는 것이 참새이다. 더욱이 풀려나면『般若波羅蜜多心經』한 권을 착오 없이 抄寫하겠다고 할 정도로 송사에 자신감을 가지고 있다. 참새가 이처럼 자신감을 가질 수 있는 것은 어떠한 송사라도 뇌물만 주면 득송할 수 있다는 확신이 있기 때문이다. 이는 또한 권력과 지위를 이용하면 무죄 방송될 수 있었던 당시의 세태를 반영하는 것이기도 하다. 결국 참새는 교묘한 변론과 '상주국의 공훈'을 빌미로 방송된다.

한편 참새의 뇌물 공여에 대하여 간수는 "만에 하나 이 사실이 임금님의 귀나 눈에 들어간다면 그 즉시 바스라지게 얻어맞아 깨알처럼 되고 말 터인 즉"[30] 차라리 뇌물을 받지 않는 편이 낫겠노라고 한다. 간수의 이같은 언급은 뇌물 수수로 인한 부정과 비리에 대하여 엄중히 문책했던 임금의 태도를 말해주는 것인 바, 이는 그같은 부정과 비리가 당시 사회에 얼마나 만연되어 있었던가를 역으로 보여주는 예이다. 따라서 간수의 이같은 태도는 공정한 송사의 처리를 위해 뇌물을 받지 않으려는 것으로 해석되기보다는 그에 따른 처벌을 두려워하여 받지 않는 것으로 해석된다. 감

29) "官不容針 私可容車" 潘重規, *op. cit.*, p.1146.
30) "萬一入王耳目 碎卽恰似油麻" *Loc. cit.*.

언이설로 유혹하며 뇌물을 주겠다는 참새에 대하여 이를 거절하는 심문관의 태도 역시 간수의 위와 같은 태도와 동일한 것이다.

조선후기 송사형 우화소설의 경우는 어떠한가. <황새결송>의 경우, 패악무도한 일가의 몹쓸 심사를 보다 못한 동리 사람들이 부자에게 권하여 "그 놈을 그져 두지 말고 관가를 정ᄒᆞ거나 감영의 의송ᄒᆞ거나 ᄒᆞ여 다시 이런 일 업게 ᄒᆞ미 조흘가 ᄒᆞ노라"[31]라고 하여 송사가 제기된다. 관가의 공정한 처결에 기대어 문제를 해결하려는 것이다. 그러나 그 무도한 일가는 "일변 친구도 ᄎᆞᄌᆞ셔 형죠의 청길을 뚤너 당샹이며 낭쳥이며 서리 ᄉᆞ령가지 쳐니시",[32] 눈치 있게 잘 돌기만 하면 득송치 못할 송사가 없던 상황에서 자신에게 잘못이 없다고 原情 하나만 올린 부자가 승소하지 못하는 것은 당연한 결과이다. 그러나 그같은 판결에 승복할 수 없는 것이 공론이고, 그럼에도 불구하고 판결을 번복할 길이 없는 것이 현실이다. 큰 소리로 前後事를 따지며 판결이 잘못되었다고 하였다가는 도리어 '官前發惡'이라 하여 더 큰 형벌에 처해질 것이기 때문이다. 이같이 모순된 상황에서 현실적으로 그 모순을 바로잡을 수 있는 방법은 우회적인 비유를 통하는 길밖에 다른 방도가 없으니, 마침내 뇌물을 받아먹고 따오기의 편을 들어주는 황새 이야기를 통해 부패하고 무능한 권력층을 풍자한 것이다.

이같이 부당한 송사 처리과정과 판결 결과는 <까치전>과 <서대주전>에 더욱 구체적으로 나타난다. <까치전>에서 암까치의 고변을 접한 군수는 행수군관에게 엄히 분부하기를 "너희 장졸 중에 혹 졸락하여 뇌물을 받아 먹었다가 염문에 미치면 너희가 중형을 당할 것이니 착실히 거행하라"[33]고 한다. 그러나 실상 뇌물을 받아먹은 책방 구진은 억울하게 죽은 까치를 두고 '성정이 조갈한 까치 조급히 제결에 질려 죽고 못 깬 것'이라고 하고, 비둘기가 도리어 애매하게도 정범이 되었으니 어찌 원통하지 않겠느냐며 사실과는 정반대로 보고한다. 수청기생 앵무새 역시 비둘

31) <황ᄉᆡ결송>(金東旭 編, 『古小說板刻本全集』 第一冊, 延世大 人文科學硏究所, 1975), p.327.

32) *Ibid.*, p.328.

33) <까치伝>, 『文學思想』 22, 文學思想社, 1974.7, p.342.

기의 처가 자기 사촌이라며 선처해달라고 한다. 더욱 관심을 끄는 것은 이같은 뇌물 수수를 알선하는 頭民 蟾同知라는 존재이다. 두민 섬동지는 '동네일'을 가장 잘 아는 洞首로서, '의사가 창해 같아 그른 일도 옳게 하고 옳은 일도 그르게' 하는 인물이다. 그러나 실상 그가 그른 일도 옳게 하고 옳은 일도 그르게 할 수 있는 것은 그의 의사가 창해와 같이 넓기 때문이 아니고, '각청 두목과 제번관속에게 뇌물'을 쓰며, '좌우청촉'하는 데 능숙한 수완을 발휘하기 때문이다. 섬동지는 '有錢이면 使鬼神이라'고 할 정도로 이 일에는 자신이 있는 인물이다. 이처럼 안팎을 막론하고 受賂를 일삼는 존재들이 遍在하는 상황이었기에 송사를 둘러싼 부정과 비리는 더욱 횡행할 수밖에 없었던 것이다. 결국 비둘기는 '戱殺'이라 하여 풀려난다.[34)]

<서대주전>에서도 서대주를 잡으러 간 사령은 美酒盛饌의 대접을 받고 '夜光珠'까지 뇌물로 받는다. 이에 서대주의 결박을 풀어주고 편의를 보아주니, 붙잡혀 가는 죄인 처지임에도 불구하고 서대주는 마치 부잣집 자제처럼 성대하게 치장하고 나선다.[35)] 뿐만 아니라 옥에 갇힌 서대주가 뇌물을 건네주자 守卒들은 큰 칼을 풀어주며 편히 쉬게 하고 하인과 같이 돌봐 주기에 이른다. 주쉬의 문초에 서대주는 대대로 이어져 온 집안의 공훈과 부유함을 이야기하며, 무도하고 못난 타남주에게 도리에 당치도 않은, 간악한 무고를 당한 것이라고 항변한다. 타남주의 식량을 절취한 죄를 범하였으면서도 이렇듯 뇌물을 주고 변론만 잘 하면 特赦로 풀려날 수

34) "세사는 공정하지 아니하고 송사를 처결함에는 사사로운 바가 많으니, 만일 뇌물을 바치는 자가 있으면, 봉황을 헐뜯어 올빼미라 하고 올빼미를 떠받들어 봉황이라 하며, 곧은 자가 도리어 굽은 자가 되고 악한 자가 도리어 선한 자가 되니,(世事不公 聽訟多私 如有納賂者 毁鳳凰爲鴟鴞 譽鴟鴞爲鳳凰 直者反曲 惡者反善) …(하략)"라고 하는 <鷽鳩鷘訟臥渴先生傳>의 진술은 당시의 세태와 송사의 처결이 어떠했던가를 증언하는 또다른 예이다. 뇌물을 바치기만 하면 曲直과 善惡이 뒤바뀌는 상황이니, '큰 죄를 면키 어렵단 말은 虛言이요 有錢이면 使鬼神이란 말이 옳도다'고 하는 것이 진실 아닌 진실이었던 것이다.

35) 이와 같은 사령의 폐습에 따라 "이 같은 강도 놈은 범연하게 잡아 올 수 없으니 사령 중에서 건장한 자를 골라 보내어 도망하는 폐가 없도록 하라."는 칙령은 일고의 가치도 없는 것으로 치부되고 만다. *cf.* 文璇奎 譯, 『花史 · 周生傳 · 鼠大州傳』, 通文館, 1961, pp.90~98.

있었던 것이 우화소설에 나타나는 당시의 사회상이다.[36)]

<연자부>와 조선후기 송사형 우화소설을 통해 볼 때, 판결의 열쇠를 쥐고 있었던 것은 '뇌물'과 '공훈'이라고 할 수 있다. 즉 '뇌물'로 대표되는 경제적인 부의 축적, 그리고 '공훈'으로 대표되는 정치적 권세와 사회적 지위,[37)] 이 두 가지 가치가 당대 사회의 병폐와 모순을 야기하는 근본 원인으로 제시되고 있는 것이다.

이밖에도 <연자부>와 조선후기 송사형 우화소설은 민간의 속담 및 방언과 은어를 작품 속에 끌어들여 당대의 사회상을 사실적으로 그려내고 있다는 공통점을 가지고 있다. <연자부>의 口演性을 고찰한 최근의 연구업적[38)]은 민간의 속담 및 방언과 은어를 통하여 구연의 현장성을 담아내고 있는 것이 <연자부>임을 밝히고 있다. 당대 민간의 속담이나 방언, 은어의 사용은 연구자들의 원문 번역에 적지 않은 어려움을 초래하는 것이 사실이기는 하지만, 이를 통해서 당시의 시대상을 보다 사실적으로 그려낼 수 있었으며, 또한 구연 현장에서 대중의 공감을 자아내고 그들의 환영을 받는 요인이 되기도 하였다.[39)] 조선후기 송사형 우화소설에도 속

---

36) <다람의 소지>에서도 다람쥐의 소지를 받아 본 원님이 즉시 서대주를 잡아오라고 하자, 형방이 직배사령을 불러 분부하기를 "네 이놈을 범연(泛然)히 말고 잘 잡아 오라. 부대 작폐(作弊)는 말라"고 한다. 그러나 서대주를 잡으러 간 사령은 술과 實果를 대접받고, 황금 百兩과 '어명'을 뇌물로 받고는 서대주를 당나귀에 태우고 경마까지 잡히어 돌아온다. 崔勝範 校註, 「다람쥐의 訴狀-原題・다람의 소지-」, 『文學思想』 28, 文學思想社, 1975.1, pp.419～422.

37) 신경숙은 <서대주전>에서 서대주의 변론 대목에 등장하는 '재력'이라는 경제적인 실력과 '공신의 후예'라는 신분상의 조건을 향촌내 새로운 실력자로서의 서대주의 형상을 방증하는 준거로 파악하고 있다. *cf.* 신경숙, *op. cit.*, p.125.

38) *cf.* 全弘哲, 「敦煌本 <鷰子賦>의 口演性」, 『中國語文學』 35, 嶺南大 中國語文學會, 2000.

39) 참고로 <연자부> '갑본'에 사용된 속담과 방언, 은어의 예를 몇 가지만 제시하면 다음과 같다. <속담> 耕田人打兎 蹠履人喫臛 : 농사꾼이 잡은 토끼는 도회지 사람이 먹기 마련이라. 官不容針 私可容車 : 나라 법은 바늘 틈 만한 예외도 허용치 않는다고 하나, 사적으로는 수레가 드나들 정도로 융통성이 있다. 三公厄於獄卒 : 삼공 같은 귀족도 한갓 옥졸에게 수모를 당한다. 狐死兎悲 : 여우가 죽으면 토끼가 슬퍼한다. 死雀就上更彈 : 죽은 참새에게 재차 총 쏘는 격. <방

담과 격언이 작품 곳곳에서 활용되며, 독자 또는 청중의 공감을 불러일으키는 데 성공하고 있는 예를 볼 수 있다.[40] 특히 뇌물 수수에 따른 판결의 부당성을 지적하는 다음과 같은 대목들은 속담을 통해 전달하고자 하는 내용을 보다 효과적으로 표현하는 데 성공하고 있는 예이다.

> "ᄌᆞ고로 송ᄉᆞᄂᆞᆫ 눈치잇게 잘 돌면 니긔지 못ᄒᆞᆯ 송ᄉᆞ도 아무 탈업시 득송ᄒᆞᄂᆞ니 이ᄂᆞᆫ 니른바 녹비의 갈왈ᄌᆞ를 쓰미라"[41]
>
> "대져 송ᄉᆞᄂᆞᆫ 애증을 두면 칭원도 잇고 비례호송ᄒᆞ면 졍쳬의 손상ᄒᆞᄂᆞ니 네 엇지 그런 도리를 알니오 그러나 송니ᄂᆞᆫ 곡직을 불계ᄒᆞ고 쉼여되기의 잇ᄂᆞ니 니른바 니헐영비헐영이라 엇지 네 일을 범연이 ᄒᆞ여 쥬랴"[42]
>
> "유전이면 사귀신이라 하였으니 염려말라 내 들으니 책방 구진과 수청기생 앵무가 일총한다 하오니 금은 보패를 드려 좌우청촉한 후에 여차여차 하자"[43]

송사에서의 판결을 일컬어 '녹피에 갈왈자'를 쓰는 것이라 하고, '이현령 비현령'이라 하며, '유전이면 사귀신'이라 하는 것은 당시 사회의 부정과 비리가 얼마나 만연하였는가를 여실히 보여주는 속담이 아닐 수 없다. 이같은 속담은 '뇌물'을 '人情'이라 일컫던 당시 세태[44]를 꼬집은 것으로,

---

언> 平章(상의하다) : 夫妻平章(부부가 상의하다), 急出共我平章(어서 나와서 나와 더불어 논해 보자), 樓玀(재주) : 自誇樓囉(스스로 재주를 자랑하다), 浦逃(호적을 이탈하여 도망하다) : 阿你浦逃落籍(너는 도망하여 호적에서 누락되었으니), 眼瞤(조짐) : 今朝眼瞤(오늘 아침 조짐이), 比來(근래) : 比來徭役(근래의 요역이), 者漢(이 사람) : 者漢大痴(이 사람이 대단히 어리석기도 하지), 惡發(분노하다) : 包鳥鶲惡發(구욕새가 화를 버럭 내며), 分疏(하소연하다) : 曲躬分疏(몸을 굽혀 절하고 하소연하기를), 自隱(스스로 추측하다) : 雀兒自隱欺負(참새가 속이려고 생각하다가), 嗔置(문책하다) : 便卽向前嗔置(곧 앞으로 나와 꾸짖기를). <은어> 紙筆(뇌물) : 紙筆當直(뇌물 바칠 것을 증서로 맹세하다). *cf. Ibid.*.

40) <까치전>을 일례로 들더라도, "팽두이숙(烹頭耳熟)", "단불에 나비 들 듯", "적적한 빈방 안에 게의 발 물어 던진 듯"과 같은 속담과 격언은 생생한 정황을 묘사하는 데 큰 효과를 거두고 있다.

41) <황시결송>, p.328.

42) *Ibid.*, p.330.

43) <까치伝>, p.344.

44) <鷽鳩鶩訟臥渴先生傳>의 "아아, 저 새들을 살피건대 오히려 人情(뇌물)을 쓰기

그같은 상황에서의 판결 결과에 대한 불신과 냉소를 나타내는 데 효과적이었을 뿐 아니라, 독자나 청중으로 하여금 작품 내적 현실의 모순을 비판적 시각으로 바라보게 하는 데에도 효과적이었던 것이다.

3. 주제의 일관성과 작품의 내적 통일성

그렇다면 <연자부>와 조선후기 송사형 우화소설의 차이점은 어디에 있으며, 그것은 어떤 의미를 갖는가. 이같은 의문에 대한 답변은 작가의식과 그에 따른 작품 결말부의 결구에서 찾아진다. 그리고 그것은 작품의 내적 통일성 및 주제의 일관성과 긴밀하게 연관되어 있는 것이기도 하다.

<연자부>의 송사구조를 살피면서 '갑본'의 결말 부분, 즉 (라) 송사가 끝난 뒤의 '후일담'은 송사에 이르기까지의 과정 및 변론을 통해 보여지는 참새와 제비 사이의 첨예한 대립과 주장, 그리고 당위와 현실의 괴리로 나타나는 판결 결과에 견주어 볼 때, 독자의 기대를 저버린 안이한 결말이라고 한 바 있다. 비록 부당한 결과이기는 하나, 오히려 후일담이 없이 판결 그 자체로 작품이 마무리되었다면 작품 내적 통일성과 일관된 주제의식을 유지할 수 있었음에도 불구하고, 이같이 무리한 결말 처리를 시도한 것은 의도적인 작가의 개입에서 비롯된 결과가 아닐 수 없다. 그러나 참새와 제비의 화해를 의도한 작가의 개입이 도리어 문제의 심각성을 희석시키고 작품의 내적 통일성을 저해하고 있다는 점에서, 작가의식의 한계를 노출하는 것이 되고 말았다. 돈황 강창문학의 주제 유형 가운데 <연자부>를 '지배이념형'이나 '현실비판형'에 포함시키지 않고, 현실에 대한 부정과 긍정을 절충한 '절충화해형'에 넣는 이유 역시 <연자부>가 당대 유랑민들의 고달픈 삶을 고발하는 현실 풍자성을 보이고 있으면서도, 그같은 비판정신이 작품의 결말부까지 일관되게 유지되지 않기 때문이다.[45] 사건 전개의 서사성과 정황 묘사의 탁월성에도 불구하고 <연자

를 구하는구나. 하물며 말세의 인심이야 말해 무엇하겠는가. 어찌 탄식하지 않을 수 있겠는가."[嗟乎 相彼鳥矣 猶求用情 矧此末世之人心 烏可歎也哉]하는 결말은 이같은 당시의 세태를 개탄하는 것이 아닐 수 없다.

부> '갑본'의 (가) (나) (다)와 (라)의 연결이 독자나 청중들에게 쉽게 납득되지 않는 이유도 여기에 있다.

그에 비할 때 조선후기 송사형 우화소설은 문제의 본질을 희석시키거나 호도하지 않고 끝까지 일관되게 다루고 있다는 점에서 <연자부>와는 다른 작품세계를 구현한다.

> "니러틋 쳐결ᄒᆞ여 싸옥셩을 샹셩으로 쳐결ᄒᆞ여 쥬오니 그런 즘싱이라도 뇌물을 먹은 즉 집의 오결ᄒᆞ여 그 쇠ᄭᅩ리와 벅국식의긔 못ᄒᆞᆯ 노릇 ᄒᆞ여시니 엇지 앙급ᄌᆞ손 아니ᄒᆞ오리잇가 이러ᄒᆞ온 즘싱들도 물욕의 잠겨 틀닌 노릇슬 잘 ᄒᆞ기로 그놈을 ᄀᆡ아들 쇠ᄌᆞ식이라 ᄒᆞ고 우셧이니 이졔 서울 법관도 여ᄎᆞ하오니 쇼인의 일은 발셔 판이 나ᄉᆞᄆᆡ 부졀업슨 말 ᄒᆞ여 쓸ᄃᆡ업스니 이졔 물너가ᄂᆞ이다 하니 형조 관원들이 ᄃᆡ답ᄒᆞᆯ 말이 업셔 가장 붓그려 ᄒᆞ더라"46)
>
> "대저 鼠大州는 간사한 말과 허망한 언사로 교묘하게 주쉬를 꼬이어서 죄가 있었음에도 면하고 鼪南州는 곧아 변명을 하지 않고 무죄이면서도 벌을 당했으니 주쉬의 소송사건 처결이 어찌 그릇된 것이 아니랴. 즉 소송을 처리함이 이같이 어려운 것이매 벼슬을 하는 자는 잘 살펴야 한다."47)

<황새결송>의 결말부와 <서대주전>의 결말 논평부분이다. <황새결송>에서는 뇌물을 받아먹고 부당한 판결을 내린 법관을 일러 'ᄀᆡ아들 쇠ᄌᆞ식'이라고 하고 있다. 부당한 현실을 무마하는 것이 아니라, 그에 대한 작가 내지 민중의 분노를 분출한 결과이다. <서대주전>에서도 주쉬의 처결이 잘못되었음을 분명히 하고, 벼슬하는 자의 경계로 삼아야 한다는 작가의식이 분명히 제시되고 있다. 이와 같은 작가의식이 선언적으로 천명되지 않더라도, <까치전>에서 암행어사 '난'을 등장시켜 부당하게 내려

---

45) 全弘哲은 이처럼 모순된 결말 처리에 대하여 불합리하고 부조리한 현실에 정면적인 도전이 불가능한 상황에서의 민중의식의 한계성, 지배층의 취향을 고려하지 않을 수 없었던 지식층 작가(혹은 연행자)에 의한 화해 구도의 의도적 설정으로 설명하고 있다. *cf.* 全弘哲(1995), *op. cit.*, pp.135~144.

46) <황ᄉᆡ결송>, p.331.

47) 文璇奎 譯,『花史 · 周生傳 · 鼠大州傳』, 通文館, 1961, p.102.

진 판결 결과를 바로잡는 것으로 결말을 처리한 것 역시 그같은 작가의식의 발현임에 다름 아니다.

<연자부>와 달리 조선후기 송사형 우화소설에 나타나는 이같은 결말부의 형상이나 논평은 작가의 일관된 주제의식이 반영된 결과일 뿐 아니라 당대 현실의 병폐와 모순이 그만큼 심각하였음을 말해주는 것이다. 뿐만 아니라 이같은 작가의 문제의식은 면면히 이어져 온 우언의 전통 속에서 형성된 것이기도 하다. 李奎報의 <舟賂說>과 成俔의 <黑牛說>은 뇌물로 인해 발생하는 부정과 비리를 지적한 것이며, 전형적인 송사형 동물우언이라고 할 <烏鶴相訟說>의 다음과 같은 논평은 송사형 우화소설의 작가의식과 구체적으로 상통하는 예이다.

> 安處先生이 이를 듣고 혀를 차며 말하였다. "이런 일이 있단 말인가. 시비가 현혹되었도다. 사물을 분별하는 것 가운데 쉬운 것으로는 흑백을 가리는 것만 같은 것이 없거늘, 오히려 이와 같은 지경에 이르렀구나. 하물며 분변하기 어려운 것이야 또 말해 무엇하겠는가."[48]

까마귀와 학의 흑백 논쟁에서 까마귀가 희고 학이 검다는 엉뚱한 판결을 내린 希有鳥를 두고 하는 말이다. "變白以爲黑"하는 세태에 대한 비판이 작품의 일관된 주제이고 작가의식이라는 점에서 조선후기 송사형 우화소설과 다를 바 없다.

이렇게 볼 때 <연자부>와 조선후기 송사형 우화소설은 '거처'(또는 식량)를 둘러싼 동물(새)들의 다툼에서 송사가 제기되어 '뇌물'(경제적 부)과 '공훈'(정치적 권세, 사회적 지위)으로 인해 부당한 판결을 초래하는 당대 사회의 병폐와 모순을 문제삼고 있다는 점에서는 공통되나, 그 주제와 작가의식의 일관성 내지 통일성에 있어서는 서로 다른 양상을 보이고 있다고 하겠다.

---

48) "安處先生聞之 喟然歎曰 有是哉 是非之眩也 物之易辨者 莫如黑白 猶至於如此 況事之難辨者乎" 柳宜健, 『花溪先生文集』 卷 11, <烏鶴相訟說>.

Ⅳ. 우언 창작의 관습과 송사형 우화소설의 형성과정

<연자부>와 조선후기 송사형 우화소설 사이의 이와 같은 同異點은 우리에게 어떤 문제를 시사해 주는가? 여기에서는 이를 우언 창작의 원리와 관습을 전제로 우화소설의 형성과정과 관련하여 간략히 살피고자 한다.

한문문화권에서의 우언 창작은 인도와 중국을 비롯하여 한국과 일본, 유구, 월남 등 아시아 각국에서 오랜 역사와 전통 속에 이어져 왔다.[49] 특히 한문문화권에 속한 이들 각국은 한문고전에서 비롯된 사상은 물론 정치·경제적 제도, 생활규범 및 가치관 등 제반 문화를 공동의 지반으로 하고 있기 때문에, 우언의 창작에도 불가피하게 상호 영향 및 수수관계가 존재해 왔을 것으로 추정된다. 특히 우언의 창작이 '대비의 원리, 모방의 원리, 가상의 원리, 층위의 원리'라는 네 가지 글쓰기 원리에 따라 이루어진다는 점에서, 그같은 추정은 더욱 설득력 있게 와 닿는다.[50] 실제로 李奎報의 <鏡說>이 劉禹錫의 <昏鏡詞>를, 洪聖民의 <蜀犬吠日說>이 屈原의 <懷沙>를, 그리고 裵龍吉의 <義牸說>이 杜甫의 <義鶻行>을 각각 전범으로 하면서도, 단순한 모방에 그치지 않고 그 속에 당대 현실을 비판하는 새로운 우의를 담아내고 있다는 사실[51]은 한문문화권에서의 우언 창작이 그같은 원리나 관습에 의하여 이루어져 왔음을 확인시켜주는 한 예이다. 즉 이규보의 <경설>은 당대 현실의 부당성을 비판하고 풍자하는 데 중점을 두었던 <혼경사>와는 달리, 같은 제재를 다루면서도 혼탁한 세태를 헤치고 나가는 지혜로운 처세술을 주지로 하였고, 홍성민의 <촉

49) *cf.* 陳蒲淸, 『亞洲各國寓言』, 湖南教育出版社, 1998. ; 윤주필, 「한문문화권의 우언 글쓰기의 방법과 의의」, 『한국문학연구의 새로운 방향 모색』, 나손학술상 심사위원회, 2000.

50) 특히 '모방의 원리'는 작자의 생각을 전범이나 역사적 사실에 기대어 표현하되 나름의 새로움을 추구할 때 작용하는 원리를 말하는 바, 전거를 압축적으로 모방하여 새로운 글의 문맥에 맞게끔 활용하거나, 고전적 명편 등 선행 작품을 본뜨거나, 기존의 문체와 같은 양식을 모방하는 것을 말한다. *cf.* 윤주필, *op. cit.*, pp.25~34.

51) 尹勝俊, 「韓·中 寓言의 比較 硏究(1)」, 『國文學論集』 第16輯, 檀國大學校 國語國文學科, 1999.

견폐일설>은 <회사>를 전범으로 하면서도 이를 토대로 宣祖代 朋黨의 폐해를 우의하였으며, 배용길의 <의자설>은 <의골행>을 모범으로 삼아 임진왜란 당시 우리 나라의 독특한 상황을 우의하고 있다.

그리고 조선후기 송사형 우화소설이 動物寓言과 적지 않은 교섭을 통하여 형성 전개되어 갔다고 하는 사실 또한 우리가 주목해야 할 점이다.[52] 특히 송사형 우화소설의 공통적 요소로 지목되는 송사 모티프, 송사 처리과정에서의 비리와 그에 따른 부당한 판결, 언변 대결에 따른 작품의 확장 등이 18세기 중반 <烏鶴相訟說>을 비롯한 동물우언에 이미 존재하고 있었다는 사실은 우언과 우화소설의 관계에 대한 검토가 심도 있게 진행될 필요가 있음을 시사한다. 또한 앞에서 검토한 바와 같이 <연자부>와 송사형 우화소설에 공통적으로 나타나는 식량과 거처를 둘러싼 다툼, 뇌물이나 공훈으로 인한 부당한 판결, 속담이나 격언의 활용 등이 <烏鶴相訟說>, <鸜鳩鶩訟臥渴先生傳> 등 동물우언의 전통 속에도 존재한다는 사실은 논의의 확장 가능성을 시사한다. 특히 뇌물 수수로 인해 빚어지는 부정과 비리 및 그로 인한 부당한 판결에 대한 비판은 우리의 우화소설과 동물우언에 더욱 분명하게 드러나는 바, 이와 같은 사실을 종합할 때 다음과 같은 가설이 제시될 수 있을 것이다. 즉 동물우언과 우화소설의 교섭 이전에 한문문화권에서의 우언 창작 원리 내지 관습이 조선시대 동물우언의 형성을 가져왔고, 이렇게 형성된 일련의 동물우언이 또 한편으로 우화소설과의 교섭과정에서 송사형 우화소설로 전개되지 않았을까 하는 것이다. 물론 그 과정에 하필 조선시대 나름의 동물우언 단계를 거치지 않았을 수도 있을 것이다. 이같은 가설을 도표화하여 제시하면

52) 說話나 假傳이 조선후기 우화소설의 형성에 끼친 영향을 평가절하 하고자 하는 것은 아니다. 필자는 설화나 가전 이외에도 동물우언의 문학적 전통이 조선후기 우화소설의 형성에 적지 않은 영향을 끼쳤을 것이라고 주장한 바 있다. 그리고 여기에서는 그와 같은 논지를 보완하는 차원에서 조선후기 우화소설의 형성과정을 이해하는 데에는 그 외에도 한문문화권의 (송사형) 우언을 함께 고려할 필요가 있음을 제시하는 것이다. *cf.* 尹勝俊, 「朝鮮時代 動物寓言의 傳統과 寓話小說」, 檀國大 博士學位論文, 1998. ; 「動物寓言의 傳統과 訟事型 寓話小說-<烏鶴相訟說>과 <鸜鳩鶩訟臥渴先生傳>을 통해 본-」, 『古典文學硏究』 第14輯, 韓國古典文學會, 1998.

아래와 같이 표시할 수 있다.

한문문화권의
송사형 우언

⇗⇙ ⇘⇖

조선시대	⇒	조선후기
송사형 동물우언	⇐	송사형 우화소설

물론 <연자부>는 20세기 초 돈황 문물의 발견을 통하여 처음으로 알려진 것이기 때문에, 그 이전에 혹 있었을 수수관계나 영향 관계에 대하여 검증할 도리가 없을 뿐 아니라 현재로서는 이를 밝혀주는 자료도 보이지 않는다. 그러나, <연자부>가 민간의 설화를 바탕으로 연행되던 강창문학이었다는 점에서, 그리고 그같은 조류를 매개로 한 송사우언의 전통이 중국을 중심으로 한 한문문화권에서 널리 확인되고 있는 관계[53]로 미루어 보아, 우리의 동물우언이나 우화소설에 직·간접적으로 영향을 주었을 것이라고 추정해 볼 수 있다. <연자부>와 함께 돈황에서 발견된 <四獸因緣>과 <茶酒論>이 인도 불경의 우언이나 당대 민간설화를 수용한 것인 바, 돌이켜 <연자부>는 우리의 <두껍전>에 등장하는 쟁장·쟁공설화나 <柳與梅爭春>, <牛馬爭功論>, <牛馬論功解> 등의 조선시대 우언, 그리고 <鹿 兎 蟾蜍의 제자랑>(孫晋泰, 『韓國民族說話의 硏究』), <여우, 두꺼비, 너구리의 키 자랑>(『韓國口碑文學大系』 2-8)을 비롯한 우리의 구전설화와도 유사하다는 점에서 그같은 가능성을 상정할 수 있다고 본다.[54]

---

53) *cf.* 全弘哲, 「<鷰子賦> 硏究」, 『中韓文化硏究』 2, 南京大, 1998.

54) <四獸因緣>은 새(伽毘羅鳥), 토끼, 원숭이, 코끼리 네 마리의 짐승이 長幼의 서열을 정하여 서로 공경하고 의리를 베풀어 천상계에 다시 태어난다는 이야기이고, <茶酒論>은 차와 술이 서로 자신의 공을 자랑하는 이야기이다. 이 두 작품은 조선후기 우화소설 및 동물우언에 등장하는 쟁장 및 쟁공 모티프를 포함하고 있어 <연자부>와 함께 우리의 관심을 끄는 작품들이다. 이에 대해서는 별고를 통하여 다루고자 한다.

V. 맺음말

이 글에서는 돈황 속부 <연자부>가 조선후기 송사형 우화소설과 적지 않은 유사점을 가지고 있다는 점에 주목하고, 한·중 우언의 비교적 관점에서 이들 사이의 공통점과 차이점을 검토하였다. 아울러 한문문화권 우언 창작의 원리와 관습을 토대로 조선후기 송사형 우화소설의 형성과 관련하여 혹 예상되는 <연자부>의 영향 가능성을 검증해 보았다.

한문문화권 각국의 우언은 공동의 전범을 토대로 시대적 사회적 상황에 따라 다양하게 창작되어 왔다. 특히 특정 전범을 단순히 모방하는 데 그치지 않고 작자가 처한 상황에 따라 새롭게 변용하면서 독자적인 우의를 기탁하였기 때문에, 한문문화권 각국의 우언은 서로 영향을 주고받았으며, 그에 따라 공통성과 독자성을 두루 갖추고 있다. 본고는 <연자부>와 조선후기 송사형 우화소설을 통해 그같은 사실을 확인하고자 하였을 뿐 아니라, '한문문화권의 송사형 우언'과 '조선시대 송사형 동물우언', 그리고 '조선후기 송사형 우화소설'의 상호 교섭관계를 유추하여 송사형 우화소설의 형성과정을 재구하여 보았다. 앞으로 보다 다양한 자료의 검토와 구체적인 사실의 확인이 이루어질 때, 이같은 가설은 더욱 설득력을 획득할 수 있을 것이다. 그러나 이같은 가설이나마 제시할 수 있었던 것에 이 글의 의의가 있으며, 앞으로 한·중 우언을 비롯한 한문문화권 각국의 우언에 대한 보다 폭넓고 심도 있는 연구를 통해 논지를 보완하기로 한다.

또한『根本說一切有部毘奈耶破僧事』卷 20에 나오는 <고양이의 坐禪>이라는 우언은 중국의 <猫喇嘛講經>과 기본적으로 상통할 뿐 아니라,『중종실록』29년 7월 22일 丁亥條에도 그대로 수용되어 있어, 한문문화권 우언의 영향 가능성을 추찰해 볼 수 있게 한다. *cf.* 野村耀昌, 金鍾浩 譯,『寓話의 뿌리』, 도서출판 소금, 1980, pp.24~26. ; 陳蒲淸,『亞洲各國寓言』, 湖南教育出版社, 1998, p.190. ; 尹柱弼,「『實錄』의 說話 受容에 대한 一考察」,『民族文化推進會報』제18호, 民族文化推進會, 1990 여름.

韓中 寓言의 比較 研究

- 動物寓言을 중심으로 -

Ⅰ. 問題의 提起

중국은 중세 천 년 이상 漢文文明圈의 중심 국가로서 정치와 경제는 물론 사상과 문화에서도 주변 국가들에게 자양분을 공급하는 심장부의 기능을 수행하여 왔다. 그 결과 중국이라는 문명권 중심부에서 형성된 사상과 문화가 주변 국가에 영향을 끼치게 된 것은 필연적인 현상이었다. 중국의 사상과 문화는 주변 각국의 문인들이 배우고 익혀야 할 典範이 됨으로써 그들의 학습 대상으로 자리잡았으며, 필요에 따라서는 그들의 여건이나 상황에 맞게 변형되고 새롭게 창조되면서 中世 文明을 공동으로 이룩해 나갔다.[1)]

따라서 中國 寓言이 韓國의 寓言 創作에 影響을 끼쳤을 것이라는 점은 충분히 짐작할 수 있는 사실이고, 이같은 사실은 구체적인 사례를 통해 검증되기도 하였다.[2)] 그러나 양국 우언 사이의 영향 관계나 상호 관련성

---

1) *cf.* 조동일, 『공동문어문학과 민족어문학』, 지식산업사, 1999. ; 김성룡, 「典範 학습과 중세의 문학교육」, 『문학교육학』 1, 한국문학교육학회, 1997.

2) 양국 우언의 영향 관계에 대한 연구는 주로 중국 우언이 한국 우언에 끼친 영향을 명시적으로 밝히고 있는 작품이나 우의를 전달하기 위한 형상이 유사한 작품들을 중심으로 이루어졌다. 杜甫(712~770)의 <義鶻行>에 비긴 裵龍吉(1556~1609)의 <義牸說>이나 柳宗元(773~819)의 <三戒>에 견준 林象德(1683~1719)의 <雜說 二首>와 같은 경우는 중국 우언의 영향을 명시적으로 밝힌 사례이다. 반면 屈原(B.C.343~B.C.277)의 <懷沙>와 具鳳齡(1526~1586)의 <蜀犬吠日說>이나 洪聖民(1536~1594)의 <蜀犬吠日說>, 柳宗元(773~819)의 <三戒>

은 겉으로 표방한 경우보다 그렇지 않은 경우가 더 많다는 점에서, 한국 우언에 끼친 중국 우언의 영향은 구체적으로 확인할 수 있는 것 이상이었다고 보아야 할 것이다. 나아가 영향 관계에 대한 구체적이고 명확한 단서를 발견하기가 쉽지 않다는 점을 고려하면, 양국 우언 사이에 발견되는 공통적 형상에 대한 논의는 또다른 방식의 설명을 필요로 하지 않을까 한다.

그러나 韓中 寓言에 대한 기존의 비교 연구에서는 이 문제에 대하여 적극적인 관심을 기울이지 않았다. 이는 비교 연구의 대상을 발견하기가 쉽지 않았기 때문이기도 하지만, 비교 대상을 발견했더라도 양국 우언의 영향 관계를 입증할 수 있는 명시적인 근거를 확보하지 못할 경우 논지 자체가 단순한 추정에 그치고 말 우려가 크기 때문이다. 그런 점에서 韓中 寓言에 대한 比較 硏究는 이중의 어려움을 안고 있다고 할 수 있다. 아울러 양국 우언의 상호 관련성에 대한 입증 자체에서 한걸음 더 나아가 양국 우언의 공통성과 독자성을 밝히고, 양국의 우언이 각기 한문문명권 공동의 우언문학에 어떤 기여를 했는지를 밝히는 데까지 나아가야 한다는 과제는 이 분야의 연구가 필요하다는 인식에도 불구하고 실제로는 연구가 그렇게 활성화되지 못하고 있는 근본적인 이유라고 할 수 있다. 여기

와 尹愭(1741~1836)의 <雜說 三>, 劉元卿(1544~1609)의 『賢奕編 應諧錄』에 수록된 <猫號>와 高尙顔(1553~1623)의 <鼴鼠婚姻>이나 『於于野談』에 실린 <野鼠婚> 또는 『旬五志』에 실린 <鼴鼠婚>, 『賢奕編 警喩錄』에 수록된 <猩猩好酒>와 康惟善(1520~1549)의 <酒蜂說>, 돈황 속부 <鷰子賦>와 <황새결송>·<鼠大州傳>·<鼠同知傳>·<까치伝> 등의 조선후기 송사형 우화소설 등은 영향 관계나 상호 관련성을 직접적으로 표방하지 않은 예이다. 이에 대해서는 다음과 같은 기존 연구를 참고할 수 있다. *cf.* 陳蒲清·權錫煥, 「韓愈<毛潁傳>與韓國的'假傳'」, 『國際中國學硏究』 4, 韓國中國學會, 2001. ; 尹勝俊, 「韓·中 寓言 比較 硏究(1)」, 『國文學論集』 16, 檀國大學校 國語國文學科, 1999. ; 尹勝俊, 「敦煌 俗賦 <鷰子賦>와 朝鮮後期 訟事型 寓話小說-韓中 寓言의 比較的 觀點에서」, 『古小說硏究』 10, 韓國古小說學會, 2000. ; 尹勝俊, 「중국 우언의 수용과 재창조-柳宗元을 중심으로-」, 『古典文學硏究』 26, 韓國古典文學會, 2004. ; 金泳, 「한중 우언의 욕망구현 양상」, 『韓國漢文學硏究』 31, 韓國漢文學會, 2003. ; 姜英順, 「동아시아 순환오류형 형식담의 우언적 소통 비교 연구」, 『동아시아 우언문학 비교론』, 집문당, 2005.

에서는 中國의 動物寓言과 韓國의 動物寓言 사이에 유사한 형상을 가지고 있는 몇몇 작품들을 예로 들어 한중 우언의 긴밀한 관련성을 재확인하면서 이 문제에 대한 기존의 논의를 보완하고자 한다.

Ⅱ. 韓中 動物寓言의 比較

1. 柳宗元의 〈臨江之麋〉와 奇遵의 〈畜獐說〉

柳宗元(773~819)은 藩鎭과 宦官이 커다란 세력을 형성하여 부정과 모순을 양산하던 정치현실을 개혁코자 했던 王叔文·韋執誼의 혁신정치에 동참했으나, 불행히도 개혁이 실패하면서 좌천되어 蘇州·永州 등지를 떠돌다 생을 마감하였다. <臨江之麋>는 그가 永州에 貶謫되었을 때 지은 <三戒> 가운데 한 편이다. <畜獐說>은 奇遵(1492~1521)의 작품으로, 기준은 1519년 己卯士禍에 연루되어 牙山, 穩城 등지로 유배되었다가 謫所인 온성에서 생을 마쳤다. <축장설>은 그가 적소에서 지내면서 신중하게 처신하지 못한 자신을 돌아보고 경계로 삼기 위해 지은 글이다.[3)]

① 臨江縣의 사냥꾼이 고라니 새끼 한 마리를 잡아서는 기르려고 가지고 왔다. 문에 들어서니 뭇 개들이 침을 흘리고 꼬리를 흔들며 따라왔다. 사냥꾼이 노하여 개를 쫓아버렸다. 이로부터 날마다 고라니를 안고 개 있는 곳으로 와서 늘 보게 하니, 개로 하여금 고라니를 괴롭히지 못하게 하고 또 고라니로 하여금 조금씩 개와 놀게 하고자 해서였다. 그렇게 하기를 꽤 오래 하니, 개들이 모두 주인의 마음을 알아 그와 같이 행동하였다. 고라니도 점점 커감에 따라, 자기가 고라니임을 잊고 개들이 자기의 진정한 친구인줄 알아 온종일 서로 뒤섞여 장난하며 지내니 날이 갈수록 더욱 가까워졌다. 개는 주인을 두려워하여 고라니와 잘 놀았으나, 때때로 입맛

3) *cf.* 이종묵, 「조선전기 위리안치(圍籬安置)의 체험과 그 형상화」, 『한국문화연구』 9, 이화여대 한국문화연구원, 2005, pp.52~60.

을 다시곤 하였다. 3년 후 고라니가 문을 나왔다가 길에 들개가 많은 것을 보고, 달려가 그들과 놀고자 하였다. 그러나 들개들은 고라니를 보고 기뻐하기도 하고 노하기도 하여 함께 그를 잡아먹으니 길가가 낭자하였다. 고라니는 죽으면서도 깨닫지 못하였다.[4]

② 내가 전성에 갇혀 있어 사람들과 통할 수가 없었다. 어떤 사람이 기르던 노루를 보내주었다. 외로운 처지를 불쌍히 여겨 말하길, “적막한 가운데 벗으로 삼으라는 것이네. 애완용의 진귀한 것은 아니니 사양하지 말게나.” 하였다. 뿔이 우뚝 솟아나 있고 용모가 고귀해 보였다. 어금니는 있지만 물어뜯을 줄 몰랐고 뿔이 있지만 받을 줄을 몰랐다. 정말로 해로울 것이 없는 짐승이었다. 처음에는 그다지 친하지 않았지만, 곡식을 주며 손으로 쓰다듬어주었더니 점점 길이 들어 매일 가까이 지냈다. 반드시 내가 기거하는 것을 살펴보고 신발을 신고 나서면 따라다니며 마치 주인을 따르듯 하였다. 그러나 안개 낀 아침이나 달뜬 저녁에 바람이 슬프고 처량하면 배회하고 머뭇거리며 슬프게 울었다. 마치 자기 무리를 그리워하는 듯하였다. 마치 아름다운 산 빼어난 물을 생각하는 듯 낯빛이 안쓰러웠다. 나는 들판에 살아야 할 동물이 사람에게 잡혀 있는 것을 차마 보지 못하여 숲에 놓아주어 그 뜻을 이루게 하려 하였다. 그러나 오랫동안 사람을 가까이 한지라 사냥꾼들에게 잡힐까 겁이 나서 계속 잡아두고 사육하였다. 외모가 초췌해지고 마음이 쓸쓸해지면서 점점 뛰어오르는 모습을 보지 못했다. 이때 개와 장난을 치는데 개 또한 놀리지 않아 서로 꾀와 뿔의 재능을 다투어 서로 승부를 겨루는 것으로 즐거움을 삼았다. 여러 번 이렇게 하더니 어느 날 저녁에는 이웃집 개를 만나 장난으로 집안의 개에게 하던 것처럼 하였다. 이웃집 개는 놀라서 가만히 서서 흘겨보

4) “臨江之人 畋得麋麑 畜之 入門 群犬垂涎 揚尾皆來 其人怒 怛之 自是日抱就犬 習示之 使勿動 稍使與之戲 積久 犬皆如人意 麋麑稍大 忘己之麋也 以爲犬良我友 抵觸偃仆 益狎 犬畏主人 與之俯仰甚善 然時啖其舌 三年 麋出門 見外犬在道甚衆 走欲與爲戲 外犬見而喜且怒 共殺食之 狼藉道上 麋至死不悟” 「臨江之麋」, 『柳宗元集』 2, 中華書局, 1979, p.534.

> 다가 확 낚아채고 깨물어 그 다리를 부러뜨려 죽이고 말았다. 무릇 개는 성질이 본디 할퀴고 물기를 잘한다. 토끼와 여우, 사슴을 좋아하는데, 장난을 치는 것은 힘으로 막아내지 못할 바가 아니고 이빨이 날카롭지 않음이 없기 때문이다. 그런데 노루가 여러 번 부딪치면서도 위태한 줄 몰랐다. 이웃집 개는 길들인 것이 아닌데 살피지 않고 덤볐다가 마침내 그 생을 마치게 된 것이다. 그 어리석음이 또한 심하지 않은가? 아, 세상의 군자들 중에는 신중하지 못하여 폐부를 드러내어 보이다가 마침내 함정에 빠진 자가 무수하다. 인간과 동물은 다르지만 지혜는 같기에, 이 때문에 기록한다.[5)]

유종원의 <임강지미>와 기준의 <축장설>은 작자가 정치적 문제로 중앙 정계에서 밀려난 상황에서 지어진 것이라는 점에서 공통적이고, 고라니의 죽음이나 노루의 죽음이 자신의 보호 영역을 이탈한 결과였으며, 그들의 죽음 또한 겉모습에만 주의를 기울이다가 상대의 본질을 분별하지 못한 어리석은 행동에서 기인되었다는 점에서 동일하다. 물론 이를 근거로 하여, 기준의 <축장설>이 유종원의 <임강지미>의 영향으로 이루어진 작품이라고 단정할 수는 없다. <축장설>의 소재가 된 노루는 외부와 단절된 상황에서 고적함을 달래라는 뜻으로 기준이 선물 받은 것이었고, 잠시나마 정을 붙였던 노루가 죽자 그 죽음을 애도하기 위해 지은 글

---

5) "予囚于氈城 不得與人物相通 人有以畜獐遺者 憐其孑處 資爲寂寞之友 非玩好之珍也 不辭焉 嶄然其角出也 巍然其容高也 牙而不知齧 角而不解觸 信毛蟲之無害者 始也不甚親 與之栗 摩手撫之 稍稍自馴 日以相近 起居必伺 履舃以隨 似戀其所主者也 然猶煙朝月夕 風悲氣悽 徘徊躑躅 哀然戀其鳴 若慕其群也 戚乎其色 若思其嘉山秀水也 予不忍山野之性爲人所縶 欲放諸林藪以遂其心 則狎人已久 懼爲虞獵所得 留而飼之 形貌憔悴 意思怵迫 漸不見超距踶逸之狀矣 時與犬畜戲 犬亦不爲訝 故與之較智角材 互爲勝負以相嬉 如是者數 一夕 遇隣犬 試戲如家犬 乃駭悚然而立 睨然而視 躇(恐誤)攫而齧之 折其股乃斃 夫犬之性 本能搏噬 而狐兎麋鹿是喜 其所戲者非力不制 非牙不利 而獐也屢觸而不知危 隣之犬非家之習 而獐也不審而犯 卒以害生 其愚之不亦甚乎 嗚呼 世之君子 不愼所與 而出肺肝相視 竟爲其所陷者滔滔 是雖人物之殊 而智則同也 故識之" 奇遵,『德陽遺稿』卷 3,「畜獐說」(『韓國文集叢刊』25, 民族文化推進會, p.328). 번역문은 이종묵, *op. cit.*, pp.56~57에서 재인용.

이 <축장설>이었기 때문이다.

뜻하지 않은 노루의 죽음은 변방에 위리안치 된 기준 자신의 처지를 다시 생각하게 하는 계기가 되었다. 쉽사리 상대를 믿고 경솔하게 자신의 속내를 드러내는 것은, 의욕만 앞설 뿐 온갖 권모술수가 판치는 정계의 현실을 속속들이 파악하지 못한 젊고 순진한 선비들의 섣부른 행동일 뿐이었다. 그들은 결국 노회한 이들의 술수에 손쉽게 당할 수밖에 없었고, 그 결과 지금의 자신과 같은 참담한 상황이 초래되었다는 것이다. 이처럼 현재 자신이 처해 있는 상황에 대한 뼈저린 반성이 <축장설>을 꿰뚫고 있는 기준의 생각이고, 고립된 謫所에서 자신의 분신과도 같았던 노루의 죽음을 바라보는 그의 마음이었을 것이다. 따라서 <축장설>은 노루의 죽음과 기준 자신의 현실을 중첩시켜 우의를 완성한 것이라고 하겠다.

그렇게 보면 두 작품 사이의 직접적인 영향 관계를 확인할 수는 없다 할지라도,[6] 정치적 폄적이라는 동일한 처지에 놓인 유종원과 기준이 죽음을 초래하고 만 동물[고라니와 노루]의 순진하지만 어리석은 행동을 통해 겉으로 드러내놓을 수 없는 자신들의 속내를 기탁하고자 한 것이 <임강지미>와 <축장설>이었다고 하겠다.

2. 宋祁의 〈雁奴〉와 崔演의 〈雁奴說〉

동물우언의 주요한 특징 중 하나는 동물 사회에서 일어난 사건을 빌려 인간 사회의 한 단면을 폭로하고 풍자하는 것이다. 宋祁(998~1061)의 <雁奴>와 崔演(1503~1549)의 <雁奴說>은 기러기 사회에서 벌어지는 비극을 통해 인간 사회의 부조리를 고발한 우언이다. 두 작품은 중국과

6) <翰林別曲>에 유종원의 문집이 등장하는 것으로 보아 적어도 12세기를 전후한 시기부터는 유종원의 글이 우리나라 문인들 사이에 널리 읽혔음을 알 수 있다. 뿐만 아니라 조선 초기 중국 유명문인들의 시문집을 대량으로 구입 간행하는 과정에서 유종원의 문집도 간행 보급되었다. 世宗 때 간행된 『唐柳先生外集』(1439)과 『唐柳先生集』(1440)이 그 예이다. 이러한 점으로 미루어보아 기준이 유종원의 글을 익히 알고 있었음은 틀림없는 사실이라고 하겠다. *cf.* 윤승준(2004), *op. cit.*, pp.104~109.

한국이라는 지리적 차이와 500여 년이라는 시간적 거리에도 불구하고 혹사한 형상을 하고 있다.

③ 雁奴는 기러기 가운데 가장 작은 놈이다. 작은 기미에도 잘 놀라는 성격인지라 매번 기러기들이 밤잠을 잘 때면 雁奴만이 유독 눈을 감지 않고 그들을 위해 사방을 감시하며 살폈다. 그러다가 혹 사람 소리라도 들리면 반드시 먼저 울어댔다. 그러면 다른 기러기들이 이 소리를 듣고 덩달아 서로 불러대고 이끌어서 자리를 뜨곤 하였다. 후에 마을 사람들은 더욱 교묘한 속임수를 써서 雁奴가 울지 못하도록 하고자 하였다. 이에 먼저 기러기들이 항상 거처하는 숲을 살피고는 몰래 커다란 그물을 쳐놓고 그 옆에 흙구덩이를 많이 파 놓았다. 날이 채 저물기 전에 사람들은 끈을 가지고 가서 그 구덩이 속에 숨겨 두었다. 날이 샐 무렵 들불이 구덩이 바깥에서 일어나니 雁奴가 먼저 놀라 울었다. 그러자 사람들은 급히 그 불을 꺼버렸다. 놀라 깨어난 기러기들은 사방을 둘러보았다. 그러나 아무것도 보이지 않자 다시 잠자리로 돌아갔다. 이렇게 불을 피우고 끄기를 세 번 반복하였으니, 雁奴는 그때마다 세 번 소리쳐 울었고 기러기들은 세 번이나 놀라서 깨어났으나 아무것도 발견할 수가 없었다. 결국 기러기들은 雁奴가 아무런 근거도 없이 울었다고 여겨 번갈아가며 뭇매를 주고는 다시 잠자리로 돌아갔다. 잠시 후 불이 다시 일어났으나 雁奴는 다른 기러기들의 뭇매가 두려워 감히 울지 못하였다. 마을 사람들은 雁奴의 울음소리가 들리지 않자 마침내 그물을 펼쳐들고 기러기들을 잡았으니, 열에 다섯은 잡히고 말았다.[7)]

7) “雁奴 雁之最小者 性尤機警 每群雁夜宿 雁奴獨不瞑 爲之伺察 或微聞人聲 必先號鳴 群雁則雜然相呼引去 後鄕人益巧設詭計 以中雁奴之欲 于是先視陂藪雁所常處者 陰布大網 多穿土穴于其傍 日未入 人各持束緼并匿穴中 須其夜艾 則燎火穴外 雁奴先警 急滅其火 群雁驚視無見 復就棲焉 于是三燎三滅 雁奴三叫 衆雁三驚 已而無所見 則衆雁謂奴之無驗也 互唼迭擊之 又就棲焉 小選 火復擧 雁奴畏衆擊 不敢鳴 鄕人聞其無聲 乃擧網張之 率十獲五” 宋祁, 『宋景文集』. 馬亞中・吳小平, 『中國寓言大辭典』, 江蘇文藝出版社, 1997, p.557.

④ 기러기는 태양을 따라 남북으로 오가니 일정한 거처가 없다. 수십 혹은 수백 마리가 무리를 이루어 한가롭게 날며 조용히 모여서는 물가에서 잠을 자는데, 雁奴로 하여금 사방을 경계하게 한다. 커다란 놈들은 가운데 거처하는데 사람이 만약 엿보거나 조금이라도 가까이 가기만 하면 雁奴가 곧바로 위급함을 알리고, 이를 신호로 다른 기러기들이 놀라 일어나 높이 날아오르니 주살이나 그물을 쓸 겨를이 없다. 그런즉 주인을 지키는 功으로 치자면 雁奴를 따를 자가 없을 것이다.

사람들 가운데 불을 피워서 기러기를 잡으려는 자가 있었으니, 몰래 화로 속에 초를 숨기고는 몽둥이를 가지고 따라갔다. 몰래 따라가서 거의 다다랐을 때 초에 불을 붙여 살짝 쳐드니 雁奴가 놀라서 울었다. 이 소리에 큰 놈들도 깨어났는데, 그러자 곧 불을 숨겼다. 잠시 후 다시 조용해지자 조금 전에 했던 것과 마찬가지로 촛불을 쳐들었다. 雁奴가 또 놀라서 급히 울어댔다. 이렇게 하기를 서너 번 반복하니, 기러기들은 번번이 놀라 깨었으나 그들을 잡으려고 하는 사람들은 없었다. 그러자 큰 기러기들은 도리어 雁奴가 거짓을 알렸다고 여기고는 다투어가며 雁奴를 부리로 쪼아댔다. 사람들이 다시 촛불을 쳐들자 雁奴는 큰 기러기들이 쪼아댈 것이 두려워 다시 울지 못하였다. 마침내 사람들이 가까이 가서 일망타진하니 살아난 기러기가 없었다.

아! 雁奴의 충성스러움과 부지런함이여! 사람들의 계책이 교활하기도 하도다. 기러기의 의혹됨이 심하기도 하도다. 어찌 기러기만이 그러하겠는가? 사람에게도 또한 그러한 일이 있도다. 안일을 탐하여 고식지계만을 찾고 외부로부터의 모욕을 걱정하지 않으며, 간교하고 교활한 술책에 속임을 당하면서도 도리어 충성스럽고 현명한 이들을 믿지 않아 마침내 술책에 빠져서도 깨닫지 못하니, 크게는 나라를 잃고 작게는 집안을 망치고 만다. 이 어찌 이상한 일이 아니겠는가? 슬프다. 사람으로서 그 주인이 위험에 처해 있음을 보고서도 구하지 않는 자들이 저 雁奴를 본다면 부끄러운 줄 알 것이로다. 이는 비록 작은 미물이나 큰 것을 빗대어 말할 수 있으니, 내가 이에 雁奴說을 짓는 바이다.[8]

기러기의 습성을 면밀히 관찰하고 이를 역이용해서 기러기를 잡는 인간 세태를 빌미로 한 두 작품은 국가나 가정 등 인간 사회에서 벌어지는 忠奸의 대립과 '正'과 '不正'의 가치가 전도된 부조리한 현실을 풍자하고 있다. 雁奴는 기러기 전체의 안전을 보장하기 위해 눈도 붙이지 못하고 자신의 직분을 다하지만, 이를 역이용하는 인간의 교활한 간계로 말미암아 기러기들은 忠直한 雁奴를 도리어 자신들의 휴식을 방해하는 거짓말쟁이로 여기고 뭇매를 주기까지 한다. 인간의 奸計가 세 차례나 거듭되면서 충직한 雁奴는 거짓말쟁이가 되고 만다. '忠'과 '奸', '正'과 '不正'이 顚倒되는 현상은 기러기들의 安危에 심각한 문제를 야기하지만, 이를 심각한 문제로 받아들이는 것은 실상 雁奴 외엔 존재하지 않는다. 진실이 진실로 받아들여지지 않는 상황, 진실을 거짓으로 몰아붙이고 테러를 가하는 상황은 결국 진실을 발설하지 못하게 만든다. 기러기 사회에 조성된 그러한 분열과 부조리, 위압적 상황은 결국 기러기 사회를 붕괴시키고 그들의 목숨을 앗아간다. 그럼에도 불구하고 기러기들은 죽음과 파멸의 원인이 그들 자신의 무지와 몰지각에 있다는 사실을 깨닫지 못한다.

宋祁의 <雁奴>와 崔演의 <雁奴說>은 모두 위와 같은 형상을 '寓體'로 활용하고 있다. 다만 '說' 양식을 택한 崔演의 <雁奴說>은 宋祁의 <雁奴>와는 달리 전달하고자 한 주지를 구체적으로 제시하고 있다는 점에서 차이를 보인다. 일시적인 평안을 탐할 줄만 알 뿐 외부로부터의 모욕은 걱정하지 않고, 간교한 술책에는 속임을 당하면서도 충직하고 현명한 이를 믿지 아니하여 결국 사회가 붕괴되고 목숨을 잃는 상황에 이르면

---

8) "雁之爲物 隨陽南北 無常棲 十百爲群 閒飛靜集 宿沙渚間 則令雁奴四圍而警捕 大者居其中 人若伺 殆少近 則奴輒告之亟 群雁警起 飛翔高擧 罿罻不能施 弋人無所慕 奴之衛主 功鮮有儷 人有以火探捕者 候陰暗密藏燭於瓦罏中 持棒者隨之 潛行將及 秉燭略擧 奴卽驚叫 大者亦寤 便匿其火 則須臾復定 又如前擧燭 奴又奔告 如是者數四 頻驚而無捕 則大者反以奴爲不直爭啄 人復擧燭 則奴懼其啄不復驚 人遂逼之 一網打盡 殆無遺類 嗚呼 奴之忠勤矣 人之計狡矣 雁之惑甚矣 豈獨雁然 人亦有焉 偸安姑息 不恤外侮 受紿於奸狡 反不信忠賢 終必爲所中而莫之悟 大則忘國 小則敗家 不亦惑乎 哀哉 且夫人之見其主阽危而不救者 觀雁奴則庶可知愧 此物雖小 可以喩大 吾於是乎作雁奴說" 崔演,『艮齋先生文集』卷 11 雜著,「雁奴說」(『韓國文集叢刊』 32, 民族文化推進會, p.192).

서도 왜 그렇게 되는지를 모르는 것은 비단 기러기 사회에서만 있을 수 있는 일이 아니라는 것이 작자의 판단이다. 특히 '군주가 위태로운 상황에 처해 있음에도 불구하고 구할 줄 모른다면 저 雁奴에 부끄럽지 않겠는가?'라는 崔演의 언급은 그러한 신하를 책망하고 일깨우고자 하는 데 우의의 초점이 맞추어져 있음을 보여준다.[9)]

그러나 이처럼 혹사한 형상에도 불구하고, 두 작품 사이의 영향 관계를 입증할 단서는 보이지 않는다. 한중 우언의 영향 관계에 대한 논의는 이러한 작품들의 상호 관련성을 설명해 줄 수 있어야 할 터인데, 이들 사이의 실제적인 영향 관계를 보여주는 기록이 없다는 점에서 일정한 한계를 인정하지 않을 수 없다.

3. 『啓顔錄』의 <刺猬與橡斗>와 韓國의 口傳說話 <밤나무에 절하는 호랑이>

隋나라 초기의 인물 侯白이 지었다는 『啓顔錄』은 書名에서 짐작할 수 있듯이 우스운 이야기를 모아놓은 소화집이다. 100여 편의 소화를 수록해 놓은 『계안록』은 중국 최초의 소화집 『笑林』의 영향으로 나온 것이기는 하지만, 우의보다는 골계적 효과를 중시하였다는 점에서 『소림』과는 다른 특징을 가지고 있다.[10)] 『계안록』에 수록된 <刺猬與橡斗>는 百獸의 王으로서 畏敬의 대상이 되어 온 호랑이를 戱畵化한 이야기인데, 우리나라의 구전설화 <밤송이에 절하는 호랑이>와 혹사한 형상을 하고 있어 관심의 대상이 된다.

---

9) 崔演의 <雁奴說>에 보이는 이와 같은 특징은 '說'이라는 문체의 성격과 관련하여 설명할 수도 있다. '說'은 논변체 산문의 일종으로서 작자 자신의 의견이나 주장을 논리적이면서도 구체적으로 펼치는 데 주안을 둔다. 그러나 說은 개인적 이익보다는 사회적 공익성과 밀접한 관련을 가지고 있었기 때문에 時利와 義貞, 忠誠과 信義를 중시한다. 특히 寓言을 곁들여 세태와 풍속을 우회적으로 풍자하는 경우가 많다. *cf.* 尹勝俊, 「朝鮮時代 '動物說'에 대한 一考察-朝鮮前期를 中心으로-」, 『漢文學論集』 15, 槿域漢文學會, 1997, pp.229~231.

10) 천푸칭 씀, 오수형 옮김, 『중국우언문학사』, 소나무, 1994, p.163.

⑤ 어떤 호랑이가 들에서 먹이를 찾고 있었다. 그러다가 배를 위로 향하여 누워 있는 고슴도치를 보고는 고깃덩어리인 줄 알고 먹으려 했다. 별안간 고슴도치는 호랑이의 코에 달려들었고 호랑이는 놀라 쉬지도 않고 도망갔다. 산 중턱에 이르러 피곤을 느낀 호랑이는 스르르 잠이 들었다. 고슴도치는 그제서야 코를 놓고 사라졌다. 문득 잠에서 깨어난 호랑이는 기뻐했다. 상수리나무 아래에 와서는 고개를 숙인 다음에 상수리를 보고는 몸을 비스듬히 비키며 말했다. "아침에 오다가 높으신 귀하를 만났었습니다. 지금은 귀하에게 길을 양보하고자 합니다."11)

⑥ 호랭이란 山中之王 아닙니까? 이놈은 포식하면 2,3일이고 4,5일이고 안 먹고 잠만 잔대요. 자다가 시장기가 나면 일어나서 또 먹을 것을 찾니라고 돌아다닌다는 거요.

어느 가을날이었나봐요. 시장기가 나서 먹을 것을 찾느라고 살살 다니는데 해는 아직 서산에 넘어가지 않고 있어서 동네로 내려갈 수는 읎구 해서 산 언덕으로 이리저리 돌아다니는데 무신 고기 냄새가 나는데 눈앞에 쬐그만 것이 기여가고 있어. 두리뭉싱하게 생긴 것이 먹음직해 뵈여서 시장한 판에 쥐나 개나 하고서 이놈을 덜컥 물어각고 깨밀었지. 아 깨물고 보니 세상에 이런 건 첨 먹어 본 게여. 그것이 아마 고슴도치던 모양이여. 먹을 수는 읎고 입안이 온통 피가 나고 아퍼 죽겠지. 도로 탁 뱉고 저리 뛰여가서 밤나무 밑이 가서 앉어서 입에서 나오는 피를 핥어 먹고 있었지. 그러는디 그때 멋이 우에서 툭 떨어지더니 콧잔등을 때리고 앞에 떨어져. 보니께, 아까 먹다가 혼이 난 것허고 똑같은 거여. 밤송이지. 호랭이는 그 밤송이를 보고 아이고 아까는 잘못했습니다, 다시는 먹지 않겄십니다 험서 자꼬 절을 하더래요.12)

11) "有一大蟲 欲向野中覓食 見一刺猬仰臥 謂是肉臠 欲銜之 忽被猬卷着鼻 驚走 不知休息 直至山中 困乏 不覺昏睡 刺猬乃放鼻而走 大蟲忽起 歡喜 走至橡樹下 低頭見橡斗 乃側身語云 旦來遭見賢尊 願郎君且避道"(『啓顔錄』「刺猬與橡斗」) 번역문은 천푸칭 씀, 오수형 옮김, *op. cit.*, p.164에서 재인용.

12) 「밤송이에 절하는 호랑이」『任晳宰全集 ⑥ 韓國口傳說話-忠淸北道篇』, 평민사, 1990, p.166. 경상북도 거창군 북상면 갈계리에서 채록된 「호랑이와 고슴도치」도

먹을 것을 얻기 위해서 들에 나왔던 호랑이가 고깃덩이인 줄 알고 덥석 덤벼든 것이 실은 고슴도치였고, 이로 말미암아 고슴도치 가시에 찔려 한참을 고생한 끝에 호랑이는 고슴도치와 비슷하게 생긴 것만 보아도 고슴도치인 줄 알고 피한다는 이야기라는 점에서 두 편은 동일한 유형의 이야기라고 할 수 있다. 차이가 있다면, 『계안록』에서는 고슴도치가 호랑이의 콧잔등에 달라붙는 것으로 되어 있는데 비해 우리나라 설화에서는 덥석 삼켜버리는 것으로 되어 있고, 『계안록』의 상수리나무가 우리나라 설화에서는 밤나무 밤송이로 되어 있다는 것 뿐이다.[13]

고슴도치는 우리나라를 포함한 아시아와 유럽, 아프리카에 서식하고 있는데, 적이 다가오면 가시털을 곤두세우고 몸을 둥글게 말아서 방어 자세를 취한다. 이 때는 코나 발가락도 몸 안으로 말려 들어가고 가시털이 돋은 표피가 연한 부분을 감싸서 가시털 투성이의 덩어리가 된다. 따라서 방어 자세를 취한 고슴도치의 모양은 밤송이와 흡사하다. 그런데 고슴도치의 가시털은 여우나 오소리 등 적의 몸에 닿으면 고슴도치의 몸에서 떨어져 나간다. 가시털은 끝이 갈고리 모양으로 되어 있어 몸에 잘 박힐 뿐 아니라 근육의 움직임에 따라 몸속으로 점점 깊이 파고들어 가므로, 고슴도치 가시털에 많이 찔리게 되면 심한 고통을 받다가 죽게 된다. 호랑이가 고슴도치를 공격했다가 그 가시털이 간과 폐에 박혀 죽었다는 기록도 있다.[14]

이와 같은 고슴도치의 생태에 대한 지식을 전제로 할 경우, 위의 우언은 결코 호랑이를 희화화한 것이라고 보기 어렵다. 제아무리 힘 센 강자라도 상대를 가볍게 보고 덤비다가는 큰 코를 다치기 마련이므로 항상 주의해야 함을 우의한 것이기 때문이다. 그러나 이 우언은 일반적으로 '자

이와 동일한 내용의 설화이다. *cf.* 『韓國口碑文學大系』 8-6, 韓國精神文化硏究院, 1981, pp.218~220.

13) 우리나라 설화에 보이는 이와 같은 변이는 각편 「밤송이에 절하는 호랑이」에만 해당하는 것이 아니라 경북 거창군에서 채록된 「호랑이와 고슴도치」에서도 동일하게 나타난다는 점에서 한국에서 민간우언으로 전승되는 과정에서 정착된 전형적 형상으로 이해할 수 있을 것이다.

14) *cf.* http://my.netian.com/~krbeauty/animals/goseum.htm

라 보고 놀란 가슴 솥뚜껑 보고 놀란다.'고, 사물을 꼼꼼하게 살피지 아니하고 과거 경험의 충격으로 말미암아 지레 겁을 먹고 두려워함을 우의하는 것으로 소통된다.[15] 그 결과 호랑이가 밤을 먹지 않는 이유를 설명하는 것으로 통용되기도 한다.[16]

물론 위의 두 동물우언이 이처럼 혹사한 형상을 공유하고 있음에도 불구하고, 이들 사이의 영향 관계를 입증할 만한 기록은 보이지 않는다. 따라서 둘 사이의 유사성은 인정할 수 있더라도 영향 관계를 구명하는 데에는 한계가 있다. 다만 구전설화로 전해오는 <밤송이에 절하는 호랑이>가 6세기 후반의 중국 문헌에 기록으로 남아있다는 사실은 이 설화의 역사적 변천 과정 내지 지리적 전파 방향을 재구하는 데 중요한 의미를 지닌다고 할 것이다.

4. 『笑府』의 〈蝙蝠〉과 『旬五志』의 〈蝙蝠之役〉, 『奇聞』의 〈蝙蝠不參〉

『笑府』는 『廣笑府』 『古今譚概』와 함께 馮夢龍(1574~1646)이 편한 笑話集이다. 『警世通言』 『喩世明言』 『醒世恒言』 등 '三言'의 편자로 유명한 풍몽룡은 『소부』에 100편의 소화를 모아놓았다. 그 가운데 『이솝우화』를 통해 우리에게 익숙한 '박쥐'에 관한 우언이 실려 있다.[17] 뿐만 아니라 이

---

15) 『中國古代寓言選』에서 이 우언을 두고 "粗枝大叶 又心有余悸"라고 평하는 것이 바로 그같은 사례이다. 陳蒲淸・曹日升・湯可敬・蔣天桂 選編, 『中國古代寓言選』(增訂本, 湖南教育出版社, 1985), p.414.

16) "그래서 이것이 인자 우리 나라 모든 호랭이가, 호랭이한테 그 소문이 쫙 퍼졌어. 소문이 퍼져갖고 호랑이가 밤송이만 보모 지끔도 막 절을 하고 고만 도망치기가 바쁘다. 지끔 그런 말이 옛날부터 전해져가 있기 때문에 호랑이가 밤송이도 몬 묵는 기라." 「호랑이와 고슴도치」, 『韓國口碑文學大系』 8-6, 韓國精神文化硏究院, 1981, p.220.

17) 『笑府』의 <蝙蝠>은 『이솝우화』의 'The Bat the Birds and the Beasts'를 연상케 한다. 물론 『笑府』에 실린 <蝙蝠>이 『이솝우화』의 영향을 받은 것이라고 단정할 수는 없지만, 중국에 『이솝우화』가 처음으로 번역 소개된 것이 天啓 5년(1625) 예수교 선교사 金尼閣(Nicolaus Trigault)에 의해서인 점을 감안하면, 동시대인으로서 통속문학작가였던 풍몽룡이 당시에 새롭게 소개된 『이솝우화』를 접할 기회는 있었을 것이라고 할 수 있다.

이야기는 洪萬宗(1643~1725)의 『旬五志』에 몇몇 글자의 출입을 제외하고는 거의 그대로 전재되어 있으며, 조선후기 야담집인 『奇聞』에도 수록되어 있다.

⑦ 봉황의 생일이 되었다. 온갖 날짐승이 축하하러 왔으나 유독 박쥐만은 오지 않았다. 봉황은 책망했다. "너는 내 아래에 있으면서 어찌 그리 오만불손한가?" 그러자 박쥐는 대답했다. "나는 다리가 있으니 길짐승이오. 그대에게 축하하여 무엇 하겠소?" 하루는 기린이 생일을 맞았다. 박쥐는 여전히 오지 않았다. 기린 역시 그를 책망했다. 그러자 박쥐는 대답했다. "내게는 날개가 있으니 날짐승이오. 무엇 때문에 축하해야 하오?" 기린과 봉황이 만나 박쥐 이야기를 하게 됐다. 둘은 함께 개탄했다. "오늘날의 세상은 각박하고 못돼서 이렇게 날짐승도 길짐승도 아닌 것들이 생겨나오. 정말 어찌해야 할지 모를 노릇이오!"[18]

⑧ 봉황의 생일잔치에 온갖 새들이 모두 축하를 했지만 오직 박쥐만이 오지 않았다. 봉황이 그를 꾸짖어 말하기를 "너는 내 아래에 처해 있으면서 어찌하여 오만하게 구는가?"라고 하니, 박쥐가 말했다. "나는 다리가 있으니 길짐승에 속합니다. 어떻게 축하하겠습니까?"
하루는 기린의 생일잔치여서 온갖 짐승들이 모두 축하했는데 박쥐가 또 오지 않았다. 기린이 또 불러 꾸짖으니, 박쥐가 말했다. "나는 날개가 있으니 날짐승에 속합니다. 어떻게 축하하겠습니까?" 세상에 일을 교묘하게 피하고 면하는 자를 비유한다.[19]

---

18) "鳳凰壽 百鳥朝賀 惟蝙蝠不至 鳳責之曰 汝居吾下 何踞傲乎 蝠曰 吾有足 屬于獸 賀汝何用 一日 麒麟生誕 蝠亦不至 麟亦責之 蝠曰 吾有翼 屬于禽 何以賀與 麟鳳相會 語及蝠之事 互相慨嘆曰 如今世上惡薄 偏生此等不禽不獸之徒 眞個無奈他何" 『笑府』, 陳蒲淸·曹日升·湯可敬·蔣天桂 選編, 『中國古代寓言選』(增訂本, 湖南教育出版社, 1985), p.707. 번역문은 오수형, 『중국우언문학사』, 소나무, 1994, p.331에서 재인용.

19) "鳳凰慶壽 百鳥皆賀 惟蝙蝠不至 鳳凰責之曰 汝居吾下 何自傲乎 蝙蝠曰 吾有足 屬獸類 何以賀歟 一日 麒麟慶壽 百獸皆賀 蝙蝠又不至 麒麟又召而責之 蝙蝠曰 吾有翼 屬禽類 何以賀歟 世以避事巧免者 爲比" 『旬五志』 卷下. 번역문은 윤주

⑨ 飛禽走獸가 亦有所管하야 鳳凰이 大會於飛鳥之類하고 點叩其數러니 蝙蝠이 不參이러니 卽鳶吏가 去捉蝙蝠而至어늘 鳳凰이 責曰 爾亦飛獸라 今日點名에 何故로 不參耶아 蝙蝠曰 吾乃走獸니 何責飛禽之點名不參耶오 鳳凰曰 爾有翼飛行이라 何不謂飛禽乎아 蝙蝠曰 不飛矣라 飛禽中에 豈有無毛者리요 是以로 不參矣로라 鳳凰이 無言可責하야 乃放回라 一日에 麒麟이 大會走獸하야 點名이러니 蝙蝠이 不來라 麒麟이 使赤狐로 捉來問曰 爾亦知法令矣어늘 今此大會에 何故不參耶오 蝙蝠曰 吾乃飛禽이니 何云走獸乎아 麒麟曰 爾是無毛之虫이니 此非走獸耶아 蝙蝠曰 走獸中에 豈有飛來飛去者乎아하고 終不參其兩側之點名云云이러라[20]

『笑府』의 <蝙蝠>과 『旬五志』의 <蝙蝠之役>은 우의가 드러나는 후반부의 '本體'를 논외로 한다면, '寓體'의 서사적 형상은 몇몇 글자만 다를 뿐 동일하다고 해도 과언이 아니다. 한편 『소부』의 <편복>이 박쥐의 기회주의적 행태에 대한 비판보다는 그러한 행태가 만연한 세태에 대한 탄식에 초점을 맞추고 있다면,[21] 『순오지』의 <편복지역>에서는 상황에 따라 말을 바꾸고 태도를 바꾸어 자신이 해야 할 일을 하지 않고 빠져나가는 개인, 기회주의적 행동을 일삼는 개인에 대한 비판에 초점이 맞추어져 있다. 그러나 어느 경우든 봉황이나 기린의 지위나 주장은 박쥐보다 우위에 있다. 즉 박쥐는 봉황이나 기린이 지배하는 세계의 일원으로 설정되어 있고, 따라서 그 세계의 일원으로 살아가기 위해서는 그가 속한 세계의 질서를 따름이 마땅하다. 그러나 박쥐는 모두가 따르는 세계의 질서를 받아들이지 않고 부정한다. 이런저런 이유를 들어가며 세계의 질서를 부정

필, 『틈새의 미학』, 집문당, 2003, p.241에서 재인용.

20) 「蝙蝠不參」, 『奇聞』, pp.18~19(民俗資料刊行會 編, 『古今笑叢』, 1958, pp.604~605).

21) 陳蒲淸은 이 작품의 우의에 대하여 다음과 같이 논한 바 있다. "박쥐는 그 특수한 생리적 모습 때문에 동서양 우언에서 속임수와 궤변을 일삼는 기회주의자의 상징이 되어 왔다. 『소부』에 등장하는 박쥐의 모습은 당시 선비들 가운데 환관 집단에 빌붙은 소인배들의 모습이었으니, 그들은 정의파 관료와 재야 인사들이 연합하여 환관에 대항하는 것을 방해했던 것이다. 봉황과 기린은 각각 정의파 관료와 재야 인사를 상징했다." *cf.* 천푸칭 씀, 오수형 옮김, *op. cit.*, pp.331~332.

하고 따르지 않으려는 박쥐의 행동은 봉황이나 기린의 입장에서는 용납하기 어려운 것이다. 주의할 것은 『소부』와 『순오지』의 서술시각이 봉황과 기린의 입장에 맞추어져 있다는 점이다. 서사논리상으로는 봉황이나 기린이 박쥐를 이기지 못했음에도 불구하고, 서술자가 박쥐의 논리와 행동에 대해 부정적인 태도를 표명하고 있는 것은 이 때문이다. 개인보다 공동체의 질서가 중시되는 시대의 산물이었던 것이다.

그런데 조선후기 야담집 『奇聞』에 실린 <蝙蝠不參>에 오면 봉황이나 기린의 입장에 맞추어져 있던 서술시각이 박쥐에게로 옮겨간다. 『기문』의 <편복불참>에서는 봉황이나 기린이 박쥐보다 우위를 점하지 못한다. 물론 봉황이나 기린은 여전히 솔개나 여우를 수하로 거느린 지배자로 나타나지만, 『소부』나 『순오지』에서와는 달리 박쥐가 그들의 하위에 속한 존재라는 설정이 사라지고 없다. 때문에 박쥐는 '飛禽'과 '走獸'라는 서로 대등한 존재로서 봉황이나 기린에 대항할 수 있었던 것이다. 그 결과 『기문』의 서술은 객관적 상황의 제시 자체로 그칠 뿐, 박쥐의 행동이나 그러한 세태에 대한 부정적 논평을 수반하지 않는다.[22] 우언은 그것이 소통되는 상황과 맥락에 따라 다양한 우의를 산출한다는 것을 확인하게 하는 예이다.

Ⅲ. 맺음말 - 比較 硏究의 限界를 넘어

이 글에서는 柳宗元의 <臨江之麋>와 奇遵의 <畜獐說>, 宋祁의 <雁奴>와 崔演의 <雁奴說>, 『啓顔錄』의 <刺猬與橡斗>와 한국의 구전설화 밤나무에 절하는 호랑이>, 『笑府』의 <蝙蝠>과 『旬五志』의 <蝙蝠之役>

22) 윤주필은 『순오지』와 『기문』에 나타나는 박쥐의 형상에 대하여 '양가적 능력을 지니고 있음에도 불구하고 매우 혐오스러운 인간형으로 취급되고 있는 셈'이라고 하면서 '박쥐의 불행은 심리학적으로 볼 때 정체성에 대한 인간적 강박관념의 투영'일 수도 있다고 하였다. 또한 '강고한 조직체계에서 벗어나 저대로 살아갈 자질을 갖'춘 존재로 평가할 수도 있지 않느냐는 긍정적인 해석을 시도하였다. *cf.* 윤주필, *op. cit.*, pp.241～245.

및 『奇聞』의 <蝙蝠不參>을 비교 고찰하면서 한중 우언에 대한 비교문학적 연구가 당면하고 있는 영향 관계에 대한 논의의 한계를 문제로 제기하여 보았다. 중국의 동물우언과 한국의 동물우언에는 그 영향 관계를 입증할 수 있는 구체적 기록은 찾을 수 없다 할지라도 形象과 寓意가 酷似한 경우를 종종 볼 수 있다. 위에서 거론한 작품들을 통해 볼 수 있듯이, 이들 개개의 작품은 미묘한 차이를 통해 그 나름의 독자성을 이룩하고 있지만, 그 사이에는 누가 보더라도 명백한 유사성 내지 동질성이 존재함을 부정할 수 없다. 한국과 중국의 우언을 통해 확인할 수 있는 이러한 현상을 어떻게 설명할 것인가? 영향 관계를 입증할 수 없으니, 단지 우연의 일치일 뿐이라고만 할 것인가? 이 글의 문제 제기는 여기에 있었다.

한국과 중국은 지리적으로 가까울 뿐만 아니라 오랜 기간 근대적 국가 관념을 넘어선 한문문명권의 일원으로서 중세 문명을 함께 창조하고 향유하여 왔다. 그렇기 때문에 한중 우언의 상호 관련성을 논의할 때에도 발신자와 수신자를 국가의 개념으로 파악하는 근대학문으로서의 비교문학적 방법론에 지나치게 얽매일 필요는 없다고 본다. 한국 문인들은 중국 문인들의 詩와 文에 자국 문인들의 그것 이상으로 익숙해져 있었고, 그것을 또한 자신들의 창작에 모범으로 삼았는가 하면 환골탈태하여 새롭게 창조해내기도 하였다. 先秦時代의 詩文이나 唐宋時代의 詩文은 中世 漢文文明圈 共同의 資產이었기 때문에, 이를 두고 국적을 운위하는 것은 무의미한 것인지도 모른다.[23] 실상 屈原의 <懷沙>에 나오는 '蜀犬吠日'의 형상은 中國의 柳宗元에 의해서만 다시 창작된 것이 아니라 韓國에서도 거듭해서 模擬되고 再創造되었다.[24] 柳宗元의 <三戒> 역시 중국의 蘇軾에 의해 새롭게 창조되었을 뿐 아니라 林象德이나 尹愭 등 한국 문인들에 의해서도 거듭 창조된 바 있다.[25] 그 결과 본래의 우언은 중층의 형상과 우

23) *cf.* 조동일, 『공동문어문학과 민족어문학』, 지식산업사, 1999, p.47. pp.81~82.

24) *cf.* 尹勝俊, 「韓・中 寓言의 比較 硏究(1)」, 『國文學論集』 16, 檀國大學校 國語國文學科, 1999, pp.188~189.

25) *cf.* 천푸칭 씀, 오수형 옮김, *op. cit.*, p.254. ; 윤승준, 「중국 우언의 수용과 재창조-柳宗元을 중심으로-」, 『고전문학연구』 26, 韓國古典文學會, 2004. pp.121~127.

의를 창출함으로써 한문문명권 공동의 문학유산 폭을 넓히고 깊이를 더하게 되었다.

이러한 사정을 고려한다면 韓中 動物寓言의 影響 關係에 대한 논의는 중국과 한국이라는 국가와 국가 사이에 있었던 수수 관계의 차원을 넘어서서, 文明圈 전체의 차원에서 자유롭게 用事함으로써 文明圈의 文化創造에 共同으로 參與하는 方式으로서 접근함이 실상에 더 가까울 것이다. 이와 같은 접근방식은 명시적인 자료의 결핍으로 말미암아 영향 관계를 입증할 수 없는 자료들에 대한 논의를 더욱 활발하게 할 수 있을 것이다. 또한 이를 전제로 할 때, 양국 우언의 영향 관계에 대한 논의가 지니는 한계를 극복하고 더욱 적극적인 해석도 가능하게 될 것이다.[26)]

---

26) 그렇다고 해서 영향 사실의 입증을 위한 책임이 감면될 수 있는 것은 아니다. 영향 관계의 입증을 위한 자료 탐색이 지속적으로 이루어져야 한다는 것은 자명한 사실이다. 다만 여기에서는 그러한 사실의 입증이 어려운 상황에서 이 문제를 어떻게 해결해야 할 것인가에 대한 문제를 제기하고 그에 대한 대안을 모색하고자 하였던 것이다.

한중 우언의 동물상징

Ⅰ. 머리말

우언의 창작 및 소통은 형상과 우의의 결합 관계에 대한 통찰을 전제로 한다. 동물우언의 경우, 이야기 내부의 동물 형상과 이야기 외부의 인간 또는 인간 사회 사이의 유비관계에 대한 추론이 우언의 창작과 소통을 가능하게 한다. 어떤 대상의 개념이나 함의는 역사적·사회적 요소의 부단한 개입을 통해 새롭게 형성·변화되기 때문에, 유비관계의 추론에는 관습적·상징적 의미가 중요한 요소로 작용하게 된다. 그 결과 우언에 등장하는 동물의 상징적 의미나 전형적 성격은 우의의 소통을 위한 통로가 된다고 할 수 있다. 작가는 동물의 상징적 의미나 전형적 성격을 기초로 구체적 형상을 창조할 수 있고, 직접 거론하기 어려운 문제를 실제로 거론하는 것 이상으로 분명하게 다룰 수도 있다. 반면 독자는 작자의 우의를 추론하는 기틀을 확보하는 셈이 된다. 그런 점에서 동물상징은 우언의 본질적 메커니즘과 소통을 극대화하는 기제의 하나라고 할 수 있다.

동물우언은 오랜 기간에 걸쳐 거듭 창작 소통되면서, 전형적 성격을 창조하고 상징적 의미를 형성해 왔다. 중국에서는 『莊子』의 동물우언을 비롯하여 淸代에 이르기까지 다양한 동물우언이 산출되어 왔으며, 한국에서도 『三國史記』에 수록된 <龜兎之說>로부터 조선후기에 이르기까지 동물우언의 전통은 꾸준히 이어져 왔다. 여기에서는 한국과 중국의 동물우언을 대상으로 하여, 우언의 메커니즘과 소통을 극대화하는 동물상징의 실상을, 몇몇 주요 동물들을 중심으로 살펴보고자 한다.

Ⅱ. 자료의 제시

중국 우언은 人物寓言과 歷史寓言이 주류를 이루고 있어, 동물우화가 발달한 서구와 비교할 때, 동물우언이 우언 전체에서 차지하는 비율은 상대적으로 낮다.[1] 이는 ① 농경생활에 근거한 實用과 理智를 중시하는 관습, ② '以史爲鑒'의 역사인식, ③ '不語怪力亂神'의 유가적 전통 때문이라고 한다.[2] 그러나 중국의 동물우언은 그 작품수가 결코 적지 않고, 문학사적으로도 중요한 작품들이 많다는 점에서 소홀히 다루어져서는 안 될 중요한 연구대상이다.[3]

한편 한국에서는 <龜兎之說>에서 동물우언의 기원을 찾고 있다. 민중들에 의해 전승되어 온 민간우언과 문인식자층들에 의해 창작된 창작우언이 있으며, 때로는 중국 우언을 수용하여 새롭게 재창조하기도 하는 등 역동적인 전개과정을 거치며 발달해 왔다.[4]

한국과 중국의 동물우언을 검토하면 양국의 우언에 공통적으로 등장하는 동물을 발견할 수 있고, 어느 한 나라에만 등장하는 동물도 발견할 수

---

1) 중국우언은 2,000여 편에 이르는 것으로 알려져 있다. 여기에서는 陳蒲淸・曹日升・湯可敬・蔣天桂 選編, 『中國古代寓言選』(增訂本, 湖南教育出版社, 1985)과 馬亞中・吳小平 主編, 『中國寓言大辭典』(江蘇文藝出版社, 1997)을 텍스트로 이용하였다. 전자는 총 614則의 우언 중 133則의 동물우언을 수록하고 있고, 후자는 총 645則의 우언 중 106則의 동물우언을 수록하고 있다.(해당 자료는 뒤에 부록으로 제시한다.) 동물우언의 비중은 각각 21.66%와 16.43%에 해당한다. 이같은 통계를 전제로 한다면 중국우언에서 동물우언이 차지하는 비율은 20% 내외 정도라고 할 수 있을 것이다.

2) *cf.* 천푸칭 씀, 오수형 옮김, 『중국우언문학사』, 소나무, 1994, p.14, p.18, p.28, pp.375~378. ; 朱靖華, 「中韓 兩國의 寓言傳統」, 『石堂論叢』 24, 東亞大 石堂傳統文化硏究院, 1996. pp.159~160.

3) 민간우언에서는 동물우언이 큰 비중을 차지하고 있다. *cf.* 權錫煥, 「試論韓中寓言文學硏究史」, 『中語中文學』 31, 韓國中語中文學會, 2002, p.323. ; 譚達先, 『中國動物故事硏究』, 臺灣商務印書館, 1992, p.15.

4) 기존 연구를 통해 학계에 소개된 것과 『韓國文集叢刊』(1~300)에서 발췌한 것을 정리하면 187편의 동물우언 자료를 확인할 수 있다. (이 자료 목록 역시 뒤에 부록으로 제시한다.) 이 187편에는 근대계몽기 자료가 제외되어 있고, 우화소설의 경우에는 이본을 별도로 계상하지 않았으며, 미처 발굴하지 못한 동물우언 자료도 있을 것이기 때문에 동물우언의 전체 규모는 이보다 크다고 해야 할 것이다.

있다. 개와 쥐, 고양이, 호랑이, 말, 닭 등이 전자의 예라면, 원숭이는 중국 동물우언에 자주 등장하지만 한국의 동물우언에서는 찾아볼 수 없고,[5] 소니 기북이, 까마귀, 올빼미, 학 등은 상대적으로 한국의 동물우언에 자주 등장하는 동물이라고 할 수 있다.[6] 이러한 현상은 양국의 자연환경 및 그에 따른 생활과 문화현상에서 기인한 것으로 보인다. 그렇지만 등장 동물들이 생활 주변에서 일상적으로 접할 수 있는 것들이 많다는 사실은 공통점으로 지적될 수 있을 것이다. 아래에 양국의 동물우언 가운데 개와 쥐, 고양이, 호랑이, 말을 주인공으로 한 작품을 제시한다.

▶ 개를 주인공으로 한 동물우언

중국: <楊布打狗>(『列子』 說符), <狗乃取鼠>(『呂氏春秋』 士容), <狗猛酒酸>(『韓非子』 外儲說 右上), <田父擅功>(『戰國策』 齊策 3), <狗嘗溺井>(『戰國策』 楚策 1), <叱犬>(『戰國策』 韓策 2), <狗爭骨>(『寒山子集』), <粵犬吠雪>(『柳河東集』), <越人遇狗>(『伯牙琴』), <牛尾狸>(『燕書』), <噬犬>(『艾子後語』), <犬>(『雜著十種』 寓言), <冉氏烹狗>(『崔東壁遺書』), <狗>(『俏皮話』)

한국: <命斑獒文>(『東國李相國全集』 卷 20), <義狗>(『補閑集』 卷 中), <義犬說>(『靑坡集』 卷 2), <蜀大吠日說>(『栢潭先生文集』 卷 9),

5) 원숭이를 주인공으로 한 중국의 동물우언으로는 다음과 같은 것들이 있다. <朝三暮四>(『列子』 黃帝), <一狙現巧>(『莊子』 徐無鬼), <醉猩著屐>(『猩猩銘序』), <猴子救月>(『法苑珠林』 愚戇篇 雜痴部), <猿與王孫>(『柳河東集』), <禿山>(『臨川先生文集』), <人貌狙心>(『燕書』), <狙公失狙>(『郁离子』 瞽聵), <僰人舞猴>(『郁离子』 公孫無人), <猩猩>(『賢奕編』 警喩錄), <猱>(『賢奕編』 警喩錄), <一毛不拔>(『笑林』), <寶石>(『蜨階外史』).

6) 일례로 소를 주인공으로 한 동물우언의 경우, 중국에서는 <庖丁解牛>(『莊子』 養生主)와 <牛聯宗>(『笑林廣記』) 정도를 거론할 수 있는 반면, 한국의 경우에는 <黑牛說>(『虛白堂文集』 卷 12)을 비롯하여 <義牸說>(『琴易堂先生文集』 卷 4), <牛戒>(『睡隱集』 卷 3), <羸牛說>(『知足堂文集』 卷 4), <義牛圖序>(『續義烈圖』), <義牛冢 幷序>(『紫巖集』 卷 1), <冤牛賦>(『竹陰先生集』 卷 1), <敍懷[快山寃牛]>(『孤山遺稿』 卷 5), <靑牛問答說>(『華泉集』), <義牛塚說>(『竹西遺稿』), <牛馬爭功論>(『海史集』 卷 4), <牛馬爭功論>(『秋灘遺稿』 雜著) 등 많은 자료를 찾을 수 있다.

<蜀大吠日說>(『拙翁集』 卷 6), <畜貓狗說>(『芝峯先生集』 卷 21), <義狗傳>(『艮庭集』), <鬪狗行>(『石洲集』 卷 2), <馬踐犬說>(『孤山遺稿』 卷 5), <猧說>(『柏谷先祖文集』 冊 6), <雄鴨爲狗所噬說>(『柏谷先祖文集』 冊 6), <義狗說>(『無愁翁遺稿』), <義狗傳>(『續義烈圖』), <義狗說>(『荷塘先生文集』 卷 3), <義狗說>(『蒼雪齋集』 卷 3), <孝狗說>(『九思堂先生續集』 卷 3), <義狗說>(『鐺洲集』 卷 7), <雜說 三>(『無名子集』 冊 5), <皃狗>(『而已广集』 卷 14), <鷄狗相乳說>(『晦堂集』), <狗相乳說>(『瀛隱文集』), <義狗說>(『畏庵集』 卷 2), <義狗塚說>(『竹西遺稿』)

▶ 쥐를 주인공으로 한 동물우언

중국: <社鼠>(『晏子春秋』 內篇 向上), <狗乃取鼠>(『呂氏春秋』 士容), <社鼠>(『韓非子』 外儲說 右上), <永某氏之鼠>(『柳河東集』), <黠鼠>(『東坡全集』 黠鼠賦), <越人溺鼠>(『燕書』), <束氏狸狌>(『龍門子凝道記』), <焚鼠毁廬>(『龍門子凝道記』), <中山猫>(『郁离子』 枸櫞), <猫說>(『薛文淸文集』), <猫祝鼠壽>(『雅謔』), <猫吃素>(『笑林』), <大鼠>(『聊齋志異』), <讓鼠蜂>(『笑得好』), <天下無良猫>(『耳食錄』)

한국: <呪鼠文>(『東國李相國全集』 卷 20), <老鼠竊飯>(『禦眠楯』), <貓捕鼠說>(『艮齋先生文集』 卷 11), <猫首座>(『中宗實錄』 29년 7월 22일 丁亥), <鼠獄說(林悌), <老鼠>(『泰村先生文集』 卷 5 效顰雜記), <答柳正字書>(『於于集』 卷 5), <鴟得腐鼠嚇鵷鶵賦>(『谿谷先生集』 卷 1), <猫捕鼠說>(『淸休齋集』), <鼠機賦>(『息庵先生遺稿』 卷 1), <諭鼠文>(『希菴先生集』 卷 28), <老鼠獨全>(『訥隱先生文集』 卷 21 亡羊錄), <老鼠擇婿>(『奇觀』), 『鼠大州傳』, 『鼠同知傳』, 『鼠獄記』

▶ 호랑이를 주인공으로 한 동물우언

중국: <虎畏駁馬>(『管子』 小問), <管庄子刺虎>(『戰國策』 秦策 2), <狐假虎威>(『戰國策』 楚策 1), <虎怒決蹯>(『戰國策』 趙策 3), <羊蒙虎皮>(『法言』 吾子), <刺猬與橡斗>(『啓顔錄』), <摯獸>

(『皮子文藪』 雜著), <虎與小兒>(『東坡全集』 書孟德傳後), <鴝鵒噪虎>(『郁离子』 千里馬), <道士救虎>(『郁离子』 玄豹), <橐與虎>(『郁离子』 橐虎), <猱>(『賢奕編』 警喩錄), <虎畏化緣僧>(『雪濤諧史』), <黑獸>(『聊齋志異』), <壁虎與蝎>(『庸庵筆記』)

한국: <答柳正字書>(『於于集』 卷 5), <虎穽文>(『於于集』 卷 5), <山君傳>(『東溟集』 卷 11), <山君傳>(『何山集』 卷 4), <虎檄>(『訥隱先生文集』 卷 6), <虎睍>(『訥隱先生文集』 卷 21 亡羊錄), <陷穽虎>(『老村集』 卷 4 雜說 二首), <虎叱>(『燕巖集』 卷 12 熱河日記), <客有談古事者聊記之>(『無名子集』 冊 11), <義虎說>(『壺山集』 卷 37), <虎死狐計>(『奇聞』)

▶ 고양이를 주인공으로 한 동물우언

중국: <東氏狸狌>(『龍門子凝道記』), <中山猫>(『郁离子』 枸櫞), <猫說>(『薛文淸文集』), <猫號>(『賢奕編』 應諧錄), <猫祝鼠壽>(『雅謔』), <猫吃素>(『笑林』), <天下無良猫>(『耳食錄』), <走獸世界>(『俏皮話』)

한국: <貓相舐說>(『青坡集』 卷 2), <鈴猫乘馬>(『禦眠楯』), <貓捕鼠說>(『艮齋先生文集』 卷 11), <畜猫說>(『松巖先生文集』 卷 6), <猫首座>(『中宗實錄』 29년 7월 22일 丁亥), <二貓說>(『芝峯先生集』 卷 21), <畜貓狗說>(『芝峯先生集』 卷 21), <猫捕鼠說>(『淸休齋集』), <老鼠獨全>(『訥隱先生文集』 卷 21 亡羊錄), <書宮猫事>(『頭陀草』 冊 16), <烏圓子傳>(『東谿集』 卷 5), <猫說>(『醟淵集』 卷 27), <雜說 三>(『無名子集』 冊 5), <劾猫>(『李鈺全集』 文餘 2 雜題), <狸奴行>(『與猶堂全書』 1-5), <化猫說>(『稼隱集』), <烏圓傳>(柳本學)

▶ 말을 주인공으로 한 동물우언

중국: <九方皐相馬>(『列子』 說符), <老馬識途>(『韓非子』 說林 上), <驥遇伯樂>(『戰國策』 楚策 4), <千金求馬>(『戰國策』 燕策 1), <買駿馬>(『戰國策』 燕策 2), <田子方見老馬>(『淮南子』 人間訓), <說驥>(『劉夢得文集』), <千里馬>(『郁离子』 千里馬)

한국: <借馬說>(『稼亭先生文集』 卷 7), <瘦馬說>(『朴先生遺稿』), <瘦馬說>(『松巖先生文集』 卷 5), <馬踐犬說>(『孤山遺稿』 卷 5), <老馬說>(『南坡先生文集』 卷 10), <屈乘傳>(『雷淵集』 卷 27), <驥說>(『春洲遺稿』 卷 2), <兒駒說>(『三山先生文集』 卷 6), <馬諷>(『艮翁先生文集』 卷 23), <鈍馬傳>(『陶窩集』), <老馬>(『而已广集』 卷 14), <義馬傳>(『研經齋全集』 卷 12), <烏騮說>(『經山集』 卷 13), <牛馬爭功論>(『海史集』 卷 4), <牛馬爭功論>(『秋灘遺稿』 雜著)

이밖에도 한국과 중국의 동물우언에는 매나, 기러기, 까마귀, 올빼미, 학과 같은 새를 주인공으로 한 동물우언, 뱀이나 여우, 이리, 거북이, 개구리, 매미, 거북이, 개미, 물고기를 주인공으로 한 동물우언 등이 있다. 이하에서는 위에 제시한 자료를 바탕으로 개와 쥐, 고양이, 호랑이, 말을 중심으로 한중 우언의 동물상징에 대하여 살펴보기로 한다.

Ⅲ. 동물상징의 실제

1. 개 : 충직한 신하와 간악한 권신, 속물적 인간의 상징

예로부터 五畜의 하나였던 개는 인간과 가장 가까운 동물이었다. <반고신화>를 비롯하여 개를 주인공으로 한 문학적 형상이 오랜 역사를 가지고 있는 것도 실은 인간과 개가 그만큼 가까운 존재임을 반증하는 것이다. 개는 한국과 중국의 우언에서도 가장 빈번히 등장하는데, 특히 낯선 것을 보고 짖는 개의 특성을 寓體의 근간으로 활용한 작품들이 많다. 먼저 『列子』「說符」의 <楊布打狗>부터 보기로 한다.

1-1. 楊朱의 아우에 布라는 이가 있었는데, 흰 옷을 입고 나갔다가 비가 와서 흰 옷을 벗고 검은 옷을 입고서 돌아왔다. 그 집 개가 알아보지 못하고

마주 나오면서 짖어댔다. 楊布는 성이 나서 개를 때리려 하였다. 楊朱가 말했다. "때리지 말라. 너도 역시 그와 같을 게다. 방금 하얗게 해서 나갔던 너의 개가 검게 되어서 돌아온다면 이상하게 여기지 않을 수 있겠느냐?"[7)]

<양포타구>는 옷을 갈아입고 나타난 주인을 알아보지 못한 楊布의 개에 대한 이야기이다. 낯선 것을 보면 짖는 것이 개의 본성이다. 양포의 개는 낯선 대상을 보고 짖었다. 주인은 흰 옷을 입고 있어야 하는데, 검은 옷을 입은 사람이 나타났기 때문이다. 양포는 흰 옷을 입고 나갔던 사람이나 검은 옷으로 갈아입고 돌아온 사람이 모두 자신이라는 사실을 개가 알아주기를 기대했지만, 개에게는 흰 옷을 입은 사람과 검은 옷을 입은 사람이 동일한 사람일 수가 없다. 양포와 양포의 개 사이에 존재하는 간극은 장자와 혜자 사이에 존재하는 간극과 동일한 것이다.

낯선 것을 보고 짖는 개의 형상은 屈原의 <懷沙>나 柳宗元의 <粤犬吠雪>에서 보듯, 현자나 충직한 신하를 헐뜯고 몰아내려는 소인배 혹은 무능하고 간악한 신하의 상징으로 쓰였다.[8)] 이는 중국 우언의 경우에만 그랬던 것이 아니다. 한국의 동물우언 가운데 具鳳齡(1526~1586)의 <蜀犬吠日說>이나 洪聖民(1526~1594)의 <蜀犬吠日說>에서도 그같은 상징을 확인할 수 있다.

1-2. 蜀은 예로부터 이른바 '漏天'이라고 하니, 항상 비가 내리고 갠 날이 적어 사람들은 태양을 볼 수 없다. 태양이 한번 나오면 개들이 곧 짖어댄다. 모름지기 개는 짖는 것이 그 맡은 바 직분이니, 괴이한 것을 보면 짖어댄다. 그런데 태양을 보고서 짖으니, 태양이 과연 괴이한 것인가? 九天에 유행하면서 萬物을 임하여 생명이 있는 것은 모두 비추어주니 눈

---

7) "楊朱之弟曰布 衣素衣而出 天雨 解素衣 衣緇衣而反 其狗不知 迎而吠之 楊布怒將扑之 楊朱曰 子無扑矣 子亦猶是也 向者使汝狗白而往 黑而來 豈能無怪哉" 『列子』「說符」.

8) *cf.* 尹勝俊, 「韓・中 寓言의 比較 研究(1)」, 『國文學論集』 16, 檀國大學校 國語國文學科, pp.186~189.

> 이 있는 것들은 다 볼 것이다. 밝은 빛과 순수한 덕은 태양만한 것이 없거늘, 저것이 태양을 보고서 으르렁거리며 짖어대니 도대체 무슨 까닭인가? 그것은 태양을 볼 수 없었기 때문이다.
>
> 아, 천하에 어찌 태양이 없는 곳이 있겠는가. 蜀 땅에 태양이 없는 것은 구름과 비가 가리기 때문이다. 구름과 비가 가려 태양을 볼 수 없는 것은 비단 태양의 불행일 뿐 아니라 蜀의 불행이기도 하다. 다행히 태양을 볼 수 있게 되더라도 개는 일찍이 보지 못했던 것이라 여겨서 짖어댄다. 천하 만물 가운데 개가 보지 못한 것이 어찌 한도가 있겠는가. 상서롭고 기이한 것으로 치자면 기린이나 봉황, 지초와 난초도 개는 보지 못했으니, 이것을 보고도 개는 짖을 것이다. 이 뿐이 아니다. 크게는 하늘과 땅에서부터 산과 내, 귀신과 사람에 이르기까지 비록 그 짖음을 면하고자 한들 어찌 면할 수 있겠는가. 개는 자신이 본 것이면 짖어야 마땅함에도 짖지 아니하고, 보지 못한 것이면 짖어서는 안 됨에도 짖는다. 늘상 보는 것은 친하게 여기고 늘상 보지 못하는 것은 친하게 여기지 않으니, 개에게 액을 당하는 것은 비단 태양만이 아닌 것이다.[9)]

具鳳齡의 <蜀犬吠日說> 서두이다. 구봉령은 蜀 땅의 개가 태양을 보고서 짖어대는 것을 小人이 君子를 헐뜯는 것에 비의하면서, 君子를 숭상하고 賢德한 이를 등용해야 함에도 불구하고 참소와 아첨에 가리어 이들을 내쳐 결국 나라를 혼란에 빠뜨리는 것은 人主의 책임이라고 하였다. 洪聖民도 같은 방식으로 같은 제목의 글을 지어서, 당시 격화된 朋黨의 弊害를 비판하면서 '하늘 한 가운데의 태양으로 하여금 어둠에 묻혀 상처

---

9) "蜀 古所謂漏天也 恒雨少晴 人不得見日 日一出 則犬乃吠焉 夫犬而司吠 吠所怪也 日而可吠 則日果可怪之物歟 行九天 臨萬物 有生者皆燭焉 有目者皆見焉 昭乎其光 粹乎其德 莫斯日若也 彼且狺然而吠之 夫何故 蓋以其不得覩耳 噫 天下安有無日之地哉 蜀之無日 以其陰雨蔽之耳 陰雨之蔽而日不得覩 非惟日之不幸 抑蜀之不幸也 幸而得覩 則以其曾不得覩而吠之 天下之物 其犬所不得覩者何限 祥而麟鳳 異而芝蘭 犬未嘗得覩 則麟鳳芝蘭 皆可吠也 不特此也 大而天地 壯而山川 幽而鬼神 顯而人物 雖欲免鳴吠之厄 惡得乎 以其得覩 則可吠而不吠 以其不得覩則不可吠而吠之 狃於常覩 而不狃於不常覩 然則厄於犬者 非獨一蜀日也" 具鳳齡, 『栢潭先生文集』 卷 9, 「蜀大吠日說」.

를 입게 하지 않고, 옳음을 보고 짖는 소리가 영원히 이 세상에서 끊어지게 하고자' 하는 간절한 소망을 기탁하였다.[10)]

개는 군주의 눈과 귀를 가리고 인재의 진출을 가로막은 채 권력을 농단하는 否定的 權臣을 상징하기도 한다.

> 1-3. 宋나라 사람 가운데 술을 만들어 파는 사람이 있었다. 그는 되를 속이지 않고 매우 양심적으로 하였다. 손님을 매우 공손히 맞았으며, 술도 아주 맛있게 빚었다. 게다가 술집의 깃발도 높이 달았다. 그러나 술은 팔리지 않아 쉬고 말았다. 술집 주인은 그 까닭을 이해할 수 없어 평소 알고 지내던 마을의 長者 楊倩에게 물었다. 楊倩이 "자네 집 개가 사나운가?"라고 묻자, 술집 주인은 "개가 사납긴 하지요. 그런데 어째서 술이 팔리지 않지요?"라고 다시 물었다. "사람들이 개를 무서워해서 그런 것이오." 혹 어린아이에게 돈을 주고 술항아리를 들려서 술을 사오라고 한다면 개가 그 아이를 보고 달려들어 물어버릴 것이니, 이것이 술이 쉬고 팔리지 않는 까닭이다. 나라에도 또한 개가 있으니, 有道之士가 그 학술을 품고 萬乘之主를 밝게 하고자 해도 大臣들이 사나운 개가 되어 그를 맞아 물어뜯으니, 이것이 君主된 자가 가리어 어둡게 되는 까닭이며 有道之士가 등용되지 못하는 까닭이다.[11)]

『韓非子』의 <狗猛酒酸>이다. 술집의 '개'는 人主의 측근에 있으면서 그 신임을 얻고 있는 大臣, 그러나 실상은 人主의 눈과 귀를 가리고 賢士의 등용을 차단하여 마침내는 亡國의 길로 이끌어 가는 大臣을 상징한다. 人主가 아무리 善政을 펼치려는 뜻을 가지고 있어도 施政의 책임을 맡은

---

10) "臣之爲此說者 欲使中天之日 不爲陰霾傷 而吠正之聲 永絶於斯世云" 洪聖民,『拙翁集』卷 6,「蜀大吠日說」.

11) "宋人有酤酒者 升概甚平 遇客甚謹 爲酒甚美 懸幟甚高 著然不售 酒酸 怪其故 問其所知閭長者楊倩 倩曰 汝狗猛耶 曰 狗猛 則酒何故而不售 曰 人畏焉 或令孺子懷錢挈壺甕而往酤 而狗迓而齕之 此酒所以酸而不售也 夫國亦有狗 有道之士懷其術而欲以明萬乘之主 大臣爲猛狗迎而齕之 此人主之所以蔽脅 而有道之士所以不用也"『韓非子』,「外儲說 右上」.

大臣이 실질적인 권력을 행사한다면, 이 나라의 政事는 人主보다는 大臣에게 달려있는 것이다. <구맹주산>의 '개'는 자신의 기득권을 지키기 위해 새로운 인재의 등용을 가로막고 人主를 그릇된 길로 인도하는 부정적 존재의 상징인 것이다.

뿐만 아니라 '개'는 눈앞의 이익을 다투는 데 혈안이 되어 있는 속물적 존재를 상징하기도 한다. 『寒山子集』의 <狗爭骨>과 權韠(1569~1612)의 <鬪狗行>, 金得臣(1604~1684)의 <猧說> 등에 보이는 '개'의 형상이 그러한 예이다.

> 1-4. 백 수십 마리 개들을 보니, 제각기 헝클어진 털을 했네. 누운 놈은 멋대로 눕고, 걷는 놈은 멋대로 걷네. 뼈다귀 하나 던져 주니, 서로 다퉈 으르렁대네. 뼈다귀는 적고 개는 많아, 나눔이 공평치 못해서이라.[12]

> 1-5. 내가 두 마리 발바리에게 커다란 뼈다귀를 던져주니 한 마리가 먼저 달려들어 물어뜯고 또 한 마리가 이어서 물어뜯네. 먼저 달려온 발바리 사납게 성을 내며 으르렁 대더니 이어서 달려온 발바리를 물고 늘어지네. 두 마리 발바리가 서로 싸우느라 뼈를 물어뜯을 겨를이 없네. 홀연 다른 발바리 한 마리가 지나가다가 버려진 뼈를 보고는 물고 달아나네. 두 마리 발바리 서로 싸우느라 뼈다귀는 잃어버리고 작은 놈은 다치고 큰 놈은 지쳤네. 아, 작은 발바리가 만일 자기 힘이 약함을 알았다면 큰 놈과 싸우지 않았을 것이고 또 다치지도 않았을 것을, 제 힘을 헤아리지 못하고 큰 놈과 싸워서 커다란 상처를 입었으니, 저 작은 발바리는 실로 제 힘을 헤아릴 줄 모르는 놈이로다. 두 마리 발바리가 뼈다귀를 놓고 함께 싸우다가 마침내 뼈다귀는 다른 발바리에게 주고 말았네. 아, 세상의 공명을 다투는 자들이여 그대들도 저 뼈다귀를 다투는 두 마리 발바리와 다를 바 없다네.[13]

---

12) 천푸칭 씀, 오수형 옮김, *op. cit.*, p.208.

13) "余投大軏兩猧 一猧先齧之 一猧次齧之 先齧猧暴怒唅呀 噬次齧猧 則兩猧共鬪 不暇齧軏 忽一他猧過之見棄軏 銜而走之 兩猧以共鬪抎其軏 一猧小者大傷 一猧大

『한산자집』의 <狗爭骨>은 뼈다귀를 다투는 개의 형상을 빌어 분배가 공평하지 않은 현실의 틈바구니 속에서 조금이라도 더 자신의 잇속을 챙기기 위해 다투는 속물적 인간군상을 풍자한 것이다. 김득신의 <猧說>에 나타난 발바리의 형상 역시 <狗爭骨>의 개와 다를 바 없지만, 그러한 다툼이 서로에게 상처를 입히기만 할 뿐 실질적으로는 부질없는 것임을 강조하고 있다는 점에서 차이를 보인다. 공명에 대한 다툼의 덧없음을 보이고자 한 것이다. 한편 權韠의 <鬪狗行>[14)]은 이해득실과 공명을 탐하는 세인들의 속물근성을 이용하여 집안 내지 국가를 통째로 엿보는 도둑에 초점을 맞추고 있다는 점에서 두 작품과 차이를 보인다.

이처럼 한국과 중국의 동물우언에 등장하는 개는 인간 사회의 부정적 세태에 대한 풍자나 비난을 위해 동원된 상징이었다. 그러나 『補閑集』에 실린 義狗 이야기에서 보듯, 개는 주인을 위해 자신의 목숨까지 내놓는 충직한 동물로 관념되어 왔던 것도 사실이다. 한국에서는 獒樹說話와 善山義狗說話를 비롯하여 義狗談이 여러 지역에서 전승되어 왔는데, 이들은 동물의 報恩이나 忠을 거울삼아 인간 사회를 돌아보게 하는 윤리적 규범의 기능을 수행하였을 뿐 아니라 君臣간의 義를 이야기하기 위한 방편으로 소통되기도 하였다.[15)] 의로운 행동을 한 동물을 통해 인간의 귀감으로 삼는 것은 개의 경우에만 국한된 것이 아니었으나, 개의 義行은 그 중에서도 가장 널리 알려진 것이었다.

者甚勞 嗟夫 若使小猧知其力弱 不與大猧鬪 則固無大傷 不量其力 相與鬪而大傷 彼小猧甚不量其力者也 兩猧以軱共鬪 竟以軱與他猧 嗟夫 世之爭功名者 無乃亦如兩猧之爭軱耶" 金得臣, 『柏谷先祖文集』 冊 6, 「猧說」.

14) "誰投與狗骨 群狗鬪方狠 小者必死大者傷 有盜窺窬欲乘釁 主人抱膝中夜泣 天雨墻壞百憂集" 權韠, 『石洲集』 卷 2, 「鬪狗行」.

15) *cf.* 崔來沃, 「獒樹型 義犬說話의 硏究」, 『韓國文學論』, 日月書閣, 1981. ; 洪順錫, 「善山 義狗說話의 考察」, 『韓國學論集』 創刊號, 江南大 韓國學硏究所, 1993. ; 한양명, 「지배이데올로기의 실천을 위한 가축의 도구화와 義牛·義狗傳說」, 『口碑文學硏究』 8, 한국구비문학회, 1999.

2. 쥐 : 방자하고 부패한 관료, 지혜와 경륜의 양면성

한국과 중국의 동물우언에 '개' 다음으로 많이 등장하는 것이 '쥐'이다. 동북아시아 온대기후대에 속한 중국과 한국은 오랜 기간 벼농사를 중심으로 한 농경생활을 지속하여 왔다. 그에 따른 자연스런 결과로 쥐는 한국인이나 중국인의 삶과 밀접한 관계를 맺게 되었다. 그러나 땀 흘려 거둔 곡식을 몰래 도둑질하여 자기 배를 채우는 쥐의 생태로 인해, 쥐는 부정적 존재로 인식되었다.[16] 쥐에 대한 부정적 인식은 자기 집을 태워가면서까지 쥐를 잡으려 한 경우가 있었을 만큼 절대적이었다.[17] 한국과 중국의 동물우언은 이와 같은 쥐의 생태와 그에 대한 인식을 전제로 하고 있다.

> 2-1. 桓公이 管仲에게 물었다. "나를 다스림에 가장 근심되는 것이 무엇이오?" 관중이 대답하였다. "가장 큰 근심거리는 社鼠입니다." 공이 말했다. "어째서 社鼠를 근심하시오?" 관중이 대답하였다. "공께서는 社를 짓는 것을 보지 못하셨습니까? 나무를 세우고 흙을 발라서 만들지 않습니까? 그런데 쥐란 놈은 그 사이를 뚫고 들어가 굴을 파고는 그 속에 몸을 숨깁니다. 연기를 피워 잡자니 나무가 불에 탈까 걱정되고, 물을 대서 잡자니 흙을 바른 것이 무너져 내릴까 걱정됩니다. 이것이 社鼠를 잡을 수 없는 까닭입니다."[18]

'社稷'은 '宗廟'와 함께 나라의 근간을 이루는 신성한 공간이다. 이 신성한 공간에 터를 잡은 '社鼠'는 나라의 신성함을 훼손하고 뿌리를 위협하는 존재이므로 잡아 없애야 한다. 그러나 社鼠를 잡는 일이 결코 만만

---

16) 李奎報(1168~1241)의 <呪鼠文>은 쥐의 생태와 그에 대한 부정적 인식을 보여주는 대표적 사례이다.

17) *cf.* 宋廉, 『龍門子凝道記』, 「焚鼠毁廬」. 陳蒲清・曹日升・湯可敬・蔣天桂 選編, 『中國古代寓言選』(增訂本, 湖南教育出版社, 1985), pp.617~618.

18) "桓公問管仲 治國最奚患 對曰 最患社鼠矣 公曰 何患社鼠哉 對曰 君亦見夫爲社者乎 樹木而塗之 鼠穿其間 掘穴托其中 熏之則恐焚木 灌之則恐塗阤 此社鼠之所以不得也" 『韓非子』「外儲說 右上」.

치 않은 것은, 그것이 곧 社稷을 무너뜨리는 결과를 가져올 수 있기 때문이다. 이는 社鼠가 社稷으로 상징되는 특정한 세력과 잇닿아 있음을 암시한다. 社稷의 保全과 社鼠의 退治 가운데 어느 하나만을 선택하고 나머지를 버릴 수 있는 관계가 아니었기 때문에, 社鼠는 더욱 방자하게 굴 수 있었던 것이다. 그러나 이를 방치하는 한 국가의 건전한 통치를 기대하기는 불가능하다. 柳宗元의 <永某氏之鼠> 역시 자신을 비호하는 세력을 믿고 방자하게 구는 쥐를 풍자한 작품이다.

2-2. 永州에 某氏가 있었다. 그는 日時에 따른 禁忌를 지켰는데, 그 금기에 얽매임이 자못 심하였다. 그가 태어난 해의 간지는 子에 해당하였는데, 쥐는 子의 神이었다. 때문에 그는 쥐를 사랑하였고, 고양이나 개를 기르지 않았다. 뿐만 아니라 僮僕으로 하여금 쥐를 쫓지 못하게 하였으니, 창고와 부엌에 쥐들이 멋대로 다녀도 따지지 않았다. 이로 말미암아 쥐들이 서로 알리기를 "모두들 모씨네로 와라. 음식을 먹어도 화를 입지 않는다."고 하였다. 이렇게 되니, 모씨네 집에는 온전한 그릇이 없었고, 옷장에는 온전한 옷이 없었으며, 음식은 대개 쥐들이 먹다 남은 것이었다. 낮에는 무리를 이루어 사람과 함께 다니고 밤에는 몰래 온갖 기물을 갉아대니 그 소리가 가지가지로 울려 퍼져 잠을 잘 수 없었다. 그럼에도 그는 끝내 싫어하지 않았다. 몇 해가 지나 모씨가 다른 고장으로 이사를 갔다. 새로 이사 온 사람이 사는데도, 쥐들은 예전처럼 아무런 거리낌 없이 멋대로 나다녔다. 새 주인이 말하였다. "이는 陰類의 나쁜 놈이니, 도둑질하고 노략질함이 자못 심하거늘, 어찌하여 여기에 이르렀는고?" 마침내 고양이 대여섯 마리를 빌려서 문을 닫고 기와를 들추고 쥐구멍에 물을 대면서 僮僕을 풀어 잡게 하니, 쥐를 잡은 것이 언덕처럼 쌓였다. 외진 곳에 내다 버리니, 그 냄새가 몇 달이나 갔다. 아아, 저들이 飽食하면서도 禍를 입지 않음이 영원할 수 있겠는가.[19]

---

19) "永有某氏者 畏日 拘忌異甚 以爲己生歲直子 鼠 子神也 因愛鼠 不畜猫犬 禁僮勿擊鼠 倉廩庖廚 悉以恣鼠不問 由是鼠相告 皆來某氏 飽食而無禍 某氏室無完器 椸無完衣 飮食大率鼠之餘也 晝累累與人兼行 夜則竊齧鬭暴 其聲萬狀 不可以寢 終

쥐에 대한 永州 某氏의 禁忌로 인해 그의 집에는 쥐가 들끓었지만 잡지를 않았다. 주인이 자신을 해치지 않는다는 사실을 알아챈 쥐들은 마음 놓고 배불리 먹을 수 있었고 또 방자하게 굴 수 있었다. 그러나 이는 영주 모씨만이 지닌 개인적인 금기였지, 모든 사람이 다 그런 것은 아니었다. 실상 쥐들이 집안을 멋대로 돌아다니며 곡식을 축내고 기물을 파손하는데도 이를 두고 볼 사람은 존재하지 않을 것이다.[20] 그럼에도 불구하고 쥐들은 주인이 바뀐 것에 아랑곳 않고 방자함에 변함이 없었다. 따라서 새 주인에 의해 쥐들이 죽임을 당한 것은 당연한 귀결이었다.

한중 우언에 보이는 쥐의 형상은 이처럼 부정적인 것이 주류를 이루지만, '늙은 쥐'의 형상은 이와 구분할 필요가 있다. '늙은 쥐'를 대상으로 한 작품들은 '쥐'의 생태나 상징성보다는 '늙음'이 의미하는 경륜과 지혜에 초점을 맞추고 있기 때문이다. 이는 쥐를 징치하려는 인간의 계략과 개나 고양이의 위협에도 불구하고 오랜 세월 생명을 유지하며 살아남을 수 있었던 늙은 쥐의 혜안에 주목한 결과로, 이를 통해 험난한 세파를 헤쳐 나갈 교훈과 당면한 난국을 타개할 방책을 찾고자 하였던 것이다.

> 2-3. 옛날에 늙은 쥐가 한 마리 있었는데, 물건을 훔치는 데 귀신같은 재주를 가지고 있었다. 그러나 눈이 어두워지고 기력이 쇠잔해짐에 따라 혼자 힘으로는 돌아다닐 수 없게 되었다. 그래서 여러 쥐들이 그에게 가서 먹을 것을 훔치는 재주를 배우는 대신, 그 대가로 훔쳐온 것을 나누어주곤 하였다. 이렇게 하기를 오래도록 하였는데, 어느 날 쥐들은 마침내 늙은 쥐의 재주를 다 배웠다고 생각하고는 다시는 먹을 것을 나누어주지 않

不厭 數歲 某氏徙居他州 後人來居 鼠爲態如故 其人曰 是陰類惡物也 盜暴尤甚 且何以至是乎哉 假五六猫 闔門撤瓦 灌穴 購僮羅捕之 殺鼠如丘 棄之隱處 臭數月乃已 嗚呼 彼以其飽食無禍爲可恒也哉" 「永某氏之鼠」, 『柳宗元集』 2, 中華書局, 1979, p.535.

20) 방자한 쥐는 징치의 대상일 뿐이다. <越人溺鼠>는 방자한 쥐에 대한 징치를 보여주는 구체적 사례이다. "鼠好夜竊粟 越人置粟于盎 恣鼠嚙 不顧 鼠呼群類入焉 必饑而後反 越人乃易粟以水 浮糠覆水上 而鼠不知也 逮夜 復呼群次第入 咸溺死" 『燕書』. 陳蒲淸 · 曹日升 · 湯可敬 · 蔣天桂 選編, *op. cit.*, p.611.

> 았다. 이렇게 되자 늙은 쥐 역시 원한을 품게 되었다.
>
> 그러던 어느 날 저녁, 시골의 한 아낙이 솥에 불을 때어 밥을 지어 놓고 돌로 솥뚜껑을 눌러 놓은 채 이웃으로 마실을 갔다. 여러 쥐들은 밥을 훔쳐 먹으려고 갖은 꾀를 다 부렸으나 마땅한 계책이 없었다. 그때 쥐 한 마리가 말했다. "늙은 쥐에게 가서 물어보는 것이 좋겠다." 다른 쥐들도 모두 그렇게 하는 것이 좋겠다고 하였다. 그리하여 일제히 늙은 쥐를 찾아가 계책을 물었다. 늙은 쥐는 노기를 띠면서 말했다. "너희들은 모두 내게 재주를 배워서 항상 배부르게 먹고 지냈다. 그런데 지금 와서는 나에게 먹을 것을 나누어주지 않는다. 그러니 나도 가르쳐주고 싶지 않다." 쥐들이 모두 고개를 숙이고 절을 하면서 사과하며 사정하였다. "저희들이 참으로 잘못했습니다. 지난 일은 어쩔 수 없지만, 앞으로는 잘 모시겠으니, 바라옵건대 현명하신 존장께서 저희들에게 가르침을 내려주십시오." 그러자 늙은 쥐가 이렇게 일러주었다. "솥에는 발이 세 개가 있다. 그 중 발 하나가 놓인 곳을 힘을 모아 파내면 불과 몇 치 파지 않더라도 솥이 기울어져 뚜껑이 절로 떨어질 것이다." 쥐들이 달려가 땅을 파자, 과연 늙은 쥐의 말대로 뚜껑이 열렸다. 이에 배불리 먹은 다음 남은 것을 싸 가지고 돌아와 늙은 쥐에게 바쳤다.[21]

노소의 차이는 단지 기력의 강약이나 나이의 다소만을 의미하는 것이 아니다. 한해두해 고단한 생을 거듭하면서 나이테처럼 덧입혀지는 삶의 지혜와 사회적 경륜은 단순한 의욕만으로는 감당할 수 없는 현실적인 문제의 해결을 가능하게 하기 때문이다. "그러나 지금 나라의 權柄은 나이가 어리고 경험이 부족한 어린애들에게 부쳐있고 나이든 원로들은 방관

21) "古有老鼠 神於竊物 而眼暗力衰 不能自行 群鼠往學術焉 以其所竊之物 分養老鼠 及其久也 群鼠自以爲盡老鼠之道 不復分養 老鼠含憤久矣 一夕 村婦炊飯鼎中 以石壓其蓋而之他 群鼠欲竊而計窮 一鼠曰 不如問于老鼠 皆曰諾 齊赴問計 老鼠怒曰 爾等得我道 飽食爲恒 而今不見分 余欲無言也 皆拜謝曰 某等有罪 但往者不諫 來者可追 願明以教我 老鼠曰 鼎有三足 其一足峙處 幷力掘地 則深不過數寸 而鼎自傾 蓋自落矣 群鼠走掘 則果如其言 飽腹而歸 以其餘饋老鼠焉" 高尚顏, 『泰村先生文集』 卷 5, 「效嚬雜記 下」, 餘話. 『韓國文集叢刊』 59, 民族文化推進會, p.270.

하고 있으면서 입을 다물고 말을 하지 않아, 비록 봉황의 울음을 가지고 있어도 도리어 팔짱을 끼고 있다는 꾸지람을 받으니, 살피건대 쥐들도 저와 같거늘 사람으로서 그만 못하니 어찌 탄식하지 않을 수 있겠는가."[22] 라는 작자의 목소리에 주목한다면, 이는 당시 정치 현실을 우의한 것이었음을 알 수 있다. 실상 高尙顔(1553～1623)의 『泰村先生文集』에 실려 있는 이 이야기는 宋世琳(1479～?)의 『禦眠楯』에 수록된 <老鼠竊飯>[23]과 동일한 것이다. 그렇게 보면 이 작품은 15・16세기 신진사림의 정계 진출에 대한 정치적 논란 속에서 그에 대한 부정적 정견을 가진 이들 사이에서 소통되었던 우언이라고 하겠다. 늙은 쥐가 가지고 있는 생에 대한 안목이나 정치적 경륜에 대한 평가는 李光庭(1674～1756)의 『亡羊錄』에 수록된 <老鼠獨全>에서도 찾아볼 수 있다.[24]

3. 고양이 : 부패의 척결, 교활한 술수의 이중성

쥐의 천적이라는 점에서 한중 우언에 나타나는 고양이의 상징적 의미가 쥐와 상대적일 것이라는 점은 쉽게 추정할 수 있다. 실상 창고의 곡식을 도둑질하는 쥐가 나라의 근간을 위협하는 부패한 관료 내지 권력에 기생하면서 백성들의 고혈을 착취하는 무리의 상징이라면, 고양이는 그러한 소인무뢰배들을 징치하고 내쫓는 군자에 비의되어 왔던 것이 사실이다.[25] 『俏皮話』의 <走獸世界>에 보이는 고양이의 형상은 그같은 사실을 보여

---

22) "然而斯今 國柄付之黃吻 而耆舊旁觀 結舌不言 縱有鳳鳴之語 反被木拱之誚 相鼠若彼 人而不如 可勝歎哉" *Ibid.*.

23) 宋世琳, 『禦眠楯』, 「老鼠竊飯」, pp.6～7(民俗資料刊行會 編, 『古今笑叢』, 1958, pp.92～93).

24) 김영은 이 작품을 숙종 말년 노론과 소론 사이의 대립과 분쟁으로 당쟁이 심화되던 상황을 우의한 것으로 해석한 바 있다. *cf.* 金泳, 「訥隱 李光庭의 亡羊錄 研究」, 『韓國漢文學研究』 7, 韓國漢文學研究會, 1984, pp.150～151.

25) 그런 점에서 甘言利說을 통해 쥐들을 꾀어내고 쥐들 몰래 한 마리씩 잡아먹는 늙은 고양이의 교활함을 寓體로 삼아서 사림을 해치는 권신을 비유한 <猫首座> 설화는 특수한 예라고 할 것이다. 『中宗實錄』, 中宗 29年 7月 22日 丁亥條. *cf.* 尹柱弼, 「『實錄』의 說話 受容에 대한 一考察」, 『民族文化推進會報』 제18호, 民族文化推進會, 1990 여름.

주는 일례가 될 것이다.

> 3-1. 하루는 고양이들이 분분히 각 동물에게 하직을 하는데, 명함 위에는 하나같이 '삼가 하직하고 북으로 갑니다.'라고 쓰여 있었다. 여러 동물들이 물었다. "왜 북으로 갑니까?" 고양이가 답했다. "우리들이 각처에 흩어져 살다보니 먹을 것을 얻을 수가 없어, 서울로 가 먹을 것을 얻어 볼까 해서입니다." 어떤 동물이 물었다. "北京 翰林은 수당이라야 은화 넉 량짜리에 불과한데, 너희들이 거기 가서 어떻게 먹을 것을 얻으려 하는가?" 고양이가 대답했다. "내 들으니 서울에서 권세에 빌붙는 이들의 총회가 있다고 합니다. 그러니 그곳에는 필시 쥐들이 많을 것입니다."[26]

고양이는 자신의 호구지책을 마련하기 위해 서울로 올라간다고 하였지만, 실상 고양이의 북상 목적은 권세에 빌붙어 사는 존재들을 소탕하기 위한 것이다. 권세에 빌붙어 사는 존재의 전형으로 규정된 것이 쥐이고, 이들에 대한 징치를 자신의 본분으로 하는 존재가 고양이인 것이다. 수당이라야 고작 은화 넉 량밖에 되지 않는 翰林임에도 불구하고, 그들의 권세에 빌붙으려는 이들이 많은 까닭을 헤아려보면, 쥐처럼 권력에 빌붙는 존재들을 징치하는 고양이의 성격 또한 명확해진다.[27] 명예를 훔쳐 의리를 좀먹고 이익을 탐하여 남을 해치는 짓을 쥐새끼보다 심하게 하는 자들이 인간 세상에 많다는 점에서, 고양이가 쥐를 잡는 것은 부당한 자들을 제거하여 사회와 나라를 바로 세우는 것과 다를 바 없다.[28]

---

26) "獸能行仁政 使各獸均能平等自由 各安生業 惟猫則飢餓欲死 無可得食 一日 諸猫忽紛紛向客獸辭行 名片上都寫着 恭辭北上 諸獸問 北上何故 猫曰 吾等散居各處不能得食 故欲入京以謀食耳 或曰 北京翰林也不過四兩銀子的館地 汝等前去 何由得食 猫曰 吾聞京師爲鉆營的總會 想鼠輩必多" 吳趼人, 『俏皮話』, 「走獸世界」. 陳蒲淸·曹日升·湯可敬·蔣天桂 選編, *op. cit.*, p.792.

27) 이러한 고양이와 쥐의 형상은 權好文(1532~1587)의 <畜猫說>에서도 확인할 수 있다. *cf.* 權好文, 『松巖先生續集』 卷 6, 「畜猫說」.

28) 崔演(1503~1549)이 <貓捕鼠說>을 지은 이유를 밝힌 다음과 같은 대목에서도 고양이와 쥐에 대한 그같은 인식의 일단을 엿볼 수 있다. "今夫圓首方足 盜名蠹義 貪利害物 甚於鼠者多矣 有國家者 盍思所以去之之道乎 吾觀貓之捕鼠 有似乎

그러나 고양이의 상징적 의미는 거기에 그치지 않는다. 쥐를 잡는 것이 고양이의 맡은 바 직분이고 책무이지만, 잡으라는 쥐는 잡지 않고 엉뚱하게 병아리를 잡아먹거나 쥐보다 더 커다란 문제를 야기하는 경우도 있어 심각한 상황이 초래되곤 하기 때문이다. 그 대표적인 예가 明나라 初 薛瑄(1389~1464)의 <猫說>과 조선후기 丁若鏞(1762~1836)의 <貍奴行>이다.

> 3-2. 우리 집에서는 쥐들의 횡포를 고심하여 사람들에게 부탁하여 고양이 한 마리를 구하였다. 고양이는 커다란 몸집에 날카로운 발톱과 이빨을 가지고 있었다. 내 생각하기를 이제 쥐들이 날뛰는 일은 걱정하지 않아도 되겠거니 하였다. 우리 집에 온 고양이는 아직 길이 들지 않았기 때문에 끈으로 묶어 두고 기르면서 길들여지기를 기다렸다. 쥐들은 고양이의 소리를 듣고 서로 그 모습을 엿보곤 했는데, 재주가 있는 놈들도 고양이가 자기를 물까 두려워 몸을 감추고 감히 쥐구멍 밖으로 나오지 못한 것이 한 달이 넘었다.
>
> 얼마가 지나 고양이가 길이 들자 마침내 그 묶어 두었던 끈을 풀어주었다. 고양이는 마침 막 알을 깨고 나온 병아리가 삐약삐약 하고 우는 것을 보더니 갑자기 몸을 일으켜 쫓아가 잡았다. 집사람이 따라가 고양이를 붙잡았으나 이미 병아리는 고양이의 목구멍으로 넘어간 다음이었다. 집사람이 다시 끈으로 묶어 매어두려고 하기에 내가 말했다. "그러지 마시오. 모든 만물이 잘 하는 게 있으면 병통도 있는 법이오. 병아리를 물어 죽인 것이 바로 이 고양이의 병통이오. 그렇다고 이 고양이에게 쥐를 잡는 재능이 없소?" 마침내 고양이를 풀어주었다.
>
> 그 후로는 고양이가 두려워하고 벌벌 떨면서 아무것도 하는 일이 없었다. 쥐들이 다시금 몰래 살펴보고는 저 고양이가 장차 모습을 감추었다가 자신을 잡아먹으려 한다고 여기고는 오히려 몸을 숨기고 감히 나오려고 하지 않았다. 얼마 뒤 쥐가 엿보기를 더욱 익숙하게 하더니 달리 달라진 것이 없음을 깨닫고는 마침내 쥐구멍마다 돌아다니며 고하기를

去邪 而竊有感焉 遂作說" 崔演,『艮齋先生文集』卷 11,「貓捕鼠說」.

> '저놈은 아무것도 못한다.'라고 하고는 마침내 그 무리들과 함께 다시 나와 횡포를 부리기를 예전처럼 하였다. 내가 매우 괴이하게 여겼는데 다시 병아리가 한 마리가 안마당을 지나가자 고양이는 또다시 급히 몸을 일으켜 좇아가서 잡아가지고 달아나는 것이었다. 좇아갔으나 이미 병아리를 반 너머 잡아먹은 뒤였다.
>
> 집사람이 고양이를 잡아가지고 돌아와서 꾸짖었다. "하늘이 재목을 냄이 고르지 않도다. 재능이 있는 자에게는 반드시 병통도 있는 법이니, 그 병통을 버리면 오히려 그 재능을 이용할 수 있는 법이다. 지금 너에게는 쥐를 잡는 재능은 없고 병아리를 잡는 병통만 있으니, 참으로 천하의 버림받은 재능이로구나." 마침내 매를 치고 내쫓았다.[29)]

집안의 쥐를 없애기 위해 구해 온 고양이가 잡으라는 쥐는 잡지 아니하고 애꿎은 병아리만 잡아먹는다.[30)] 처음에는 그와 같은 일을 눈감아 주고 고양이가 쥐를 잡기를 기대했으나, 끝내 쥐는 잡으려 하지 않고 병아리만 보면 일어나 쫓아간다. 결국 쥐들마저 '저놈은 아무것도 못한다.'는 사실

---

29) "余家苦鼠暴 乞諸人 得一猫 形魁然大 爪牙銛且利 余私計鼠暴當不復慮矣 以其未馴也 縶維以伺 候其馴焉 群鼠聞其聲 相與窺其形 類有能者 恐其噬己也 屛不敢出穴者月餘日 旣而 以其馴也 遂解其維縶 適睹出㱿鷄雛 鳴啾啾焉 遽起而捕之 比家人逐得 已下咽矣 家人欲執而擊之 余曰 勿庸 物之有能者必有病 噬雛 是其病也 獨無捕鼠之能乎 遂釋之 已則伈伈泯泯 飢哺飽嬉 一無所爲 群鼠復潛視 以爲彼將匿形致己也 猶屛伏不敢出 旣而鼠窺之益熟 覺其無他異 遂歷穴相告曰 彼無爲也 遂偕其類 復出爲暴如故 余方怪甚 復有鷄雛過堂下者 又亟往捕之而走 追則嚙者過半矣 余之家人執之至前 數之曰 天之生材不齊 有能者必有病 舍其病 猶可用其能也 今汝無捕鼠之能 而有噬鷄之病 眞天下之棄才也哉 遂笞而放之" 薛瑄, 『薛文淸公集』, 「猫說」. 陳蒲淸・曹日升・湯可敬・蔣天桂 選編, 『中國古代寓言選』(增訂本, 湖南敎育出版社, 1985), p.626.

30) 그런 점에서 『郁离子』의 <中山猫>와는 차이를 보인다. <中山猫>의 고양이는 쥐도 잘 잡고 닭도 잘 잡아먹는다. 고양이로 인한 닭의 피해가 커지자 고양이를 없애자고 한다. 그러나 닭고기는 안 먹어도 살 수 있으나 고양이가 없으면 음식을 훔치고 옷을 망치며 담장을 뚫고 기물을 부수는 쥐 때문에 결국 기한을 견디지 못하고 죽게 될 것이라고 한다. <中山猫>는 사람을 쓰거나 일을 처리함에는 언제나 得失이 있기 마련이므로, 득실을 잘 저울질할 것이지 실이 있다 해서 보다 더 큰 득을 놓쳐서는 안 됨을 말하고 있다. *cf.* 천푸칭 씀, 오수형 옮김, *op. cit.*, pp.281~282.

을 간파하게 되자, 집안에는 방자한 쥐들의 횡포가 다시 극성을 부리게 되고, 참다못한 주인은 마침내 무능한 고양이를 내쫓는다. 국가의 존망과 민생의 구제를 책임져야 할 인물이 기대에 부응하지 못하고 제 직분을 다하지 못하는 현실에 대한 실망과 탄식을 무능한 고양이를 통해 우의한 것이다.31)

丁若鏞의 <貍奴行>은 백성의 간난을 구호해야 할 수령과 아전들이 도리어 백성의 재물을 수탈하고, 그러한 수령과 아전들을 견제하고 징치해야 할 감사가 도리어 그들과 야합하여 민생을 더욱 깊은 수렁으로 몰아가는 현실을 풍자한 작품이다. 일반 백성을 남산골 늙은이에, 백성의 재물을 수탈하는 守令과 衙前을 쥐에, 그리고 監司를 고양이에 각각 비유하여 당시의 부패상을 풍자하고 있다.32)

> 3-3. 남산골 한 늙은이 고양이를 길렀더니 해묵고 꾀 들어 요망하기 여우로세. 밤마다 초당에서 고기 뒤져 훔쳐 먹고 작은 단지 큰 단지 마구잡이 깨뜨리네. 어둠 틈타 교활한 짓 제멋대로 다하다가 문 열고 소리치면 형체 없이 사라지네. 등불 켜고 비춰보면 더러운 국물 널려 있고 이빨자국 나 있는 찌꺼기만 낭자하네. 늙은 주인 잠 못 이뤄 근력은 줄어가고 이리저리 궁리하나 나오느니 긴 한숨뿐. 생각할수록 고양이 죄 극악하기 짝이 없네. 긴 칼 빼어들고 천벌을 내릴거나. 네 놈이 생겨날 때 무엇 하러 생겼더냐. 너보고 쥐 잡아서 백성 피해 없애랬지. 들쥐는 구멍 파서 이삭 낱알 숨겨 두고 집쥐는 이것저것 안 훔치는 물건 없어 백성들 쥐 등쌀에 나날이 초췌하고 기름 말라 피 말라 피골마저 말랐다네. 이 때문에 너를 보내 쥐 잡는 대장 삼아 마음대로 찢어 죽일 권력 네게 주었고 황금같이 반짝이는 두 눈을 주어 칠흑 같은 밤중에도 올빼미처럼 벼룩도 잡을 만큼 두 눈 밝혔지. 너에게 보라매의 쇠발톱 주었고 톱날 같은 범의 이빨 또한 주지 않았더냐. 나는 듯 치고 받는 날쌘 용기 네게 주어

31) 잡으라는 쥐는 잡지 아니하고 병아리만 잡아먹는 고양이의 형상은 朴瀰(1583~1640)의 <責猫說>에서도 볼 수 있다. *cf.* 朴瀰, 『无悶堂集』 卷 3, 「責猫說」.

32) *cf.* 宋載邵, 『茶山詩 硏究』, 創作社, 1986, pp.149~151.

> 쥐들은 너를 보면 벌벌 떨며 엎드려서 공손하게 제 몸을 바치지 않았더냐. 하루에 백 마리 쥐 잡은들 누가 말리랴. 보는 사람 네 기상 뛰어나다고 입에 침이 마르도록 칭찬해 줄 뿐. 너의 공로 보답하는 八蜡祭에도 누런 갓 쓰고 큰 술잔 바치잖느냐. 너 이제 한 마리 쥐도 안 잡고 도리어 네놈이 도둑놈 되었구나. 쥐는 본래 좀도둑 피해 적지만 너는 기세 드높고 맘씨까지 거칠어 쥐가 못하는 짓 제멋대로 행하니 처마에 올라가고 뚜껑 여닫고 심지어 담벽까지 무너뜨리네. 이로부터 쥐들은 꺼릴 것 없어 들락날락 희희낙락 수염을 쓰다듬네. 쥐들은 훔친 물건 뇌물로 주고 태연히 너와 함께 돌아다니니 好事者들 때때로 네 모양 그려내되 무수한 쥐떼들이 하인처럼 떠받들어 북치고 나팔 불며 떼를 지어선 깃발을 휘날리며 앞장서 가고 너는 큰 가마 타고 거만 부리며 쥐들의 떠받듦만 즐기고 있구나. 내 이제 붉은 활에 큰 화살 메겨 내 손으로 네놈들을 쏘아 죽이리. 만약에 쥐들이 행패 부리면 차라리 무서운 개 불러대리라.[33]

쥐를 잡아서 백성의 피해를 줄여야 할 고양이가 도리어 백성들의 집안 구석구석을 뒤져서 고기를 훔쳐 먹고 큰 단지 작은 단지를 마구 깨뜨리는 등 방자하고 교활한 행태를 일삼고 있다. 나아가 쥐들의 뇌물까지 받아먹

---

33) "南山村翁養貍奴 歲久妖兇學老狐 夜夜草堂盜宿肉 翻瓨覆瓿連觴壺 乘時陰黑逞狡獪 推戶大喝形影無 呼燈照見穢跡徧 汁滓狼藉齒入膚 老夫失睡筋力短 百慮皎皎徒長吁 念此貍奴罪惡極 直欲奮劍行天誅 皇天生汝本何用 令汝捕鼠除民痡 田鼠穴田蓄穉穧 家鼠百物靡不偷 張衡西京賦偷與愉叶 民被鼠割日憔悴 膏焦血涸皮骨枯 是以遣汝爲鼠帥 賜汝權力恣磔刳 賜汝一雙熒煌黃金眼 漆夜撮蚤如梟雛 賜汝鐵爪如秋隼 賜汝鋸齒如於菟 賜汝飛騰搏擊驍勇氣 鼠一見之凌兢俯伏恭獻軀 日殺百鼠誰禁止 但得觀者嘖嘖稱汝毛骨殊 所以八蜡之祭崇報汝 黃冠酌酒用大觚 汝今一鼠不曾捕 顧乃自犯爲穿窬 鼠本小盜其害小 汝今力雄勢高心計麤 鼠所不能汝唯意 攀檐撤蓋頹墍塗 自今群鼠無忌憚 出穴大笑掀其鬚 聚其盜物重賂汝 泰然與汝行相俱 好事往往亦貌汝 群鼠擁護如騶徒 吹螺擊鼓爲法部 樹纛立旗爲先驅 汝乘大轎色夭矯 但喜群鼠爭奔趨 我今彤弓大箭手 射汝若鼠橫行寧嗾盧" 丁若鏞, 『與猶堂全書』 1-5 「貍奴行」. 『韓國文集叢刊』 281, 民族文化推進會, p.103. 번역문은 宋載卲, 『茶山詩 硏究』, 創作社, 1986, pp.146~148에 있는 것을 행의 구분 없이 가져왔다.

은 고양이는 마침내 쥐들과 야합하여 그들의 떠받듦 속에 백성에 대한 수탈을 더욱 강화한다. 그렇기에 '쥐가 못하는 짓'까지 제멋대로 행하고 다니는 것이다. 이렇게 되면 고양이는 쥐를 잡는 천적이 아니라, 쥐와 한통속이 되어 백성들의 삶을 더욱 신산하게 만드는 도둑떼의 괴수라 아니 할 수 없다.[34]

동물우언에 보이는 고양이의 교활함은 쥐들과의 야합에 그치지 않고 사람을 속이는 데까지 나아간다. 불행히도 겉으로 드러난 사실 뒤에 감추어진 진실을 깨닫지 못하는 사람들은 결국 고양이의 속임수에 넘어가 참과 거짓을 혼동하고 마침내 是非와 眞假가 顚倒되는 사태가 벌어지고 만다.[35]

4. 호랑이 : 절대자에 대한 외경과 희화

百獸의 王인 호랑이는 인간이 감히 범접할 수 없는 畏敬의 대상이었다. 생태계의 최상위에 위치한 호랑이 앞에서는 만물의 영장인 인간조차 그 생명의 안전을 보장할 수 없었기 때문이다. 이 잔인하고 포악한 절대자를 사람들은 '山君'이라 부르면서 공경하고 두려워하였다. 뜻하지 않은 虎患이 그들의 생활 주변에서 빈번히 발생했기 때문에 그에 대한 공포에서 자유로울 수 없었던 것이다.

그러나 중국과 한국의 동물우언에 등장하는 호랑이는 그렇게 잔인하고

34) 쥐와 고양이가 한 편이 되어 노는 형상은 『耳食錄』의 <天下無良猫>에서도 볼 수 있다. 그러나 여기에서는 養兵의 방법을 모르는 淸나라 정부에 대한 비판에 초점을 맞추고 있다. "某惡鼠 破家求良猫 饜以腥膏 眠以毡罽 猫旣飽且安 率不捕鼠 甚者與鼠游戲 鼠以故益暴 某怒 遂不復畜猫 以爲天下無良猫也" 陳蒲淸・曹日升・湯可敬・蔣天桂 選編, *op. cit.*, p.778.

35) 조선후기 尹愭(1741～1836)의 <雜說 三> 가운데 두 번째 작품은 그같은 상황을 우의한 것이다. "人有愛猫者 畜數三猫 其一猫 晝常眠 夜輒周行以扼鼠 人未之見 以爲無能也 他猫則夜眠於人側 晝或得鼠 必銜致人前 舞弄之以供翫笑 家人皆奇之 雖有竊饌噬鷄之習 而不之罪也 鼠以一猫夜獵之故 不死則皆遠避患 遂絶 人以爲他猫之功 遂笞其一猫而放之 鼠乃相率而來 不可復禁 使知者擇之 寧畜其一猫耶 將畜其餘猫耶" 尹愭,『無名子集』冊 5,「雜說 三」.

포악한 절대자의 모습만을 갖추고 있었던 것은 아니다. 『管子』의 <虎畏駁馬>나 『戰國策』의 <狐假虎威>를 비롯하여 『啓顔錄』의 <刺猬與橡斗>나 『郁离子』의 <槖與虎>, 『賢奕編』의 <猱>에 등장하는 호랑이들은 어리석고 미련한 존재로 격하되고 희화화된다.

4-1. 桓公이 말을 타고 가는데 호랑이가 멀리서 바라보고는 엎드렸다. 환공이 管仲에게 물었다. “지금 내가 말을 타고 가는데 호랑이가 나를 보고서 감히 길을 가지 못하고 엎드려 숨는 것은 무슨 때문이오?” 관중이 대답했다. “생각건대 공께서 얼룩말을 타고 늠름하게 태양을 등지고 달리신 적이 있습니까?” “있지요.” “이는 駮의 모습입니다. 駮은 호랑이나 표범을 잡아먹는 동물이니, 호랑이가 駮으로 의심했던 모양입니다.”36)

4-2. 긴팔원숭이는 덩치가 작고 나무를 잘 타고 발톱이 날카롭다. 호랑이는 머리가 가려우면 이 긴팔원숭이에게 긁도록 했는데, 쉬지 않고 긁어 구멍이 나도 호랑이는 시원해 하며 구멍이 나는 것을 몰랐다. 그러면 긴팔원숭이는 서서히 그 뇌를 꺼내 먹고는 나머지를 호랑이에게 주며 말했다. “제가 우연히 생고기를 얻게 되었는데 감히 혼자 갖지 못하여 당신께 헌상합니다.” 호랑이는 답했다. “충성스럽도다. 나를 아끼느라 자기 배를 채우는 것을 잊었구나.” 그리고 그것을 먹으면서 자신의 뇌임을 몰랐다. 한참 지나자 호랑이의 뇌는 비고 통증이 느껴졌다. 그리하여 긴팔원숭이를 찾으니 그는 이미 나무 높이 도망가 있었다. 호랑이는 펄쩍 뛰며 크게 울부짖다가는 죽어 버렸다. 세상 사람들은 말하기를, 趙나라 수도 邯鄲 거리에서 瑟을 끼고서 재주를 파는 자들이 이와 유사하다고 한다. 아, 어찌 그자들만이 이와 비슷하겠는가!37)

---

36) “桓公乘馬 虎望見之而伏 桓公問管仲曰 今者寡人乘馬 虎望見寡人而不敢行 其故何也 管仲對曰 意者君乘駁馬而盤桓 近日而馳乎 公曰 然 管仲對曰 此駮象也 駮食虎豹 故虎疑焉” 『管子』「小問」.

37) “獸有猱 小而善緣 利爪 虎首癢 則使猱爬搔之 不休 成穴 虎殊快不覺也 猱徐取其腦啖之 而汰其餘以奉虎曰 余偶有所獲腥 不敢私 以獻左右 虎曰 忠哉 猱也 愛我而忘其口腹 啖已又弗覺也 久而虎腦空 痛發 迹猱 猱則已走避高木 虎跳踉 大吼乃

정확한 관찰과 면밀한 판단을 토대로 세계 인식에서 한 치의 오차도 보이지 않아야 절대자라고 할 수 있을 것이다. 그러나 <虎畏駁馬>의 호랑이는 부정확한 인식으로 인해 웃음거리가 되고 있다는 점에서, 절대자의 위엄을 갖추었다고 할 수 없다. 고슴도치와 고깃덩어리도 분간하지 못하는 <刺猬與橡斗>의 호랑이 역시 이와 다를 바 없으며,[38] <猱>의 긴팔원숭이에게 우롱당한 끝에 죽음에 이르는 호랑이 역시 어리석은 통치자의 상징에 불과할 뿐이다.[39] 이처럼 한중 우언 속의 호랑이는 성스러운 권위에 대한 '두려움'이나 '우러름'보다는 그 존엄성이 소거된 '우둔한 통치자'의 상징으로 기능한다.

그러나 호랑이는 인간 내지 인간 문명의 본질이나 그 이면의 문제를 꿰뚫어보는 존재를 상징하기도 한다. 柳夢寅(1559~1623)의 <虎穽文>이나 朴趾源(1737~1805)의 <虎叱>에 등장하는 호랑이가 그 대표적인 예이다.

> 4-3. 꿈 속에 한 倀鬼가 커다란 범을 타고 휘파람을 부는 듯 슬피 우는 듯하면서 앞으로 다가와서 洪公에게 절을 하고 말하였다.
> "우리 장군이 무슨 잘못이 있길래 그대가 그렇게도 원수로 여기는가? 그대는 장군의 심성이 포악하고 잔인하다고 하는데, 심성의 포악 잔인함은 인간보다 심한 것이 없다. 무릇 천지 사이에 깃들어 사는 만물은 모두 하늘이 낳고 기르는 바이다. 그런데 인간은 반드시 그것을 해친다. 저 돌은 무슨 잘못이 있길래 반드시 그것을 부수고, 갈고, 문지르고, 쪼고 하며 부수어 조각돌로 만들어 백 개로 하고, 짓물러서 모래로 만들어 만 개로 하는가? 나무는 무슨 잘못이 있길래 반드시 치고, 찍고, 깎고 아궁이에 불을 때서 재로 만들고, 도랑에 다리로 만들어 썩게 하는가? 물고기는 무슨 잘못이 있길래 통발이나 가리로 잡고, 그물질이나 낚시질

死 世人謂邯鄲挾瑟而倡者類之 于是乎 寧獨一倡哉"『賢奕編』「警喩錄」.

38) 고슴도치를 고깃덩어리로 잘못 알고 삼켰다가 낭패를 당하는 <刺猬與橡斗>의 호랑이는 인재를 정확하게 판별하지 못하는 어리석은 군주를 풍자한 것이다. *cf.* 천푸칭 씀, 오수형 옮김, *op. cit.*, p.107.

39) <猱>는 본래 긴팔원숭이로 상징되는 明代의 탐관오리를 풍자하기 위한 작품이다. *cf. Ibid.*, p.310.

> 을 하여 그 지느러미를 자르고 비늘을 벗겨서 회치는가? 새는 무슨 잘못이 있길래 주살로 잡고 그물로 쓸어 그 털을 뽑고 날개를 잘라서 구워먹는가? 짐승은 또 무슨 잘못이 있길래 그물로 잡고, 활로 쏘아 죽이고, 함정에 빠뜨려서 내장과 배를 가르고, 그 털가죽을 다 없앤 뒤에 솥에 삶아 먹는가?
> 이것만이 아니다. 인간은 동류인데도 또 어찌해서 저버리고 마음으로 음해하고, 입을 놀려 해치고, 무기를 휘둘러 이기고, 코를 베고, 발뒤꿈치를 자르고, 목매달아 죽이고, 베어 죽이며, 심지어는 일족을 멸하는가? 무릇 인간의 포악함은 장군보다 백배, 천배 더하다. 그대는 한갓 함정을 파서 장군을 잡을 줄만 알았지, 인간 세상에는 한 걸음에 백개, 천개의 함정이 있다는 것을 모르는가?"[40]

무고한 물고기와 새, 짐승들을 제멋대로 잡아먹고, 심지어는 동류인 인간까지 음해하고 죽이기를 서슴지 않는 인간의 행태는 잔인하고 포악하기가 호랑이보다 심하다는 것이다. 그런 점에서 유몽인의 <호정문>은 일종의 문명 비판에 해당한다.[41] 이와 같은 문명 비판은 박지원의 <호질>에 와서 절정을 이룬다. 창귀와의 '인육론'을 통해서 특정 사회계층에 대한 본질론을 펼치는 호랑이는 '절대자적 투시안'을 가지고 '심층의 본질'

---

40) "夢一倀鬼騎大虎 且嘯且哭而前 揖洪而言曰 吾將軍何辜 而子讎之甚耶 子謂將軍殘心暴性 而不知殘心暴性者 莫人之甚 凡物之寓於兩間 皆天之所生殖也 而人必害之 夫石有何辜 而必椎之磨之磋之琢之 碎而爲礫而百之 糜而爲沙而萬之 木有何辜 而必鉅之斧之斲之削之 爨于竈而灰之 斷于溝而腐之 魚何辜 筌而罩 網而緡 割其鬐脫其鱗而鱠之 鳥何辜 矰而弋 羅而黏 拔其羽折其翼而炙之 獸何辜 取以罟嬰以鏃 又陷以穽 刲腸割肚 盡其毛皮而鼎俎之 非特此也 人是同類 抑何負之有 而心以中焉 舌以傷焉 兵以剋焉 劓焉刖焉絞焉斬焉 甚至族滅焉 凡人之暴 倍將軍百千之 子徒知設機以陷將軍 而不知人間平地一步 百千穽也" 柳夢寅, 『於于集』卷5, 「虎穽文」.

41) 신익철은 <호정문>의 주제는 '유가의 독선적 인간관을 상대주의적 관점에 입각하여 우의, 풍자한 것이지만, 그 풍자의 핵심은 작자 자신의 정치현실에 대한 불만'에 있다고 하면서, 범의 풍자가 봉건사회 일반의 차등적 질서를 부정, 폭로하는 데까지 나아간 것으로 볼 수는 없다고 하였다. *cf.* 신익철, 『柳夢寅 文學 硏究』, 보고사, 1998, pp.137~140.

을 꿰뚫어 보는 존재이다.[42] 그런 호랑이 앞에 인간은 한낱 구역질나는 존재일 뿐이고, 상황을 모면하기 위해 수단과 방법을 가리지 않는 이중적 존재일 뿐이다. 낱낱이 파헤쳐지는 인간 내지 인간 문명의 병리적 국면은 도리어 그와 상대적인 성격의 호랑이를 긍정적 가치를 대표하는 존재로 부각시킨다.

林象德(1683～1719)의 <陷穽虎>에 등장하는 호랑이 역시 위기 상황을 모면하기 위해서라면 온갖 수단과 방법을 다 동원해가며 순간순간 표변하던 '북곽'과는 다른 모습을 보인다. 급박한 상황에서도 진중하게 사태의 본질을 꿰뚫고 문제를 근본적으로 해결하는 것이 <陷穽虎>의 호랑이인 것이다.

> 4-4. 현의 어느 마을에서는 사나운 호랑이에게 해를 입을까 걱정하여 함정을 팠는데, 과연 이 함정을 이용해 호랑이를 잡았다. 마을의 한 소년이 함정 주위에서 아래를 살펴보다가 미끄러져 아래로 떨어졌다. 호랑이는 애당초 이 아이에겐 관심이 없었다. 마을 사람들이 놀라 달려왔지만, 아무리 생각해도 구출해낼 방도가 없었다. 마침내 굵은 두레박줄을 드리우고 위에 붙잡아 매었다. 호랑이가 문득 이 줄을 잡았으나 올라올 수는 없었다. 사람들이 활을 쏘고 돌을 던지며 위협하자, 호랑이는 그 아이를 잡아먹으려는 듯 갑자기 아이의 옷을 물어뜯었다. 마을의 古老가 말하였다.
>
> "아, 지혜로운 호랑이로다. 어서 함정의 문을 열어라."
>
> 마침내 문을 열자 호랑이가 뛰쳐나왔고, 아이 또한 온전하게 구출할 수 있었다. 지난번 그 어리석은 호랑이였다면 반드시 하루아침의 노여움을 이기지 못하고 사람들에게 사납게 굴었을 터이나, 이번 호랑이는 그렇지 않았으니, 지혜롭다고 하지 않을 수 있겠는가? 무릇 호랑이의 포악함과 용맹함으로도 자신을 위해 일을 도모함에 그 주밀하고 원대하기가 이와 같으니, 기이하도다.[43]

---

42) *cf.* 黃浿江, 「虎叱-세 인물형과 알레고리-」, 『朝鮮王朝小說硏究』, 檀國大學校出版部, 1991, pp.342～345.

함정에 빠진 것은 주의를 소홀히 한 호랑이 자신의 실수이다. 물론 함정을 설치한 사람을 원망하면서 분을 토하거나 노여워하며 사납게 굴 수도 있지만, 호랑이는 그렇게 하지 않았다. 오히려 어떻게 해야 살아나갈 수 있을지를 신중하게 생각하고 행동함으로써 자신의 목숨을 건질 수 있었다. 드리워진 줄은 자신이 타고 올라올 수 있는 것이 아니었기에 거기에 매달리지 않았고, 함정에 떨어진 소년을 잡아먹는다 한들 자신의 목숨이 보장될 수 있는 것이 아니라는 사실도 꿰뚫어보았다. 함정에서 나갈 수 있는 길이 열려야만 목숨을 건질 수 있다는 문제의 본질을 잊지 아니하고 섣불리 행동하지 않은 것이다. <刺猬與橡斗>나 <虎畏駁馬>, <狐假虎威>, <猱> 등에 등장하는 어리석은 호랑이보다는 <虎叱>에 등장하는 절대자로서의 호랑이에 가까운 형상이라고 하겠다.

5. 말 : 불우한 인재의 상징, 정치현실에 대한 비판

韓愈(768~824)는 <雜說>에서 伯樂과 千里馬의 관계를 빌어 인재를 알아보지 못하는 세태를 풍자한 바 있다. '말'은 한중 동물우언에서 '人才'를 상징해 왔으며, 그 중에서도 특히 '늙은 말'은 삶의 지혜와 정치사회적 경륜을 갖춘 인재, 그러나 또 한편으로는 더 이상 쓸모없어 버려지는 인물을 상징해 왔다. 먼저 천리마로 인재를 상징한 경우를 보기로 한다.

5-1. 욱리자의 말이 駃騠라는 준마를 낳았다. 사람들은 "이 말은 천리마이니 반드시 궁궐의 마구간에 보내시오."라고 하였다. 욱리자도 기뻐하며 그들의 말을 따라 경성에 갔다. 천자는 말을 관장하는 太僕에게 명하여 지방의 공물 목록을 찾아보게 하였다. 그러자 그는 말했다. "말은 좋은 말

43) "縣某里 患惡虎 置穽焉 果獲 里少年 從穽上俯窺之 跌而墜 虎初若不見者 里人驚走視 計無出 相與垂大綆 懸上之 虎輒抱不得上 投矢石懼之 虎輒少嚙 裂人衣 爲將磔食狀 里老父曰 噫 智虎也 亟啓穽之門 遂啓虎出 人亦獲全 向使虎愚也 必不勝一朝之怒 而逞于人 今不然 可不謂智矣乎 夫以虎之暴猛 爲其身謀 迺周遠若此異哉" 林象德,『老村集』卷 4,「雜說 二首」.

> 입니다. 그러나 북방 명마 산지인 冀 지방에서 태어난 말이 아닙니다." 그리고는 그 말을 궁궐 밖의 마구간에 방치하였다.[44]

『郁离子』「八駿」에는 周나라 穆王이 마구간을 '天閑'과 '內廐', '外廐'의 세 등급으로 나누고 造父를 말 담당관으로 두어 천하의 좋은 말을 거두어 길렀다는 이야기가 나온다.[45] 그러나 목왕과 조보가 죽은 뒤로는 말을 출생지에 따라 구분하여 길렀고, 결국 그에 따른 화를 초래하고 만다. <천리마> 역시 이 작품과 같이 사람을 종족과 지역에 따라 네 부류(몽고인, 색목인, 한인, 남인)로 나누어 쓰는 元代의 정책이 인재를 말살하는 족쇄였음을 풍자한 것이다.[46] 말이 인재의 상징으로 등장하는 것은『列子』의 <九方皐相馬>,『戰國策』의 <驥遇伯樂>과 <買駿骨> 등 비교적 이른 시기부터 찾아 볼 수 있으며, 중국 뿐 아니라 한국에서도 오랜 전통을 가지고 있다.[47]

한편 '늙은 말'은『韓非子』의 <老馬識途>[48]에서 보듯 지혜나 경륜을 갖춘 인물을 상징한다. 이는 '늙은 쥐'가 오랜 경험에서 오는 삶의 지혜나 정치사회적 경륜을 상징했던 것과 유사하다. 따라서 늙은 말은 홀대해서는 안 되는 존재이지만, 현실은 그렇지 않았다. 洪宇遠(1605~1687)의 <老馬說>은 버림받은 늙은 말의 이야기를 통해 세태를 풍자한 우언이다.

> 5-2. 숭정 9년 4월 어느날, 주인이 종놈인 雲을 시켜 마굿간 아래에서 늙은 말을 끌어내게 하여 말에게 고하기를, "아, 갈기말아! 이제 네가 나이는 먹을대로 먹었고 근력도 이제는 쇠할대로 쇠하였다. 장차 너를 데리고

---

44) "郁离子之馬 孳得駃騠焉 人曰 是千里馬也 必致諸內廐 郁离子悅從之 至京師 天子使太僕閱方貢 曰 馬則良矣 然非冀産也 置之于外牧"『郁离子』「千里馬」篇. 번역문은 유기 지음, 오수형 옮김,『욱리자』, 궁리, 2003, p.17에서 인용.

45) 유기 지음, 오수형 옮김,『욱리자』, 궁리, 2003, pp.37~39.

46) 천푸칭 씀, 오수형 옮김,『중국우언문학사』, 소나무, 1994, p.285.

47) 말이 인재의 상징으로 쓰인 한국의 예로는 朴彭年(1417~1456)의 <瘦馬說>, 權好文(1532~1587)의 <瘦馬說>, 金道洙(1699~1733)의 <驥說> 등을 들 수 있다.

48) "管仲隰朋從桓公伐孤竹 春往冬反 迷惑失道 管仲曰 老馬之智可用也 乃放老馬而隨之 遂得道"『韓非子』「說林 上」.

> 치달리게 하고 쏜살같이 몰아보려한들 네가 그렇게 할 수 없을 것이며, 너에게 도약을 시키고 뛰어넘게 하려해도 네가 그렇게 할 수 없음을 내가 안다. 내가 너를 수레에 메워서 太行山의 험한 길을 넘으려 한다면 너는 넘어지고 자빠져서 일어나지도 못할 것이고, 내가 너에게 무거운 짐을 실려서 莽蒼의 아득히 먼 길을 건너고자 한다면 너는 고꾸라져 짐에 깔려 죽고 말 것이다. 갈기말아, 너를 장차 무엇에 쓰겠는가. 푸줏간 백정에게 넘겨주어 너의 고기와 뼈를 가르게 하자니 내가 차마 너에게 그렇게는 못하겠고, 장차 시장에 내어다가 팔려 해도 사람들이 무엇을 보고 너를 사겠는가. 아, 갈기말아. 내가 이제 너에게 물린 재갈을 벗겨주고 너를 얽어맨 굴레를 풀어서 네가 하고자 하는대로 내버려둘테니 너는 가고픈 대로 가겠느냐? 그래, 떠나도록 해라. 이제 나는 너에게서 아무것도 취하여 쓸 것이 없다."하였다. 이 때에 말은 마치 무슨 말을 알아듣기라도 하는 듯이 귀를 늘이고, 마치 무슨 하소연이라도 하는 듯이 머리를 쳐들고는 한참을 주저주저 몸을 펴지 못하더니, 입으로는 말을 하지 못하는지라 가슴 속에 쌓여있는 심정을 臆對하여 이르기를 … (후략)[49]

토사구팽의 위기에 처한 늙은 말은 그같은 처사의 부당함을 호소한다. 주인이 늙은 말의 이야기를 받아들임으로써 파국을 초래하지는 않는다. 그러나 현실에서는 그러한 처사가 자행되고 있었고, <노마설>은 그같은 비정한 세태에 대한 풍자를 목적으로 한 것이었다. 사람들에게 쓸모가 없으면 냉정하게 버려지는 말의 형상은 늙고 병든 말과 伯樂의 문답으로 이루어진 張混(1759~1828)의 <老馬>에서도 볼 수 있다.[50]

---

49) "崇禎九年四月日 主人使奴雲牽出伏櫪之下老馬而告之曰 嗟乎鬣乎 汝之齒今長矣 汝之力其衰矣 將以汝馳乎騁乎 則吾知汝不能也 將以汝躍乎踔乎 則吾知汝不能也 吾欲駕汝以車 越乎太行之險 而汝則僨焉 吾欲載汝以重 涉乎莽蒼之遠 而汝則斃焉 鬣乎將以汝奚用也 將畀之庖丁而解之乎 則吾於汝不忍焉 將適諸城市而貨之乎 則人於汝奚取焉 嗟乎鬣乎 吾將脫汝之銜勒 解汝之羈絆 而放汝任汝所之乎 行矣哉 余無所取用焉 於是焉馬乃俯耳若聽 仰首若訴 踠跼良久 口不能言 而以臆對曰 …(後略)" 洪宇遠,『南波集』卷 10,「老馬說」.

Ⅳ. 맺음말

이 글은 한국과 중국의 동물우언을 대상으로 하여, 우언의 메커니즘과 소통을 극대화하는 동물상징의 실상을, 몇몇 주요 동물을 중심으로 고찰함을 목적으로 하였다. 양국의 동물우언에는 개와 쥐, 고양이, 호랑이, 말을 비롯하여 닭, 소, 원숭이, 매, 뱀, 여우, 개구리, 기러기, 거북이 등 다양한 동물이 등장한다. 동물우언에 등장하는 동물들은 대부분 생활 주변에서 일상적으로 접할 수 있는 것들인데, 중국에는 한국에서는 찾아볼 수 없는 원숭이를 주인공으로 한 동물우언이 많이 보이고, 한국에는 소나 거북이, 까마귀, 올빼미, 학 등을 주인공으로 한 동물우언이 상대적으로 많다. 이 가운데 개와 쥐, 고양이 호랑이, 말의 동물상징에 대하여 논의한 바를 정리하면 다음과 같다.

'개'는 주인을 위해 자신의 목숨까지 내놓는 충직한 동물로 관념되어 오기도 했지만, 낯선 것을 보고 짖는 개의 습성은 현자나 충직한 신하를 헐뜯고 몰아내려는 소인배 혹은 무능하고 간악한 신하, 나아가 군주의 눈과 귀를 가리고 인재의 진출을 가로막은 채 권력을 농단하는 否定的 權臣을 상징하는 데 이용되었다. 뿐만 아니라 '개'는 눈앞의 이익을 다투는 데 혈안이 된 속물적 존재를 상징하기도 하였다. 한편 '쥐'는 집안을 멋대로 돌아다니며 곡식을 축내고 기물을 파손하기 때문에, 나라의 뿌리를 흔드는 부패한 관료 내지 권력에 기생하면서 백성들의 고혈을 착취하는 자들을 상징하였다. 그러나 '늙은 쥐'의 경우에는 정치적 경륜이나 삶의 지혜를 갖춘 존재를 뜻했다. 그런가 하면 '고양이'는 쥐로 상징되는 소인무리배들을 징치하고 내쫓는 군자를 상징하였다. 그러나 고양이는 때로 자신의 직분을 저버린 채 포악하고 교활하게 수탈을 자행하는 인물로 등장하기도 하였다. 百獸의 왕으로서 畏敬의 대상이었던 '호랑이'는 인재를 정확

50) 張混, 『而已广集』 卷 14, 「老馬」. 梁承敏은 여기에 나오는 말의 형상에 대하여 결점 때문에 오히려 천수를 다할 수 있었다고 하면서, 장혼 자신과 같이 당대에 소외받던 중인계층을 상징하는 것으로 보았다. *cf.* 梁承敏, 「寓言의 서술방식과 소통적 의미」, 고려대 석사학위논문, 1996, pp.83～84.

하게 판별하지 못하는 어리석은 군주, 혹은 실상을 바로보지 못하는 어리석은 통치자의 상징으로 등장하며, 때로는 인간 내지 인간 문명의 본질이나 그 이면의 문제를 꿰뚫어보는 절대자로 기능하기도 하였다. '말'은 오래전부터 인재의 상징으로 사용되어 왔으며, 특히 '늙은 말'은 삶의 지혜나 정치사회적 경륜을 갖춘 인물, 그러나 버림받은 인물을 상징하였다.

지리적으로 가까운 위치에 있을 뿐 아니라 자연환경과 생활방식이 유사하고, 오랜 기간 공동의 문화를 향유해 온 한국과 중국은, 동물우언에서도 공통적인 동물을 주인공으로 한 작품들이 많고 동물상징에서도 공통적인 의미망을 형성하고 있었다. 여기에서 미처 거론하지 못한 동물들의 상징적 의미를 검토하는 작업과 아울러 다른 나라의 동물우언에 보이는 동물상징과의 비교 검토를 통해 동아시아 우언문학의 동물상징을 체계화하는 작업은 앞으로의 과제라 하겠다.

부록

[표 1] 중국 동물우언 목록[51)]

번호	제목	작가	수록문헌	등장동물	비고
1	虎畏駁馬	管仲(?～B.C.645)	管子 小問	호랑이	
2	社鼠	晏嬰(?～B.C.500)	晏子春秋 內篇 向上	쥐	
3	雄鷄斷尾	左丘明 (연대 미상)	左傳 昭公 22年	닭	
4	率然	孫武 (연대 미상)	孫子 九地	뱀	
5	陽橋與魴	宓不齊(B.C.521～?)	宓子	양교 방어	
6	鹿	尸佼(B.C.390～B.C.330)	尸子	사슴	
7	朝三暮四	列御寇 (연대 미상)	列子 黃帝	원숭이	
8	九方皐相馬	列御寇 (연대 미상)	列子 說符	말	
9	多岐亡羊	列御寇 (연대 미상)	列子 說符	양	
10	楊布打狗	列御寇 (연대 미상)	列子 說符	개	
11	蒙鳩爲巢	荀況(B.C.373～B.C.238)	荀子 勸學	비둘기	
12	鯤鵬與斥鴳	莊周(B.C.369～B.C.286)	莊子 逍遙遊	곤어 붕새 메추라기	
13	庖丁解牛	莊周(B.C.369～B.C.286)	莊子 養生主	소	
14	澤雉	莊周(B.C.369～B.C.286)	莊子 養生主	꿩	
15	㹠子食于死母	莊周(B.C.369～B.C.286)	莊子 德充府	돼지	
16	相呴相濡	莊周(B.C.369～B.C.286)	莊子 大宗師	물고기	
17	夔怜蚿	莊周(B.C.369～B.C.286)	莊子 秋水	기 노래기 뱀	
18	陷井之蛙	莊周(B.C.369～B.C.286)	莊子 秋水	개구리	
19	鵷鶵與鴟	莊周(B.C.369～B.C.286)	莊子 秋水	메추라기 솔개	

51) 본 목록은 陳蒲淸・曹日升・湯可敬・蔣天桂 選編, 『中國古代寓言選』(增訂本, 湖南教育出版社, 1985)과 馬亞中・吳小平 主編, 『中國寓言大辭典』(江蘇文藝出版社, 1997)을 텍스트로 하여 작성한 것이다. 『中國古代寓言選』은 149種의 저작에서 614則의 우언 자료를 選取하였고, 『中國寓言大辭典』은 136種의 저작에서 645則의 우언을 選錄하였다는 점에서 중국의 우언 가운데 중요한 것들은 대부분 거두어졌다고 할 수 있다. 그러나 이 목록이 완벽한 것이라고는 하기 어려우므로, 앞으로 더 많은 자료를 검토하여 부족한 부분을 보완해야 할 것이다.

20	魯侯養鷄	莊周(B.C.369~B.C.286)	莊子 至樂	닭
21	養鬪鷄	莊周(B.C.369~B.C.286)	莊子 達生	닭
22	山木與雁	莊周(B.C.369~B.C.286)	莊子 山木	기러기
23	一狙現巧	莊周(B.C.369~B.C.286)	莊子 徐無鬼	원숭이
24	觸蠻之爭	莊周(B.C.369~B.C.286)	莊子 則陽	달팽이
25	莊周貸粟	莊周(B.C.369~B.C.286)	莊子 外物	붕어
26	神龜	莊周(B.C.369~B.C.286)	莊子 外物	거북이
27	山雉	尹文(약 B.C.350~?)	尹文子	꿩
28	中州之蝸	陳仲子 (연대 미상)	于陵子	달팽이
29	蹶獸	呂不韋(?~B.C.235)	呂氏春秋 不廣	궐 공공 거허
30	一鳴驚人	呂不韋(?~B.C.235)	呂氏春秋 重言	새
31	狗乃取鼠	呂不韋(?~B.C.235)	呂氏春秋 士容	개 쥐
32	涸澤之蛇	韓非(B.C.280~B.C.233)	韓非子 說林 上	뱀
33	老馬識途	韓非(B.C.280~B.C.233)	韓非子 說林 上	말
34	三虱食彘	韓非(B.C.280~B.C.233)	韓非子 說林 下	이 돼지
35	螝蟲	韓非(B.C.280~B.C.233)	韓非子 說林 下	회충
36	狗猛酒酸	韓非(B.C.280~B.C.233)	韓非子 外儲說 右上	개
37	社鼠	韓非(B.C.280~B.C.233)	韓非子 外儲說 右上	쥐
38	管庄子刺虎		戰國策 秦策 2	호랑이
39	海大魚		戰國策 齊策 1	물고기
40	田父擅功		戰國策 齊策 3	개 토끼
41	狐假虎威		戰國策 楚策 1	여우 호랑이
42	狗嘗溺井		戰國策 楚策 1	개
43	驚弓之鳥		戰國策 楚策 4	새
44	驥遇伯樂		戰國策 楚策 4	말
45	虎怒決蹯		戰國策 趙策 3	호랑이
46	叱犬		戰國策 韓策 2	개
47	千金求馬		戰國策 燕策 1	말
48	買駿馬		戰國策 燕策 2	말
49	鷸蚌相爭		戰國策 燕策 2	도요새 조개
50	螳螂捕蟬	韓嬰 (연대 미상)	韓詩外傳 권 10	사마귀 매미
51	田子方見老馬	劉安(B.C.179~B.C.122)	淮南子 人間訓	말
52	螳螂搏輪	劉安(B.C.179~B.C.122)	淮南子 人間訓	사마귀

53	田饒去魯	劉向(B.C.79～B.C.8)	新序 雜事 5	기러기 닭
54	以秕喂鳥	劉向(B.C.79～B.C.8)	新序 刺奢 6	새
55	螳螂捕蟬	劉向(B.C.79～B.C.8)	說苑 正諫	사마귀 매미
56	梟東徙	劉向(B.C.79～B.C.8)	說苑 談叢	올빼미
57	羊蒙虎皮	揚雄(B.C.53～B.C.18)	法言 吾子	양 호랑이
58	釣鰥魚	孔鮒 (연대 미상)	孔叢子 抗志	물고기
59	燕雀	孔鮒 (연대 미상)	孔叢子 論勢	제비 참새
60	虱處褌中	阮籍 (210～263)	阮嗣宗集 大人先生傳	이
61	群蟻觀鰲	苻郎 (연대 미상)	苻子	개미 자라
62	與狐謀皮	苻郎 (연대 미상)	苻子	여우
63	山鷄舞鏡	劉敬叔(약 390～470)	異苑 卷 3	닭
64	支公好鶴	劉義慶(403～444)	世說新語 言語	학
65	鸚鵡滅火	劉義慶(403～444)	宣驗記	앵무새
66	鷹	劉義慶(403～444)	幽明錄	매
67	刺猬與橡斗	侯白 (연대 미상)	啓顔錄	호랑이 고슴도치
68	越鳧楚乙	李延壽 (연대 미상)	南史 顧歡傳	오리 새(제비)
69	醉猩著屐	裴炎(?～684)	猩猩銘序	원숭이
70	狗爭骨	寒山子 (연대 미상)	寒山子集	개
71	猴子救月	道世 (연대 미상)	法苑珠林 愚戇篇 雜痴部	원숭이
72	分鯉	道世 (연대 미상)	法苑珠林 愚戇篇 雜痴部	잉어
73	義鶻行	杜甫(712～770)	杜少陵集	매
74	截冠雄鷄志	李翺(772～841)	李文公集	닭
75	養鷙詞	劉禹錫(772～842)	劉夢得文集	매(수리)
76	說驥	劉禹錫(772～842)	劉夢得文集	말(驥)
77	燕詩 示劉叟	白居易(772～846)	白氏長慶集	제비
78	蝜蝂傳	柳宗元(773～819)	柳河東集	쇠똥구리
79	大鯨	柳宗元(773～819)	柳河東集	고래
80	臨江之麋	柳宗元(773～819)	柳河東集	고라니
81	黔之驢	柳宗元(773～819)	柳河東集	나귀
82	永某氏之鼠	柳宗元(773～819)	柳河東集	쥐
83	羆說	柳宗元(773～819)	柳河東集	곰

84	猿與王孫	柳宗元(773～819)	柳河東集	원숭이
85	粵犬吠雪	柳宗元(773～819)	柳河東集	개
86	鷰子賦		鷰子賦	제비
87	蠹化	陸龜蒙 (연대 미상)	笠澤叢書 雜著	좀
88	說天鷄	羅隱(833～909)	羅昭諫集	닭
89	摯獸	皮日休(834～883)	皮子文藪 雜著	호랑이 고라니
90	鴆蛇之毒	無能子 (연대 미상)	無能子 鴆說	짐새 뱀
91	雁奴	宋祁(998～1061)	宋景文集	기러기
92	禿山	王安石(1021～1086)	臨川先生文集	원숭이
93	龍王逢蛙	蘇軾(1037～1102)	艾子雜說	개구리 용왕
94	蝦蟆夜哭	蘇軾(1037～1102)	艾子雜說	악어 개구리 용왕
95	以鳧爲鶻	蘇軾(1037～1102)	艾子雜說	오리 매
96	虎與小兒	蘇軾(1037～1102)	東坡全集 書孟德傳後	호랑이
97	黠鼠	蘇軾(1037～1102)	東坡全集 黠鼠賦	쥐
98	浮芥之蟻	蘇軾(1037～1102)	曲洧舊聞	개미
99	河豚魚說	蘇軾(1037～1102)	柳河東集 附錄	돈어
100	烏賊魚說	蘇軾(1037～1102)	柳河東集 附錄	오징어
101	烏戒	晁補之(1053～1110)	鷄肋集	까마귀
102	更渡一遭	岳珂(1183～1234)	桯史	자라
103	鰂	崔敦禮 (연대 미상)	芻言	오징어
104	江蟹趨海	崔敦禮 (연대 미상)	芻言	게
105	越人遇狗	鄧牧(1247～1306)	伯牙琴	개
106	鳥鴿同啄	宋濂(1310～1381)	燕書	새 도요새
107	越人溺鼠	宋濂(1310～1381)	燕書	쥐
108	桑穴群蟻	宋濂(1310～1381)	燕書	개미
109	牛尾狸	宋濂(1310～1381)	燕書	삵 개
110	具區白雁	宋濂(1310～1381)	燕書	기러기
111	人貌狙心	宋濂(1310～1381)	燕書	원숭이
112	東氏狸狌	宋濂(1310～1381)	龍門子凝道記	고양이 쥐
113	焚鼠毁廬	宋濂(1310～1381)	龍門子凝道記	쥐
114	千里馬	劉基(1311～1375)	郁离子 千里馬	말
115	鴝鵒噪虎	劉基(1311～1375)	郁离子 千里馬	구관조 호랑이
116	九尾狐	劉基(1311～1375)	郁离子 魯般	여우

117	象虎	劉基(1311～1375)	郁离子 魯般	여우 駁
118	蟾蜍與蚵蚾	劉基(1311～1375)	郁离子 魯般	두꺼비 도마뱀
119	蟻垤	劉基(1311～1375)	郁离子 玄豹	개미
120	道士救虎	劉基(1311～1375)	郁离子 玄豹	호랑이
121	狙公失狙	劉基(1311～1375)	郁离子 瞽瞶	원숭이
122	中山猫	劉基(1311～1375)	郁离子 枸櫞	고양이 쥐
123	九頭鳥	劉基(1311～1375)	郁离子 省敵	새
124	夜狸取鷄	劉基(1311～1375)	郁离子 虞孚	삵 닭
125	僰人舞猴	劉基(1311～1375)	郁离子 公孫無人	원숭이
126	麋與虎	劉基(1311～1375)	郁离子 麋虎	고라니 호랑이
127	寒號蟲	陶宗儀 (연대 미상)	輟耕錄	새(한호충)
128	猫說	薛瑄(1389～1464)	薛文清文集	고양이 쥐 병아리
129	中山狼傳	馬中錫(?～1511)	東田集	이리 동곽선생
130	顧尾不顧身	耿定向(1524～1596)	權子	공작새
131	鵂鶹鳥	庄元臣 (연대 미상)	叔苴子	구관조 매미
132	噬犬	陸灼 (연대 미상)	艾子後語	개
133	猩猩	劉元卿(1544～1609)	賢奕編 警喩錄	원숭이
134	猱	劉元卿(1544～1609)	賢奕編 警喩錄	원숭이 호랑이
135	猫號	劉元卿(1544～1609)	賢奕編 應諧錄	고양이
136	猫祝鼠壽	浮白齋主人 (연대 미상)	雅謔	고양이 쥐
137	一毛不拔	浮白齋主人 (연대 미상)	笑林	원숭이
138	猫吃素	浮白齋主人 (연대 미상)	笑林	고양이 쥐
139	虎畏化緣僧	江盈科 (연대 미상)	雪濤諧史	호랑이
140	蛛與蚕	江盈科 (연대 미상)	雪濤閣集	거미 누에
141	鷂子追雀	趙南星(1550～1627)	笑贊	솔개 참새
142	蝙蝠	馮夢龍(1574～1646)	笑府	박쥐
143	吃別人		博笑珠璣	잉어
144	犬	王晫(1636～?)	雜著十種 寓言	개
145	牧豎	蒲松齡(1640～1715)	聊齋志異	이리
146	黑獸	蒲松齡(1640～1715)	聊齋志異	호랑이 흑수
147	螳螂捕蛇	蒲松齡(1640～1715)	聊齋志異	사마귀 뱀

148	大鼠	蒲松齡(1640～1715)	聊齋志異	쥐
149	狼(三則)	蒲松齡(1640～1715)	聊齋志異	이리
150	龍	蒲松齡(1640～1715)	聊齋志異	용
151	鳥說	戴名世(1653～1713)	南山集	새
152	蚊蟲結拜	小石道人 (연대 미상)	嘻談錄	모기
153	冉氏烹狗	崔述(1740～1816)	崔東壁遺書	개
154	獺祭	沈起鳳(1741～1794)	諧鐸	수달
155	麻雀請宴	石成金 (연대 미상)	笑得好	참새 파랑새 매
156	讓鼠蜂	石成金 (연대 미상)	笑得好	쥐 벌
157	天下無良猫	樂均 (연대 미상)	耳食錄	고양이 쥐
158	記鴿	管同(1780～1831)	七經紀聞	비둘기
159	捕蜮	龔自珍(1792～1841)	龔定庵全集	여우
160	寶石	高繼衍 (연대 미상)	蜨階外史	원숭이
161	蜘蛛與蛇	薛福成(1838～1894)	庸庵筆記	거미 뱀
162	壁虎與蝎	薛福成(1838～1894)	庸庵筆記	호랑이 도마뱀
163	蜈蚣與蚓	薛福成(1838～1894)	庸庵筆記	지네 지렁이
164	牛聯宗	程世爵 (연대 미상)	笑林廣記	소
165	論蛆	吳趼人(1866～1910)	俏皮話	구더기
166	走獸世界	吳趼人(1866～1910)	俏皮話	고양이
167	蟲族世界	吳趼人(1866～1910)	俏皮話	곤충 구더기 좀
168	狼施威	吳趼人(1866～1910)	俏皮話	여우 돼지 이리
169	狗	吳趼人(1866～1910)	俏皮話	개

[표 2] 한국 동물우언 목록[52)]

번호	제목	작가	수록문헌	등장동물	비고
1	龜兎之說		三國史記 卷 41 列傳 1	거북 토끼	
2	放蟬賦	李奎報(1168～1241)	東國李相國全集 卷 1	매미	

52) 본 목록은 기존 연구를 통해 소개된 동물우언 자료와 『韓國文集叢刊』(1～300)에서 발췌한 것이다. 기존 연구를 통해 근대계몽기(애국계몽기) 동물우언 자료도 보고된 바 있으나 여기에서는 제외하였다. 寓話小說의 경우에도 異本은 일일이 밝히지 않았다. 미처 검토하지 못한 자료들이 있지만, 우선 현재까지 작성할 수 있는 동물우언의 목록을 제시한다는 점에 의의를 두고, 미비한 점은 앞으로 보완해 나가도록 할 것이다. 참고로 본 목록에서 제외된 근대계몽기 동물우언 자료를 소개하면 다음과 같다. 「됴와문답」, 『죠선크리스도인회보』 1897.5.26. ; 「코끼리와 원숭이의 이야기」, 『그리스도신문』 1897.5.7. ; 「거믜 니야기라」, 『죠선크리스도인회보』 1897.6.23. ; 「훈 슨자가 있는데」, 『협성회회보』, 1898.2.26. ; 「늠을 참소ᄒᆞᆫ 이는 제 몸이 몬져 망흠」, 『죠선크리스도인회보』 1898.5.18. ; 「창희가 망망ᄒᆞ야」, 『미일신문』 1898.8.15. ; 「론설:호토상탄 여우와 토끼가 셔르 싱키다」, 『미일신문』 1898.9.23. ; 「論說(北蟾과 南蟾)」, 『皇城新聞』 1899.2.8. ; 「論說:寓言」, 『皇城新聞』 1899.3.8. ; 「개고리도 잇쇼」, 『독닙신문』, 1899.6.12. ; 「가긱의 항다반ᄒᆞ는 토끼타령은」 『뎨국신문』 1900.3.30. ; 「有眼者○○盲魚」, 『皇城新聞』 1900.6.16. ; 「근일 일긔는 틱한ᄒᆞᆫ데」 『뎨국신문』 1900.6.28. ; 「셔양 사름 넷말에 골ᄋᆞ듸」, 『뎨국신문』 1901.3.12. ; 「론설」, 『뎨국신문』 1901.4.5. ; 「論說:禽鳥樂」, 『皇城新聞』 1901.8.24. ; 「倉鼠厠鼠之嘲」, 『皇城新聞』 1902.11.15. ; 「狐假人形談」, 『대한매일신보』 1906.11.2. ; 北郭居士, 寄書, 『대한매일신보』, 1906.11.2. ; 「졍소의 불긴」, 『경향신문』 1906.11.30～12.7. ; 「미얌이와 기얌이라」, 『경향신문』 1907.2.1. ; 李奎濚, 「搏虎者의 說」, 『대한유학생학보』 2, 1907.4. ; 鄭秉善, 「梅柳의 競爭論」, 『西友』 7, 1907.6. ; 「論說:衆老人의 聽蛙劇談」, 『皇城新聞』 1907.6.15. ; 「釜山狗」, 『대한자강회월보』 13, 1907.7. ; 日本留 夢遊生, 「寄書」, 『대한매일신보』, 1907. 9.26. ; 觀物生, 「狐와 猫의 문답」, 『대한매일신보』, 1908.3.24. ; 「론셜:여호와 고양이의 문답」, 『大韓每日申報』 1908.3.27. ; 「어려운 일을 공론ᄒᆞ던 쟈는 만터니 셩ᄉᆞᆯ 때에는 ᄒᆞ나도 업다」 『경향신문』 1908.6.26. ; 塔園散士, 「隨感隨筆」, 『대한협회회보』 3, 1908.6. ; 朴允喆, 「貪人과 貪犬」, 『대한학회월보』 5, 1908.6. ; 知言子, 「談叢」, 『태극학보』 24, 1908.9. ; 「鼠婚」, 태극학보 1908. ; 成樂允, 「滑稽小說」, 『기호흥학회월보』 5, 1908. 12. 25. ; 「蜂國의 文明觀」, 『서북학회월보』 9, 1909.2. ; 「시ᄉᆞ평론」, 『대한매일신보』(한글판) 1909.6.26. 1909.7.20. 이들 자료에 대해서는 정선태, 양승민, 조상우, 윤승준의 기존 연구가 참고에 값한다. *cf.* 정선태, 『개화기 신문 논설의 서사 수용 양상』, 소명출판, 1999. ; 양승민, 「애국계몽기 우언의 존재 양상과 그 역사적 의의」, 『우리文學研究』 13, 우리문학회, 2000. ; 조상우, 『애국계몽기 한문단편의 연구』, 다운샘, 2002. ; 윤승준, 「근대계몽기 단형 서사문학과 우언」, 『東洋學』 38, 단국대학교 동양학연구소, 2005.

3	命斑獒文	李奎報(1168~1241)	東國李相國全集 卷 20	개	
4	呪鼠文	李奎報(1168~1241)	東國李相國全集 卷 20	쥐	
5	淸江使者玄夫傳	李奎報(1168~1241)	東國李相國全集 卷 20	거북	假傳
6	蝨犬說	李奎報(1168~1241)	東國李相國全集 卷 21	이	
7	義狗	崔 滋(1188~1260)	補閑集 卷 中	개	
8	無腸公子傳	李允甫 (연대 미상)		게	假傳(失傳)
9	借馬說	李 穀(1298~1351)	稼亭先生文集 卷 7	말	
10	鷹鷄說	李 詹(1345~1405)	東文選 卷 98	매 닭	
11	蜜蜂說	李 詹(1345~1405)	東文選 卷 98	벌	
12	瘦馬說	朴彭年(1417~1456)	朴先生遺稿	말	
13	忌蚤說	姜希孟(1424~1483)	私淑齋集 卷 9	이	
14	三雉說	姜希孟(1424~1483)	私淑齋集 卷 9	꿩	
15	義犬說	李 陸(1438~1498)	靑坡集 卷 2	개	
16	貓相舐說	李 陸(1438~1498)	靑坡集 卷 2	고양이	
17	黑牛說	成 俔(1439~1504)	虛白堂文集 卷 12	소	
18	雜說	崔忠成(1458~1491)	山堂集 卷 3	용	
19	老鼠竊飯	宋世琳(1479~)	禦眠楯	쥐	
20	鈴猫乘馬	宋世琳(1479~)	禦眠楯	고양이	
21	蜾蠃化螟蛉說	申光漢(1484~1555)	企齋文集 卷 1	나나니벌	
22	畜獐說	奇 遵(1492~1521)	德陽遺稿 卷 3	노루	
23	養魚說	奇 遵(1492~1521)	德陽遺稿 卷 3	물고기	
24	蛇說	成 運(1497~1579)	大谷先生集 卷 中	뱀	
25	雁奴說	崔 演(1503~1549)	艮齋先生文集 卷 11	기러기	
26	貓捕鼠說	崔 演(1503~1549)	艮齋先生文集 卷 11	고양이 쥐	
27	蜘蛛隱賦	康惟善(1520~1549)	舟川遺稿	거미	
28	酒蜂說	康惟善(1520~1549)	舟川遺稿	벌	
29	蜀犬吠日說	具鳳齡(1526~1586)	栢潭先生文集 卷 9	개	
30	瘦馬說	權好文(1532~1587)	松巖先生文集 卷 5	말	
31	畜猫說	權好文(1532~1587)	松巖先生文集 卷 6	고양이	
32	猫首座		中宗實錄 29년 7월 22일 丁亥	고양이 쥐	
33	蜀犬吠日說	洪聖民(1536~1594)	拙翁集 卷 6	개	
34	豹說	崔 岦(1539~1612)	簡易文集 卷 1	표범	
35	義鵝傳	權 燧 (연대 미상)		거위	失傳

36	續義鵝傳	權　憘(1547～1624)	南岡先生實記	거위	
37	鼠獄說	林　悌(1549～1587)		쥐	小說
38	鼴鼠婚姻	高尙顔(1553～1623)	泰村先生文集 卷 4 效顰雜記	두더지	
39	老鼠	高尙顔(1553～1623)	泰村先生文集 卷 5 效顰雜記	쥐	
40	蜜蜂說	河受一(1553～1612)	松亭先生文集 卷 3	벌	
41	義牸說	裵龍吉(1556～1609)	琴易堂先生文集 卷 4	소	
42	答柳正字書	柳夢寅(1559～1623)	於于集 卷 5	이 쥐 호랑이	
43	虎穽文	柳夢寅(1559～1623)	於于集 卷 5	호랑이	
44	野鼠婚	柳夢寅(1559～1623)	於于野譚	두더지	
45	二貓說	李睟光(1563～1628)	芝峯先生集 卷 21	고양이	
46	畜貓狗說	李睟光(1563～1628)	芝峯先生集 卷 21	고양이 개	
47	牛戒	姜　沆(1567～1618)	睡隱集 卷 3	소	
48	義狗傳	李惟弘(1567～1619)	艮庭集	개	
49	鬪狗行	權　韠(1569～1612)	石洲集 卷 2	개	
50	郭索傳	權　韠(1569～1612)	石洲外集 卷 1	게	假傳
51	羸牛說	朴明榑(1571～1639)	知足堂文集 卷 4	소	
52	圈豚說	趙纘韓(1572～1631)	玄洲集 卷 15	돼지	
53	義牛圖序	趙纘韓(1572～1631)	續義烈圖	소	
54	義牛冢 并序	李民宬(1573～1649)	紫巖集 卷 1	소	
55	寃牛賦	趙希逸(1575～1638)	竹陰先生集 卷 1	소	
56	病鶻賦	趙希逸(1575～1638)	竹陰先生集 卷 1	매	
57	寓言	趙任道(1585～1664)	澗松先生文集 卷 3	올빼미 봉황 이리 기린	
58	瘞鶴說	趙　絅(1586～1669)	龍洲先生遺稿 卷 12	학	
59	敍懷[快山寃牛]	尹善道(1587～1671)	孤山遺稿 卷 5	소	
60	馬踐犬說	尹善道(1587～1671)	孤山遺稿 卷 5	말 개	
61	蛙鳴賦	張　維(1587～1638)	谿谷先生集 卷 1	개구리	
62	鴟得腐鼠嚇鵷鶵賦	張　維(1587～1638)	谿谷先生集 卷 1	쥐 올빼미 원추새	
63	海鷗不下說	張　維(1587～1638)	谿谷先生集 卷 4	갈매기	
64	鵝說	吳　䎘(1592～1634)	天坡集 第 4	거위	

65	山君傳	鄭斗卿(1597～1674)	東溟集 卷 11	호랑이	假傳
66	猧說	金得臣(1604～1684)	柏谷先祖文集 冊 6	개	
67	雄鴨爲狗所噬說	金得臣(1604～1684)	柏谷先祖文集 冊 6	오리 개	
68	老馬說	洪宇遠(1605～1687)	南坡先生文集 卷 10	말	
69	山君傳	崔孝騫(1608～1681)	何山集 卷 4	호랑이	假傳
70	金衣公子傳	金三樂(1610～1666)	雙修堂集 卷 1	꾀꼬리	假傳
71	義狗說	權 愭(1623～1695)	無愁翁遺稿	개	
72	猫捕鼠說	金揚烈(1624～1703)	淸休齋集	고양이 쥐	
73	蚊蝱說	申 晸(1628～1687)	汾厓遺稿 卷 10	모기	
74	聽蛙說	金壽恒(1629～1689)	文谷集 卷 26	개구리	
75	介鷄說	趙 瑚(1629～1694)	荷棲集	닭	
76	鼠機賦 庚子	金錫胄(1634～1684)	息庵先生遺稿 卷 1	쥐	
77	悲池魚文 辛卯	金錫胄(1634～1684)	息庵先生遺稿 卷 20	물고기	
78	義狗傳	安應昌 (연대 미상)	續義烈圖(1665)	개	
79	義狗說	權斗寅(1643～1719)	荷塘先生文集 卷 3	개	
80	鼴鼠婚	洪萬宗(1643～1725)	旬五志	두더지	
81	蝙蝠之役	洪萬宗(1643～1725)	旬五志	박쥐	
82	放龜文	宋徵殷(1652～1720)	約軒集 卷 10	거북	
83	鳥說	金昌翕(1653～1722)	三淵集 卷 24	새	
84	鶴說	金昌翕(1653～1722)	三淵集 卷 24	학	
85	羊說	金昌翕(1653～1722)	三淵集 卷 24	양	
86	殪獐說	金昌翕(1653～1722)	三淵集 卷 25	노루	
87	鴈賦	洪世泰(1653～1725)	柳下集 卷 1	기러기	
88	義狗說	權斗經(1654～1726)	蒼雪齋集 卷 3	개	
89	擊蛇文 并引	金鎭圭(1658～1726)	竹泉集 卷 6	뱀	
90	聞鼃說	金鎭圭(1658～1726)	竹泉集 卷 6	거북	
91	雜說 六首(其六)	金柱臣(1661～1721)	壽谷集 卷 1	새	
92	縶鶴說	蔡彭胤(1669～1731)	希菴先生集 卷 28	학	
93	諭鼠文	蔡彭胤(1669～1731)	希菴先生集 卷 28	쥐	
94	虎檄	李光庭(1674～1756)	訥隱先生文集 卷 6	호랑이	
95	蚳鵲相妬	李光庭(1674～1756)	訥隱先生文集 卷 21 亡羊錄	개미 까치	
96	鼯黿之貪	李光庭(1674～1756)	訥隱先生文集 卷 21 亡羊錄	다람쥐 자라	
97	虎睨	李光庭(1674～1756)	訥隱先生文集 卷 21	호랑이	

			亡羊錄		
98	螾與蟬	李光庭(1674～1756)	訥隱先生文集 卷 21 亡羊錄	지렁이 매미	
99	竇氏之婚	李光庭(1674～1756)	訥隱先生文集 卷 21 亡羊錄	두더지	
100	老鼠獨全	李光庭(1674～1756)	訥隱先生文集 卷 21 亡羊錄	쥐 고양이	
101	媚狐說	李夏坤(1677～1724)	頭陀草 冊 14	여우	
102	書宮猫事	李夏坤(1677～1724)	頭陀草 冊 16	고양이	
103	瞎雞傳	李　瀷(1681～1763)	星湖先生全集 卷 68	닭	
104	友雞傳	李　瀷(1681～1763)	星湖先生全集 卷 68	닭	
105	子老鷄	林象德(1683～1719)	老村集 卷 4 雜說 二首	닭	
106	陷穽虎	林象德(1683～1719)	老村集 卷 4 雜說 二首	호랑이	
107	畜蜂說	黃宅厚(1687～1737)	華谷集 卷 4	벌	
108	烏鶴相訟說	柳宜健(1687～1760)	花溪先生文集 卷 11	까마귀 학 희유조	
109	養鷹者說	姜再恒(1689～1756)	立齋先生遺稿 卷 16	매	
110	殪惡鳥說	趙觀彬(1691～1757)	悔軒集 卷 15	까치 올빼미	
111	烏圓子傳	趙龜命(1693～1737)	東谿集 卷 5	고양이	假傳
112	倭驢說	趙龜命(1693～1737)	東谿集 卷 5	나귀	
113	猫說	南有容(1698～1773)	雷淵集 卷 27	고양이	
114	屈乘傳	南有容(1698～1773)	雷淵集 卷 27	말	假傳
115	驥說	金道洙(1699～1733)	春洲遺稿 卷 2	말	
116	兒駒說	柳正源(1702～1761)	三山先生文集 卷 6	말(망아지)	
117	孝狗說	金樂行(1708～1766)	九思堂先生續集 卷 3	개	
118	曳尾窩說	申景濬(1712～1781)	旅菴遺稿 卷 5	거북	
119	馬諷	李獻慶(1719～1791)	艮翁先生文集 卷 23	말	
120	捕蝎說	柳道源(1721～1791)	蘆厓集 卷 7	좀벌레	
121	悼蜂說	丁範祖(1723～1801)	海左先生文集 卷 37	벌	
122	鼢鼠說	沈翼雲(1734～　)	百一集	두더지	
123	義狗說	朴　綜(1735～1793)	鐺洲集 卷 7	개	
124	菱洋詩集序	朴趾源(1737～1805)	燕巖集 卷 7 鍾北小選	까마귀	
125	蟾與兎爭長	朴趾源(1737～1805)	燕巖集 卷 8 放璚閣外傳 閔翁傳	두꺼비 토끼	
126	虎叱	朴趾源(1737～1805)	燕巖集 卷 12 熱河日記	호랑이	小說

127	象記	朴趾源(1737～1805)	燕巖集 卷 14 熱河日記	코끼리	
128	雜說 三	尹 愭(1741～1836)	無名子集 冊 5	거미 / 고양이 / 개	
129	客有談古事者聊記之	尹 愭(1741～1836)	無名子集 冊 11	호랑이 뱀 모기 파리 벼룩	
130	靑牛問答說	李 采(1745～1820)	華泉集	소	
131	義鷄說	柳得恭(1749～)	泠齋集 卷 15	닭	
132	鈍馬傳	崔南復(1759～1814)	陶窩集	말	
133	寓言	張 混(1759～1828)	而已广集 卷 14	고슴도치 까마귀	
134	小魚	張 混(1759～1828)	而已广集 卷 14	물고기	
135	老馬	張 混(1759～1828)	而已广集 卷 14	말	
136	兒狗	張 混(1759～1828)	而已广集 卷 14	개(강아지)	
137	蜘蹰賦	李 鈺(1760～1813)	李鈺全集 賦	거미	
138	蛙鳴賦	李 鈺(1760～1813)	李鈺全集 賦	개구리	
139	劾猫	李 鈺(1760～1813)	李鈺全集 文餘 2 雜題	고양이	
140	義馬傳	成海應(1760～1839)	硏經齋全集 卷 12	말	
141	海狼行	丁若鏞(1762～1836)	與猶堂全書 1-4	해랑	
142	烏鰂魚行	丁若鏞(1762～1836)	與猶堂全書 1-4	오징어	
143	憎蚊	丁若鏞(1762～1836)	與猶堂全書 1-4	모기	
144	狸奴行	丁若鏞(1762～1836)	與猶堂全書 1-5	고양이	
145	鷄狗相乳說	玄翼洙(1766～1827)	晦堂集	닭 개	
146	鵲鵂說	金邁淳(1766～1840)	臺山集 卷 9	까치 올빼미	
147	化猫說	姜始煥(1766～1842)	稼隱集	고양이	
148	烏圓傳	柳本學 (연대 미상)		고양이	假傳
149	義鵲說	李載毅(1772～1839)	文山集	까치	
150	烏騮說	鄭元容(1783～1873)	經山集 卷 13	말	
151	狗相乳說	南公壽(1793～1875)	瀛隱文集	개	
152	野鼠婚	李遇駿(1801～1867)	夢遊野談 卷 3	두더지	
152	義狗說	金道明(1803～1873)	畏庵集 卷 2	개	
154	燕子傳	黃 五(1816～)		꾀꼬리	假傳
155	義狗塚說	沈相直(1836～1863)	竹西遺稿	개	
156	義牛塚說	沈相直(1836～1863)	竹西遺稿	소	

157	義鹿傳	洪祐健 (연대 미상)	原泉集 卷 5	사슴	
158	鷹說	李建昌(1852～1898)	明美堂集 卷 12	매	
159	鹿言	李建昌(1852～1898)	明美堂集 卷 13	사슴	
160	義虎說	朴文鎬 (연대 미상)	壺山集 卷 37	호랑이	
161	金衣公子傳	黃　玹(1855～1910)	梅泉集	꾀꼬리	假傳
162	牛馬爭功論	車錫祜(1905～　　)	海史集 卷 4	소 말	
163	牛馬爭功論	李廷鉉 (연대 미상)	秋灘遺稿 雜著	소 말	
164	鸎鳩鵞訟臥渴先生傳		國立中央圖書館 所藏 廣寒樓記	앵무새 비둘기 따오기	
165	老鼠擇婿		奇觀(서울大學校圖書館 所藏)	쥐	
166	虎死狐計		奇聞(古今笑叢 所收)	호랑이 여우	
167	蝙蝠不參		奇聞(古今笑叢 所收)	박쥐	
168	황식결송		京板本 三說記 所載		小說
169	鼠大州傳		文璇奎 所藏本 外		小說
170	鼠同知傳		永昌書館本		小說
171	다람의 소지		國立中央圖書館 所藏本		小說
172	둑겁젼		金東旭 所藏本		小說
173	蟾同知傳		德興書林本		小說
174	老蟾上座記		京板本 三說記 所載		小說
175	鹿處士宴會		京板本 三說記 所載		小說
176	蟾說錄		金東旭 所藏本		小說
177	金蟾傳		金東旭 所藏本		小說
178	蟾公傳		金東旭 所藏本		小說
179	鼠獄記		北韓本 外		小說
180	蛙蛇獄案		日本 東洋文庫 所藏本		小說
181	鵲烏相訟		日本 東洋文庫 所藏本		小說
182	가치젼		金永漢 所藏本		小說
183	메기장군전		柳龜相 所藏本		小說
184	다람쥐전		柳鐸一 所藏本		小說
185	장끼전		金東旭 所藏本 外		小說
186	자치가		高麗大圖書館 所藏本 外		小說
187	토끼전		金東旭 所藏本 外		小說

참고문헌

1. 자료

奇　遵,『德陽遺稿』,『韓國文集叢刊』25, 民族文化推進會, 1989.
金擎鉉,『止雲先生文集』, 景仁文化社, 1997.
邊時淵,『文苑』.
成　俔,『虛白堂集』,『韓國文集叢刊』14, 民族文化推進會, 1988.
安　極,『晦隱集』.
安孝述,『雪溪集』.
元天錫,『耘谷行錄』,『韓國文集叢刊』6, 民族文化推進會, 1988.
劉秉憲,『晩松遺稿』.
柳元之,『拙齋先生文集』.
尹　愭,『無名子集』.『韓國文集叢刊』256, 民族文化推進會, 2000.
尹行儼,『守黙堂遺稿』.
李　植,『澤堂集』,『韓國文集叢刊』88, 民族文化推進會, 1992.
李光庭,『訥隱集』,『韓國文集叢刊』187, 民族文化推進會, 1997.
李奎報,『東國李相國集』,『韓國文集叢刊』1・2, 民族文化推進會, 1988.
林象德,『老村集』,『韓國文集叢刊』206, 民族文化推進會, 1998.
張　維,『谿谷集』,『韓國文集叢刊』92, 民族文化推進會, 1993.
田祿生,『壄隱逸稿』,『韓國文集叢刊』3, 民族文化推進會, 1988.
鄭在褧,『愼窩集』.
趙寅永,『雲石遺稿』.
趙希文,『月溪先生遺集』.
崔慶會,『首陽世稿』承旨公派文獻錄.
崔　演,『艮齋先生文集』,『韓國文集叢刊』32, 民族文化推進會, 1989.
崔忠成,『山堂集』.『韓國文集叢刊』16, 民族文化推進會, 1988.
河受一,『松亭集』.
韓碩弼,『釣巖先生文集』.
洪宇遠,『南坡集』.
民俗資料刊行會 編,『古今笑叢』, 1958.
김영민・구장률・이유미,『근대계몽기 단형 서사문학 자료전집』(상・하), 소명출판, 2004.

김용준, 『근원수필』(3판), 범우사, 2000.
李佑成・林熒澤, 『李朝漢文短篇集』(上)・(中)・(下), 一潮閣, 1978.
尹南漢, 『韓國文集記事綜覽類別索引 雜著記說類記事索引』, 韓國精神文化硏究院, 1982.
윤주필, 『한국 우언산문 선집』 1・2, 박이정, 2008.
任晳宰, 『任晳宰全集』, 평민사, 1990.
『국역 성호사설』 V, 민족문화추진회, 1978.
『국역 익재집』 II, 민족문화추진회, 1984.
성 현, 이래종 역주, 『부휴자담론』, 소명출판, 2003.
馬亞中・吳小平, 『中國寓言大辭典』, 江蘇文藝出版社, 1997.
『柳宗元集』 1~4, 中華書局, 1979.
陳蒲清・曹日升・湯可敬・蔣天枝 選編, 『中國古代寓言選』(增訂本), 湖南教育出版社, 1985.
증보판 CD-ROM 국역 조선왕조실록 제1집・제2집.

2. 연구논저

1) 단행본

권보드래, 『한국 근대소설의 기원』, 소명출판, 2000.
金 泳, 『朝鮮後期 漢文學의 社會的 意味』, 集文堂, 1993.
김 영, 『네티즌과 함께 가는 우언 산책』, 한울, 2003.
김 영, 『망양록 연구』, 집문당, 2003.
김 영, 『한국의 우언』, 현암사, 2004.
김 영, 『한국한문학의 현재적 의미』, 한울, 2008.
金 墩, 『朝鮮前期 君臣權力關係 硏究』, 서울대출판부, 1997.
金鎭英, 『李奎報文學硏究』, 集文堂, 1984.
김성룡, 『여말선초의 문학사상』, 한길사, 1995.
김영민, 『한국근대소설사』, 솔, 2003(개정판).
김윤규, 『개화기 단형서사문학의 이해』, 국학자료원, 2000.
김풍기, 『朝鮮前期 文學論 硏究』, 太學社, 1996.
김학주, 『조선시대 간행 중국문학 관계서 연구』, 서울대학교출판부, 2000.
박희병, 『한국의 생태사상』, 돌베개, 1999.
송혁기, 『조선후기 한문산문의 이론과 비평』, 월인, 2006.
신익철, 『柳夢寅 文學 硏究』, 보고사, 1998.

신재홍, 『한국몽유소설연구』, 계명문화사, 1994.
신해진, 『조선중기 몽유록의 연구』, 박이정, 1998.
양승민, 『우언의 서사분법과 담론 양상』, 學古房, 2008.
양언석, 『몽유록소설의 서술유형 연구』, 국학자료원, 1996.
양현승, 『한국 '설' 문학 연구』, 박이정, 2001.
유종국, 『몽유록소설연구』, 아세아문화사, 1987.
尹勝俊, 『動物寓言의 傳統과 寓話小說』, 月印, 1999.
윤승준, 『우언의 재미와 교훈』, 월인, 2000.
윤주필, 『틈새의 미학』, 집문당, 2003.
李家源, 『韓國漢文學史』, 普成文化社, 1983.
이강엽, 『토의문학의 전통과 우리소설』, 태학사, 1997.
임규찬·한진일 편, 『임화 신문학사』, 한길사, 1993.
鄭 珉, 『朝鮮後期 古文論 硏究』, 亞細亞文化社, 1989.
정선태, 『개화기 신문 논설의 서사 수용 양상』, 소명출판, 1999.
정재훈, 『조선전기 유교 정치사상 연구』, 태학사, 2005.
鄭晋錫, 『한국언론사』, 나남출판, 1990.
조동일, 『공동문어문학과 민족어문학』, 지식산업사, 1999.
조동일, 『세계문학사의 전개』, 지식산업사, 2002.
조동일, 『한국문학사상사시론』(제2판), 지식산업사, 1998.
조상우, 『애국계몽기 한문단편의 연구』, 다운샘, 2002.
차용주, 『몽유록계 구조의 분석적 연구』, 창학사, 1979.
최문형, 『한국을 둘러싼 제국주의 열강의 각축』, 지식산업사, 2001.
최승범, 『한국수필문학연구』, 정음사, 1984.
최승희, 『조선초기 정치문화의 이해』, 지식산업사, 2005.
한국우언문학회, 『동아시아 우언론과 한국의 우언문학』, 집문당, 2004.
한기형, 『한국 근대소설사의 시각』, 소명출판, 1999.
한영우, 『다시 찾는 우리 역사』, 경세원, 2004.
韓沽劤, 『韓國通史』, 乙酉文化社, 1970.
洪順錫, 『成俔文學硏究』, 한국문화사, 1992.
홍순애, 『한국 근대문학과 알레고리』, 제이앤씨, 2009.
黃浿江, 『朝鮮王朝小說硏究』(增補 6版), 檀大出版部, 1991.

陳蒲淸, 『中國古代寓言史』, 湖南敎育出版社, 1983.
陳蒲淸·權錫煥, 『韓國古代寓言史』, 岳鹿書社, 2004.
천푸칭 씀, 오수형 옮김, 『중국우언문학사』, 소나무, 1994.
로버트 숄즈·로버트 켈로그 저, 임병권 역, 『서사의 본질』, 예림기획, 2001.

Arthur Pollard 著, 宋洛憲 譯, 『諷刺』, 서울大學校出版部, 1979.

2) 논문

姜明官, 「16세기 말 17세기 초 擬古文派의 수용과 秦漢古文派의 성립」, 『한국 고문의 이론과 전개』, 태학사, 1998.

姜英順, 「동아시아 순환오류형 형식담의 우언적 소통 비교 연구」, 『동아시아 우언문학 비교론』, 집문당, 2005.

權錫煥, 「한·중 우언의 동질성에 관한 연구-『艾子雜說』『郁離子』『浮休子談論』을 중심으로」, 『中語中文學』 29, 韓國中語中文學會, 2001.

金 泳, 「18세기 安東地方 文學·思想論爭의 性格」, 『東方學志』 51, 연세대 국학연구원, 1986.

金 泳, 「訥隱 李光庭의 '老婆之五樂' 分析」, 『국어국문학』 93, 국어국문학회, 1985.

金 泳, 「訥隱 李光庭의 亡羊錄 硏究」, 『韓國漢文學硏究』 7, 韓國漢文學硏究會, 1984.

金 泳, 「『장자』와 『망양록』의 우언문학적 관련성-「노파의 오락」을 중심으로-」, 『국어교육연구』 9, 인하대 국어교육학과, 2005.

金 泳, 「한중 우언의 욕망구현 양상」, 『韓國漢文學硏究』 31, 韓國漢文學會, 2003.

金明鈞, 「訥隱 李光庭의 學風과 詩世界」, 성균관대 박사학위논문, 2002.

김성룡, 「李奎報」, 『한국문학작가론』 1, 집문당, 2000.

김성룡, 「典範 학습과 중세의 문학교육」, 『문학교육학』 1, 한국문학교육학회, 1997.

김정녀, 「조선후기 몽유록의 전개 양상과 소설사적 위상」, 고려대 박사학위논문, 2002.

김혈조, 「燕巖體의 成立과 文體反正」, 『고전비평연구 2』, 태학사, 1998.

서대석, 「몽유록의 장르적 성격과 문학사적 의의」, 『한국학논집』 3, 계명대 한국학연구소, 1975.

손정수, 「개화기 서사의 장르적 성격」, 『한국 근대문학 양식의 형성과 전개』, 상허학회, 2003.

宋寯鎬, 「李奎報의 文章과 修辭的 特質」, 『李奎報硏究』, 새문社, 1986.

申泰寬, 「訥隱 李光庭의 亡羊錄 硏究」, 『伏賢漢文學』 3, 伏賢漢文學會, 1987.

安秉卨, 「寓言의 文學的 受容에 대하여」, 『論文集』 12, 國民大, 1977.

양승민, 「高麗朝 議論體 散文의 寓言的 性向과 意味」, 『어문논집』 36, 안암어문학회, 1997.

양승민, 「애국계몽기 寓言의 존재 양상과 그 역사적 의의」, 『우리文學硏究』 13, 우리문학회, 2000.

梁承敏, 「寓言의 서술방식과 소통적 의미」, 고려대 석사학위논문, 1996.

吳洙亨, 「柳宗元散文硏究」, 서울대 박사학위논문, 1992.

尹勝俊, 「고려시대 우언의 한 양상-이규보를 중심으로」, 『고려조 한문학론』, 민속원, 2004.
尹勝俊, 「敦煌 俗賦 <鷰子賦>와 朝鮮後期 訟事型 寓話小說-韓中 寓言의 比較的 觀點에서」, 『古小說硏究』 10, 韓國古小說學會, 2000.
尹勝俊, 「朝鮮時代 '動物說'에 대한 一考察-朝鮮前期를 中心으로-」, 『漢文學論集』 15, 槿域漢文學會, 1997.
尹勝俊, 「중국 우언의 수용과 재창조-柳宗元을 중심으로-」, 『古典文學硏究』 26, 韓國古典文學會, 2004.
尹勝俊, 「韓・中 寓言 比較 硏究(1)」, 『國文學論集』 16, 檀國大學校 國語國文學科, 1999.
윤주필, 「<매류쟁춘>류 우언의 양식적 특성」, 『민족문화』 18, 민족문화추진회, 1995.
윤주필, 「≪강촌유고 초사본≫의 우언작품 탐색」, 『국문학논집』 18, 단국대 국어국문학과, 2002.
윤주필, 「베트남 『성종유초』의 우언문학적 성격에 대하여」, 『민족문화연구』 35, 고려대 민족문화연구원, 2001.
윤주필, 「신자료 <매류쟁춘>류 우언의 원전비평 연구」, 『단국어문논집』 창간호, 단국어문연구회, 1995.
윤주필, 「우언 글쓰기의 원리와 적용 자료의 범위 연구」, 『韓國漢文學硏究』 28, 韓國漢文學會, 2001.
윤주필, 「寓言小說의 양식사적 검토」, 『古小說硏究』 5, 韓國古小說學會, 1998.
윤주필, 「우언의 전통과 조선전기 몽유기」, 『민족문화』 16, 민족문화추진회, 1993.
윤주필, 「한문문명권 우언론 비교 연구」, 『동아시아 우언론과 한국의 우언문학』, 집문당, 2004.
윤주필, 『한문문명권의 우언론과 한국 우언문학의 실상』, 『한국한문학회 2003년도 춘계 학술발표회 발표요지집』, 2003.
尹浩鎭, 「金允植의 '八家涉筆(其二)-柳文' 硏究」, 『한국 고문의 이론과 전개』, 태학사, 1998.
李康燁, 「問答體 散文의 敍述者 개입 양상과 敍事化」, 『韓國漢文學硏究』 19, 韓國漢文學會, 1996.
李光麟, 「漢城旬報와 漢城周報에 대한 一考察」, 『韓國開化史硏究』, 一潮閣, 1974.
李來宗, 「慵齋 成俔의 文學論」, 『漢文學論集』 5, 檀國漢文學會, 1987.
李美慶, 「訥隱 李光庭의 亡羊錄 硏究」, 檀國大 碩士學位論文, 1990.
李在銑, 「前史的 背景으로서의 短形敍事文學과 그 分類」, 『韓國短篇小說硏究』, 一潮閣, 1975.
이종묵, 「조선전기 위리안치(圍籬安置)의 체험과 그 형상화」, 『한국문화연구』 9, 이화여대 한국문화연구원, 2005.

李鍾默, 「浮休子談論과 寓言의 양식적 특성」, 『古典文學硏究』 5, 韓國古典文學硏究會, 1990.

李知洋, 「江左 權萬과 大山 李象靖의 文學論爭」, 成均館大 碩士學位論文, 1991.

임유경, 「망양록 연구」, 한국정신문화연구원 한국학대학원 석사학위논문, 1993.

임형택, 「실학파문학과 한문단편」, 『한국문학사의 시각』, 창작과비평사, 1984.

張德順, 「夢遊錄 小考」, 『국문학통론』, 신구문화사, 1963.

장원철, 「한문산문에서의 미학적 특성」, 『한국한문학과 미학』, 태학사, 2003.

張眞淑, 「『浮休子談論』에 나타난 成俔의 政治的 志向과 寓言의 화법」, 『語文硏究』 35-4(통권 136), 韓國語文敎育硏究會, 2007.

정 민, 「관물정신의 미학 의의」, 『한국학논집』 27, 한양대 한국학연구소, 1995.

정재철, 「『詳說古文眞寶大全』 연구-도학적 문학관의 적용 양상-」, 『韓國漢文學硏究』 32, 韓國漢文學會, 2003.

정학성, 「몽유담의 우의적 전통과 개화기 몽유록」, 『관악어문연구』 3, 서울대 국어국문학과, 1978.

정학성, 「몽유록의 역사 의식과 유형적 특질」, 『관악어문연구』 2, 서울대 국어국문학과, 1977.

鄭學城, 「寓話小說硏究」, 서울대 석사학위논문, 1972.

조상우, 「애국계몽기의 우언에 표출된 계몽의식-신문과 잡지에 게재된 몽유우언을 중심으로-」, 『동양학』 34, 단국대 동양학연구소, 2003.

주재우, 「고전표현론의 관점에서 본 우언문학교육-성현의 『浮休子談論』 우언을 중심으로-」, 『고전문학과 교육』 13, 한국고전문학교육학회, 2007.

陳蒲淸 · 權錫煥, 「韓愈<毛潁傳>與韓國的‘假傳’」, 『國際中國學硏究』 4, 韓國中國學會, 2001.

함돈균, 「근대계몽기 단형서사에 나타난 서사전략 연구-기독교 계열 신문과 『독립신문』을 중심으로-」, 『근대계봉기 단형 서사문학 연구』, 소명출판, 2005.

홍성욱, 「雜說 硏究-說 文體의 장르적 특징과 관련하여-」, 『漢文學論集』 19, 槿域漢文學會, 2001.

黃渭周, 「朝鮮 前期의 漢詩選集」, 『정신문화연구』 20-3(통권 68호), 한국정신문화연구원, 1997.

찾아보기

ㄴ

ㄷ

ㅁ

ㅇ

ㅈ

ㅊ

ㅋ

ㅌ

ㅍ

ㅎ

윤승준 尹勝俊

1963년 서울 출생
단국대학교 문리과대학 국어국문학과 졸업
동 대학원 국어국문학과 졸업(문학석사, 문학박사)
민족문화추진회(현 한국고전번역원) 국역연수원
연수부 · 상임연구부 졸업
단국대학교 동양학연구소 연구원 · 연구교수 역임
현재 단국대학교 교양학부 조교수

주요 논저
『動物寓言의 傳統과 寓話小說』, 『우언의 재미와 교훈』,
『說話學原論』(공역), 『삼국유사의 문학적 탐구』(공저)
「兩班傳」, 「醉鄕과 現實逸脫의 꿈-<周生傳>의 문학적 감염장치-」,
「한 · 몽 설화의 비교」, 「六堂 崔南善의 '壇君論' 硏究」 등

한국 우언의 실상

초판 1쇄 인쇄 / 2009년 10월 19일
초판 1쇄 발행 / 2009년 10월 26일

지은이 / 윤승준
펴낸이 / 박성복
펴낸곳 / 도서출판 月印
등록 / 1998년 5월 4일 제6-0364호
주소 / 142-879 서울시 강북구 흰구름길 19-3
전화 / (02) 912-5000
팩스 / (02) 900-5036
홈페이지 / http://www.worin.net
전자우편 / worinnet@hanmail.net

ISBN 978-89-8477-447-6 93810